B.C.Info

사물인터넷을 위한

ARDUINO

제 2 판

조도현 · 김동식 · 동성수 공저

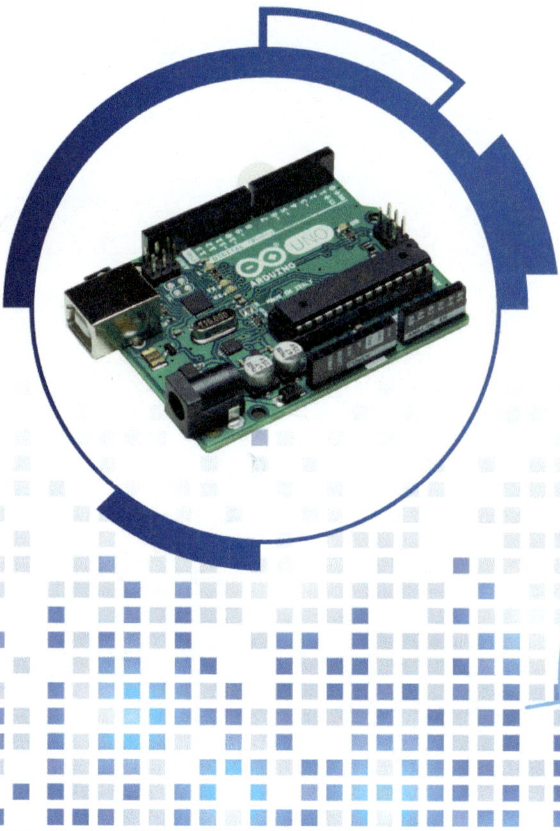

PREFACE

아두이노(Arduino)는 주변 세계를 감지하고 제어할 수 있는 작고 저렴한 컴퓨터입니다. 그리고 인터넷에 연결하면 더욱 강력해져 스마트하고 연결된 장치를 만들 수 있습니다. 전자제어 장치를 배우는 학생이나 전문가 또는 취미로 하는 사람들이 전자 프로토타입 제작이나 DIY 프로젝트를 자신의 아이디어로 쉽고 저렴하게 실현할 수 있도록 해 줍니다.

이 책은 전자 및 프로그래밍 분야에 첫발을 내딛는 초보자이든, 시야를 넓히고자 하는 숙련된 제작자이든 관계없이 IoT 응용 분야에서 Arduino의 잠재력을 최대한 활용할 수 있는 지식과 기술을 갖추도록 구성되어 있습니다. Arduino를 사용한 기본적인 제어와 사물인터넷 적용을 위한 센서 통합, 데이터 수집, 무선 통신 등의 주제를 다루면서 IoT 개발의 실용적인 활용이 가능하도록 학습합니다.

각 장은 Arduino의 다양성과 강력함을 보여주는 실용적인 예제를 통해 이론적 이해와 실용적 활용을 혼합하여 효과적인 학습이 가능하도록 구성되어 있습니다. 또한 시리얼 통신 및 Bluetooth 연결, I2C 통신과 WiFi 모듈을 활용하여 IoT 플랫폼을 구성할 수 있도록 하였습니다.

이 책을 통하여 사물 인터넷을 위한 Arduino의 잠재력을 최대한 활용해 보기 바랍니다. 스마트 홈을 구축하든, 산업 프로세스를 최적화하든, 차세대 혁신 기술을 발명하든 상관없이 Arduino는 IoT 꿈을 실현하는 열쇠가 될 것입니다.

GTG

CONTENTS

PART 1 아두이노 익히기

PART 02 입출력 응용

PART 3 IoT와 WiFi

PART 4 NodeMCU와 UNO R4

PART 1

아두이노 익히기

CHAPTER 1

아두이노 환경설정

아두이노는 전자분야의 전문적인 지식이 없는 사람부터 관련 분야의 전문가들까지 여러 가지 전자 제어장치를 쉽게 구현할 수 있도록 만들어져 있는 제작 도구이다. 아두이노 홈페이지는 아두이노를 활용할 수 있는 하드웨어와 소프트웨어 자료들을 공유하는 오픈 시스템으로, 많은 예제들이 공개되어 있으며, 다양한 기능을 쉽게 구현할 수 있도록 주변장치들도 제공되어 있다.

1.1 아두이노 개요

아두이노는 간단하고 활용이 쉬워서 수천 개의 다양한 프로젝트와 애플리케이션에 사용되고 있다. 아두이노에 대하여 먼저 공식 사이트에 소개된 내용을 정리해서 설명해 보겠다.

아두이노는 사용하기 쉬운 하드웨어와 소프트웨어를 기반으로 하는 오픈 소스 전자 플랫폼(open-source electronics platform)이다.

최근 10년 동안 아두이노는 일상적인 물건부터 복잡한 과학 장비에 이르기까지 수천 개의 프로젝트의 두뇌 역할을 해왔다. 학생, 애호가, 예술가, 프로그래머 및 전문가 등 전 세계 제작자 커뮤니티가 이 오픈 소스 플랫폼을 중심으로 모였으며, 이러한 적극적인 정보의 공유를 통하여 초보자와 전문가 모두에게 큰 도움이 될 수 있는 엄청난 양의 활용 가능한 정보들이 제공 되어 왔다.

아두이노에서 제공하는 간단하고 명확한 프로그래밍 개발환경(IDE)은 초보자도 사용하기 쉽지만 고급 사용자도 활용할 수 있을 만큼 확장성이 좋다.
(참고: https://www.arduino.cc/en/Guide/Introduction)

초기의 아두이노 보드들은 ATMEL사의 ATmage168, ATmega328과 ATmega2560 마이크로 컨트롤러를 기반으로 사용전압, 메모리 구성, 입출력과 UART 수에 따라 공통 규격을 정하고 있다. 지금도 이 규격에 따라 보드를 설계하고, 공개된 부트로더를 설치하여 다양한 시리즈로 제작되어서 용도에 따라 적절히 선택하여 사용할 수 있게 되어 있다.

최근에는 ARM 계열의 Cortex-M 시리즈를 비롯한 다양한 마이크로 컨트롤러에서 아두이노 개발환경(IDE)을 활용하고 있다.

아두이노의 공식 홈페이지 http://www.arduino.cc/를 통하여 아두이노 개발환경(IDE) 소프트웨어를 다운로드 받을 수 있고, 아두이노 보드와 쉴드(shield)와 주변부품 정보를 볼 수 있다.

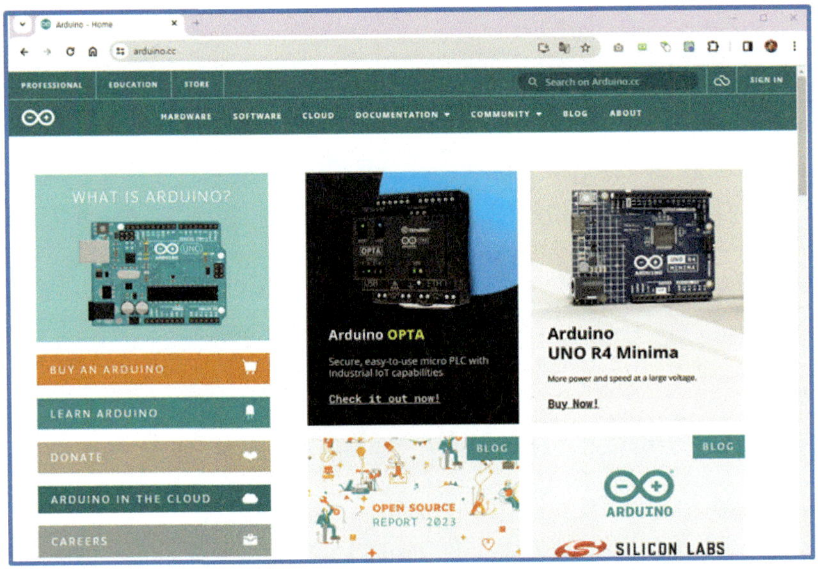

[그림 1.1] 아두이노 홈페이지 http://www.arduino.cc/

※ 아두이노(arduino) : 이탈리아 말로 "믿음직한 친구"(best friend or strong friend) 의미

1.2 아두이노 UNO 보드

아두이노는 2005년 출시된 이후 여러 가지 버전으로 변화되었고, 용도에 따라 다양한 형태가 제작되어 사용되고 있다. 최근까지도 가장 많이 이용되고 있는 것은 UNO R3이다. 하지만 2023년에 가장 최신 버전으로 아두이노 UNO R4 Minima와 아두이노 UNO R4 WiFi가 새롭게 발표되었다.

기존 UNO R3의 MCU는 ATmel의 ATmega328P로 8bit MCU를 사용하였으나, 새로운 UNO R4에서는 Renesas의 RA4M1 (Arm® Cortex®-M4) 32bit MCU가 채용되었다. R3에 비해 새로운 R4의 클럭 속도는 3배가 증가하고, 메모리는 16배 늘어나 더욱 빠르게 복잡한 프로젝트도 수행이 가능하게 되었다.

Arduino UNO R3

Arduino UNO R4 Minima

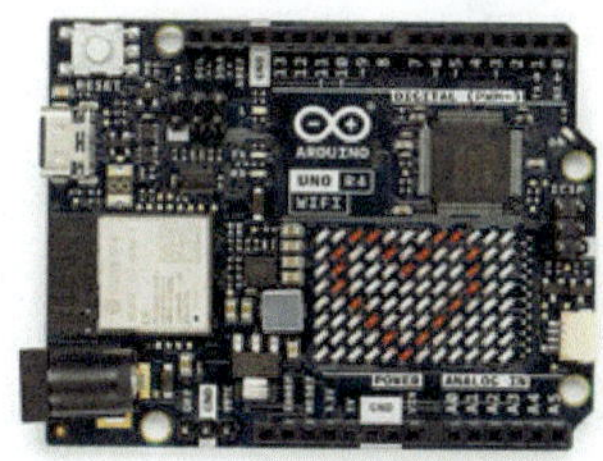
Arduino UNO R4 WiFi

[그림 1.2] 아두이노 UNO 보드

Minima 버전은 MCU 및 커넥터가 업그레이드되었으나 전통적인 아두이노 구조를 충실히 반영한 것이고, WiFi 버전은 LED matrix와 Wi-Fi/bluetooth 모듈, RTC 모듈 사용을 위한 헤더 및 타 제조사의 모듈을 사용할 수 있는 Qwiic 커넥터 등의 다양한 Onboard 기능이 추가된 형태이다. 또한 UNO R3와 거의 동일한 구조(form factor)을 가지고 있어서 R3와 쉴드 사용 등의 호환이 가능하다.

그러나 이 책은 현재 가장 많이 사용되고 있는 Arduino UNO R3(Revision 3)를 기준으로 작성하고, R4에 대해서는 WiFi 기능에 관련된 부분을 다루고자 한다.

아두이노 UNO R3 보드의 핀과 기능을 살펴보자. 그림 1.3과 같이 아두이노 보드는 UBS JACK을 통하여 개발용 PC와 연결되며, PC로부터 전원을 공급받고 PC에서 작성된 프로그램을 내려받거나 통신을 하게 된다. 별도의 전원을 공급하려면, POWER JACK을 통하여 5~6V의 전원을 연결하면 된다. 아두이노 보드에 전원이 공급되면, 보드 우측에 있는 전원 확인 LED에 불이 들어온다.

① 디지털 입/출력이 가능한 핀은 0~13번까지 14개가 있다.

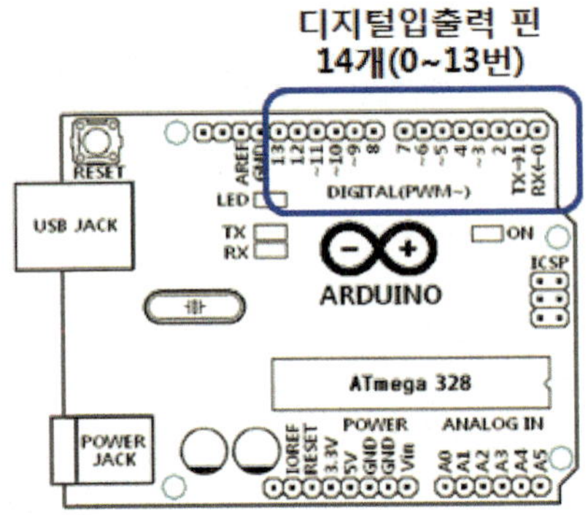

[그림 1.3] 아두이노 UNO R3보드의 디지털입출력 핀

② 디지털 입출력 핀 중 3, 5, 6, 9, 10, 11번 핀("~"가 붙어 있는 핀)은 0~255범위의 PWM 출력을 사용하여 아날로그 신호 출력이 가능하다.

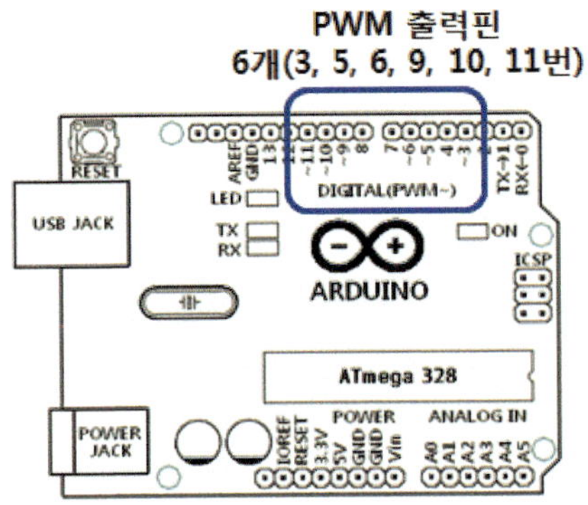

[그림 1.4] 아두이노 UNO R3보드의 PWM출력 핀

③ 시리얼 통신을 위하여 디지털 입출력 핀 중 0번(RX)은 시리얼 통신의 데이터를 받고 1번(TX)은 시리얼 통신의 데이터를 보낼 수 있다. TX와 RX LED는 시리얼 통신의 동작을 확인할 수 있도록 해준다.

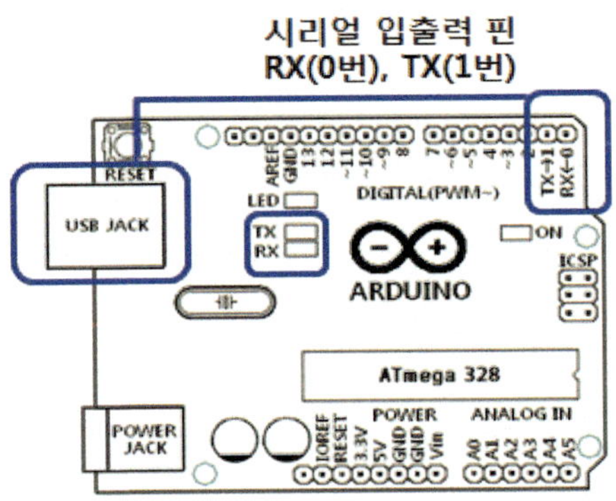

[그림 1.5] 아두이노 UNO R3보드의 시리얼통신 핀

④ 아날로그 입력 핀은 A0~A5번까지 6개가 있으며, 입력신호를 0~1023 범위로 받아들인다. 또한 이들 핀은 디지털 입출력으로 확장하여 사용이 가능하다.

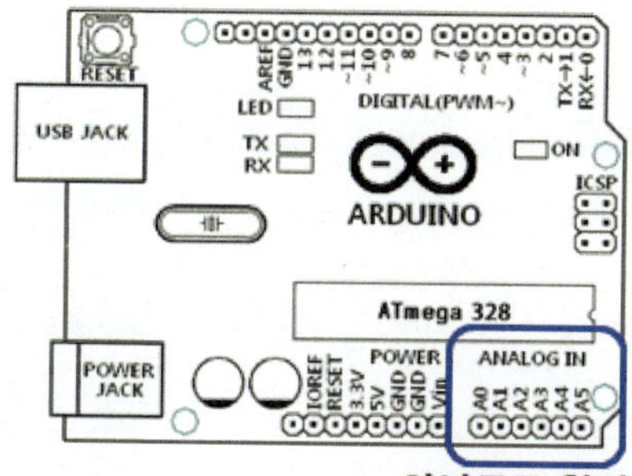

[그림 1.6] 아두이노 UNO R3보드의 아날로그 입력 핀

전원 핀은 아두이노 보드를 통하여 제어하고자 하는 장치에 3.3V와 5V 전원을 공급할 수 있게 해주며, RESET 스위치는 보드를 초기화할 수 있다.

TX와 RX LED의 위쪽에 있는 LED는 디지털 입출력 핀 13번에 연결되어 있어서 보드의 동작 등을 점검하는데 유용하게 활용된다.

자세한 정보는 아두이노 홈페이지나 관련된 사이트에서 쉽게 확인이 가능하다.

1.3 아두이노 확장 쉴드(Shield) 소개

아두이노는 UNO 보드는 기본 기능을 확장하기 위하여 그림 1.7과 같이 적층형(stack type)으로 확장하여 연결할 수 있는 표 1.1과 같은 다양한 종류의 쉴드 보드를 가지고 있다.

이들 쉴드를 연결하면 블루투스, 이더넷, WiFi, 직류 모터제어, 릴레이 제어 등 다양한 기능을 확장할 수 있다. 더욱이 이들 쉴드들을 쉽게 활용할 수 있도록 활용 라이브러리들이 제공되어 있어서 응용이 편리하다.

이 책에서는 블루투스, 모터제어, WiFi 제어 등을 이들 쉴드를 활용하여 학습한다.

[그림 1.7] 아두이노 보드의 쉴드 연결(적층)

[표 1.1] 아두이노 확장 쉴드

아두이노 쉴드	보드	기능
이더넷 쉴드 (Ethernet Shield)		LAN선을 연결하여 인터넷에 접속가능 웹 서버 및 네트워크 제어에 사용
와이파이 쉴드 (WIFI Shield)		무선으로 네트워크에 접속 가능 네트워크를 이용한 제어에 사용
릴레이 쉴드 (Relay Shield)	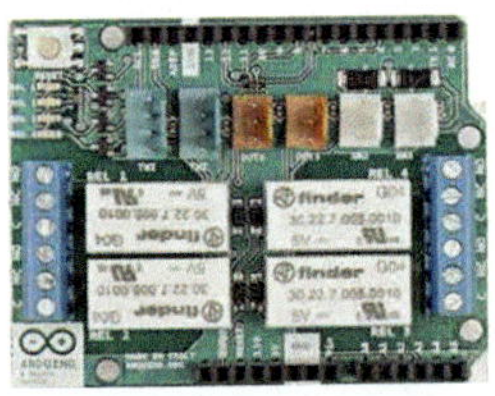	Relay 활용한 제어에 사용
GPS 쉴드 (GPS Shield)		GPS 신호를 수신하여 제어에 사용
모터 쉴드 (MOTOR Shield)		모터제어를 위한 쉴드
기본 쉴드 (Proto Shield)		아두이노 보드와 호환이 되도록 만들어진 기본 쉴드

1.4 아두이노 개발환경(IDE) 구성하기

아두이노를 사용하기 위해서는 아두이노 보드를 위한 개발환경(IDE)을 아두이노 개발용 PC에 구축해야 한다. 개발환경이 구축된 PC는 아두이노 보드에서 수행할 스케치(sketch, 프로그램)를 작성하여, USB 케이블 등으로 연결된 아두이노 보드에 업로드하여 준다.

[그림 1.8] 개발 환경의 활용

개발용 PC에 설치해야 하는 개발환경은 아두이노 개발자 홈페이지에서 내려받을 수 있다.

아두이노 통합 개발환경은 AVR 설계에 필요한 코드 작성, 컴파일, 다운로드 등 모든 기능을 하나의 소프트웨어에서 제공하고 있다.

아두이노 통합 개발환경(IDE)를 인터넷에서 다운로딩 받아 개발용 PC에 설치하는 과정은 다음과 같다.

Arduino개발자 홈페이지에 접속하여 다음 그림 1.9와 같이 윗부분의 툴바에서 SOFTWARE를 선택하면 아두이노 통합 개발환경(IDE)을 다운로드 받을 수 있는 페이지로 이동된다. 다운로드 옵션에서 자신의 컴퓨터 운영체제와 일치되는 파일을 다운받으면 된다. Windows용을 기준으로는 ZIP 형태의 압축파일을 다운 받아 사용하면, 원하는 경로에 압축을 해제하기만 하면 사용이 가능하므로 편리하다.

현재 아두이노 홈페이지에서는 아두이노 통합 개발환경(IDE) 버전 2인 Arduino IDE 2.*.*가 제공되고 있다. 지난 개발환경 버전인 1.*.*과 비교하여 보드 추가나 라이브러리 등의 설치 추가 직관적이고 편리하게 되어 있다.

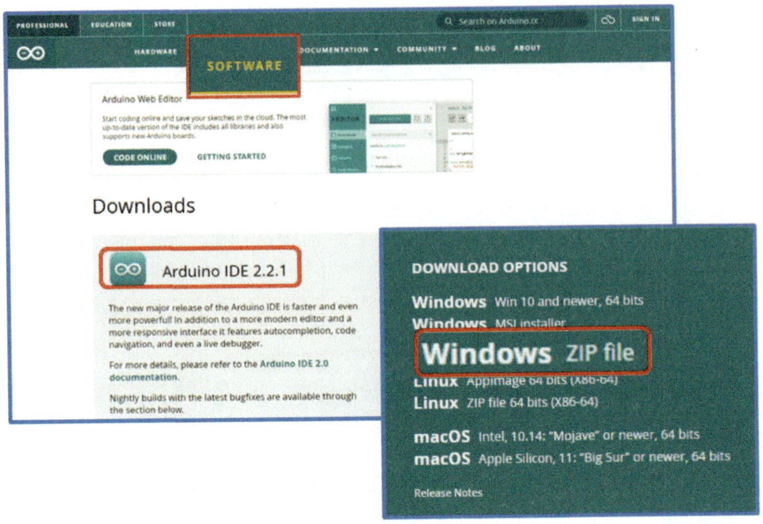

[그림 1.9] 아두이노 홈페이지 http://www.arduino.cc/

Windows용 ZIP형태의 압축파일을 다운받아 사용하는 경우, 다운로드 후에 원하는 경로에 압축을 해제하도록 한다.

예를 들면 그림 1.9에서 'arduino-ide_2.2.*.zip'를 다운로드 받아서, 바탕화면에 서 압축을 풀면 arduino-ide_2.2.1_Windows_64bit의 폴더가 생성이 되고 폴더 속에는 그림 1.10과 같이 다른 폴더들과 파일이 생겨난다.

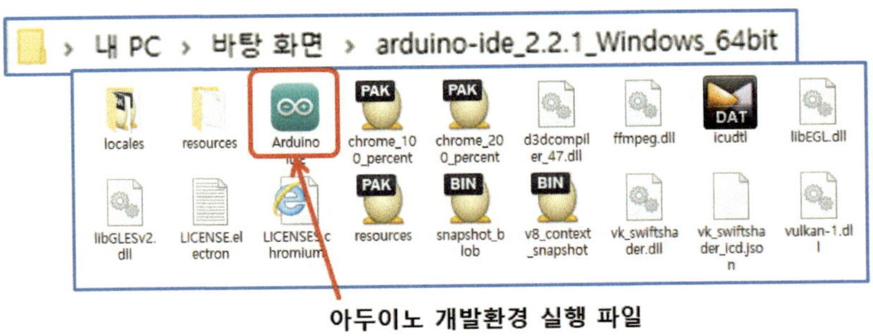

[그림 1.10] 아두이노 개발환경 설치

이 파일들 가운데 Arduino.exe 파일인 Arduino IDE를 클릭하면 아두이노 개발환경이 실행되어 그림 1.11과 같은 기본 프로그램 창이 나타난다.

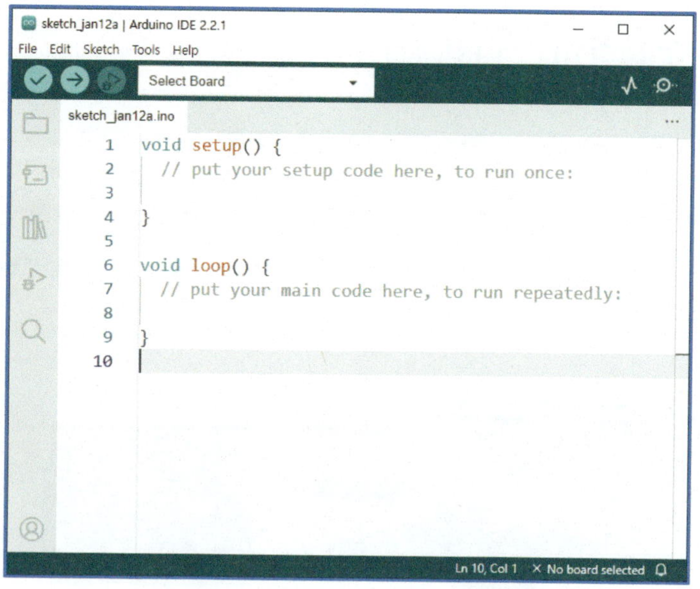

[그림 1.11] 아두이노 개발환경(IDE)

처음 설치하면 여러 가지 업데이트나 보드 추가, 라브이러리 추가와 같은 팝업창이 나타나는데 특별한 이유가 없다면, 설치를 허락하는 것을 권장한다.

개발환경(IDE)의 가장 위쪽에 있는 툴바에서 파일(File)을 선택하고 Preferences...를 클리하면, 그림 1.12와 같이 Preferences창이 새롭게 나타난다. 이곳에서 작성한 프로그램이 저장될 위치를 설정하거나, 글자의 크기와 개발환경의 언어 등을 설정할 수 있다.

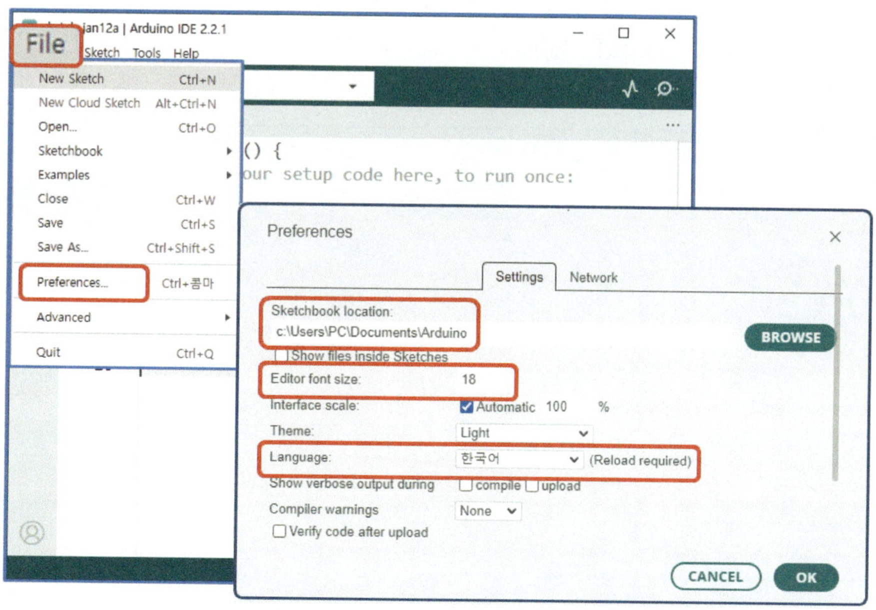

[그림 1.12] 개발환경(IDE) 기본설정

1.5 아두이노 UNO 보드 연결

아두이노 개발환경이 설치되어 있는 PC에 아두이노 보드를 연결하려면 하드웨어적으로는 그림 1.13과 같이 USB 케이블을 사용하여 PC와 아두이노 보드를 연결하면 되고 소프트웨어적으로는 아두이노 개발환경이 설치되어 있는 PC에 아두이노 보드용 USB 드라이버 프로그램을 설치하여야 한다.

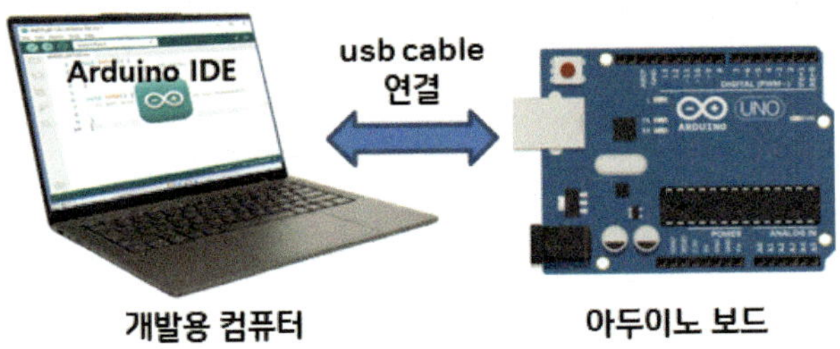

[그림 1.13] 개발용 PC와 아두이노 UNO 보드의 연결

아두이노 보드가 처음 사용되던 초기에는 아두이노 보드용 USB 드라이버 설치를 컴퓨터에 별도로 설치해야 했지만 최근에는 대부분 자동으로 연결된다.

아두이노 보드를 USB 케이블을 이용하여 컴퓨터에 연결하고 장치관리자를 열어보면, 그림 1.14와 같이 아두이노 UNO 보드가 컴퓨터의 COM3 포트에 연결된 것을 볼 수 있다. 이 연결상태는 아두이노 개발환경(IDE)의 툴바의 도구를 클릭하면 포트 정보와 일치한다.

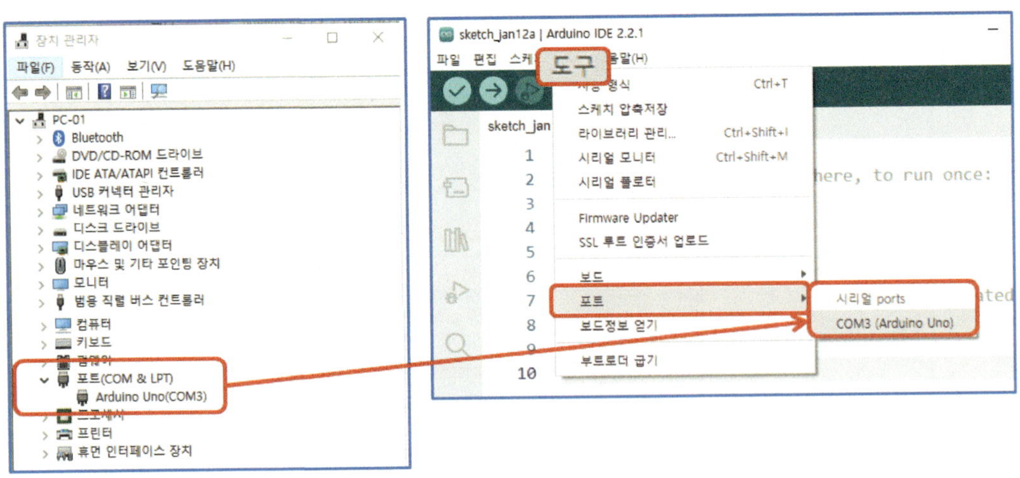

[그림 1.14] 장치관리자의 포트 연결정보

그러나 일부 아두이노 호환 보드의 경우 USB 디바이스 드라이버를 별도로 검색하여 설치해야 하는 경우도 있다.

다음으로 아두이노 개발환경(IDE)에서 아두이노 보드를 사용하기 위한 가장 중요한 작업은 보드를 선택하는 작업이다. 아두이노는 다양한 형태의 보도와 호환 보드들이 있으며, 각 보드들은 내부에 사용하는 MPU가 각기 다르기 때문이다.

예를 들면 표준 UNO R3의 MCU는 ATmel의 ATmega328P로 8bit MCU를 사용하고 있지만, Arduino UNO와 Arduino UNO Mini, Nano, Mega 등은 보드의 구조나 입력핀의 구성이나 형태가 다르기 때문이다. 그러므로 아두이노 개발환경(IDE)에서 사용할 보드를 정확하게 선택하여 주어야 컴파일 과정에서 오류가 발생하지 않는다.

아두이노 UNO R3나 R4를 사용하기 위해서는 그림 1.15와 같이 Arduino AVR Board를 선택하여 UNO를 선택하여야 한다.

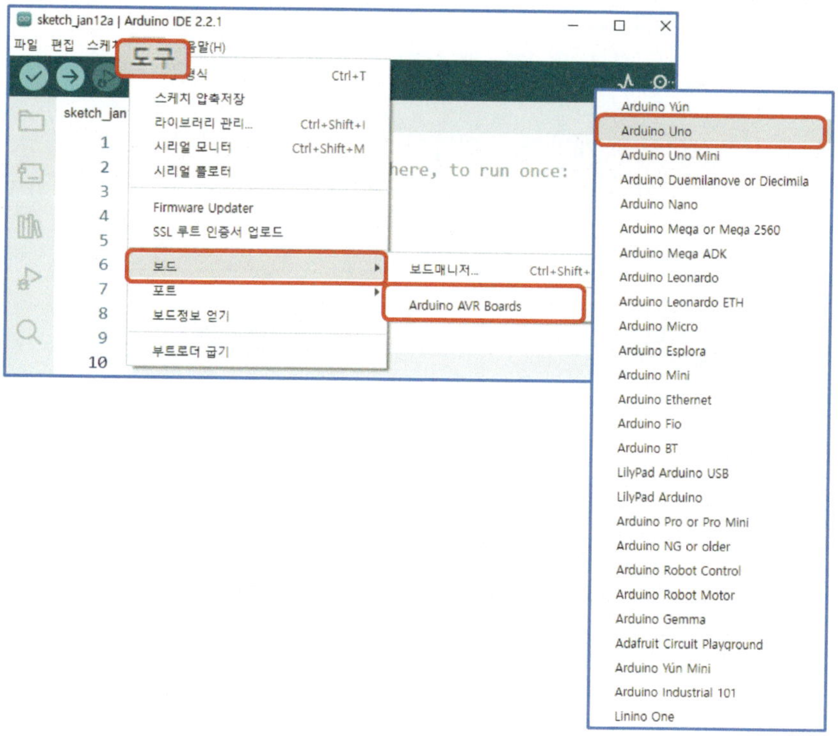

[그림 1.15] 아두이노 보드의 선택

만일 사용하는 아두이노 보드가 AVR 계열이 아니거나 그림 1.15에서 나타나지 않는다면, 보드매니저를 사용하여 보드를 추가하여야 한다. 보드매니저를 클릭하면 그림 1.16과 같이 별도의 보드매니저 창이 나타나며, 검색창에 원하는 보드를 입력하면 인터넷을 통하여 검색하여 보드를 아두이노 개발환경(IDE)에서 사용할 수 있도록 추가할 수 있다.

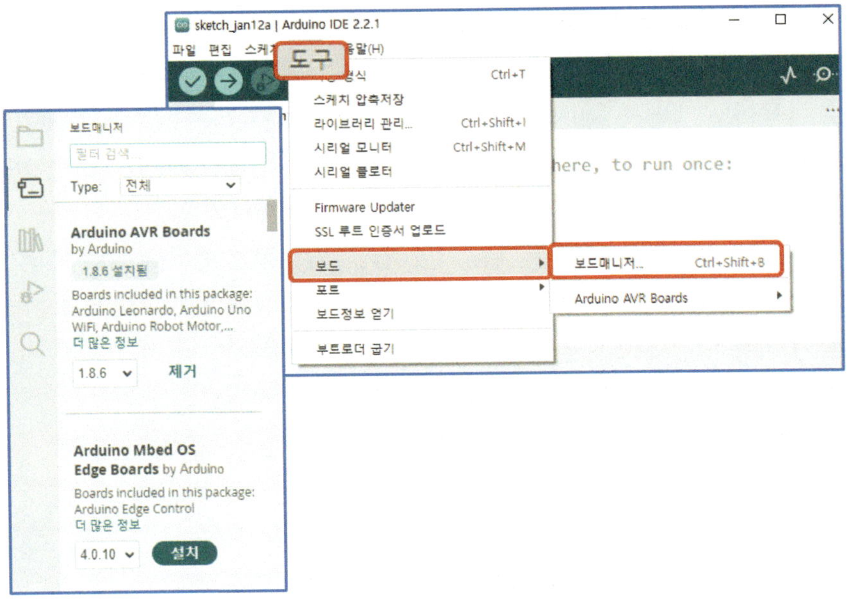

[그림 1.16] 보드 매니저를 사용한 호환보드 확장

아두이노 보드 프로그램을 개발하기 위하여 아두이노 개발환경(IDE)을 실행시켜 사용할 때, 반드시 그림 1.17과 같이 도구에서 정확한 보드의 선택과 포트 연결을 설정해야 한다.

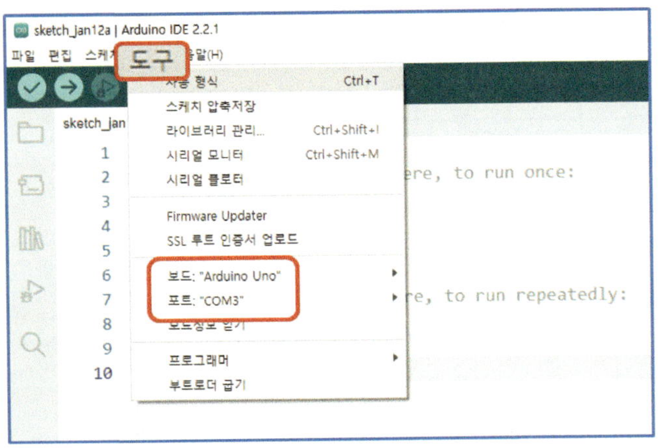

[그림 1.17] 아두이노 개발환경(IDE) 설정

1.6 아두이노 개발환경의 명령어 구성

아두이노 개발환경을 사용하기 위한 명령어와 툴바의 구성은 다음과 같다.

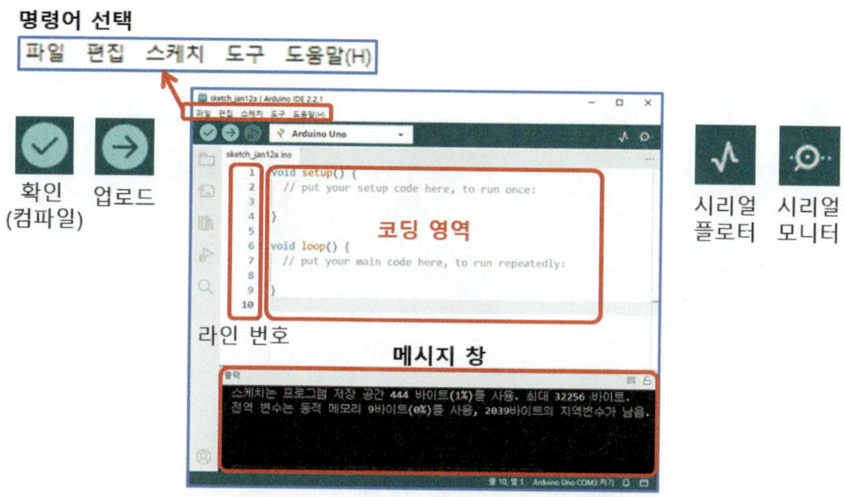

[그림 1.19] 아두이노 툴바의 구성과 기능

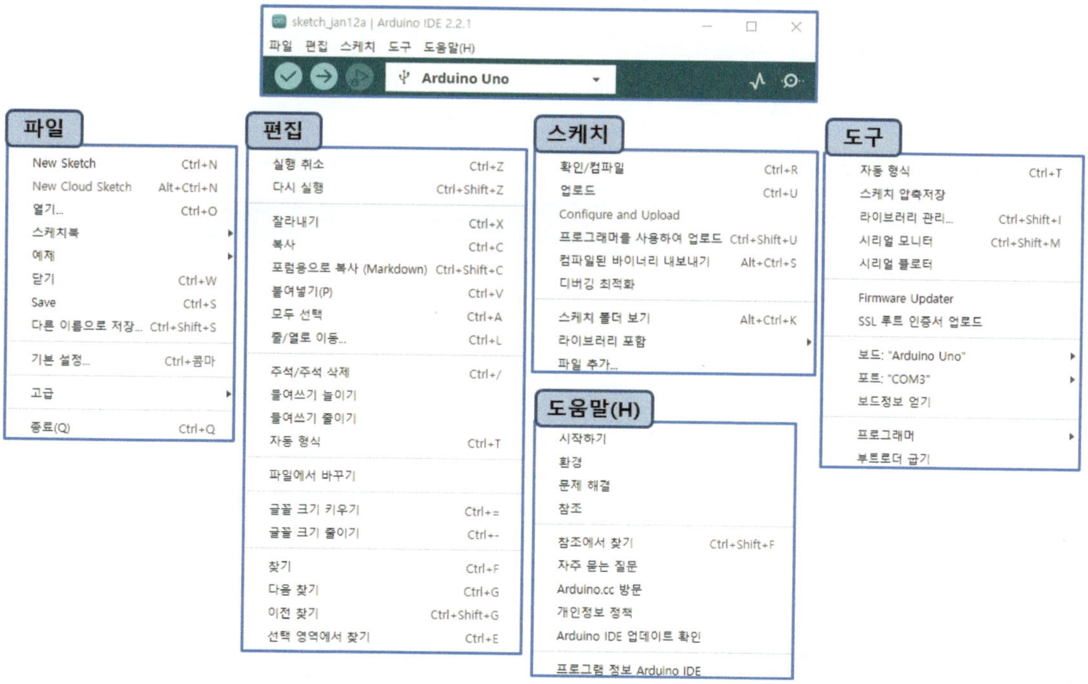

[그림 1.20] 아두이노 개발 환경 명령어

1.7 아두이노 통합 개발환경에서 스케치 작성

아두이노 통합 개발환경(IDE)에서 스케치를 작성하고 컴파일, 업로드하는 기본적인 사용법을 알아본다. 아두이노 통합 개발환경을 처음 사용하는 사용자를 위해 간단한 예제를 이용하여 작성한 코드를 컴파일하고 이를 장비에 프로그램하는 과정을 진행한다.

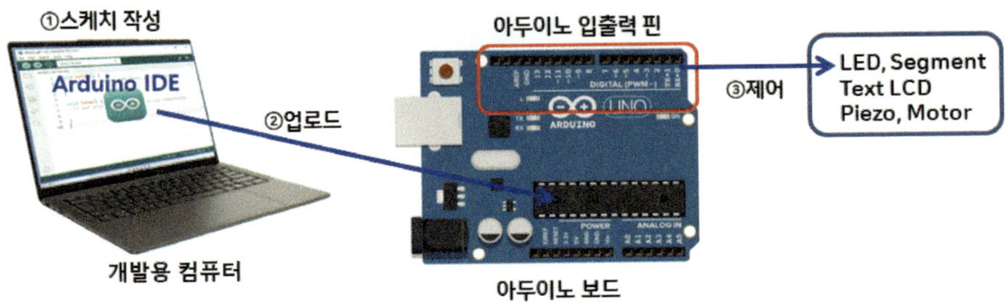

[그림 1.21] 개발환경과 업로드

(1) 보드 시험과 아두이노 개발환경의 제공 예제

아두이노 개발환경에는 다양한 스케치 예제를 제공하고 있어서, 처음 프로그램을 개발하는 사람도 쉽게 스케치를 작성할 수 있도록 하여 준다. 제공하는 기본 예제를 이용하여 보드에 다운로드 하여보자.

다음 그림과 같이 파일 → 예제 → 01.Basics → Blink를 선택한다.

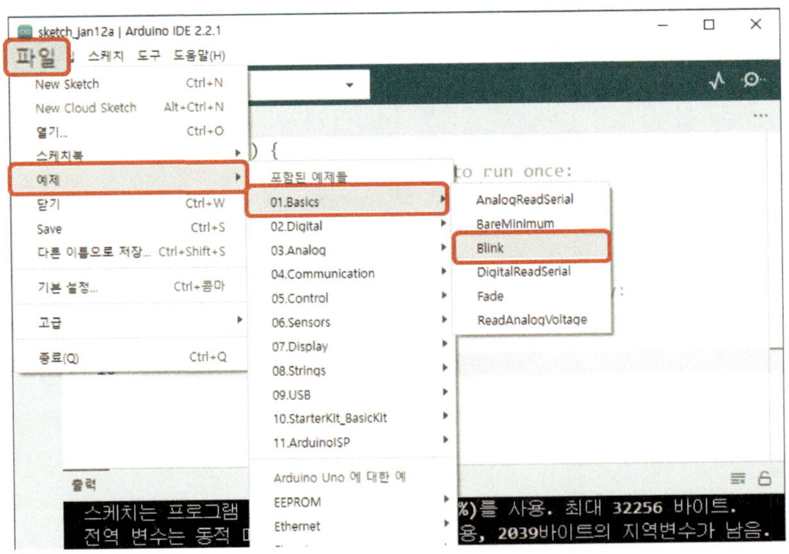

[그림 1.22] 예제 활용

기본 예제 스케치를 선택 완료하면, 아두이노 개발환경은 그림 1.23과 같이 새로운 창을 열어 스케치를 로드하여 나타낸다.

예제 스케치를 살펴보면, 기존의 C언어로 작성된 프로그램과 유사한 문법구조를 가지고 있음을 알 수 있다.

"//"로 표시된 설명 부분을 제외하고 나면, 매우 간단한 스케치이다.

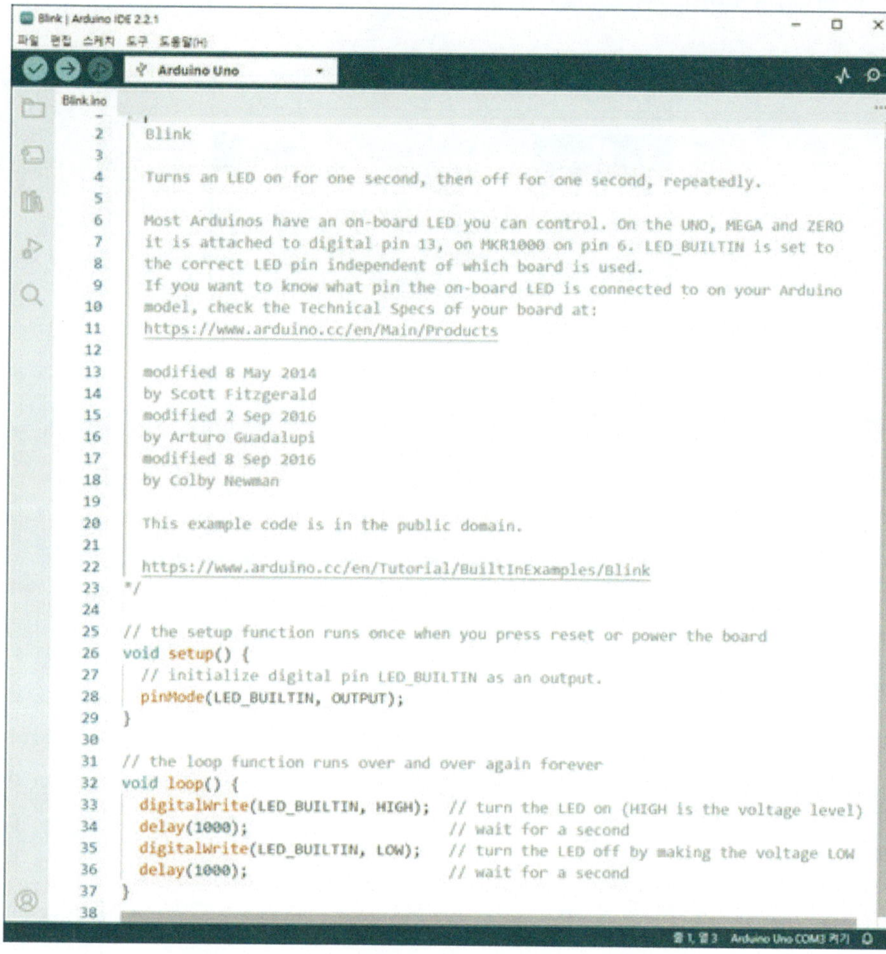

[그림 1.23] blink 예제

1.8 업로드 설정

개발용 컴퓨터에서 작성한 스케치를 아두이노 보드에 업로드하기 위하여, 아두이노 개발환경에서 사용할 보드와 프로그래머를 선택해야 한다. 아두이노 개발환경은 선택한 보드와 프로그래머에 맞게 컴파일하고 업로드를 하게 된다.

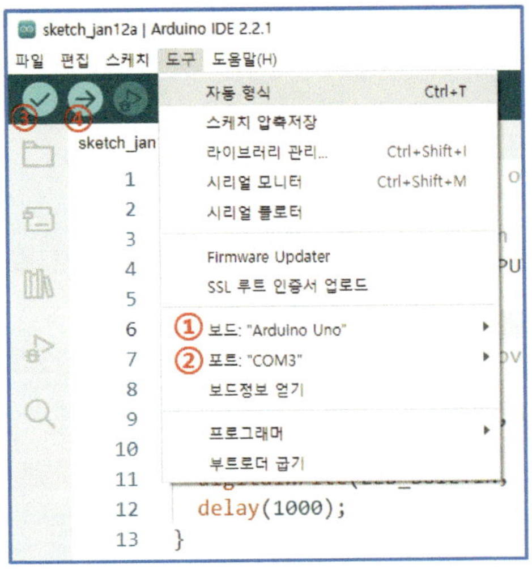

[그림 1.24] 툴 명령어에서의 설정

(1) 아두이노 보드 선택

아두이노 UNO보드를 사용하여 주변기기를 제어하기 원한다면, 스케치를 작성한 후 그림 1.25와 같이 상단 툴바의 도구에서 보드를 선택하여 "Arduino Uno"를 선택하고, 컴파일을 하여야 한다.

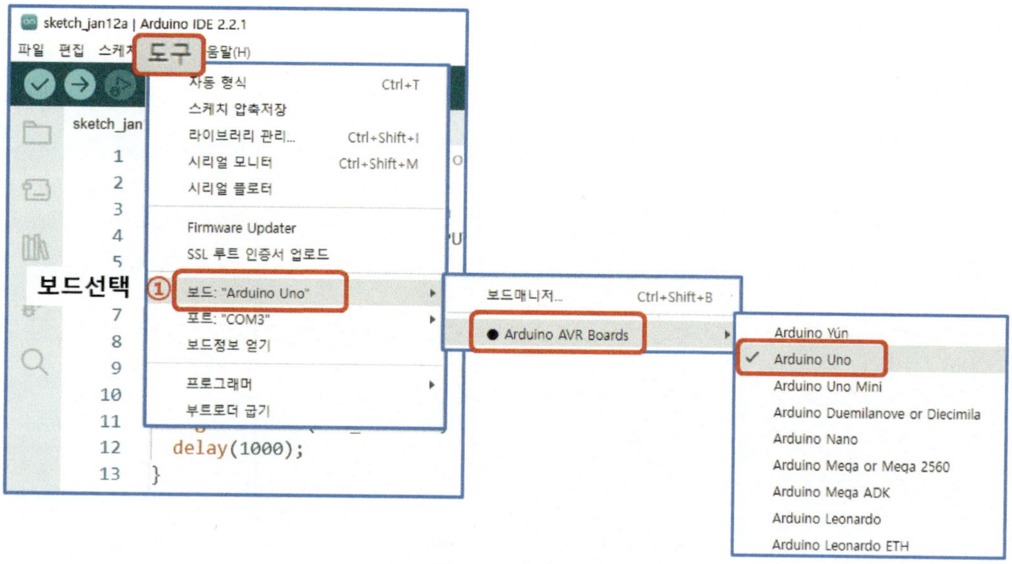

[그림 1.25] UNO 보드 선택

(2) 시리얼 포트 선택

컴퓨터와 아두이노 보드 사이의 통신을 위한 시리얼 포트의 선택은 그림 1.26과 같이 선택한다.

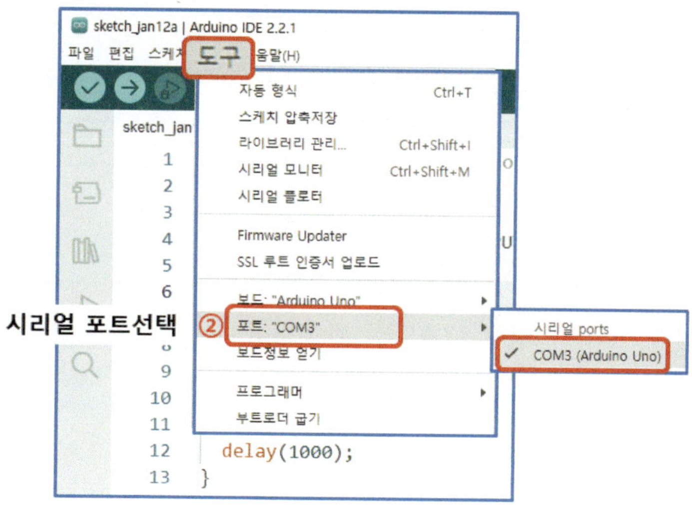

[그림 1.26] 시리얼 포트 선택

컴퓨터에 아두이노 보드가 연결된 시리얼 포트 번호는 "컴퓨터 관리 → 장치관리자 → 포트" 순으로 확인할 수 있다.

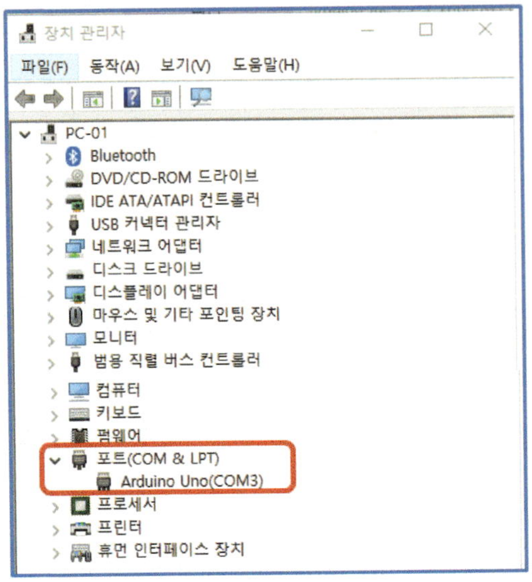

[그림 1.27] 장치관리자의 시리얼 포트 확인

(3) 확인/컴파일

상단 툴바의 확인/컴파일을 누르면, 작성한 스케치의 오류를 점검한 후 선택한 아두이노 보드에 맞는 형식으로 컴파일 된다.

확인/컴파일③

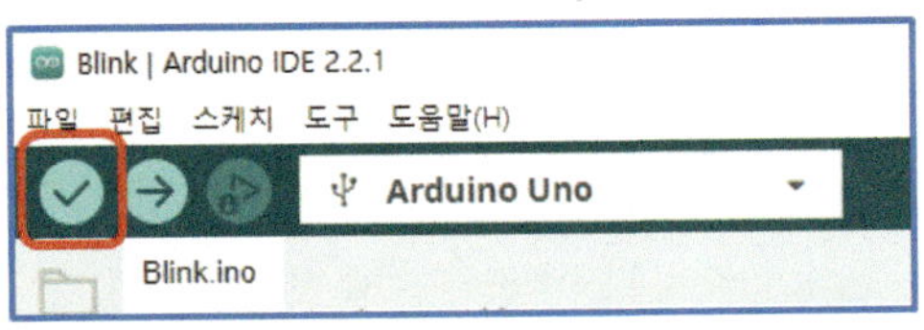

[그림 1.28] 아두이노 스케치 컴파일

만일 작성한 스케치에 오류가 있거나 보드 선택이 잘못되면 스케치창 아래 부분에 오류 메시지가 나타난다. 오류가 없이 컴파일이 완료되면 다음과 같은 메시지가 나타난다.

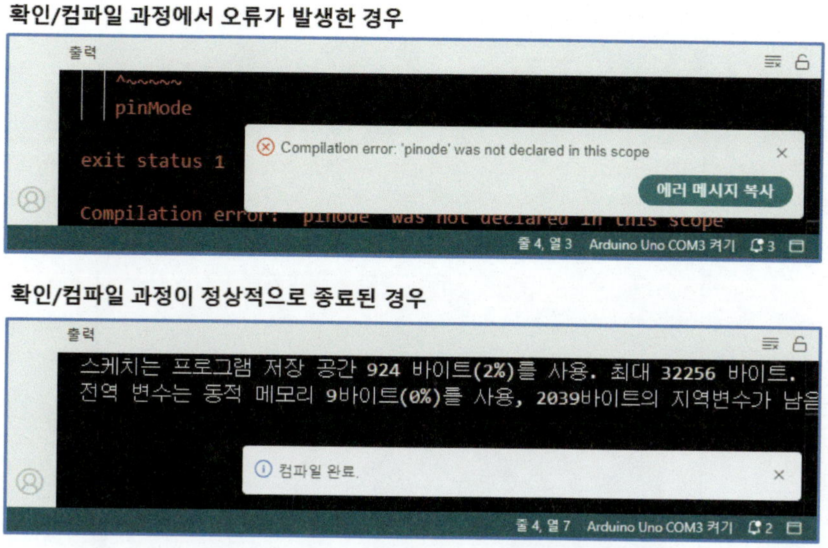

[그림 1.29] 스케치 컴파일 결과 메시지

(4) 업로드

확인/컴파일에서 오류가 발생하지 않으면, 개발용 PC에 USB 케이블로 연결된 아두이노 보드에 컴파일된 코드를 전송하여 저장시킨다.

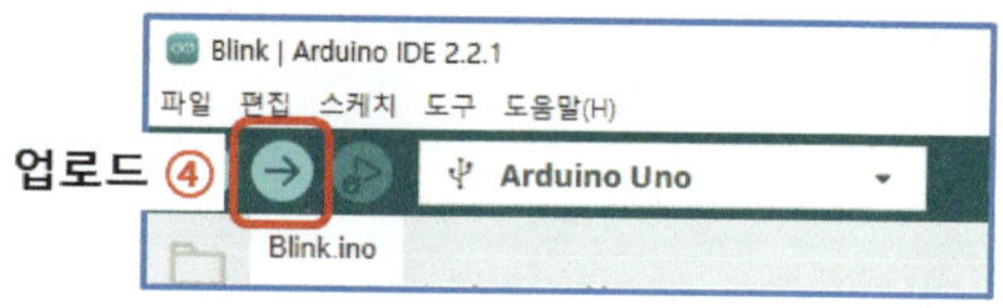

[그림 1.30] 아두이노 스케치 컴파일과 업로드

작성한 스케치에 어떤 오류도 없다면 그림 1.31과 같이 텍스트 콘솔에는 어떤 오류 메시지도 나타나지 않는다. 오류는 일반적으로 선택한 보드나 시리얼 포트에 문제가 있거나 보드와 컴퓨터가 연결되지 않았을 경우에 발생한다.

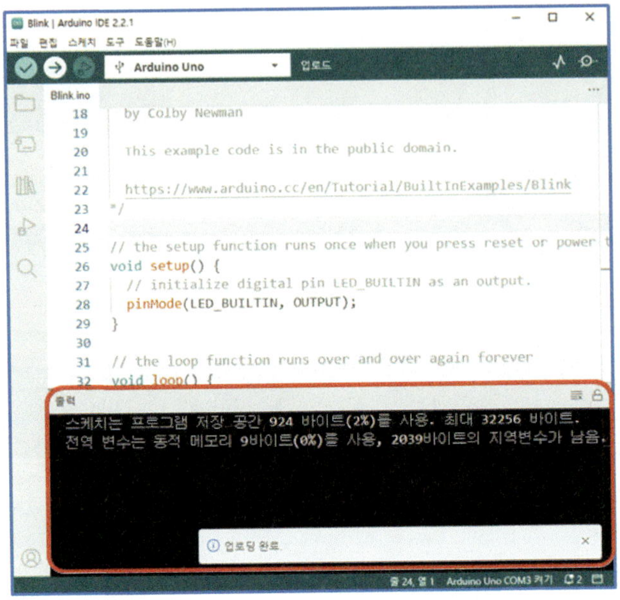

[그림 1.31] 아두이노 스케치 컴파일과 업로드 결과

예제 스케치인 "Blink"를 아두이노 보드에 업로드 하였다면, 아두이노 보드의 LED가 약 1초 간격으로 켜졌다 꺼졌다 하는 것을 확인할 수 있다.

그림 1.32와 같이 작성된 스케치가 없는 상태로 컴파일/업로드하면 아두이노 보드를 초기화 하는 효과와 아두이노 개발환경(IDE)와 아두이노 보드 사이의 연결상태 등을 확인하는 용도로 활용할 수 있다.

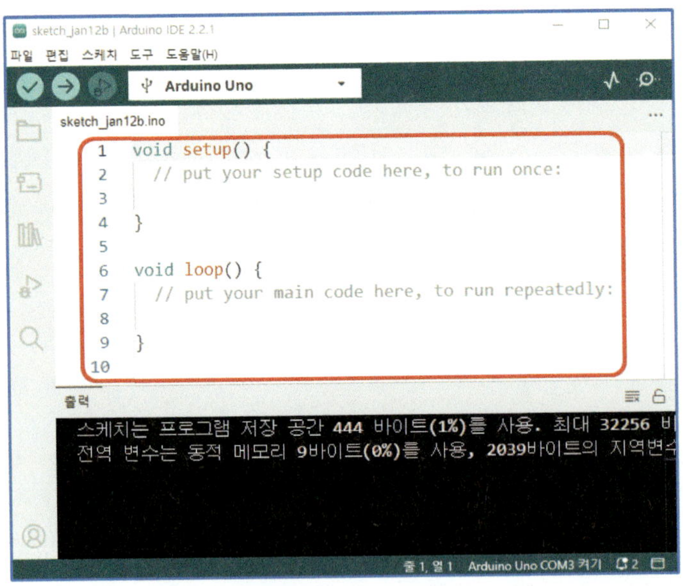

[그림 1.32] 작성된 스케치가 없는 파일의 컴파일과 업로드 결과

1.9 아두이노 UNO R4

이 절에서는 새롭게 발표된 UNO R4의 사양과 사용법에 대하여 살펴본다. 앞에서 간단히 설명한 것처럼 UNO R4는 Minima와 WiFi 두 가지 버전의 보드형태가 있으며, Minima 버전은 R3의 성능이 강화된 형태이고, WiFi 버전은 WiFi, 블루투스, CAN 등 다양한 통신 기능이 추가된 형태로 사물인터넷(IoT) 활용에 적합하다. UNO R3와 거의 동일한 구조(form factor)을 가지고 있어서 기존 R3에서 사용되는 개발환경 등의 호환이 가능하다.

다만 주의할 것은 UNO R3 보드의 핀 전류는 최대 20mA핀 였지만 Uno R4 보드에서 최대 소스/싱크 전류는 8mA이다. 즉 Uno R4 보드는 Uno R3보다 I/O 핀 전류의 약 40%만 처리할 수 있어서 OLED나 직류모터 등 같은 장치 및 디스플레이를 직접 구동하기 어렵다.

하지만 기본적으로 마이크로프로세서가 UNO R3는 ATmega328을 사용한 8bit을 기반으로 하고 있지만 UNO R4는 RA4M1의 32bit가 적용되어 빠르고 복잡한 프로젝트도 수행할 수 있으며, R4 WiFi 보드는 내부에 ESP32 프로세서가 추가로 내장되어 별도의 추가 모듈이나 쉴드 사용 없이 WiFi 등 다양한 통신도 가능하다.

[표 1.2] 아두이노 UNO R3와 R4 WiFi 주요성능 비교

항목	R3 	R4 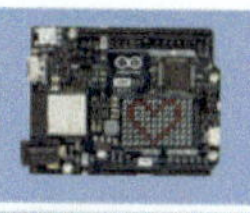
MCU	ATmega328(8bit)	RA4M1(32bit)
Flash Memory	32kByte	256kByte
SRAM	2kByte	32kByte
USB 연결 Type	USB-B	USB-C
입출력 핀 전류	20mA	8mA
ADC	10 bit	14 bit
DAC	없음	12 bit
WiFi, 블루투스, CAN 통신	없음	제공
Real Time Clock(RTC)	없음	제공

아두이노 개발환경(IDE)에 UNO R4 보드를 추가하려면, 아두이노 개발환경(IDE)에서 그림 1.33과 같이 툴바의 도구에서 보드를 클릭하여 보드매니저를 클릭하면, 아두이노 개발환경(IDE)에 보드매니저 창이 나타난다.

도구 〉 보드 〉 보드매니저 〉 보드매니저 창에 R4 입력

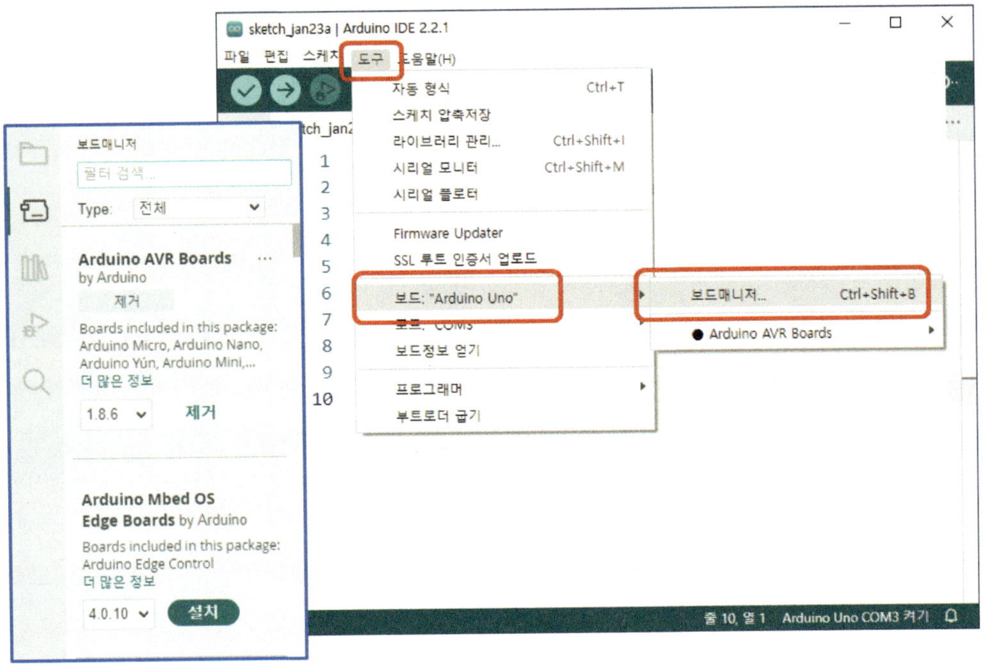

[그림 1.33] 보드매니저

이 보드매니저 창에 그림 1.34와 같이 R4을 입력하면 보드를 추가 설치를 할 수 있게 된다.

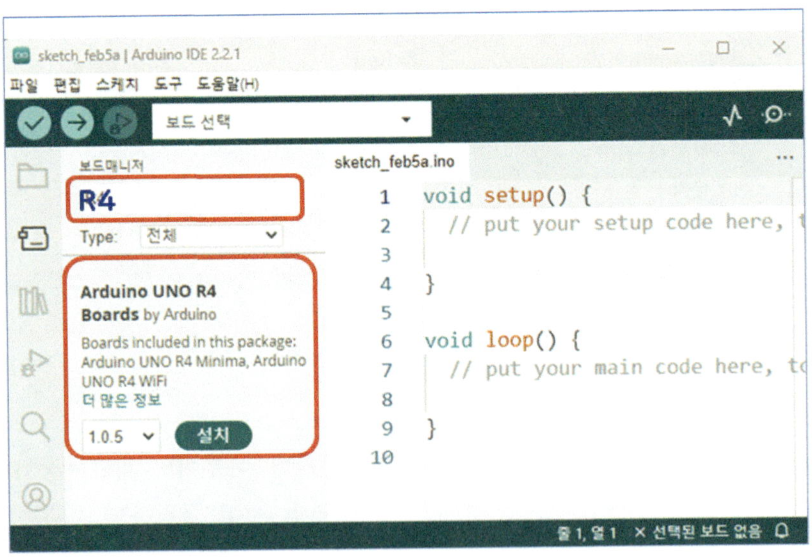

[그림 1.34] UNO R4 보드 추가

추가 설치가 완료되면, 아두이노 개발환경(IDE)를 다시 실행시키고, 툴바의 도구에서 보드를 클릭하면, 그림 1.35과 같이 R4의 Minima와 WiFi 두 가지 보드가 추가된 것을 확인할 수 있다.

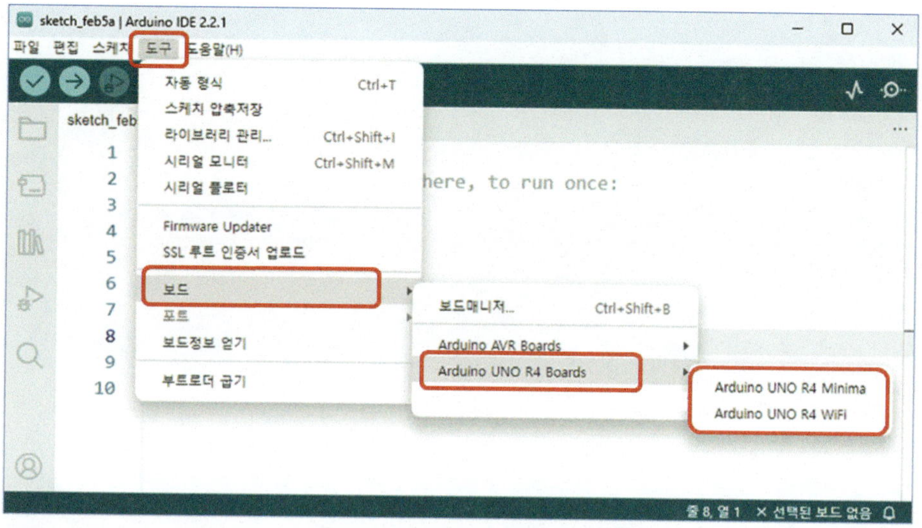

[그림 1.35] UNO R4 사용 가능

CHAPTER 2

아두이노로 출력하기

디지털 값 출력 : digitalWrite(핀번호, 출력할 값);
아날로그 값 출력 : analogWrite(핀번호, 출력할 값);

아두이노의 디지털입출력 핀을 사용하면 LED를 켜고 끄는 것과 같은 디지털 출력을 사용하는 기능을 쉽게 만들 수 있고, 스위치나 on/off 센서로부터 디지털입력을 받아들여 다른 기기를 쉽게 제어할 수 있다.

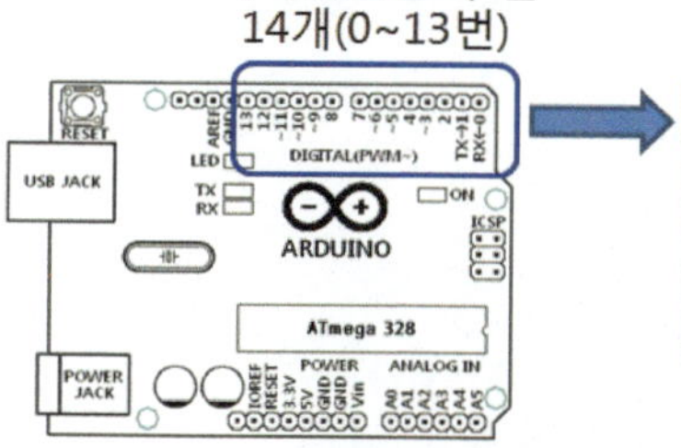

디지털 신호 출력장치	
광학적 표시	LED, LCD, FND
소리	Piezo
구동장치	Step motor

아두이노 보드의 디지털입출력 핀을 통하여
2진 디지털 값(High, Low)을 출력하여
디지털 데이터로 제어

[그림 2.1] 아두이노 UNO R3 보드의 디지털입출력

이 장에서는 아두이노 UNO R3보드를 활용하여 디지털 출력하는 과정을 살펴본다. 이를 위하여 디지털 정보를 출력하는 대표적인 도구인 LED를 다양한 방법으로 제어하는 예제들 통하여 아두이노 스케치를 작성하는 기본적인 방법들을 배운다.

2.1 아두이노 보드의 디지털 출력핀 사용하기

대부분의 아두이노 호환 보드들은 보드 위에 디지털 입출력 핀인 13번과 LED가 연결되어 있고, 아두이노 개발환경(IDE)에서 제공하는 Blink 예제를 이용하여 컴파일, 업로드와 개발환경과의 연결 상태 등을 확인해 볼 수 있도록 되어 있다.

void setup( ) {	setup( ) 함수 시작
pinMode(13, OUTPUT);	디지털입출력 핀 13번을 출력모드로 설정
}	setup( ) 함수 종료
void loop( ) {	loop( ) 함수의 시작, 내부의 명령이 무한 반복
digitalWrite(13, HIGH);	디지털입출력 핀 13번에 HIGH("1") 출력
delay(1000);	1000ms 동안 시간지연
digitalWrite(13, LOW);	디지털입출력 핀 13번에 LOW("0") 출력
delay(1000);	1000ms 동안 시간지연
}	loop( ) 함수 끝

이 Blink 예제는 아두이노 보드를 활용하여 디지털 출력을 내보낼 수 있는 가장 단순하고 쉬운 내용이지만 중요한 개념이기도 하다. 다음은 이 Blink 예제를 활용하여 아두이노 보드에 내장된 LED가 아닌 외부에 LED를 연결하여 제어하여 보자.

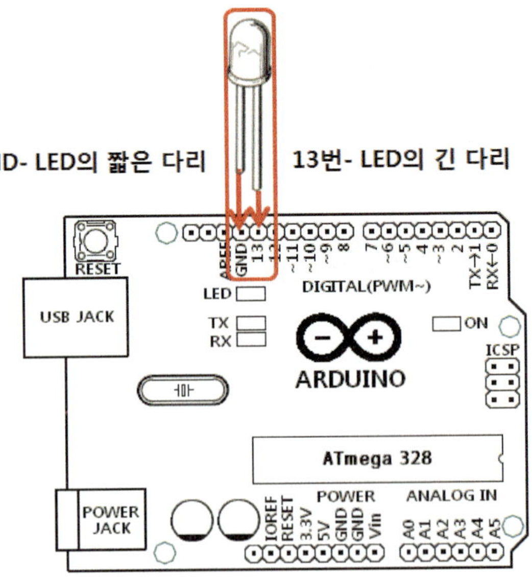

[그림 2.2] 아두이노 UNO R3보드 디지털입출력 핀 13번에 LED 연결

먼저, 하드웨어적 구성으로 아두이노 보드의 디지털입출력 핀 13번에 연결선을 이용하여 LED를 연결한다.

다음으로 아두이노 개발환경에서 소프트웨어 적으로 Blink 예제를 업로드 시킨다. Blink 예제의 pinMode( )명령은 아두이노 보드의 디지털입출력 핀 13번을 출력모드로 설정하고, digitalWrite( )명령은 디지털출력을 위해 선택한 핀 13번에 HIGH나 LOW의 디지털 값을 출력한다.

pinMode(13, OUTPUT);	디지털입출력 핀 13번을 출력모드로 설정
digitalWrite(13, HIGH);	디지털입출력 핀 13번에 2진수 "1"(HIGH) 출력
digitalWrite(13, LOW);	디지털입출력 핀 13번에 2진수 "0"(LOW) 출력

아두이노 보드의 LED와 보드 외부에 연결한 LED가 함께 깜박이는 것을 확인할 수 있다.

여기에서 delay( )는 아두이노에서 밀리초 단위의 시간지연을 위하여 사용할 수 있는 함수로 delay(1000)은 1000ms(1초)의 시간지연을 의미한다.

아두이노 UNO R3보드에는 디지털입출력 핀이 0~13까지 14개가 있으며, 이 핀들을 통하여 아두이노 보드에서 디지털 값을 출력하여 LED의 불을 켜거나 끄는 동작과 같은 디지털 정보로 제어되는 기기들을 동작시킬 수 있다.

그림 2.3은 Tinkercad(https://www.tinkercad.com/)를 이용하여 제작한 도면이다. Tinkercad는 브레드 보드에 아두이노 보드와 저항, LED, 스위치 등의 여러 가지 부품을 모의 구성해 볼 수 있도록 하여 주며, 회로도나 PCB 제작, 간단한 시뮬레이션 등을 쉽게 할 수 있도록 하는 프로그램이다.

2.1 실·전·예·제 LED 1개 깜박이기

디지털입력핀 10번에 LED를 연결하고 불을 켜고 싶다면, 다음과 같이 설정하면 된다.

[그림 2.3] 아두이노 보드 디지털입출력 핀 10번에 LED 연결

void setup( ) {	setup( ) 함수 시작
pinMode(10, OUTPUT);	디지털입출력 핀 10번을 출력으로 설정
}	setup( ) 함수 종료
void loop( ) {	loop( ) 함수의 시작, 내부의 명령이 무한 반복
digitalWrite(10, HIGH);	디지털입출력 핀 10번에 HIGH("1") 출력
delay(1000);	1000ms 동안 시간지연
digitalWrite(10, LOW);	디지털입출력 핀 10번에 LOW("0") 출력
delay(1000);	1000ms 동안 시간지연
}	loop( ) 함수 끝

■

2.2 변수 사용하기

Blink 예제의 디지털입출력 핀 13번을 예제 2.1과 같이 다른 핀으로 바꾸려면 Blink 예제의 스케치에서 13을 해당하는 핀으로 모두 변경해 주면 된다. 변수를 활용하면 좀 더 편리하게 이러한 작업을 할 수 있다.

변수 k를 정수형으로 선언하고, 초기값을 13으로 지정하면 앞의 Blink예제와 동일하게 되고, k의 값을 10으로 변경하면 예제 2.1과 같이 동작하게 된다.

즉 변수 k의 초기값을 원하는 디지털입출력 핀의 번호로 설정하면 나머지 스케치를 수정하지 않고도 쉽게 수정할 수 있게 된다.

아두이노 보드에서 변수를 정수형으로 선언할 때는 'int'를 앞에 붙여주고, 실수형일 경우에는 'flot', 문자형일 경우에는 'char'를 앞에 붙여 선언해준다.

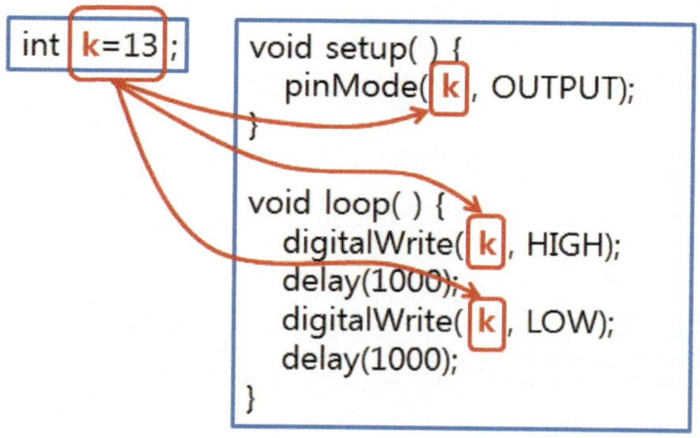

[그림 2.4] 변수 활용 개념

실・전・예・제

2.2 시간지연 값을 변수를 사용하여 지정하기

시간지연 함수의 값을 dTime이라는 정수형 변수를 사용하여 지연시간을 쉽게 변경할 수도 있다.

int k=10;	k를 정수형 변수로 선언, 초기값 10으로 설정
int dTime =500;	dTime을 정수형 변수로 선언, 초기값 500으로 설정
void setup( ) {	아두이노 보드의 핀 설정
pinMode(k , OUTPUT);	디지털입출력 핀 k번을 출력으로 설정
}	setup( ) 함수 종료
void loop( ) {	loop( ) 함수의 시작, 내부의 명령이 무한 반복
digitalWrite(k , HIGH);	디지털입출력 핀 k번에 HIGH("1") 출력
delay(dTime);	dTime 동안 시간지연
digitalWrite(k , LOW);	디지털입출력 핀 k번에 LOW("0") 출력
delay(dTime);	dTime 동안 시간지연
}	loop( ) 함수의 끝

■

2.3 함수 만들기

프로그램에서 반복적으로 사용되는 부분을 함수로 만들어 사용하면 스케치를 편리하게 구성할 수 있다. 동일하게 반복되는 구조를 함수로 만드는 방법을 다음 예를 통하여 살펴보자.

여러 개의 LED의 on/off 상태를 제어하기 위하여, 디지털 입출력 핀 4개를 사용하여 LED 4개에 그림 2.5와 같이 연결한다.

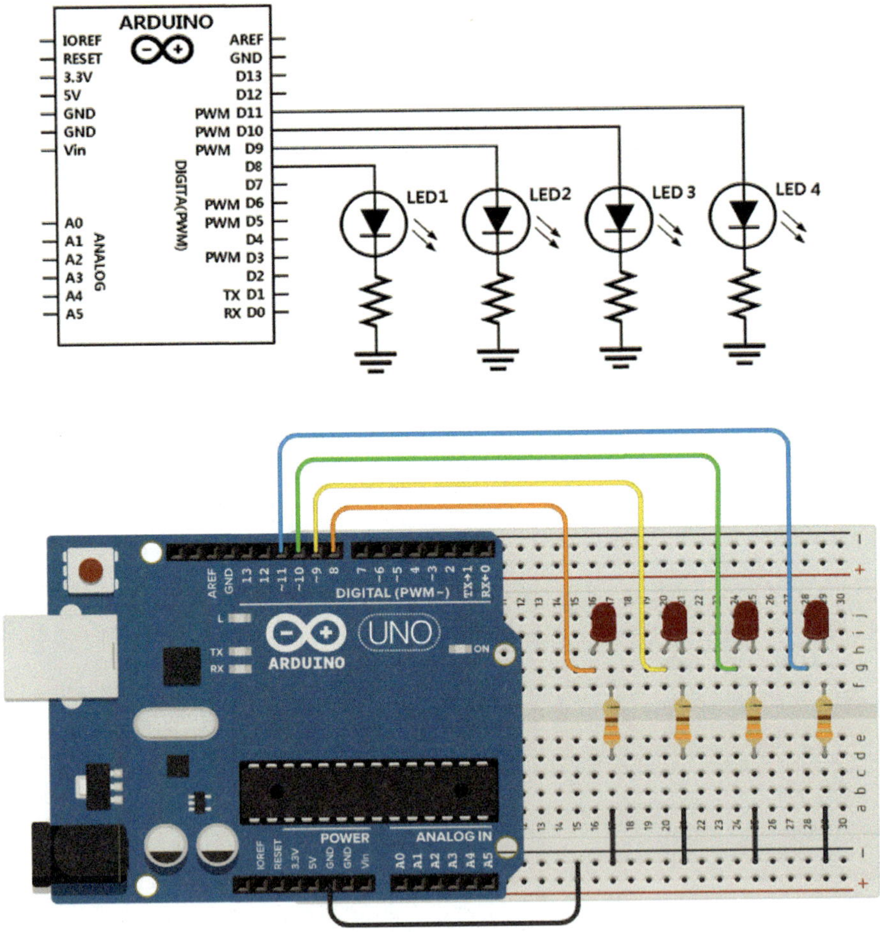

[그림 2.5] LED 4개의 제어

실 • 전 • 예 • 제

2.3 4개의 LED를 순차적으로 깜박이기

아두이노에서 LED의 불을 켜는 Blink 예제를 응용하여 아두이노 보드에 LED 4개를 연결하고 제어하여 보자.

예제 2.1의 디지털입출력 핀을 깜박이게 하는 부분을 반복하여 사용하면 다음과 같이 만들 수 있다.

void setup( ) {	아두이노 보드의 핀 설정

pinMode(8, OUTPUT);
pinMode(9, OUTPUT);
pinMode(10, OUTPUT);
pinMode(11, OUTPUT);
	디지털입출력 핀 8~11번을 출력으로 설정

}	setup( ) 함수 종료
void loop( ) {	loop( ) 함수의 시작, 내부의 명령이 무한 반복

digitalWrite(8, HIGH);
delay(1000);
digitalWrite(8, LOW);
delay(1000);
	디지털입출력 핀 8번을 1초 간격으로 on/off

digitalWrite(9, HIGH);
delay(1000);
digitalWrite(9, LOW);
delay(1000);
	디지털입출력 핀 9번을 1초 간격으로 on/off

digitalWrite(10, HIGH);
delay(1000);
digitalWrite(10, LOW);
delay(1000);
	디지털입출력 핀10번을 1초 간격으로 on/off

digitalWrite(11, HIGH);
delay(1000);
digitalWrite(11, LOW);
delay(1000);
	디지털입출력 핀 11번을 1초 간격으로 on/off

}	loop( ) 함수의 끝

■

그러나 이러한 방식으로 더 많은 LED를 켜고자 한다면 스케치는 단순하지만 번거롭게 된다.

실 • 전 • 예 • 제

2.4 함수를 사용하여 4개의 LED를 순차적으로 깜박이기

그림 2.6과 같이 공통적으로 반복되는 LED가 1초 간격으로 켜졌다가 꺼지는 기능을 bink_ft( )라는 함수로 만들고, 그 bink_ft( )라는 함수를 loop( )에서 호출하는 방법으로 예제 2.3을 바꿀 수 있다.

loop( )에서 bink_ft(8)이라고 bink_ft(pin)함수를 호출하면 pin값으로 8을 전달하여 함수의 내용을 다음과 같이 실행한다.

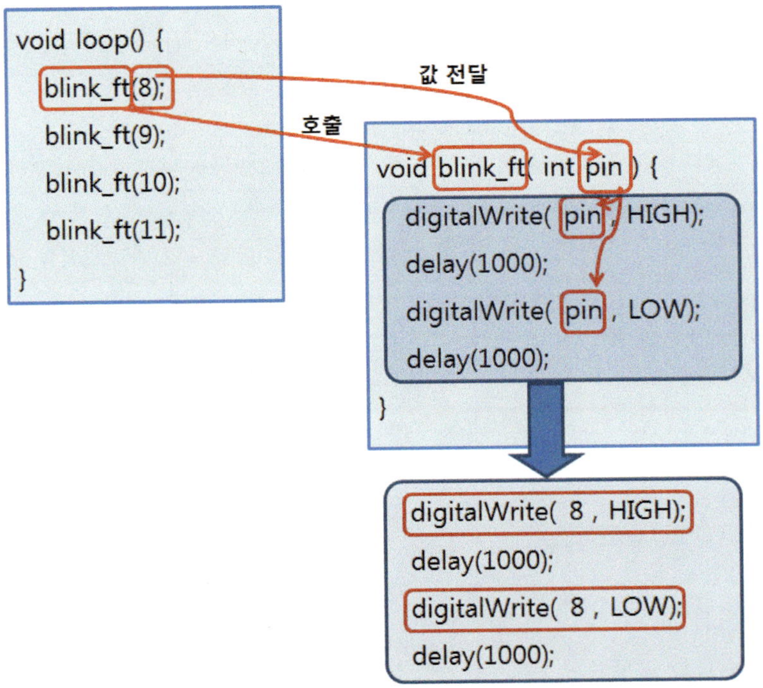

[그림 2.6] 함수 활용 개념

void setup( ) {	아두이노 보드의 핀 설정

pinMode(8, OUTPUT);
pinMode(9, OUTPUT);
pinMode(10, OUTPUT);
pinMode(11, OUTPUT);
	디지털입출력 핀 8, 9, 10, 11번을 출력으로 설정

}	setup( ) 함수 종료
void blink_ft(int pin) {	blink_ft( ) 함수의 시작
digitalWrite(pin, HIGH); **delay(1000);** **digitalWrite(pin, LOW);** **delay(1000);**	디지털입출력 핀 pin번을 1초 간격으로 on/off
}	blink_ft( ) 함수의 끝
void loop( ) {	loop( ) 함수의 시작, 내부의 명령이 무한 반복
blink_ft(8); **blink_ft(9);** **blink_ft(10);** **blink_ft(11);**	blink_ft( ) 함수를 호출, 변수 pin의 값으로 8 전달 blink_ft( ) 함수를 호출, 변수 pin의 값으로 9 전달 blink_ft( ) 함수를 호출, 변수 pin의 값으로 10 전달 blink_ft( ) 함수를 호출, 변수 pin의 값으로 11 전달
}	loop( ) 함수의 끝

■

2.4 for( )문 활용하기

앞의 스케치를 살펴보면 LED를 제어하기 위하여 다음과 같은 구조의 스케치가 반복적으로 사용되는 것을 볼 수 있다.

```
pinMode(8, OUTPUT);
pinMode(9, OUTPUT);
pinMode(10, OUTPUT);
pinMode(11, OUTPUT);
```

```
blink_ft(8);
blink_ft(9);
blink_ft(10);
blink_ft(11);
```

이렇게 반복적으로 사용되는 LED 제어 부분을 for( )문을 사용하면 스케치를 편리하게 구성할 수 있다.

for( )문은 초기값을 증가(또는 감소)시키면서 조건을 만족하는 동안 반복하는 명령이다. 예를 들면 다음의 for(k=8; k<12; k++)는 변수 k의 초기값으로 8을 가지고 시작해서 k를 1씩 증가시키면서 k<12가 될 때까지 반복할 부분에 k값을 대입하면서 실행한다.

즉, pinMode(8,OUTPUT) → pinMode(9,OUTPUT) → pinMode(10,OUTPUT) → pinMode(11,OUTPUT)이 순차적으로 실행된다.

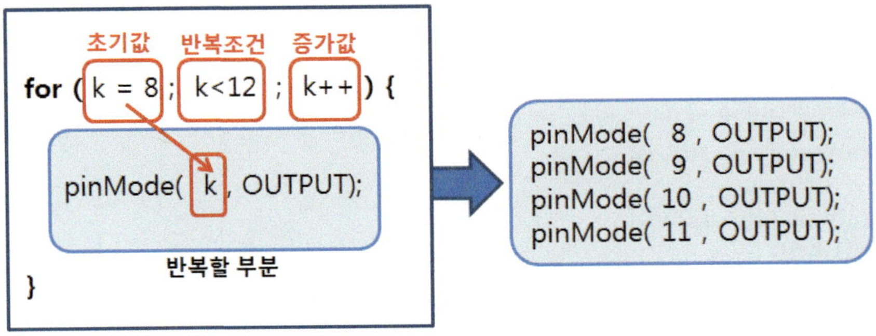

[그림 2.7] for( )문 개념

실·전·예·제 2.5 for문을 사용하여 4개의 LED를 순차적으로 깜박이기

예제 2.4를 변수와 for문을 사용하여 변경하면 다음과 같이 된다.

int k;	for문에 사용하기 위하여 k를 정수형 변수로 선언
void setup( ) {	아두이노 보드의 핀 설정

for(k=8; k<12; k++) {
pinMode(k, OUTPUT);
}
	디지털입출력 핀 8, 9, 10, 11번을 출력으로 설정

}	setup( ) 함수 종료
void blink_ft(int pin) {	blink_ft( ) 함수의 시작

digitalWrite(pin, HIGH);
delay(1000);
digitalWrite(pin, LOW);
delay(1000);
	디지털입출력 핀 pin번을 1초 간격으로 on/off

}	blink_ft( ) 함수의 끝
void loop( ) {	loop( ) 함수의 시작, 내부의 명령이 무한 반복

for(k=8; k<12; k++) {
blink_ft(k);
}
	blink_ft( ) 함수를 호출, 변수 pin의 값으로 8 전달
	blink_ft( ) 함수를 호출, 변수 pin의 값으로 9 전달
	blink_ft( ) 함수를 호출, 변수 pin의 값으로 10 전달
	blink_ft( ) 함수를 호출, 변수 pin의 값으로 11 전달

}	loop( ) 함수의 끝

■

2.5 Array문 활용하기

이번에는 여러 개의 변수를 하나의 이름으로 사용할 수 있는 배열을 살펴보자. 즉, 디지털입출력 핀 8, 9, 10, 11번을 변수로 정의하여 사용하려면 k1, k2, k3, k4처럼 각각 다른 이름으로 지정해야 한다. 이렇게 핀 번호와 같이 같은 종류의 변수를 배열로 묶어서 정의하면 하나의 변수처럼 사용할 수 있다.

배열(Array)은 그림 2.8과 같이 여러 개의 방을 묶어서 하나의 이름으로 부여하고 각 방은 번호를 부여하여 구분한다.

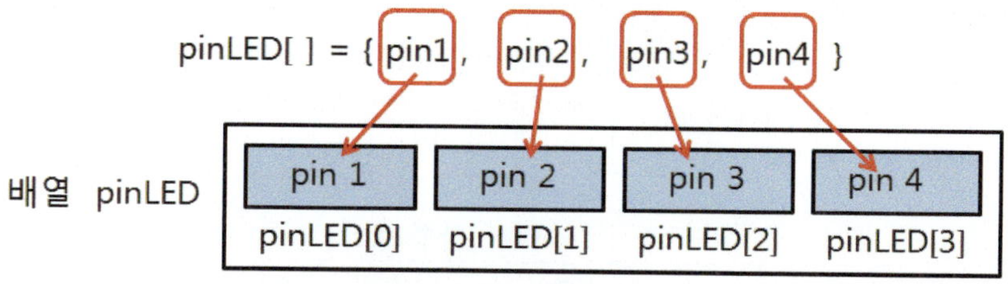

[그림 2.8] 배열의 개념

그림 2.9는 디지털입출력 핀 8, 9, 10, 11번을 pinLED라는 배열의 속에 pinLED[0], pinLED[1], pinLED[2], pinLED[3]으로 지정하여 사용하는 예를 보인 것이다.

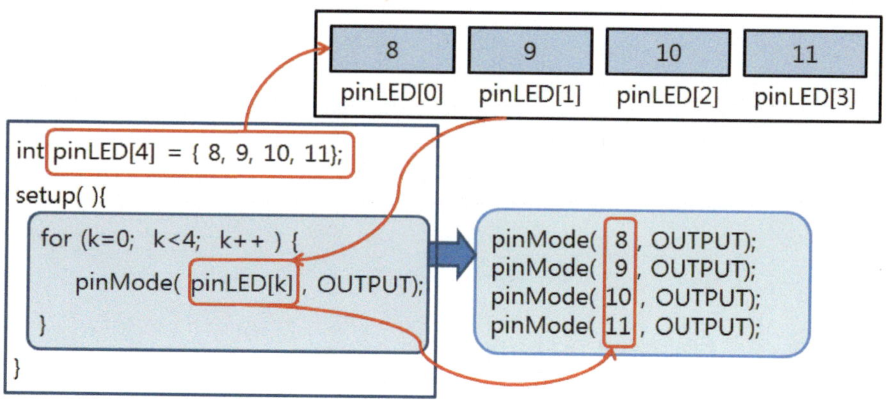

[그림 2.9] 배열의 동작

이러한 배열을 사용하면 제어하고자 하는 핀들이 4, 9, 11, 12번처럼 연속적이지 않을 경우에도 편리하게 제어할 수 있다.

실 • 전 • 예 • 제

2.6 배열을 사용하여 4개의 LED를 순차적으로 깜박이기

배열과 for문을 사용하면, 필요한 부분을 반복실행 간단하게 할 수 있다.

먼저, 사용하고자 하는 디지털 입출력 핀을 다음과 같이 배열에 저장하고, for문을 사용하여 호출하도록 작성한다.

int **pinLED[4]**= {8, 9, 10, 11}; int k;	배열 pinLED[ ]를 정수형으로 선언하고 값을 지정 pinLED[0]~pinLED[3]은 각각 핀 8,9,10,11번 지정
void setup( ) {	아두이노 보드의 핀 설정

for(k=0; k<4; k++) {
pinMode(**pinLED[k]**, OUTPUT);
}
	pinLED[0]이 나타내는 8번을 출력모드로 선언
	pinLED[1]이 나타내는 9번을 출력모드로 선언
	pinLED[2]이 나타내는 10번을 출력모드로 선언
	pinLED[3]이 나타내는 11번을 출력모드로 선언

}	setup( ) 함수 종료
void blink_ft(int pin) {	blink_ft( ) 함수의 시작

digitalWrite(pin, HIGH);
delay(1000);
digitalWrite(pin, LOW);
delay(1000);
	디지털입출력 핀 pin번을 1초 간격으로 on/off

}	blink_ft( ) 함수의 끝
void loop( ) {	loop( ) 함수의 시작, 내부의 명령이 무한 반복

for(k=0; k<4; k++) {
blink_ft(**pinLED[k]**);
}
	blink_ft( ) 함수를 호출, 변수 pin의 값으로 8 전달
	blink_ft( ) 함수를 호출, 변수 pin의 값으로 9 전달
	blink_ft( ) 함수를 호출, 변수 pin의 값으로 10 전달
	blink_ft( ) 함수를 호출, 변수 pin의 값으로 11 전달

}	loop( ) 함수의 끝

■

연습과제 2.1 LED 디스플레이 동작 기능 4가지

여러 개의 LED를 순차적으로 이동 시키거나 조건에 따라 제어하여 보자.

배열과 변수를 사용하여, for문과 delay( )의 위치 조합에 따라 LED가 켜지고 꺼지는 것이 달라지는 것을 검토하고 그 이유를 분석하라.

먼저, 배열과 for문을 사용하여 아두이노 보드의 디지털입출력 핀 4개를 출력모드(OUTPUT)로 다음과 같이 설정한다.

int pinLED[4]= {8, 9, 10, 11}; int k;	배열 pinLED[]를 정수형으로 선언하고 값을 지정 pinLED[0]~pinLED[3]은 각각 핀8, 9, 10, 11번 지정

void setup( ) {
  for(k=0; k<4; k++) {
    pinMode(pinLED[k], OUTPUT);
  }
}
	pinLED[0]이 나타내는 8번을 출력모드로 선언
	pinLED[1]이 나타내는 9번을 출력모드로 선언
	pinLED[2]이 나타내는 10번을 출력모드로 선언
	pinLED[3]이 나타내는 11번을 출력모드로 선언

① LED 4개가 모두에 켜졌다가 1초 후에 4개가 모두 꺼지도록 구성

LED 4개가 모두 켜졌다가 1초 후 4개가 모두 꺼진다.	void loop( ) {
	  for(k=0; k<4; k++) {
	    digitalWrite(pinLED[k], HIGH);
	  }
	  delay(1000);
	  for(k=0; k<4; k++) {
	    digitalWrite(pinLED[k], LOW);
	  }
	  delay(1000);
	}
		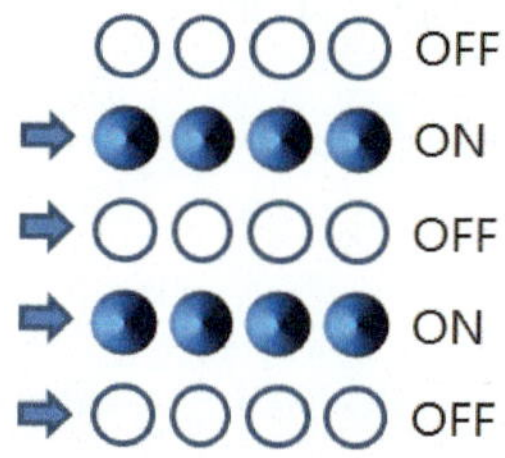

② LED가 1개씩 오른쪽에서 왼쪽으로 순차적으로 켜지다가 4개가 다 켜지면, 오른쪽에서 왼쪽으로 순차적으로 1개씩 꺼지도록 구성

LED가 1개씩 1초 간격으로 켜지며 R → L로 쌓이다가 1개씩 1초 간격으로 R → L로 하나씩 꺼진다.	void loop( ) {
	  for(k=0; k<4; k++) {
	    digitalWrite(pinLED[k], HIGH);
	    delay(1000);
	  }
	  for(k=0; k<4; k++) {
	    digitalWrite(pinLED[k], LOW);
	    delay(1000);
	  }
	}
		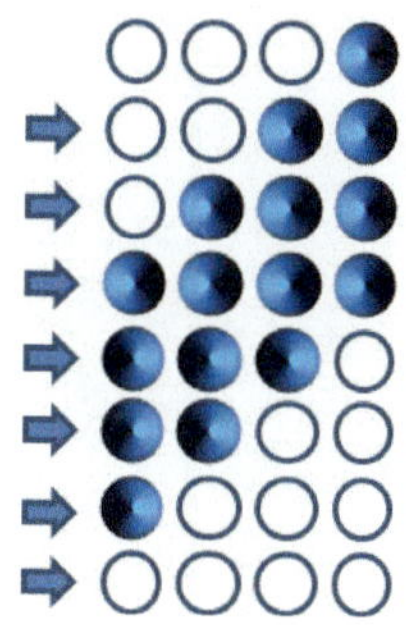

③ LED가 1개씩 왼쪽에서 오른쪽으로 순차적으로 켜지다가 4개가 다 켜지면, 오른쪽에서 왼쪽으로 순차적으로 1개씩 꺼지도록 구성

LED가 1개씩 1초 간격으로 켜지며 L → R로 쌓이다가 1개씩 1초 간격으로 R → L로 하나씩 꺼진다.	void loop( ) {
	for(k=3; k>=0; k−−) {
	digitalWrite(pinLED[k], HIGH);
	delay(1000);
	}
	for(k=0; k<4; k++) {
	digitalWrite(pinLED[k], LOW);
	delay(1000);
	}
	}
		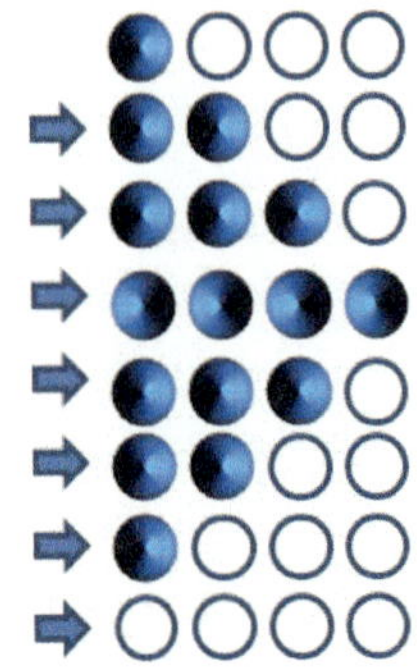

④ LED가 1개씩 오른쪽에서 왼쪽으로 순차적으로 1초 간격으로 켜졌다 꺼지도록 구성

LED가 1개씩 1초 간격으로 R → L로 켜지고 꺼지면서 이동한다.	void loop( ) {
	for(k=0; k<4; k++) {
	digitalWrite(pinLED[k], HIGH);
	delay(1000);
	digitalWrite(pinLED[k], LOW);
	delay(1000);
	}
	}
		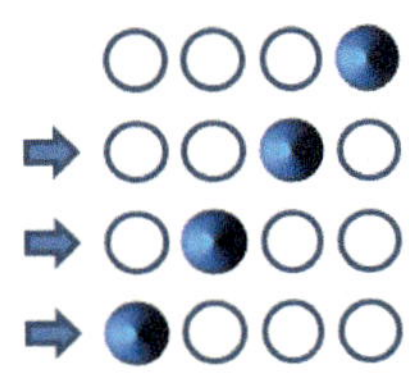

■

연습과제 2.2 연습과제 2.1의 4가지 기능을 각각의 함수로 만들어 본다.

```
int pinLED[4]= {8, 9, 10, 11};
int k;

void setup( ) {
  for(k=0; k<4; k++) {
    pinMode(pinLED[k], OUTPUT);
  }
}

void loop( ) {
    LEDft1( );
    LEDft2( );
    LEDft3( );
    LEDft4( );
}
```

Array와 변수 선언

출력모드 선언

함수 호출

LEDft1( )

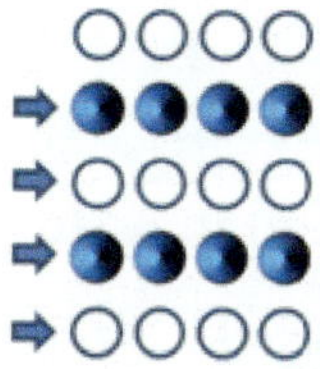

```
void LEDft1( ) {
  for(k=0; k<4; k++) {
    digitalWrite(pinLED[k], HIGH);
  }
  delay(1000);
  for(k=0; k<4; k++) {
    digitalWrite(pinLED[k], LOW);
  }
  delay(1000);
}
```

LEDft2( )

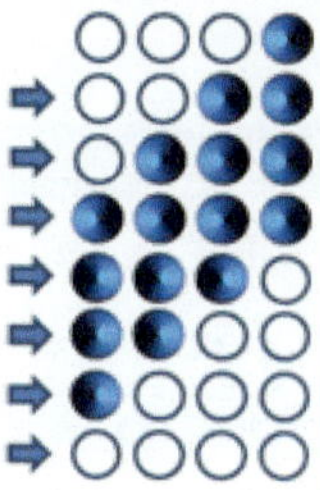

```
void LEDft2( ) {
  for(k=0; k<4; k++) {
    digitalWrite(pinLED[k], HIGH);
    delay(1000);
  }
  for(k=0; k<4; k++) {
    digitalWrite(pinLED[k], LOW);
    delay(1000);
  }
}
```

LEDft3( )

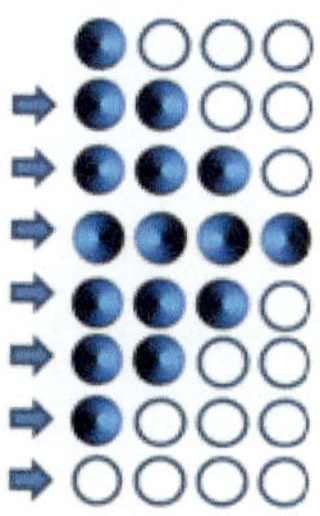

```
void LEDft3( ) {
  for(k=3; k>=0; k--) {
    digitalWrite(pinLED[k], HIGH);
    delay(1000);
  }
  for(k=0; k<4; k++) {
    digitalWrite(pinLED[k], LOW);
    delay(1000);
  }
}
```

LEDft4( )

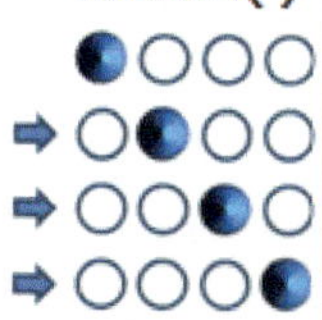

```
void LEDft4( ) {
  for(k=0; k<4; k++) {
    digitalWrite(pinLED[k], HIGH);
    delay(1000);
    digitalWrite(pinLED[k], LOW);
    delay(1000);
  }
}
```

2.6 아날로그(PWM) 출력하기

디지털신호는 ON과 OFF동작을 통하여 표시되므로 LED를 켜거나 끌 수는 있지만 전류의 세기를 조정하여 어둡게 하거나 밝게 할 수 없다. 이렇게 전류의 흐름을 조정하기 위하여 아두이노 보드는 PWM신호를 이용한 아날로그 출력을 제공한다.

아두이노 UNO 보드의 디지털입출력 가운데 "~"가 붙어 있는 핀 3, 5, 6, 9, 10, 11번은 PWM제어가 가능한 핀으로, LED의 밝기나 모터의 속도 빠르기를 제어할 수 있다.

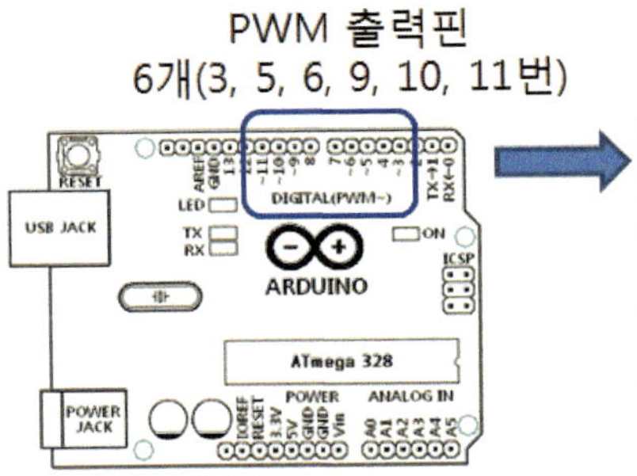

아날로그 신호 출력장치	
광학적 표시	LED
소리	Piezo
구동장치	DC motor

아두이노 보드는 아날로그 신호 출력을 위하여
PWM 신호 사용

[그림 2.10] 아두이노 보드의 PWM 출력핀

PWM(Pulse Width Modulation)은 그림 2.11과 같이 펄스의 HIGH(+5V)와 LOW(0V)되는 간격을 조정하여 전류를 조정하는 방법이다. 펄스가 HIGH가 되는 시간이 길수록 더 많은 전류가 흐르게 되어 LED의 경우 더 밝아지고, 모터의 경우 속도가 빨라지게 된다.

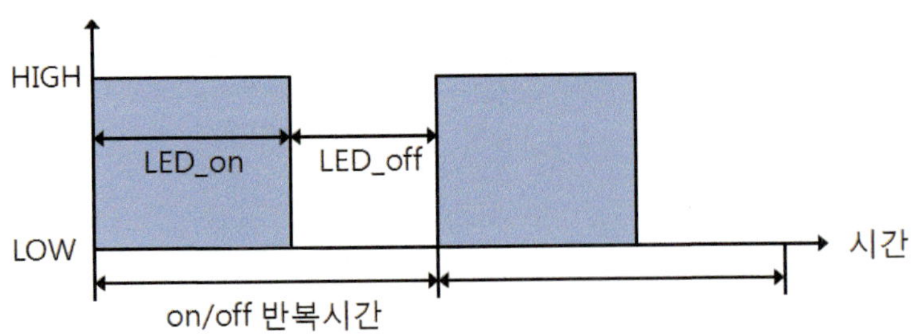

[그림 2.11] LED ON/OFF 시간

아두이노 보드의 PWM 기능을 가진 디지털 입출력 핀에 analogWrite( ) 함수를 사용하여 간단하게 구현할 수 있다. 그림 2.12와 같이 0부터 255까지의 8비트 디지털 값으로 PWM 파형으로 출력한다. 이 PWM 파형으로 아날로그 신호 출력과 같은 효과를 낸다. 생성되는 펄스의 주기(주파수)는 약 500Hz이다.

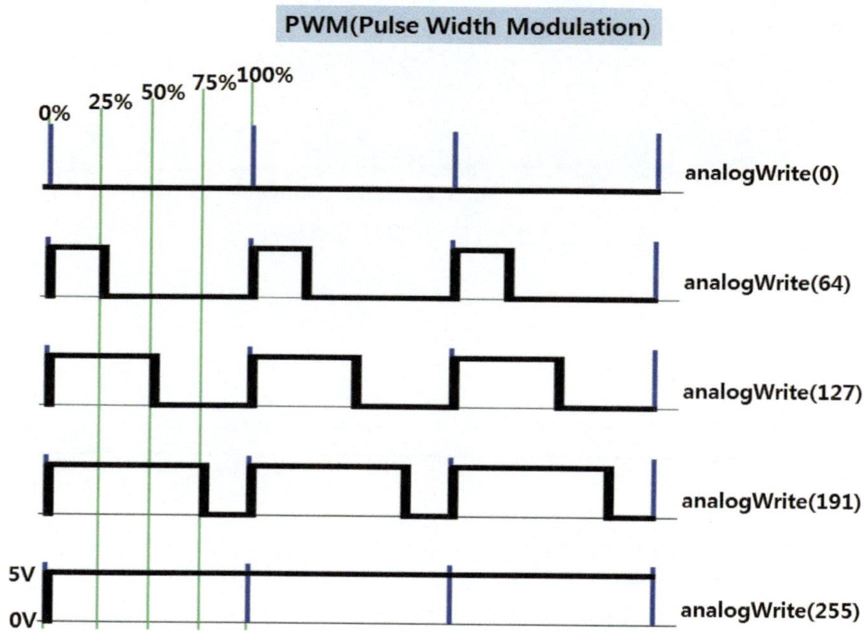

[그림 2.12] PWM신호와 analogWrite( ) 명령

2.7 실•전•예•제 LED의 밝기 변화제어

PWM 출력을 이용하여 LED의 밝기가 점점 밝아졌다가 어두워지도록 만든다. 그림 2.13과 같이 아두이노 보드의 PWM 출력핀 5번에 LED를 연결한다.

[그림 2.13] LED의 밝기 변화 제어

아두이노 보드의 디지털입출력 핀 3, 5, 6, 10, 11번은 PWM 출력핀으로 사용할 경우 입출력 모드 선언을 하지 않아도 된다.

int pinPWM=5; int k=0;	

void setup( ) {
  // pinMode(pinPWM, OUTPUT);
}
	입출력 모드를 설정하지 않아도 됨.

void loop( ) {	loop함수 시작

for (k=0; k<=255; k++) {
    analogWrite(pinPWM, k);
    delay(15);
  }
	디지털입출력 핀 5번으로 analogWrite( )로
	0에서 255까지 서서히 켜지는 PWM 신호 출력

for (k=255; k>=0; k--) {
    analogWrite(pinPWM, k);
    delay(15);
  }
	디지털입출력 핀 5번으로 analogWrite( )로
	255에서 0까지 서서히 줄어드는 PWM 신호 출력

}	loop함수 끝

■

2.7 아두이노 출력 명령

아두이노에서 디지털 신호나 아날로그 신호를 출력으로 내보내는 방법을 정리하면 그림 2.14~16과 같다.

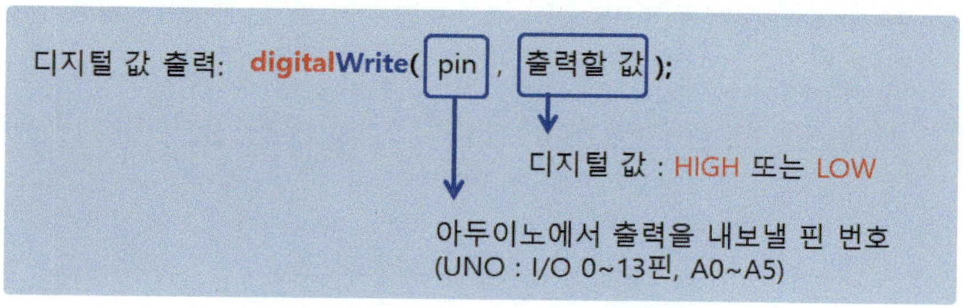

[그림 2.14] 아두이노 디지털 출력 명령

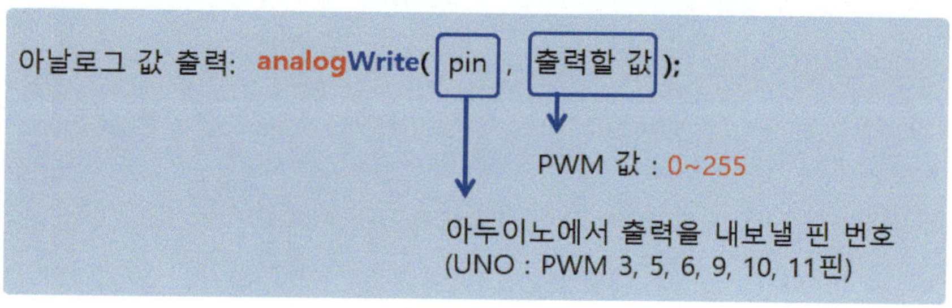

[그림 2.15] 아두이노 아날로그 출력 명령

디지털 출력을 사용할 경우 그림 2.16(a)와 같이 반드시 setup( )함수에서 pinMode(*, OUTPUT)선언을 해주어야 하지만, 아날로그 출력을 사용할 경우 그림 2.16(b)와 같이 pinMode(*, OUTPUT)선언을 하지 않아도 된다.

```
void setup() {
  pinMode(13, OUTPUT);
  pinMode(8, OUTPUT);
  pinMode(A0, OUTPUT);
  pinMode(A2, OUTPUT);
}

void loop() {
  digitalWrite(13,HIGH);
  digitalWrite(8,LOW);
  digitalWrite(A0,HIGH);
  digitalWrite(A2,LOW);
}
```

(a) 디지털 출력

```
void setup() {
 // pinMode(3,OUTPUT);
 // pinMode(5,OUTPUT);
 // pinMode(6,OUTPUT);
 // pinMode(10,OUTPUT);
}

void loop() {
  analogWrite(3,0);
  analogWrite(5,56);
  analogWrite(6,125);
  analogWrite(10,255);
}
```

(b) 아날로그 출력

[그림 2.16] 아두이노 출력의 예

CHAPTER 3

아두이노에서 입력받기

디지털 값 입력	: digitalRead(핀번호);
아날로그 값 입력	: analogRead(핀번호);

아두이노의 디지털입출력 핀은 켜지고 꺼지는 on/off 스위치 동작에서 이루어지는 '0'과 '1'의 디지털 논리의 입력을 받아들여 다른 기기의 동작을 쉽게 제어할 수 있다. 아두이노 UNO 보드에서 디지털 입력은 그림 3.1과 같이 디지털입출력 핀 0~13번을 사용한다. 아두이노 보드의 디지털입출력 핀은 입력모드나 출력모드로 설정하여 입력이나 출력으로 사용된다.

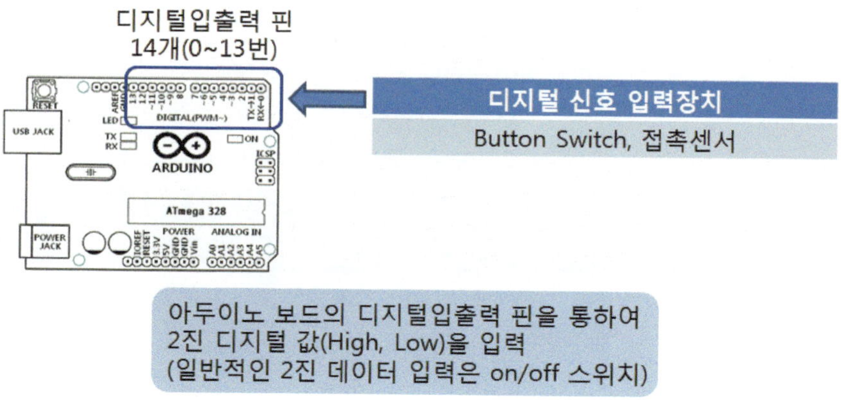

[그림 3.1] 아두이노 보드의 디지털 입력

이 장에서는 아두이노 보드를 활용하여 디지털 입력을 받아들이는 과정을 살펴본다. 이를 위하여 디지털 정보를 입력하는 대표적인 도구인 버튼 스위치를 사용하며 다양한 방법으로 제어하는 예제들을 통하여 아두이노 스케치를 작성하는 기본적인 방법들을 배운다.

3.1 디지털 입력 제어 : LED와 Switch 제어

아두이노 보드에서 버튼 스위치를 통하여 디지털입력을 받아들이고, 그 입력된 정보에 따른 결과를 확인하기 위해 LED를 사용한 그림 3.2와 같은 회로를 구성한다.

버튼 스위치에서 그림 3.2와 같이 버튼이 눌려지면 +5V의 전압이 아두이노 보드의 디지털입출력 핀 2번으로 들어가게 되어 "HIGH"가 입력되고, 버튼이 눌려지지 않으면 저항을 통하여 연결된 접지로 인하여 0V가 입력되어 "LOW"가 된다.

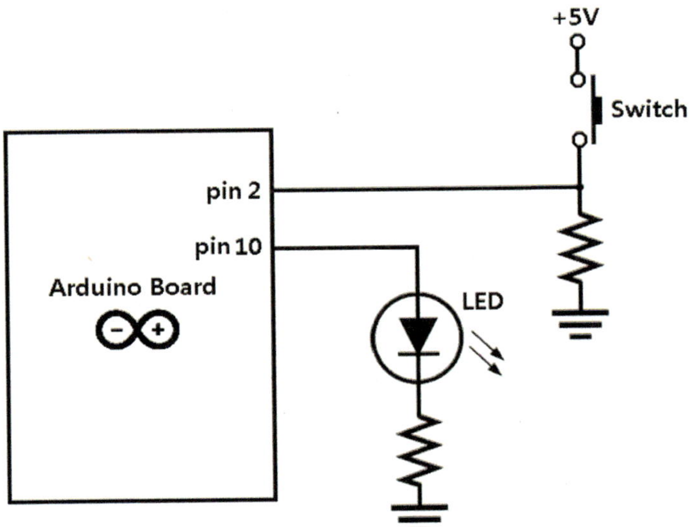

[그림 3.2] 아두이노 보드의 디지털입출력

[표 3.1] 아두이노 보드 연결 구성

아두이노 UNO 보드		연결 장치
핀번호	setup( ) 설정	
디지털 입출력 핀 2번	pinMode(2, INPUT)	버튼 스위치
디지털 입출력 핀 10번	pinMode(10, OUTPUT)	LED

```
void setup( ) {
  pinMode( 2, INPUT );
  pinMode( 10, OUTPUT );
}
```

아두이노 보드에서 디지털 입력 값을 받는 명령은 digitalRead( )를 통하여 이루어진다. 아두이노 보드 디지털입력 핀 2번으로 입력을 받는 명령은 다음과 같이 된다.

```
digitalRead(2);
```

회로를 구성하면 다음과 같다.

[그림 3.3] 아두이노 UNO R3보드에 LED와 버튼 스위치 연결

3.2 판단문 : if-else

아두이노 보드를 사용하여 디지털 신호를 출력하여 LED 등의 불을 켜거나 끌 경우에는 출력에 연결된 장치인 LED의 상태에 관계없이 신호를 내보기만 하면 된다.

그러나 아두이노 보드로 입력을 받아들이는 경우에는 입력된 값이 어떤 값인지를 판단하는 기능이 필요하다. 즉, 디지털 신호인 경우에는 그림 3.4와 같이 그 입력 값이 "HIGH" 또는 "LOW"인지를 구분하여 입력에 따른 제어를 할 수 있기 때문이다.

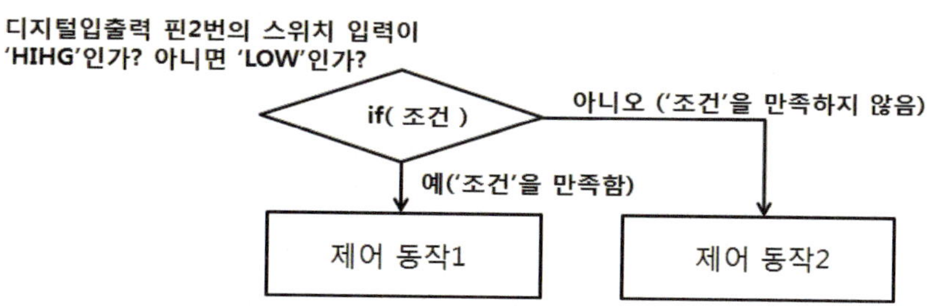

[그림 3.4] 입력 신호에 따른 판단

이러한 조건의 판단을 위하여 if( )를 사용할 수 있다. 그림 3.5와 같이 if(조건)문에서 '조건'을 만족하면 제어동작1을 수행하고 '조건'을 만족하지 않으면 제어동작2를 수행하는 구조이다.

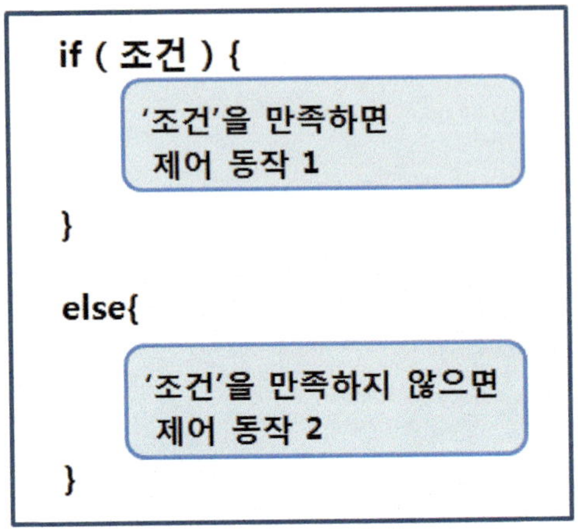

[그림 3.5] if-else 구조

3.1 실•전•예•제 디지털입력 제어

그림 3.2나 그림 3.3처럼 구성한 회로를 이용하여 아두이노 보드의 디지털입출력 핀 2번으로 버튼 스위치의 값을 받아들여 버튼 스위치가 눌려지면(HIGH), 디지털입출력 핀 10번에 연결된 LED에 불이 켜지고, 버튼 스위치가 눌려지지 않으면(LOW), LED의 불이 꺼지도록 제어하여 보자.

아두이노 보드와 버튼 스위치, LED의 연결과 setup( )설정은 다음과 같다.

```
void setup( ) {
  pinMode(2, INPUT);
  pinMode(10, OUTPUT);
}
```

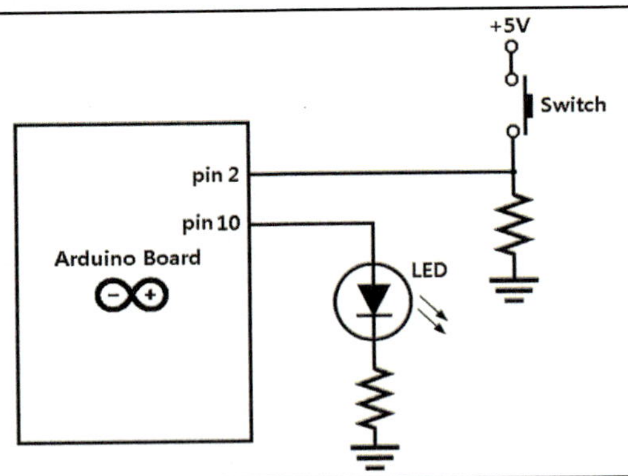

if( )를 이용한 판단문의 구성은 다음과 같다.

```
int sw_in=digitalRead(2);

if(sw_in==1) {
  digitalWrite(10, HIGH);
}
else digitalWrite(10, LOW);
```

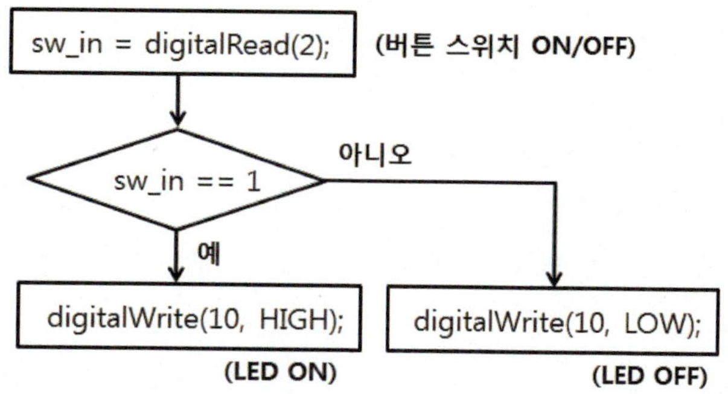

완성된 스케치는 다음과 같다.

코드	설명

void setup( ) {
  pinMode(2, INPUT);
  pinMode(10, OUTPUT);
}
	디지털입출력 핀 2번을 입력으로 설정
	디지털입출력 핀 10번을 출력으로 설정

void loop( ) {	
int sw_in=digitalRead(2);	핀 2번으로부터 값을 읽어 sw_in저장

if(sw_in==1) {
  digitalWrite(10, HIGH);
}
else digitalWrite(10, LOW);
	sw_in이 "1" 이면, LED을 on
	
	sw_in이 "1" 이 아니면, LED을 off

}	

버튼 스위치가 눌려지면 digitalRead( )함수를 통하여 받아들이는 값은 "1"로 입력되고, digitalWrite( )함수를 통하여 LED가 ON 된다. 반대로 버튼 스위치가 눌려지지 않으면 digitalRead( )함수를 통하여 받아들이는 값은 "0"으로 입력되고, digitalWrite( )함수를 통하여 LED가 OFF 된다.

■

3.3 다중 if-else문을 이용한 디지털 제어

여러 개의 스위치를 연결하거나 디지털 센서들을 아두이노 보드에 연결하여 사용하는 경우 입력되는 정보가 여러 개가 되며 상태에 대한 판단도 여러 가지로 이루어져야 하는데, 여러 가지 조건에 따라 제어하는 방법에 대하여 알아보자.

3.2 실•전•예•제 4개의 스위치와 LED를 이용한 입출력 제어

아두이노 보드의 디지털입출력 핀 2~5번에 각각 버튼 스위치를 연결하고, 디지털입출력 핀 8~11번에 각각 LED를 연결하여, 버튼 스위치가 눌려지면 각 스위치에 지정된 LED가 켜지도록 if-else문을 사용하여 보자. 아두이노 보드의 하드웨어 구성은 다음과 같다.

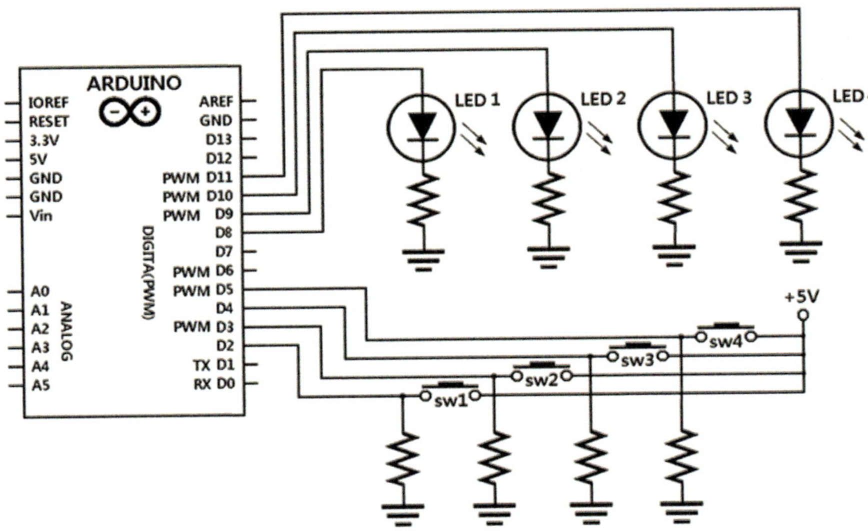

[그림 3.6] 버튼 스위치 4개와 LED 4개 연결 구성

[표 3.2] 아두이노 보드 연결 구성

UNO 보드		연결 장치
핀번호	setup( ) 설정	
디지털 입출력 핀 2번	pinMode(2, INPUT)	버튼 스위치1
디지털 입출력 핀 3번	pinMode(3, INPUT)	버튼 스위치2
디지털 입출력 핀 4번	pinMode(4, INPUT)	버튼 스위치3
디지털 입출력 핀 5번	pinMode(5, INPUT)	버튼 스위치4
디지털 입출력 핀 8번	pinMode(8, OUTPUT)	LED1
디지털 입출력 핀 9번	pinMode(9, OUTPUT)	LED2
디지털 입출력 핀 10번	pinMode(10, OUTPUT)	LED3
디지털 입출력 핀 11번	pinMode(11, OUTPUT)	LED4

회로를 구성하면 다음과 같다.

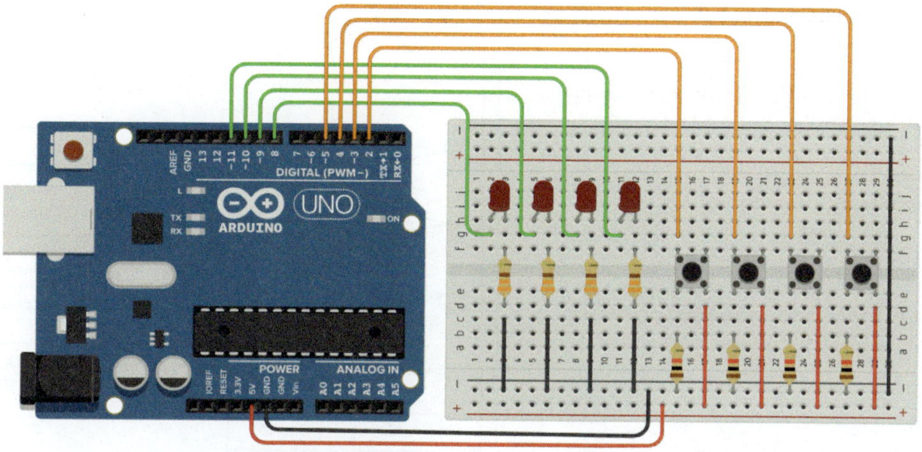

[그림 3.7] 아두이노 보드에 LED 4개와 버튼 스위치 4개 연결

아두이노 보드와 버튼 스위치, LED의 연결과 setup( )설정은 다음과 같이 1장에서 학습한 for( )와 배열(Array)을 사용하면 편리하게 입출력 모드를 선언할 수 있다.

<table>
<tr>
<td>

```
int pinSW[4] = {2, 3, 4, 5};
int pinLED[4] = {8, 9, 10, 11};
int k;
```

</td>
<td>배열 pinSW : 디지털입출력 핀 2, 3, 4, 5번
배열 pinLED : 디지털입출력 핀 8, 9, 10, 11번</td>
</tr>
<tr>
<td>

```
void setup( ) {
  for(k=0; k<4; k++) {
   pinMode(pinSW[k], INPUT);
   pinMode(pinLED[k], OUTPUT);
  }
}
```

</td>
<td>
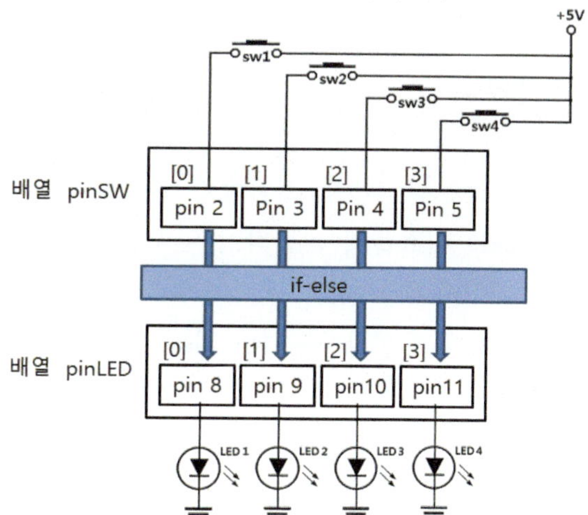

</td>
</tr>
</table>

<table>
<tr><td>void loop( ) {</td><td>loop( )의 시작</td></tr>
<tr><td>if(digitalRead(pinSW[0])==1){
digitalWrite(pinLED[0], HIGH);
}</td><td rowspan="5">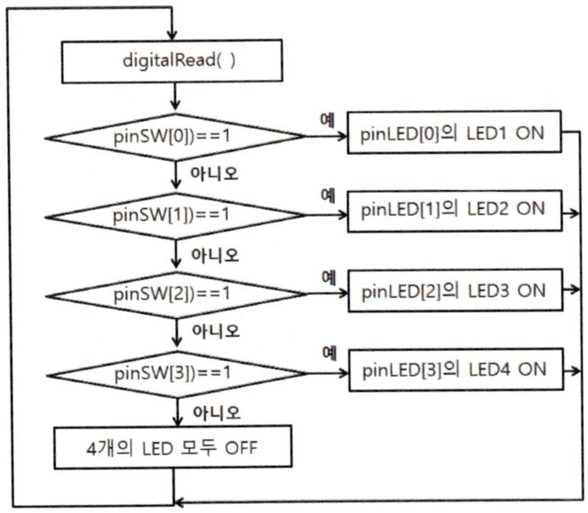
</td></tr>
<tr><td>else if(digitalRead(pinSW[1])==1){
digitalWrite(pinLED[1], HIGH);
}</td></tr>
<tr><td>else if(digitalRead(pinSW[2])==1){
digitalWrite(pinLED[2], HIGH);
}</td></tr>
<tr><td>else if(digitalRead(pinSW[3])==1){
digitalWrite(pinLED[3], HIGH);
}</td></tr>
<tr><td>else {
for(k=0; k<4; k++) {
digitalWrite(pinLED[k], LOW);
}
}</td></tr>
<tr><td>}</td><td>loop( )의 끝</td></tr>
</table>

배열 pinSW[k]에 연결된 버튼 스위치가 눌려지면, 같은 k(0~3)번째 배열 pinLED[k]에 연결된 LED가 켜지게(ON) 되고, 버튼 스위치의 입력이 없으면 모든 LED는 꺼진다(OFF).

■

연습과제 3.1 버튼 스위치 4개로 LED의 동작 기능을 선택하는 제어

디지털입출력 핀 4개에 스위치를 연결하고 다음 표와 같이 각 버튼 스위치가 눌려지면 해당하는 LED 디스플레이 동작이 일어나고, 버튼 스위치 선택이 없으면 모든 LED의 불이 꺼지도록 제어하여 보자.

LED 디스플레이 동작 기능 4가지를 각각 2장에서 만든 함수로 만들어 활용하면 편리하게 스케치를 구성할 수 있다.

[표 3.3] 스위치에 따른 LED 동작

기능 선택	버튼 스위치 SW1	버튼 스위치 SW2	버튼 스위치 SW3	버튼 스위치 SW4
아두이노 보드-SW	디지털 입출력 핀 2번	디지털 입출력 핀 3번	디지털 입출력 핀 4번	디지털 입출력 핀 5번
아두이노 보드-LED	디지털 입출력 핀 8~11번			
동작 기능 설명	LED 4개가 모두 켜졌다가 1초 후 4개가 모두 꺼진다.	LED가 1개씩 1초 간격으로 켜지며 R → L로 쌓이다가 1개씩 1초 간격으로 R → L로 하나씩 꺼진다.	LED가 1개씩 1초 간격으로 켜지며 L → R로 쌓이다가 1개씩 1초 간격으로 R → L로 하나씩 꺼진다.	LED가 1개씩 1초 간격으로 R → L로 켜지고 꺼지면서 이동한다.
함수	LEDft1( )	LEDft2( )	LEDft3( )	LEDft4( )
LED 디스플레이 동작	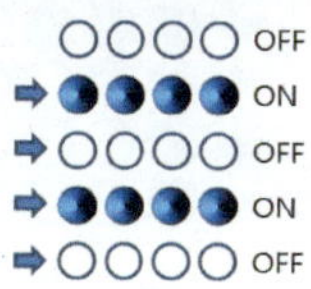	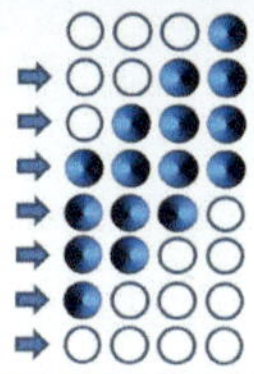	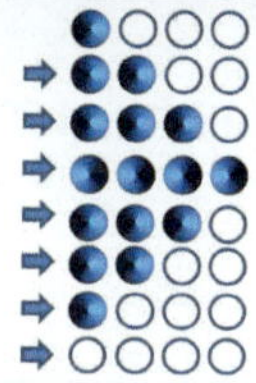	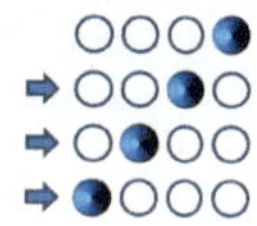

코드	설명

`int pinSW[4] = {2, 3, 4, 5};`
`int pinLED[4] = {8, 9, 10, 11};`
`int k;`
	배열 pinSW: 디지털입출력 핀2,3,4,5번
	배열 pinLED: 디지털입출력 핀8,9,10,11번
	스위치 입력을 받기 위한 변수

`void setup( ) {`
`for(k=0; k<4; k++) {`
`pinMode(pinSW[k], INPUT);`
`pinMode(pinLED[k], OUTPUT);`
`}`
`}`
	핀 2, 3, 4, 5번을 입력모드 지정
	핀 8, 9, 10, 11번을 출력모드 지정

`void loop( ) {`
`if(digitalRead(pinSW[0])==1){`
`LEDft1( );`
`}`
`else if(digitalRead(pinSW[1])==1){`
`LEDft2( );`
`}`
`else if(digitalRead(pinSW[2])==1){`
`LEDft3( );`
`}`
`else if(digitalRead(pinSW[3])==1){`
`LEDft4( );`
`}`
`else {`
`LEDft5( );`
`}`
`}`
	loop( )의 시작
	판단: pinSW[0])에 입력이 있으면, LEDft1( ) 함수 호출
	
	판단: pinSW[1])에 입력이 있으면, LEDft2( ) 함수 호출
	
	판단: pinSW[2])에 입력이 있으면, LEDft3( ) 함수 호출
	
	판단: pinSW[3])에 입력이 있으면, LEDft4( ) 함수 호출
	
	pinSW[0]~pinSW[3] 모두 입력이 없으면, LEDft5( ) 함수 호출
	
	loop( )의 끝

<table>
<tr><td>void LEDft1( ) {
  for(k=0; k<4; k++) {
    digitalWrite(pinLED[k], HIGH);
  }
  delay(1000);
  for(k=0; k<4; k++) {
    digitalWrite(pinLED[k], LOW);
  }
  delay(1000);
}</td><td>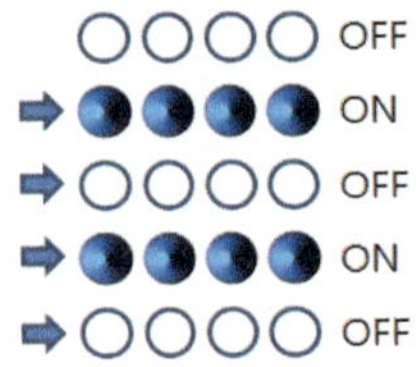
</td></tr>
<tr><td>void LEDft2( ) {
  for(k=0; k<4; k++) {
    digitalWrite(pinLED[k], HIGH);
    delay(1000);
  }
  for(k=0; k<4; k++) {
    digitalWrite(pinLED[k], LOW);
    delay(1000);
  }
}</td><td>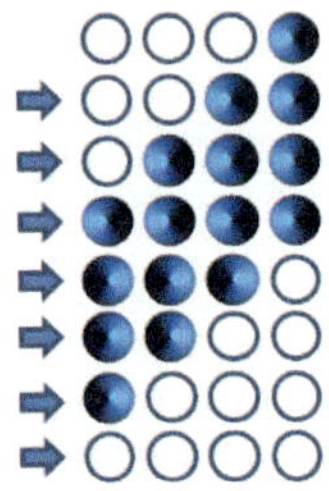</td></tr>
<tr><td>void LEDft3( ) {
  for(k=4; k>0; k--) {
    digitalWrite(pinLED[k], HIGH);
    delay(1000);
  }
  for(k=0; k<4; k++) {
    digitalWrite(pinLED[k], LOW);
    delay(1000);
  }
}</td><td>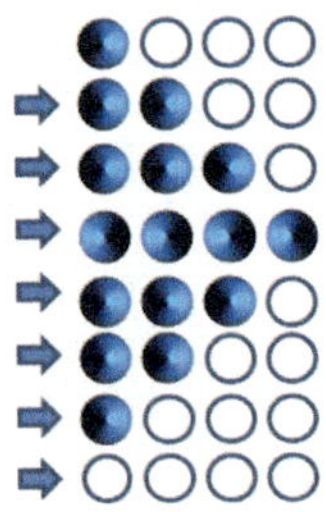</td></tr>
<tr><td>void LEDft4( ) {
  for(k=0; k<4; k++) {
    digitalWrite(pinLED[k], HIGH);
    delay(1000);
    digitalWrite(pinLED[k], LOW);
    delay(1000);
  }
}</td><td>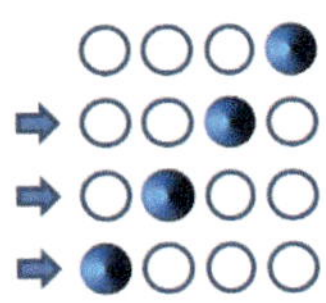</td></tr>
<tr><td>void LEDft5( ) {
  for(k=0; k<4; k++) {
    digitalWrite(pinLED[k], LOW);
  }
}</td><td>스위치가 모두 눌려지지 않으면
모든 LED off</td></tr>
</table>

실행시키면 if-else문을 사용하여, 버튼 스위치가 연결되어 있는 배열 pinSW[0]에서부터 순차적으로 스위치가 눌려져 입력이 발생하였는지를 검사하고, 눌려졌으면 해당하는 기능이 수행된다. 어떠한 스위치도 눌려지지 않으면 4개의 LED가 모두 꺼진다.

■

3.4 switch-case문을 이용한 디지털 제어

입력신호에 따른 제어동작을 결정하기 위하여 if-else문을 사용하면, 판단을 위한 조건을 다양하게 구성할 수 있다. 하지만 버튼 스위치를 사용한 예제들처럼 단순하게 조건을 선택하는 경우에는 switch-case문을 사용하는 것이 더 편리하다.

특히 뒤에서 다루게 될 PC에 의한 시리얼 통신이나 스마트 폰 등을 이용한 통신, 이더넷 등을 통하여 동작 제어를 구현하는 경우에는 if-else문보다 switch-case문을 사용하는 것이 더 직관적이다.

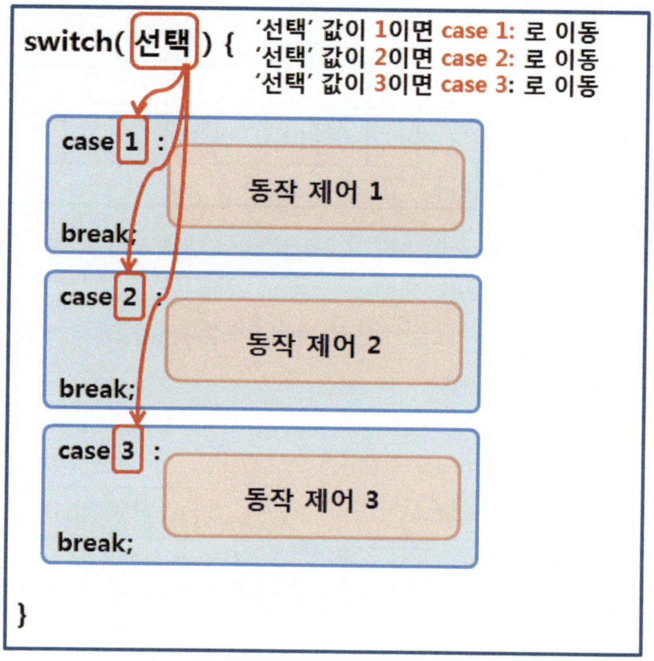

[그림 3.8] switch-case문 동작원리

다음 예제에서 앞의 예제 3.2 4개의 스위치와 LED를 이용한 입출력 제어를 switch-case문을 사용하여 만들어 보자.

먼저, switch(선택값)문에서 버튼 스위치의 순서를 선택값으로 인식하기 위하여 4개의 버튼 스위치를 8비트(bit)의 바이트(byte) 값으로 변환할 필요가 있다. 즉, 그림과 같이 각 버튼 스위치를 8비트의 하위 비트부터 하나씩 대응시키는 것이다.

예를 들면, switch(선택값)에서 선택값을 지정하기 위하여 select라는 변수를 지정하고 4개의 버튼 스위치를 그림 3.9와 같이 대응시킨다.

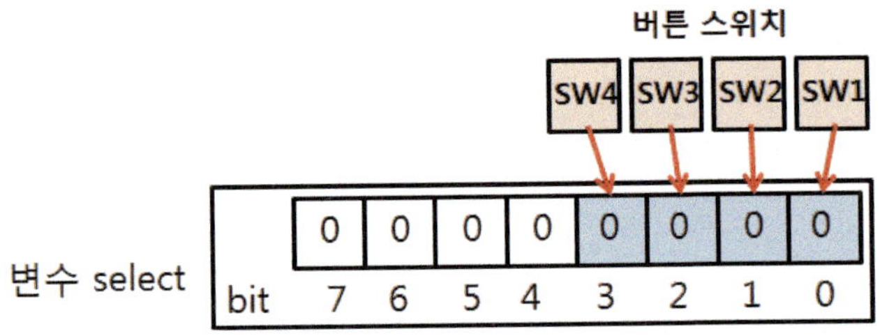

[그림 3.9] 버튼 스위치와 bit의 대응 연결

버튼 스위치 SW1~SW4가 눌려지는 것에 따라 변수 select의 값이 그림 3.10과 같이 1, 2, 4, 8의 값을 가지게 하는 것이다.

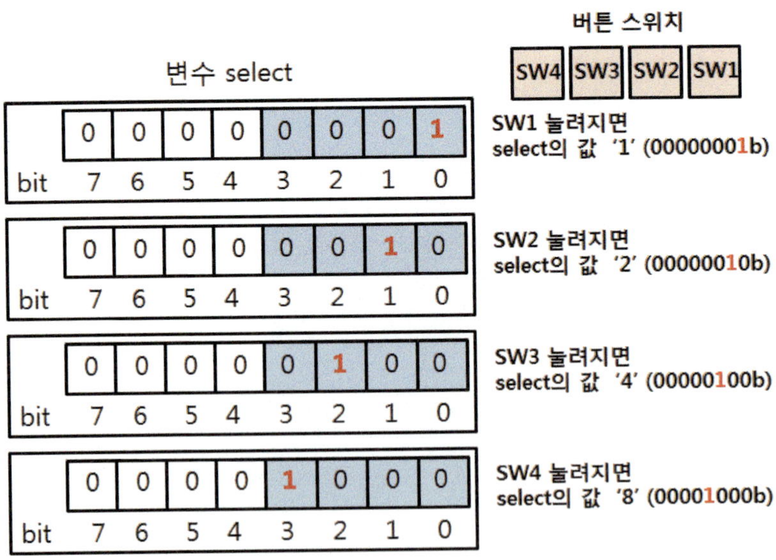

[그림 3.10] 버튼 스위치에 의한 bit 설정

다음으로 버튼 스위치가 눌려지면 어느 버튼 스위치가 눌려 졌는지를 판별하여 변수 select에 값을 부여하는 방법을 살펴보자.

버튼 스위치 입력에 따라 변수 select의 해당하는 비트가 변하도록 하기 위하여, bitWrite( )를 사용한다.

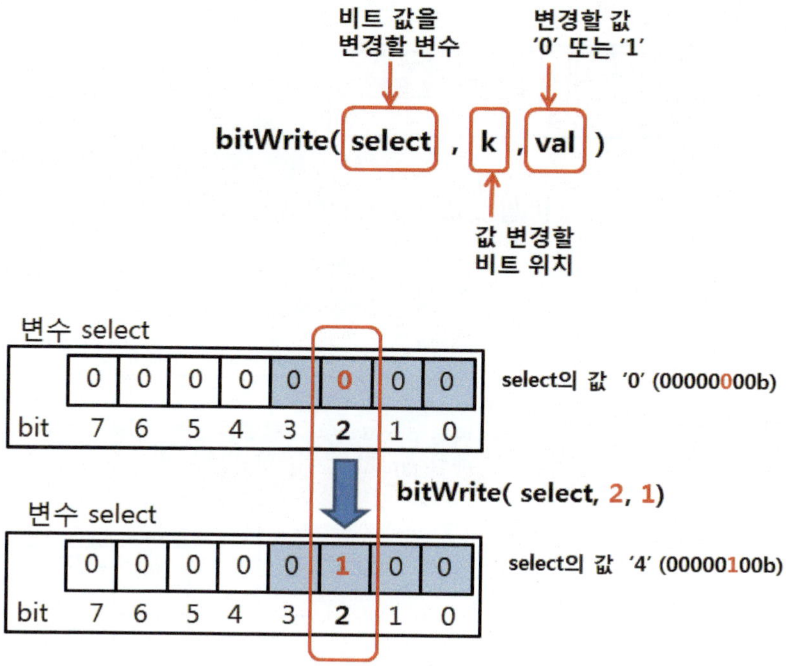

[그림 3.11] bitWrite( ) 함수

또한 어떤 버튼으로부터 입력이 발생하였는지를 검사하기 위하여 for( )문을 사용하여 각 버튼 스위치가 연결된 아두이노 보드의 입력 핀을 순차적으로 검사하여 읽어 들이고, 그 값을 select의 해당하는 비트에 bitWrite( )를 사용하여 기록한다.

이를 위하여 예제 3.2와 같이 4개의 버튼 스위치를 아두이노 보드의 디지털입출력 핀 2~5에 연결하고 배열(Array) pinSW[0]~pinSW[3]에 지정한다.

버튼 스위치에 할당한 배열 pinSW[4]={SW0, SW1, SW2, SW3}이면, 선택되는 select값은 표 2.4와 같다.

[표 3.4] 스위치에 따른 select값

스위치 선택	SW0	SW1	SW2	SW3
select 2진수 값	00000001	00000010	00000100	00001000
case문 전달 값	1	2	4	8

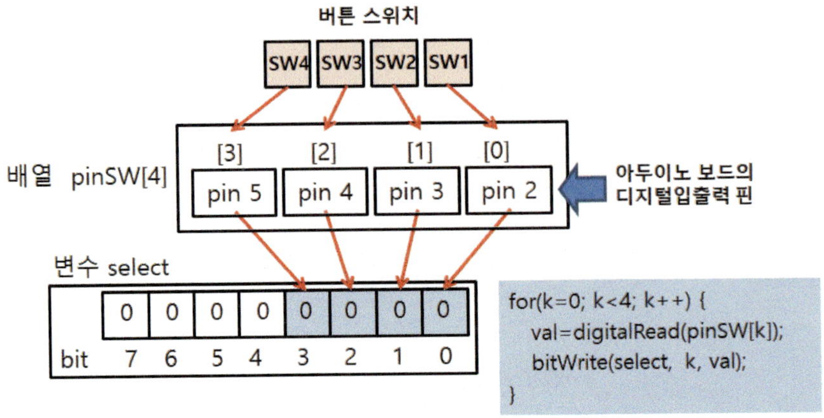

[그림 3.12] select 값의 지정

완성된 스케치는 다음과 같다.

```
int pinSW[4] = {2, 3, 4, 5};
int pinLED[4] = {8, 9, 10, 11};
int k;
int val;
int select;
```

배열 pinSW : 디지털입출력 핀 2, 3, 4, 5번
배열 pinLED : 디지털입출력 핀 8, 9, 10, 11번

```
void setup( ) {
  for(k=0; k<4; k++) {
    pinMode(pinSW[k], INPUT);
    pinMode(pinLED[k], OUTPUT);
  }
}
```

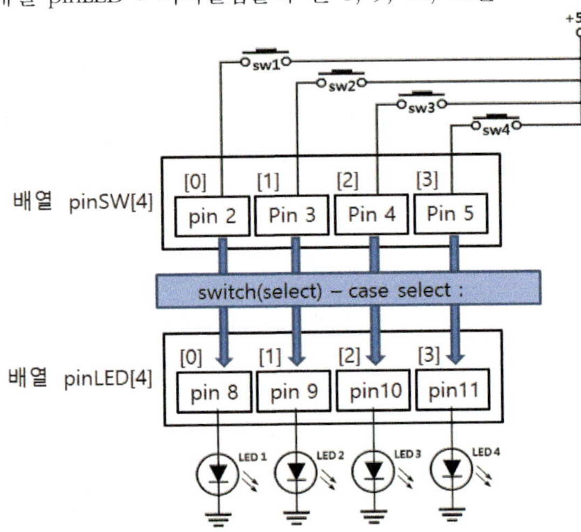

void loop( ) {	loop( ) 시작

for(k=0; k<4; k++) {
val=digitalRead(pinSW[k]);
bitWrite(select, k, val);
}
	switch( )를 위한 case 번호 생성

switch(select) {	switch(select) 시작
case 1: digitalWrite(pinLED[0], HIGH); break;	sw1 눌려지면 00000001b LED1 on
case 2: digitalWrite(pinLED[1], HIGH); break;	sw2 눌려지면 00000010b LED2 on
case 4: digitalWrite(pinLED[2], HIGH); break;	sw3 눌려지면 00000100b LED2 on
case 8: digitalWrite(pinLED[3], HIGH); break;	sw4 눌려지면 00001000b LED4 on

default:
for(k=0; k<4; k++) {
digitalWrite(pinLED[k], LOW);
}
break;
	스위치가 눌려지지 않으면 모든 LED off

}	switch(select) 끝
}	loop( ) 끝

실행하면 버튼 스위치가 눌려지면, bitWrite( )함수에 의하여 switch( )문의 case 선택을 위한 번호가 생성되고, 해당하는 case문으로 이동하게 된다.

■

연습과제 3.2 버튼 스위치 4개로 LED의 동작 기능을 선택하는 제어

연습과제 3.1의 과제를 switch-case문을 사용하여 디지털입출력 핀 4개에 스위치를 연결하고 다음 표와 같이 각 버튼 스위치가 눌려지면 해당하는 LED 디스플레이 동작이 일어나고, 버튼 스위치 선택이 없으면 모든 LED의 불이 꺼지도록 제어하여 보자.

Array와 변수 선언

```
int pinSW[4] = {2, 3, 4, 5};
int pinLED[4] = {8, 9, 10, 11};
int k;
int val;
int select;
```

setup() 함수: 입출력모드 선언

```
void setup( ) {
  for(k=0; k<4; k++) {
    pinMode(pinSW[k], INPUT);
    pinMode(pinLED[k], OUTPUT);
  }
}
```

loop()함수

```
void loop( ) {
  for(k=0; k<4; k++) {
    val=digitalRead(pinSW[k]);
    bitWrite(select, k, val);
  }
  switch(select) {
    case 1:
      LEDft1( );
    break;
    case 2:
      LEDft2( );
    break;
    case 4:
      LEDft3( );
    break;
    case 8:
      LEDft4( );
    break;
    default:
      LEDft5( );
    break;
  }
}
```

LEDft1( )

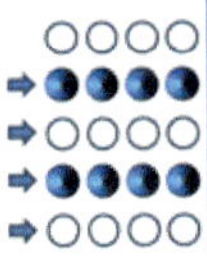

```
void LEDft1( ) {
  for(k=0; k<4; k++) {
    digitalWrite(pinLED[k], HIGH);
  }
  delay(1000);
  for(k=0; k<4; k++) {
    digitalWrite(pinLED[k], LOW);
  }
  delay(1000);
}
```

LEDft3( )

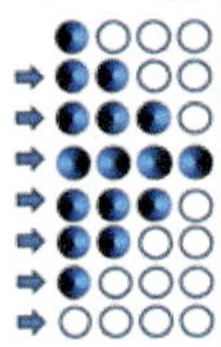

```
void LEDft3( ) {
  for(k=3; k>=0; k--) {
    digitalWrite(pinLED[k], HIGH);
    delay(1000);
  }
  for(k=0; k<4; k++) {
    digitalWrite(pinLED[k], LOW);
    delay(1000);
  }
}
```

LEDft2( )

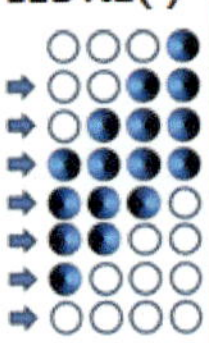

```
void LEDft2( ) {
  for(k=0; k<4; k++) {
    digitalWrite(pinLED[k], HIGH);
    delay(1000);
  }
  for(k=0; k<4; k++) {
    digitalWrite(pinLED[k], LOW);
    delay(1000);
  }
}
```

LEDft4( )

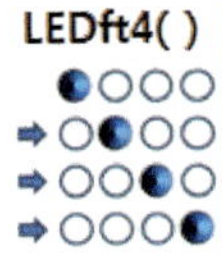

```
void LEDft4( ) {
  for(k=0; k<4; k++) {
    digitalWrite(pinLED[k], HIGH);
    delay(1000);
    digitalWrite(pinLED[k], LOW);
    delay(1000);
  }
}
```

LEDft5( )

LED off

```
void LEDft5( ) {
  for(k=0; k<4; k++) {
    digitalWrite(pinLED[k], LOW);
  }
}
```

[그림 3.13] 완성된 스케치

3.5 아날로그 신호 입력받기

디지털신호는 LED를 ON 또는 OFF하는 HIGH나 LOW의 신호를 사용하지만 실제 환경에서 대부분의 현상은 연속적인 변화를 갖는 아날로그적 특성을 가지고 있다.

아두이노 보드는 아날로그 입력 핀을 사용하여 연속적으로 변하는 아날로그 신호를 받아들여 A/D변환(Analog to Digital Conversion)하여 0~1023 범위의 값으로 읽어 들일 수 있는 기능을 제공한다. 아두이노 UNO보드는 그림 3.14와 같이 A0~A5의 6개 아날로그 입력 핀을 가지고 있다.

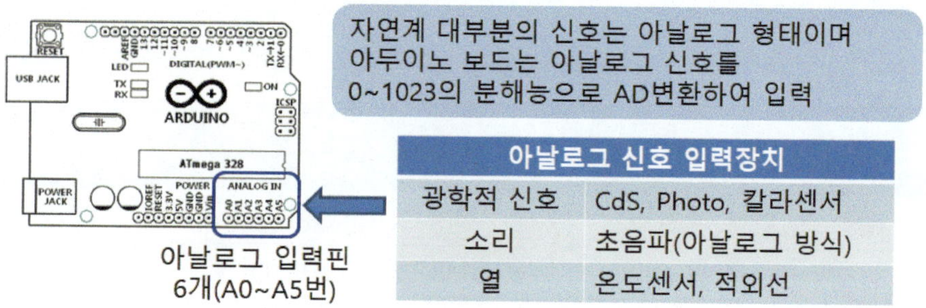

아날로그 신호 입력장치	
광학적 신호	CdS, Photo, 칼라센서
소리	초음파(아날로그 방식)
열	온도센서, 적외선

[그림 3.14] 아두이노 보드의 아날로그 입력

3.6 아날로그 입력 제어 : LED와 VR 제어

아두이노 보드에서 가변저항(VR)를 통하여 아날로그 입력을 받아들이고, 그 입력된 정보에 따른 결과를 확인하기 위하여 LED를 사용했고, 그림 3.15와 같은 회로를 구성하였다. 그림 3.15에서 가변저항(VR)으로 저항 값을 조정하면 0~+5V 범위에서 변하는 전압 값이 아두이노 보드의 아두이노 보드 아날로그 입력 A2번으로 들어가게 되고, 내부의 ADC를 통하여 0~1023의 정수 값을 가지게 된다.

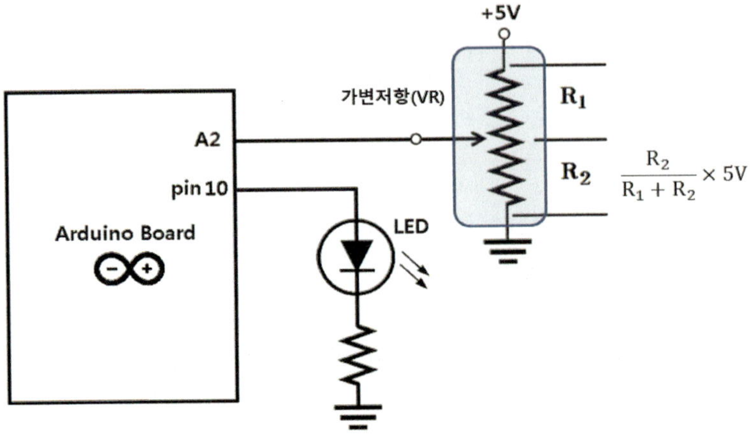

[그림 3.15] 아두이노 보드의 아날로그 입력

[표 3.5] 아두이노 보드 연결 구성

아두이노 UNO 보드		연결 장치
핀번호	setup( ) 설정	
아날로그 입력 핀 A2번	설정 필요 없음	가변저항(VR)
디지털 입출력 핀 10번	punMode(10, OUTPUT)	LED

아두이노 보드에서 아날로그 입력 값을 받는 명령은 analogRead( )를 통하여 이루어진다. 아두이노 보드 아날로그 입력 핀 A2번으로 입력을 받는 명령은 다음과 같이 된다.

```
analogRead(2);
```

회로를 구성하면 다음과 같다.

[그림 3.16] 아두이노 보드에 LED와 가변저항(VR) 연결

실 • 전 • 예 • 제

3.4 가변저항을 변화시키면 LED의 켜지고 꺼지는 간격의 변화

가변저항에 의하여 LED가 켜지고 꺼지는 시간지연이 조절되는 스케치를 작성해 본다. 그림 3.15와 같이 가변저항은 아두이노 보드의 아날로그 입력 A2에 연결하고, LED는 디지털입출력 핀 10번에 연결한다.

아두이노 보드의 아날로그 입력핀을 통하여 입력되는 가변저항 값은 A/D변환되어 0~1023 범위 값으로 변한다. 이 값을 delay( )에 직접 대입하면, 시간지연은 0~1023 밀리초 범위에서 조절되게 된다.

아두이노 보드와 가변저항(VR) 연결에 따른 setup( )설정은 다음과 같다.

int analogPin=2;
void setup( ) {
  pinMode(10, OUTPUT);
}
	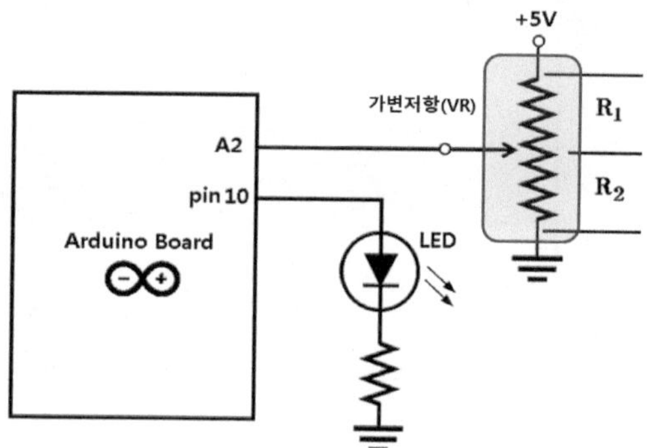

void loop( ) {	loop( )의 시작
int val = analogRead(analogPin);	
digitalWrite(10, HIGH); delay(val);	0~1023 msec 범위에서 시간 지연
digitalWrite(10, LOW); delay(val);	0~1023 msec 범위에서 시간 지연
}	loop( )의 끝

스케치를 업로드하여 실행시키고, 가변저항의 값을 조절하면 LED의 껴지고 꺼지는 간격이 약 0~1초 범위에서 조절된다.

■

실 • 전 • 예 • 제

3.5 가변저항을 변화에 따라 LED의 밝기 조절

가변저항에 의하여 LED의 밝기가 조절되는 스케치를 작성해 본다.

아두이노 보드에서 가변저항(VR)을 통하여 아날로그 입력을 받아들이고, 그 입력에 비례하여 LED의 밝기가 조절되도록 그림 3.17과 같이 회로를 구성한다. 가변저항은 아두이노 보드의 아날로그 입력 A2에 연결하고, LED는 PWM 핀 5번에 연결한다.

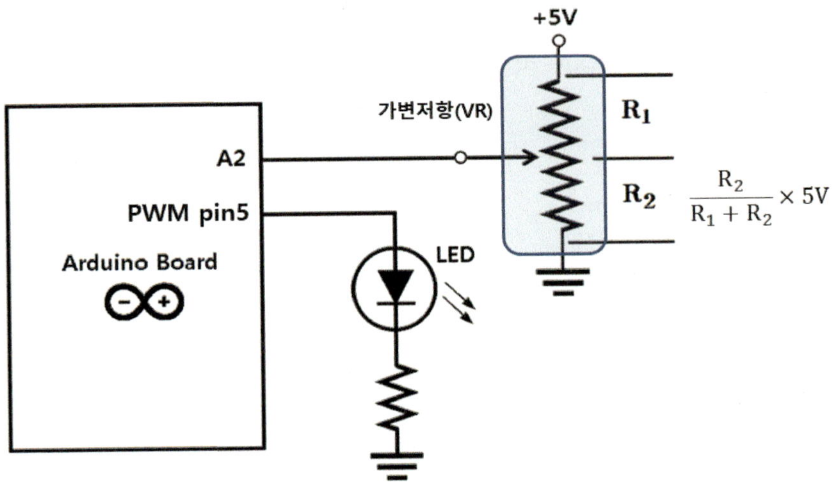

[그림 3.17] 아두이노 보드의 아날로그 입력

[표 3.6] 아두이노 보드 연결 구성

아두이노 UNO 보드		연결 장치
핀번호	setup( ) 설정	
아날로그 입력 핀 A2번	설정 필요 없음	가변저항(VR)
디지털 입출력 핀 5번	PWM 모드 사용	LED

회로를 구성하면 다음과 같다.

[그림 3.18]

아두이노 보드의 아날로그 입력핀 A2를 통하여 입력되는 가변저항 값은 A/D변환되어 그림 3.19와 같이 0~1023 범위 값으로 변한다.

그러나 아두이노 보드의 PWM 핀 출력은 0~255 범위의 값으로 출력이 이루어진다.

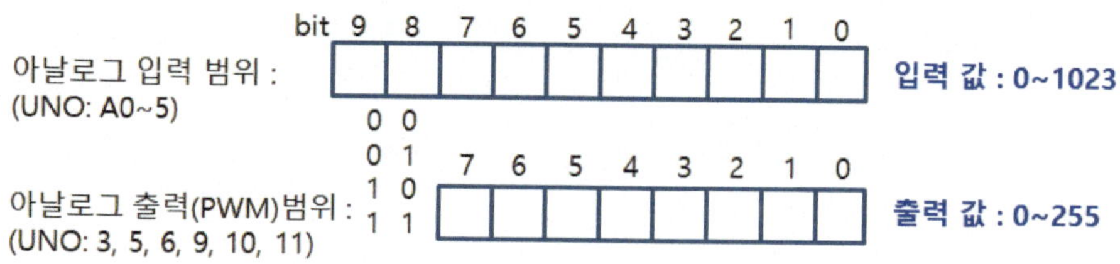

[그림 3.19] 아두이노 보드에 아날로그 입출력 값의 범위

그러므로 가변저항으로 LED의 밝기를 조절할 수 있는 PWM 신호로 사용하려면, 가변저항을 통하여 입력되는 0~1023 범위의 값을 0~255범위의 값으로 변환하여야 한다. 이를 위하여 map( )함수를 사용한다.

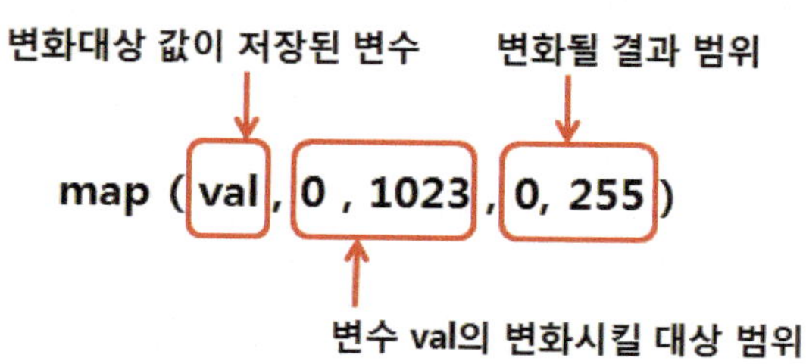


```
val1 = analogRead(2);
val2 = map( val1, 0, 1023, 0, 255);
```

완성된 스케치는 다음과 같다.

```
void setup( ) {
//   pinMode(5, OUTPUT);
}
```

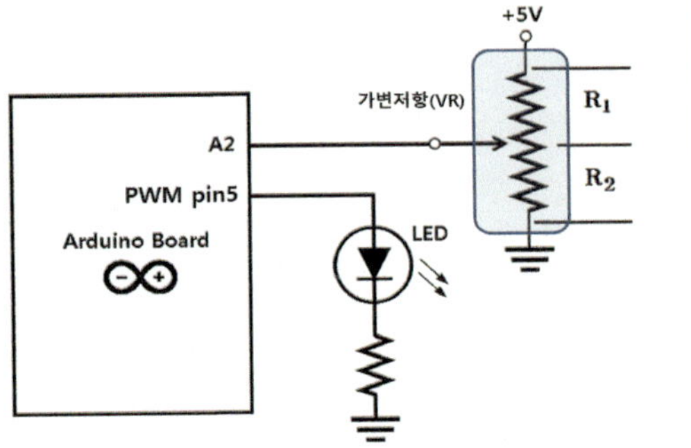

void loop( ) {	loop( )의 시작
int val1 = analogRead(2);	아날로그입력 2번을 통하여 입력된 전압값을 0~1023범위의 값으로 읽어 val1에 저장
int val2 = map(val1, 0, 1023, 0, 255);	0~1023범위의 val값을 0~255 범위로 변환
analogWrite(5, val2); delay(20);	PWM 신호로 출력
}	loop( )의 끝

실행을 위하여 스케치를 업로드하여 실행시키고, 가변저항의 값을 조절하면 LED의 밝기가 가변저항 VR값에 비례하여 조절된다.

■

3.7 아두이노 입력 명령

아두이노에서 디지털 신호나 아날로그 신호를 입력받는 방법을 정리하면 그림 3.20~21과 같다.

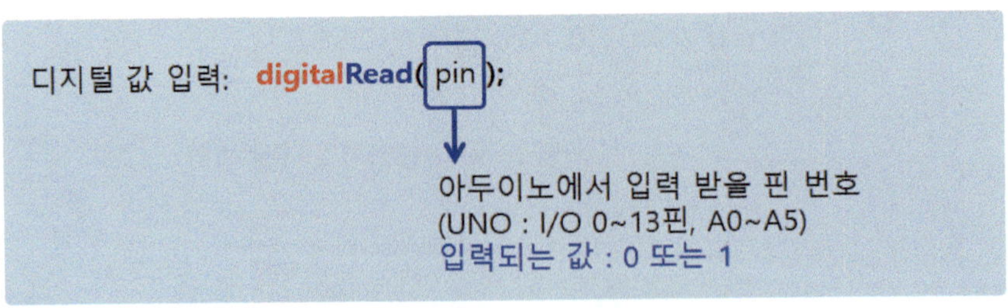

[그림 3.20] 아두이노 디지털 입력 명령

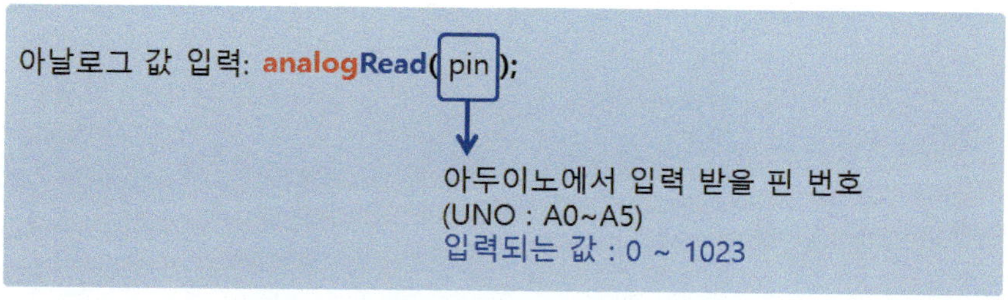

[그림 3.21] 아두이노 아날로그 입력 명령

디지털 입력을 사용할 경우 그림 3.22(a)와 같이 반드시 setup( )함수에서 pinMode(*, INTPUT)선언을 해주어야 하지만, 아날로그 입력을 사용할 경우 그림 3.22(b)와 같이 pinMode(*, INPUT)선언을 하지 않아도 된다.

또한 아두이노의 아날로그 입력핀 A0~A5는 스케치에서 작성할 때 0~5로 나타내어도 내부적으로 A0~A5로 인식된다.

```
void setup() {
  pinMode(3,INPUT);
  pinMode(6,INPUT);
  pinMode(10,INPUT);
}

void loop() {
  digitalRead(3);
  digitalRead(6);
  digitalRead(10);
}
```

(a) 디지털 입력

```
void setup() {
  // pinMode(A0,INPUT);
  // pinMode(3,INPUT);
  // pinMode(A5,INPUT);
}

void loop() {
  analogRead(A0);
  analogRead(3);
  analogRead(A5);
}
```

(b) 아날로그 입력

[그림 3.22] 아두이노 입력의 예

CHAPTER 4

PC에서 시리얼통신으로 제어하기

```
시리얼 데이터 출력 : Serial.print(시리얼 전송할 데이터);
시리얼 데이터 입력 : Serial.read( );
```

시리얼 통신은 기기들 사이에서 송신(TX), 수신(RX) 2개의 신호선을 이용하여 통신을 하므로 비교적 간단하게 정보교환이 가능한 방식이다. 아두이노 보드는 시리얼 입출력 핀을 사용하여 아두이노 보드에서 원격으로 개발용 PC 등과 같이 외부의 다른 시스템과 데이터를 주고받기 위하여 시리얼 통신을 일반적으로 이용한다.

UNO R3보드는 USB 포트를 통하여 1개의 하드웨어적인 시리얼 통신을 사용할 수 있으며, 디지털 입출력 핀 0번과 1번을 각각 수신(RX)와 송신(TX)을 시리얼 통신을 위하여 사용한다.

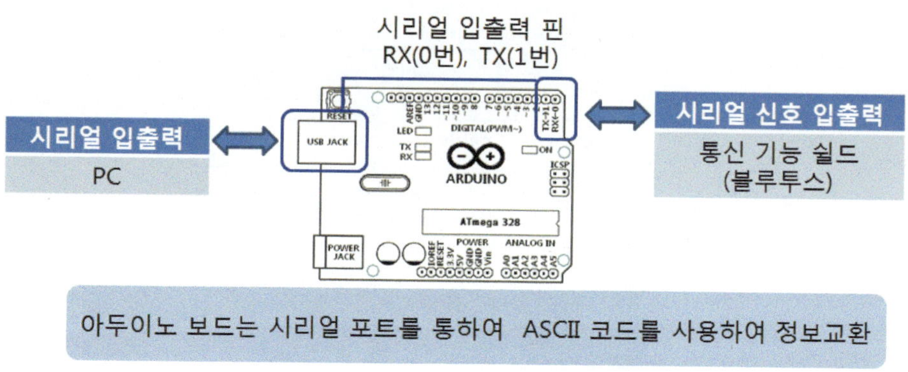

[그림 4.1] 아두이노 보드의 시리얼 통신

이 장에서는 시리얼 통신을 활용하여 PC에서 아두이노 보드를 제어하거나 아두이노 보드에서 센서 등을 통하여 수집된 정보를 PC의 시리얼 모니터에 출력하는 방법을 공부한다.

4.1 시리얼 통신(직렬 통신 ; Serial Communication)

아두이노 보드와 개발용 PC 사이의 시리얼 통신은 USB 포트를 통해 이루어진다. 시리얼 통신을 하기 위해서는 속도(bps), 패리티(Parity), 스탑비트(Stop bit), 데이터 비트(Data bits) 설정이 필요하다.

이 장에서는 실험을 위하여 속도는 9,600bps, 패리티는 No parity, 1 스탑비트, 8데이터 비트를 사용한다.

PC와 아두이노 보드의 시리얼 통신은 하드웨어적으로는 USB 케이블을 사용하여 연결되지만 통신 방향에 따라 다음과 같이 PC에서 아두이노 보드로 통신하는 경우와 아두이노 보드에서 PC로의 통신하는 2가지 경우로 나누어 생각할 수 있다.

(1) PC에서 아두이노 보드로의 통신

그림 4.2와 같이 PC에서 정보를 송신하고 아두이노 보드에서 수신하여 통신하는 경우, PC에서는 시리얼 모니터를 사용하고 아두이노 보드에서는 Serial.read( ) 명령을 사용하게 된다.

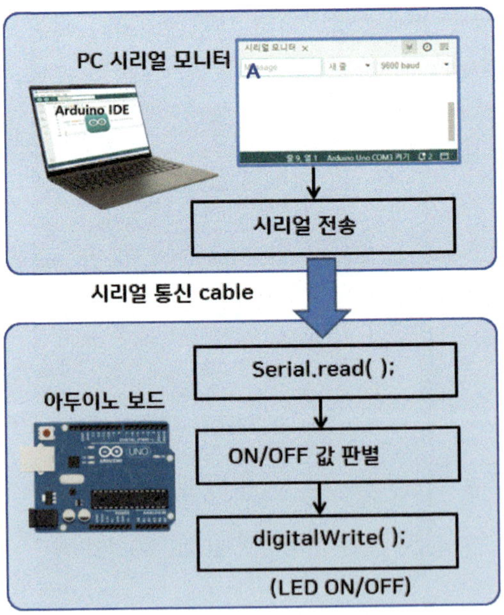

[그림 4.2] 시리얼 통신(PC→아두이노 보드)

(2) 아두이노 보드에서 PC로의 통신

그림 4.3과 같이 센서 등의 정보를 아두이노 보드에서 송신하고 PC에서 수신하는 경우, 아두이노 보드에서는 Serial.println( ) 명령을 사용하여 PC의 시리얼 모니터에 정보를 전송하게 된다.

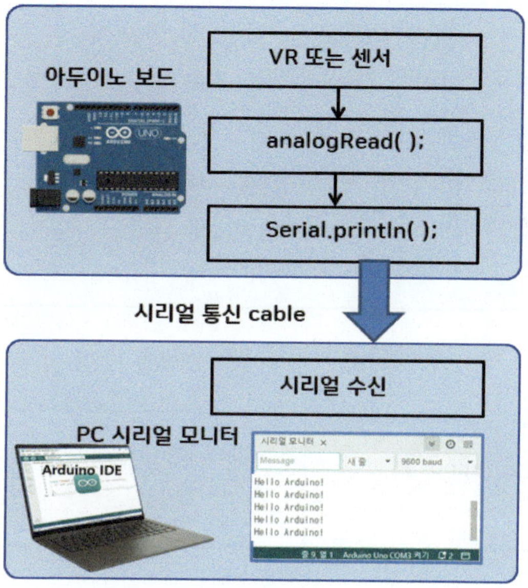

[그림 4.3] 시리얼 통신(아두이노 보드→PC)

아두이노 개발환경에서는 개발용 PC의 시리얼 통신을 모니터할 수 있는 툴을 제공하고 있다. 아두이노 개발환경의 시리얼 모니터 기능과 사용법을 알아보자.

4.2 아두이노 보드와 시리얼 모니터 연결

시리얼 모니터를 이용하여 개발용 PC와 통신하며 제어하는 방법을 살펴보자.

(1) 시리얼 통신으로 아두이노 보드에서 PC로 메시지 보내기

아두이노 보드에서 시리얼 통신을 통하여 PC의 시리얼 모니터로 메시지를 보내는 방법을 살펴본다.

4.1 실 • 전 • 예 • 제

아두이노 보드에서 시리얼 통신으로 메시지 보내기

아두이노 보드에서 개발용 PC의 모니터에 "Hello Arduino!"라는 문장을 나타내보자.

개발용 PC를 사용하여 스케치를 작성하고 아두이노 보드에 업로드하기 위하여 개발환경을 구축하면서, 개발용 PC에는 시리얼 통신을 위한 설정을 해 놓은 상태이다.

아두이노 보드에서 PC로 시리얼 통신을 위해서는 아두이노 스케치의 setup( ) 함수에서 Serial.begin( ) 함수를 사용하여 시리얼 통신 속도를 설정한다. 개발용 PC의 모니터로 문자열 전송을 위해서는 Serial.println( )나 Serial.print( )를 사용한다.

작성된 스케치는 다음과 같다.

스케치	설명

void setup( ) {
  Serial.begin(9600);
}
	시리얼 통신을 위한 전송속도 9600 설정

void loop( ) {
  Serial.println("Hello Arduino!");
  delay(1000);
}
	개발용 PC의 모니터로 문자열 전송

스케치 창의 툴바 오른쪽 끝의  클릭을 하면 그림 4.4와 같이 개발환경(IDE) 아랫부분이 시리얼 모니터 창으로 변환되며 아두이노 보드에서 보낸 "Hello Arduino!"라는 문자가 출력된다.

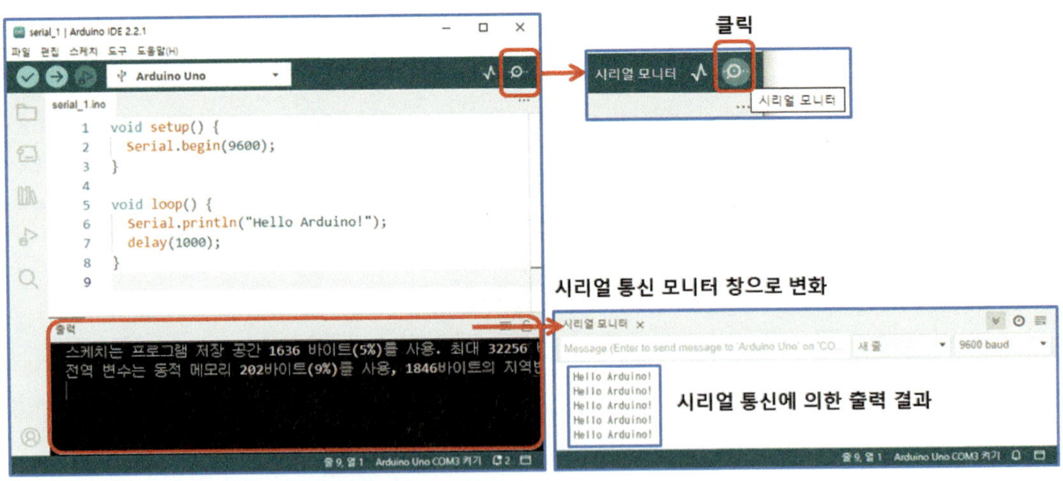

[그림 4.4] 시리얼 모니터를 통한 수신확인

Serial.println()함수 대신 Serial.print()함수를 사용하면, 전송되는 문자가 같은 줄에 이어서 출력된다.

■

(2) 시리얼 통신으로 PC에서 아두이노 보드로 메시지 보내기

PC에서 아두이노 보드로 데이터를 시리얼 통신으로 보내는 방법을 살펴본다. 이를 위하여 PC에서 시리얼 통신을 통하여 아두이노 보드로 한 개의 문자를 보내고, 아두이노 보드에서 받은 데이터를 다시 PC의 시리얼 모니터에 출력한다.

아두이노 보드에서 시리얼 통신을 사용하여 PC로 정보를 보내는 경우와 다르게 시리얼 통신을 통하여 아두이노 보드가 정보를 받아들이는 과정에는 시리얼 입력의 발생을 인식하는 기능이 필요하다.

아두이노 보드는 시리얼 데이터 입력이 발생하였을 때 정보를 받아들일 수 있도록 하기 위하여, 시리얼 입력이 발생하였는지를 검사하는 Serial.available( )를 사용한다.

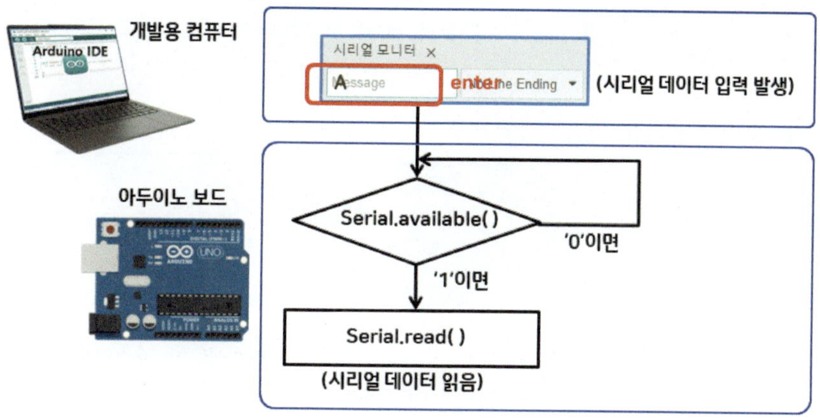

[그림 4.5] 시리얼 데이터 발생 인식

실•전•예•제

4.2 한 개의 문자를 받아서 시리얼 모니터에 출력하기

개발용 PC의 시리얼 모니터의 "Message"창으로 부터 1개의 문자를 입력받아 시리얼 모니터에 다시 출력하자.

시리얼 통신을 통하여 아두이노 보드로 입력이 있을 경우에만 실행이 가능하도록 입력이 있는지 검사하는 함수 Serial.available( )를 사용하고, 시리얼 통신을 통하여 입력을 받아들이는 Serial.read( ) 함수를 사용한다.

작성된 스케치는 다음과 같다.

코드	설명

void setup( ) {
  Serial.begin(9600);
}
	시리얼 통신을 위한 전송속도 9600 설정

void loop( ) {
  if(Serial.available( )){
    char ch=Serial.read( );
    Serial.println(ch);
  }
}
	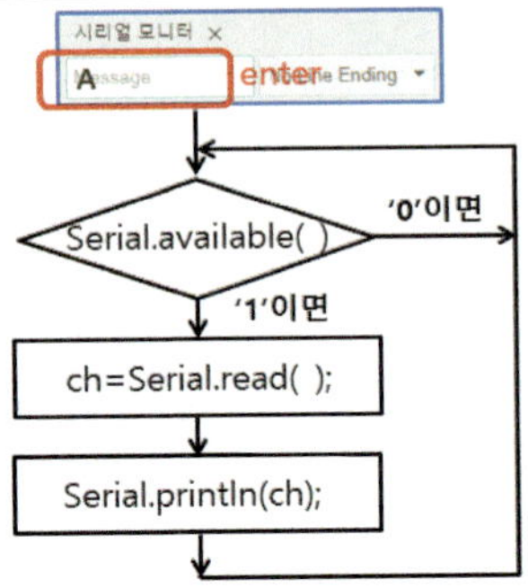

스케치 업로드 후 개발용 PC의 시리얼 모니터 창을 열면 입력 대기 상태가 되고, 1개 이상의 문자를 키보드를 통하여 입력한 후 enter 키를 누르면 입력한 문자가 시리얼 모니터에 출력된다. "A"라 문자열을 입력하고 enter 키를 누르면 한 줄에 한 자씩 연속하여 A를 표시한다.

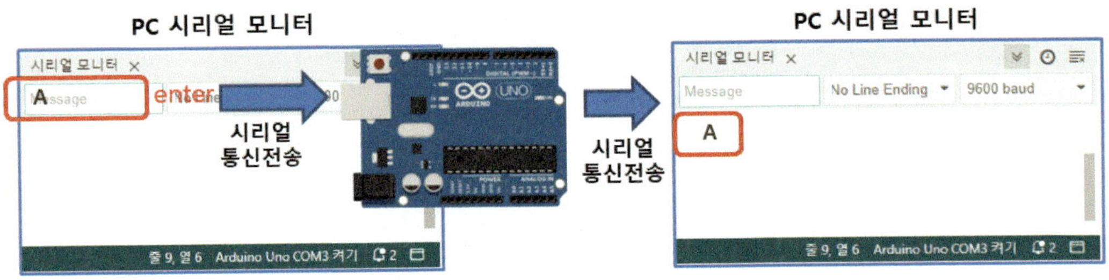

[그림 4.6] 시리얼 정보의 송수신

■

시리얼 모니터에 입력한 문자의 ASCII 코드 값을 시리얼 통신으로 아두이노 보드에 전달하게 되므로 Serial.read( ) 함수를 통하여 받아들이는 값을 char형 또는 byte형 등으로 선언하는 것에 따라 아두이노 보드에서 활용할 수 있는 데이터 형태가 달라질 수 있다.

4.3 시리얼 모니터를 이용한 아두이노 보드 출력제어

PC와 아두이노 보드의 시리얼 통신 기능을 사용하여 아두이노 보드의 LED 등의 ON-OFF를 제어하여 보자.

2장에서 아두이노 보드에 연결한 스위치로 LED를 제어한 것처럼, 스위치 대신 PC에서 시리얼 통신을 통하여 아두이노 보드에 연결된 LED의 동작을 제어하는 방법을 살펴본다.

실•전•예•제 4.3 시리얼 통신으로 LED 제어

PC의 키보드로 부터 "1, 2, 3, 4"을 시리얼 통신으로 아두이노 보드에 전송하고, 입력된 값이 "1"이면 LED1, "2"이면 LED2, "3"이면 LED3, "4"이면 LED4가 켜지도록 제어하여 보자.

아두이노 보드의 하드웨어 구성은 다음과 같다.

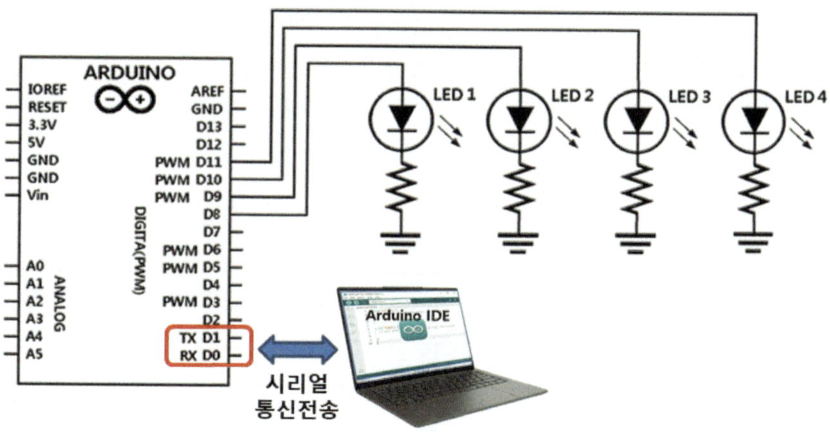

[그림 4.7] 아두이노 보드의 아날로그 입력

[표 4.1] 아두이노 보드 연결 구성

UNO 보드		연결 장치
핀번호	setup( ) 설정	
시리얼 통신	Serial.begin(9600);	PC(USB)
디지털 입출력 핀 8번	pinMode(8, OUTPUT)	LED1
디지털 입출력 핀 9번	pinMode(9, OUTPUT)	LED2
디지털 입출력 핀 10번	pinMode(10, OUTPUT)	LED3
디지털 입출력 핀 11번	pinMode(11, OUTPUT)	LED4

회로를 구성하면 다음과 같다.

그림 4.7 PC와 시리얼 통신으로 연결된 아두이노 보드에 LED 4개 연결

앞의 예제 4.2에서 사용한 Serial.available()와 Serial.read() 함수를 이용하여 시리얼 통신을 통하여 개발용 PC의 키보드로부터 "1, 2, 3, 4"을 입력 받아들이고, switch( )함수의 case 조건으로 사용한다.

int pinLED[4] = {8, 9, 10, 11}; int k;	

void setup( ) {
  Serial.begin(9600);
  for(k=0; k<4; k++) {
   pinMode(pinLED[k], OUTPUT);
  }
  Serial.println("Enter 1, 2, 3, 4 !");
}
	시리얼 모니터에 "Enter 1, 2, 3, 4 !" 출력

void loop( ) {	loop()의 시작
if(Serial.available( )){	입력된 문자가 하나 이상 있는지 검사
char select=Serial.read( );	PC로부터 1개의 문자를 받아 저장
Serial.print("Selcet Number ="); Serial.println(select);	선택된 숫자를 표시

switch(select) {	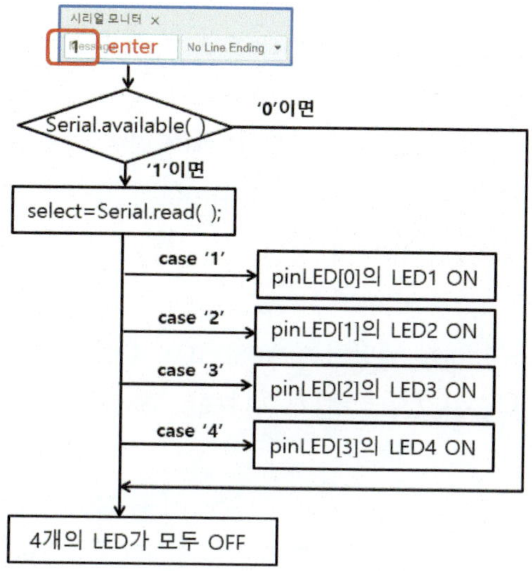
case '1' : digitalWrite(pinLED[0], HIGH); break;	
case '2' : digitalWrite(pinLED[1], HIGH); break;	
case '3' : digitalWrite(pinLED[2], HIGH); break;	
case '4' : digitalWrite(pinLED[3], HIGH); break;	

default:
 for(k=0; k<4; k++) {
 digitalWrite(pinLED[k], LOW);
 }
break;	

}	
}	Serial.available()의 끝
}	loop()의 끝

스케치 업로드 후 개발용 PC의 시리얼 모니터 창을 열면, 시리얼 모니터에 "Enter 1, 2, 3, 4 !"을 출력하며 입력 대기 상태가 된다. 그림 4.8과 같이 시리얼 모니터를 'No Line Eending'으로 선택한다.

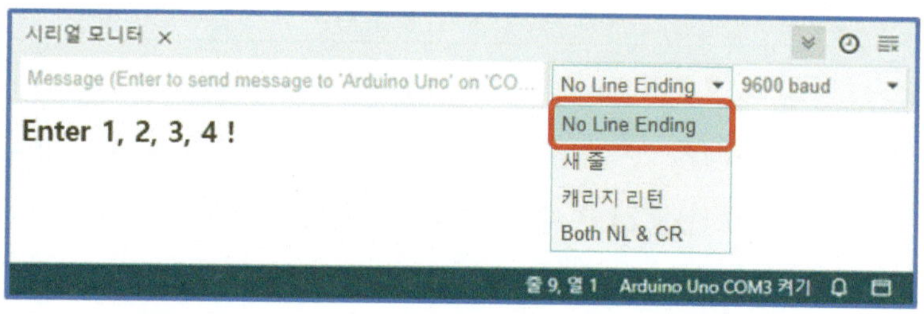

[그림 4.8] 시리얼 모니터 'No Line Eending' 선택

"1, 2, 3, 4" 가운데 하나의 문자를 키보드를 통하여 입력한 후 enter 키를 누르면 "Selcet Number = (입력한 숫자)"가 시리얼 모니터에 출력되고, 지정된 LED 제어가 일어난다.

지정된 LED 제어가 완료되면 다시 시리얼 모니터에 "Enter 1, 2, 3, 4 !"을 출력하며 입력 대기 상태가 된다.

■

예제 4.3 스케치의 swich-case문에서 `case '1':~case '4':`로 사용되는 이유는 시리얼 모니터를 통하여 읽어 들이는 값이 ASCII코드 값이기 때문이다.

즉, `char select=Serial.read( );`이로 선언되기 때문이다.

case문은 swich(select)함수의 select값에 따라 선택되므로 select값 문자형이라도 case문 변수에 동일하게 문자형으로 지정되면 동작에 문제가 발생하지 않는다. 그러나 swich-case문은 숫자형으로 사용하는 것이 편리하므로, 시리얼 모니터로 입력된 ACSII코드의 문자 값을 숫자로 변환하여 사용하여 보자.

표 4.2를 이용하여 ACSII코드의 문자 값을 숫자로 변환하여 사용하여 보자.

문자 '0'에 해당하는 ACSII코드 값은 10진수로 48이므로, 문자 '0'의 ACSII코드 값에서 48일 빼면 숫자값으로 쉽게 변환할 수 있다.

[표 4.2] 문자 0~9의 ASCII 코드

문자	ASCII 코드값		
	HEX(16진수)	Bin(2진수)	DEC(10진수)
0	30	0011 0000	48
1	31	0011 0001	49
2	32	0011 0010	50
3	33	0011 0011	51
4	34	0011 0100	52
5	35	0011 0101	53
6	36	0011 0110	54
7	37	0011 0111	55
8	38	0011 1000	56
9	39	0011 1001	57

예제 4.3 스케치에 `int select2=select-'0';`나 `int select2=select-48;` 을 추가하고 switch() 함수를 `switch(select2)`로 수정하면, case문을 `case 1:~case 4:`으로 변경할 수 있다.

수정된 아두이노 스케치는 그림 4.9와 같다.

```
int pinLED[4] = {8, 9, 10, 11};
int k;
void setup() {
  Serial.begin(9600);
  for(k=0; k<4; k++) {
   pinMode(pinLED[k], OUTPUT);
  }
  Serial.println("Enter 1, 2, 3, 4 !");
}
```

```
void loop() {
 if( Serial.available()){
   char select=Serial.read( );
   Serial.print("Selcet Number =");
   Serial.println(select);
   int select2=select-'0';
   switch(select2) {
   case 1:
     digitalWrite(pinLED[0], HIGH);
   break;
   case 2:
     digitalWrite(pinLED[1], HIGH);
   break;
   case 3:
     digitalWrite(pinLED[2], HIGH);
   break;
   case 4:
     digitalWrite(pinLED[3], HIGH);
   break;
   default:
    for(k=0; k<4; k++) {
      digitalWrite(pinLED[k], LOW);
    }
   break;
  }
 }
}
```

[그림 4.9] 수정된 아두이노 스케치

4.4 아두이노 보드의 아날로그 값을 시리얼 모니터에 나타내기

PC와 아두이노 보드의 시리얼 통신 기능을 사용하여 아두이노 보드를 통하여 얻어진 입력 정보를 PC의 시리얼 모니터에 나타내 보자.

3장에서 아두이노 보드에 연결하여 입력받은 가변저항(VR) 정보를 PC의 시리얼 모니터에 전송하고 표시해 본다.

실 • 전 • 예 • 제

4.4 가변저항을 변화에 따라 LED의 밝기 조절

가변저항의 값을 시리얼 모니터에 표시하고, 저항 값에 따라 LED의 밝기가 조절되는 스케치를 작성해 본다.

아두이노 보드에서 가변저항(VR)를 통하여 아날로그 입력을 받아들이고, 그 입력에 비례하여 LED의 밝기가 조절되도록 하기 위하여 그림 4.10과 같이 회로를 구성한다. 가변저항은 아두이노 보드의 아날로그 입력 A2에 연결하고, LED는 PWM 핀 5번에 연결한다.

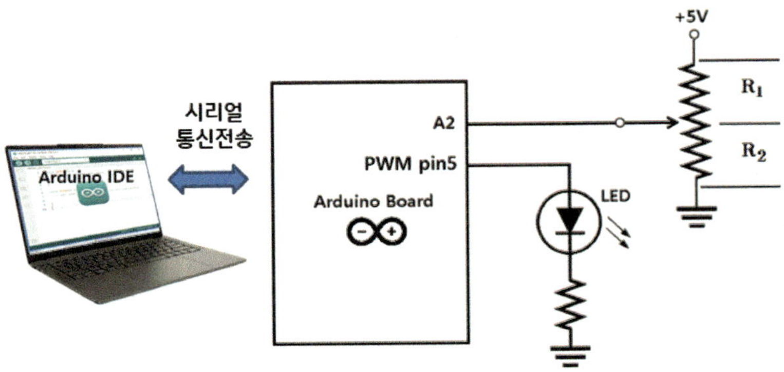

[그림 4.10] 아두이노 보드의 아날로그 입력

[표 4.3] 아두이노 보드 연결 구성

아두이노 UNO 보드		연결 장치
핀번호	setup( ) 설정	
아날로그 입력 핀 A2번	설정 필요 없음	가변저항(VR)
디지털 입출력 핀 5번	PWM 모드 사용	LED
시리얼 통신	Serial.begin(9600);	PC(USB)

회로를 구성하면 다음과 같다.

[그림 4.11] 아두이노 보드에 LED와 가변저항(VR) 연결

아두이노 보드의 아날로그 입력핀 A2를 통하여 입력되는 가변저항 값을 3장에서 배운 map( )함수를 사용하여 변환하고 시리얼 모니터에 나타낸다. 또한 PWM 신호를 사용하여 LED의 밝기가 조정되는 것을 확인한다.

완성된 스케치는 다음과 같다.

```
int val1, val2, val3;
void setup( ) {
  Serial.begin(9600);
  pinMode(5, OUTPUT);
}
```

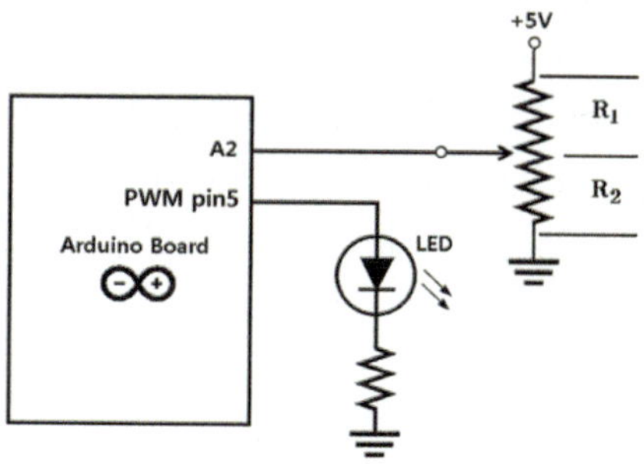

void loop( ) {	loop( )의 시작
val1 = analogRead(2); Serial.print("VR value = "); Serial.print(val1); Serial.print(" ..... ");	아날로그 입력핀 2번을 통하여 입력된 전압값을 0~1023범위의 값으로 읽어 val1에 저장 시리얼 모니터에 출력
val2 = map(val1, 0, 1023, 0, 100); Serial.print("VR % value = "); Serial.println(val2);	%값으로 변환 시리얼 모니터에 출력

val3 = map(val1, 0, 1023, 0, 255);
analogWrite(5, val3);
delay(20);
	0~1023범위의 val값을 0~255 범위로 변환
	PWM 신호로 출력

}	loop( )의 끝

가변저항의 값을 조절하면 LED의 밝기가 저항값에 비례하여 조절된다.

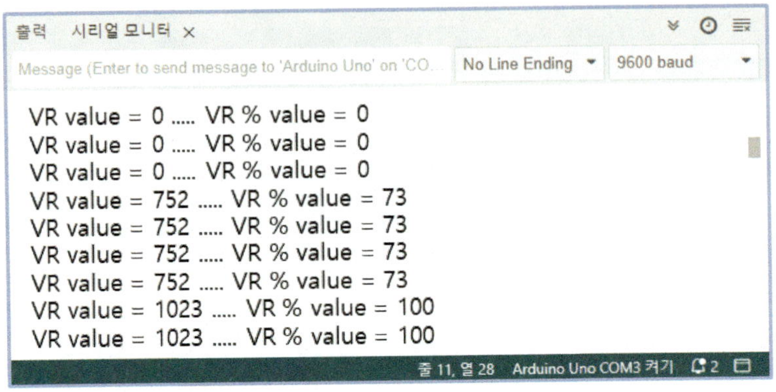

[그림 4.12] 시리얼 모니터에 표시된 측정된 가변저항(VR)의 값과 %값

4.5 아두이노 보드의 아날로그 값을 시리얼 플로터에 나타내기

4.4절에서 아두이노 보드에 연결하여 입력받은 가변저항(VR) 정보를 PC의 시리얼 모니터에 전송하고 표시하였다. 가변저항의 정보가 시리얼 모니터에 숫자로 나타나는 것을 보았다. 센서 등의 입력 정보를 이용하여 정밀한 제어를 수행하기 위해서는 이렇게 숫자로 표현된 정보가 매우 중요하고 유용하다.

그러나 그 변화의 상태 등을 모니터링 하기에는 불편하다. 아두이노 개발환경에서는 이러한 문제를 해결하기 위하여 시리얼 플로터 기능을 제공하고 있다.

스케치 창의 툴바 오른쪽 끝의 시리얼 모니터 옆에 있는 을 선택하면 하면 그림 4.13과 같이 별도의 시리얼 플로터 창이 나타나고, 아두이노 보드에서 보낸 정보를 선 그래프 형태로 출력한다.

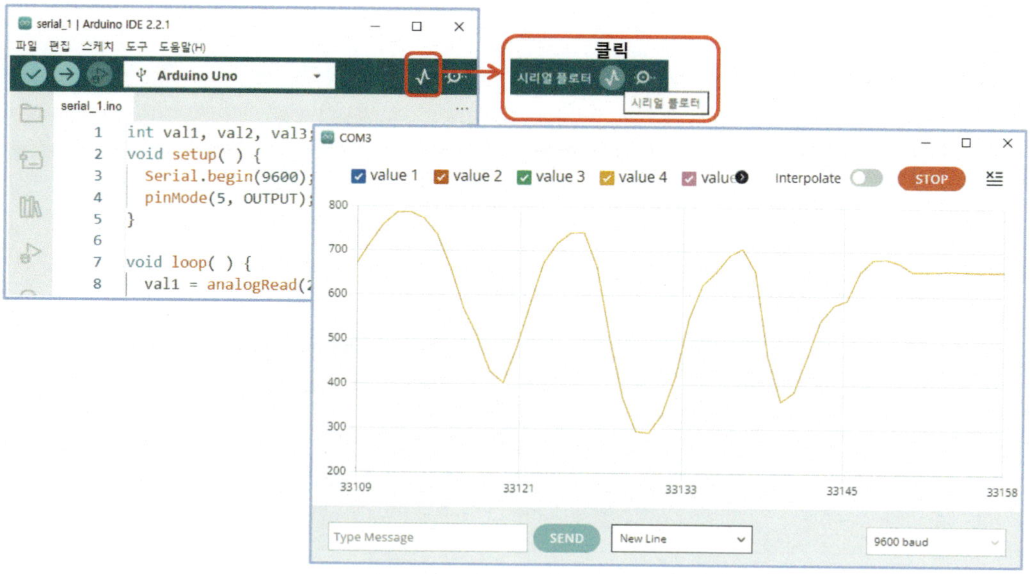

[그림 4.13] 시리얼 플로터에 표시된 측정된 가변저항(VR)의 값

예제 4.4의 PC와 아두이노 보드의 시리얼 통신 기능을 사용하여 아두이노 보드를 통하여 얻어진 입력 정보를 PC의 시리얼 플로터에 나타내보자.

예제 4.4에서 0~1023 범위의 가변저항 값과 그 값을 100%로 환산한 값을 시리얼 모니터에 나타내고, LED를 제어하기 위하여 PWM 값을 사용했었다. 시리얼 플로터에 이러한 3가지 값을 표현하려면, 데이터와 데이터 사이를 공백으로 띄워서 데이터를 출력하면 된다.

예제 4.4의 loop( ) 함수 부분을 다음과 수정하여 실행시키고, 를 선택하여 시리얼 플로터 창을 열고, 0~1023 범위의 val1, % 값인 val2, PWM 신호를 위한 val3의 3가지 정보를 연동시키기 위하여 Interpolate 를 활성화 시키고 가변저항을 조정하면 그림 4.14와 같이 나타난다.

void loop( ) {	loop( )의 시작
val1 = analogRead(2); Serial.print(val1); Serial.print(" ");	아날로그 입력핀 2번을 통하여 입력된 전압값을 0~1023범위의 값으로 읽어 val1에 저장 시리얼 플로터에 출력 데이터와 데이터 사이를 공백
val2 = map(val1, 0, 1023, 0, 100); Serial.print(val2); Serial.print(" ");	%값으로 변환 시리얼 플로터에 출력 데이터와 데이터 사이를 공백
val3 = map(val1, 0, 1023, 0, 255); Serial.println(val3);	%값으로 변환 시리얼 플로터에 출력
}	loop( )의 끝

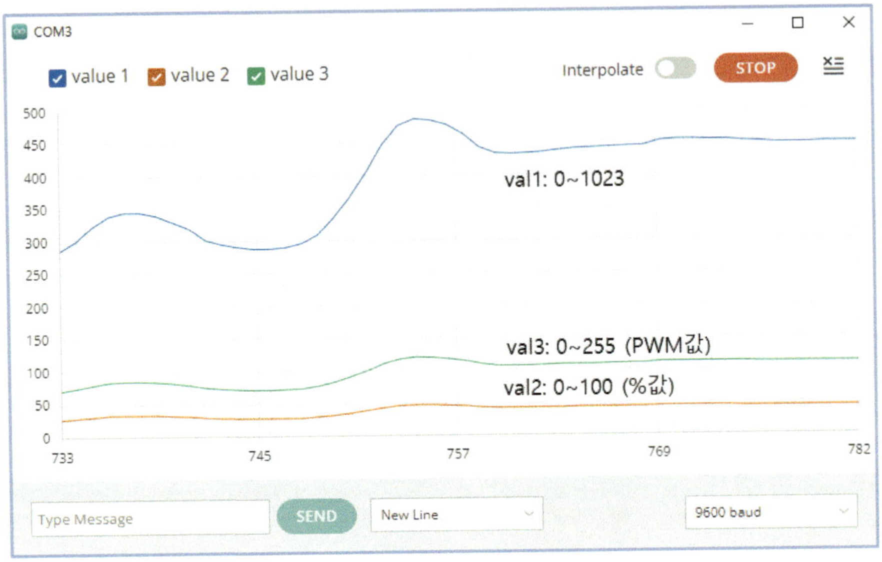

[그림 4.14] 시리얼 플로터에 표시된 측정된 가변저항(VR)의 값과 %값, PWM값

4.6 아두이노 시리얼 통신 명령

아두이노에서 시리얼 통신을 통하여 신호를 보내거나 받는 방법을 정리하면 그림 4.15~17과 같다.

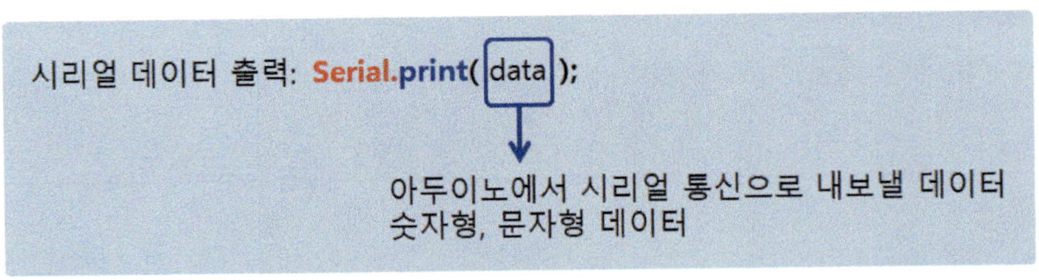

[그림 4.15] 아두이노 시리얼 통신 출력 명령

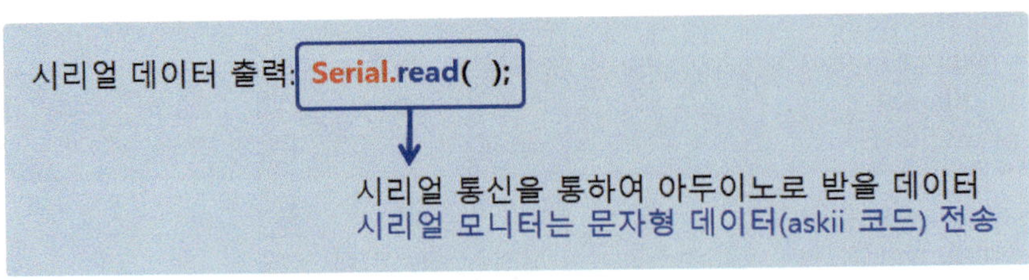

[그림 4.16] 아두이노 시리얼 통신 입력 명령

시리얼 통신으로 정보를 주고받을 경우 그림 4.17와 같이 반드시 setup( )함수에서 Serial.begin(9600);과 같은 전송속도를 설정 해주어야 한다. 또한 PC 등에서 시리얼 모니터를 이용하여 데이터를 받을 경우 ASCII코드로 정보가 주어진다.

```
void setup() {
 Serial.begin(9600);
 Serial.print("Enter number ");
 Serial.println("1~9 !!!");
}
void loop() {
 if( Serial.available()){
  char val1=Serial.read( );
  Serial.print("Your Character :" );
  Serial.print(val1);
  Serial.print(" ---> ");
  int val2=val1-48;
  Serial.print("Number :" );
  Serial.println(val2);
 }
}
```

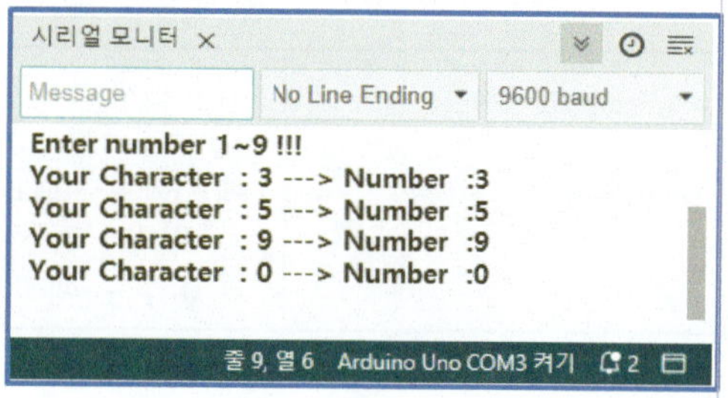

[그림 4.17] 아두이노 시리얼 통신 명령의 예

■ 함수: Serial.begin, Serial.available, Serial.print, Serial.println, Serial.read

Serial.begin(value);	아두이노 보드와 개발용 PC사이의 전송속도를 value로 설정 -value : 4,800bps, 9,600bps, 14,400bps, 19,200bps, (예) Serial.begin(9600); 시리얼 통신 전송속도를 9,600bps로 설정

Serial.available( ) { A }	시리얼 모니터를 통하여 입력된 문자가 하나 이상 있는지 검사하여 입력이 있으면 A를 실행

Serial.print("text");	시리얼 통신을 통하여 아두이노 보드에서 개발용 PC의 모니터로 text전송(줄 바꿈 하지 않음) -text : 문자열 (예) Serial.print("a = "); 개발용 PC의 모니터에 "a = "표시하고 줄 바꿈하지 않음

Serial.println("text");	시리얼 통신을 통하여 아두이노 보드에서 개발용 PC의 모니터로 text전송하고 줄바꿈 -text : 문자열 (예) Serial.println("Hello world!"); 개발용 PC의 모니터에 "Hello world!"

Serial.println(rx, type);	시리얼 통신을 통하여 아두이노 보드에서 개발용 PC의 모니터로 데이터 rx를 type형식으로 전송 -rx : 1바이트 데이터 -type : DEC(ASCII코드), (예) Serial.println(rx, DEC); 1바이트 데이터에 해당하는 ASCII코드 출력

Serial.read( );	시리얼 통신을 통하여 입력된 -value : a1~a2 사이의 정수형 값 (예) rx = Serial.read( ); 시리얼 통신을 통하여 입력된 데이터를 변수 rx에 저장

Serial.print(val, format)의 사용 예	
Serial.print(78)	"78" 이 전송
Serial.print('N')	"N" 이 전송
Serial.print("Hello world.")	"Hello world." 전송
Serial.print(78, BIN)	2진수 ASCII로 "1001110" 전송
Serial.print(78, OCT)	8진수 ASCII로 "116" 전송
Serial.print(78, DEC)	10진수 ASCII로 "78" 전송
Serial.print(78, HEX)	16진수 ASCII로 "4E" 전송
Serial.print(1.23456, 0)	"1" 전송, 실수 출력의 경우 소수점 이하 자릿수 지정 가능
Serial.print(1.23456, 2)	"1.23" 전송, 소수점 둘째 자리까지 출력
Serial.print(1.23456, 4)	"1.2346" 전송, 소수점 넷째 자리까지 출력
Serial.print(1.23456)	"1.23" 전송, 두번째 인자가 없는 경우 소수점둘째자리 출력

■ 아두이노 입출력 명령 요약

디지털 출력 : digitalWrite(pin, data);
디지털 입력 : digitalRead(pin);

pin : 디지털 I/O 0~13핀, A0~A5
data : HIGH 또는 LOW

아날로그 출력 : analogWrite(pin, data);

pin : PWM 3, 5, 6, 9, 10, 11
data : 0~255

아날로그 입력 : analogRead(pin);

pin : A0~A5
data : 0~1023

시리얼 출력 : Serial.print(data);
시리얼 입력 : Serial.read( );

CHAPTER 5

아두이노 보드에서의 인터럽트 제어

아두이노는 일반적인 프로세서들처럼 어떤 작업을 하다가 더 중요한 다른 일이 발생하면, 나중에 발생한 더 중요한 일을 먼저 처리할 수 있는 인터럽트 기능을 사용할 수 있다.

인터럽트는 수행중인 우선순위가 낮은 일을 잠시 중단하고 새로 발생한 우선순위가 높은 일을 먼저 처리한 후 원래의 일을 다시 이어서 수행할 수 있는 기능으로 발생 시기를 예측할 수 없는 일들을 처리할 수 있어 효율적이다.

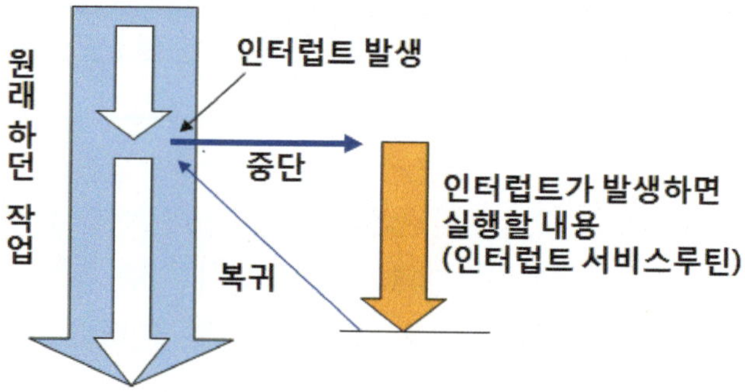

[그림 5.1] 인터럽트 발생과 서비스 루틴 실행과정

5.1 아두이노 보드의 인터럽트

아두이노 UNO보드는 그림 5.2와 같이 2개의 외부 인터럽트 핀을 가지고 있고, Mega 보드는 6개의 인터럽트 핀을 가지고 있다.

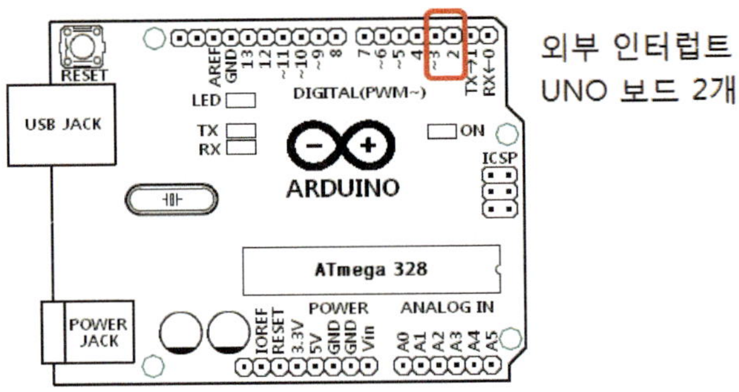

[그림 5.2] 아두이노 UNO보드 2개 외부 인터럽트

[표 5.1] 아두이노 외부 인터럽트

인터럽트 번호	0	1	2	3	4	5
UNO보드 핀 번호	2	3				
Mega보드 핀 번호	2	3	21	20	19	18

아두이노 보드는 2가지 외부 인터럽트 관련 함수를 제공한다. 이들 함수는 외부 인터럽트를 사용하기 위해 사용할 인터럽트와 인터럽트의 발생 방식 등을 설정하는 "attachInterrupt (interrupt, function, mode)"와 이미 사용 설정된 외부 인터럽트를 사용 중지시키는 "detachInterrupt(interrupt)"이다.

실 • 전 • 예 • 제

5.1 아두이노 보드의 인터럽트 제어

아두이노 보드의 디지털입출력 핀 2번에 입력이 있으면, 인터럽트 0번을 발생시켜서 10번 핀에 연결되어 있는 아두이노 보드의 LED를 깜박이게 하자.

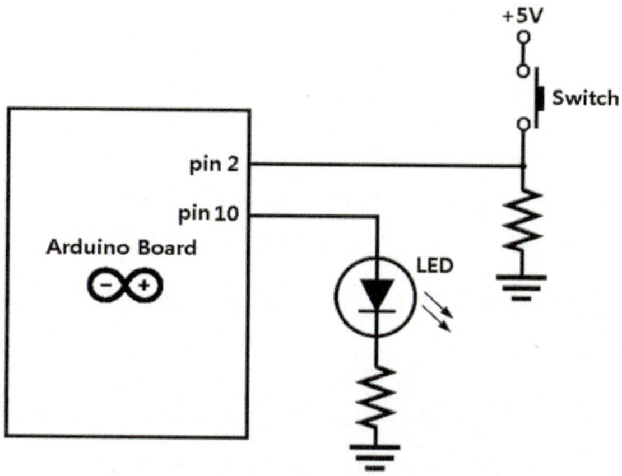

[그림 5.3] 아두이노 보드의 디지털입력

[표 5.2] 아두이노 보드 연결 구성

아두이노 UNO 보드		연결 장치
핀번호	setup( ) 설정	
디지털 입출력 핀 2번	pinMode(2, INPUT)	버튼 스위치
디지털 입출력 핀 10번	pinMode(10, OUTPUT)	LED

회로를 구성하면 다음과 같다.

[그림 5.4] 아두이노 보드에 LED와 버튼 스위치 연결

아두이노 보드의 디지털입출력 핀 2번을 인터럽트 발생 입력으로 사용하면 인터럽트 번호 0번을 인터럽트로 사용하게 된다.

디지털입출력 핀 2번에 연결된 외부 장치에서 인터럽트 이벤트가 발생하면 실행될 내용을 함수로 정의하여 사용한다. 예를 들어 인터럽트가 발생하면 "toggle( )" 함수를 호출할 수 있도록 attachInterrupt( )함수를 사용하여 다음과 같이 설정한다.

```
attachInterrupt(0, toggle, CHANGE);
```

attachInterrupt( )함수의 3번째 매개변수인 'CHAGE'는 인터럽트 발생 조건을 지정한 것으로 디지털입출입 핀 2번의 입력신호 레벨이 변화할 때 마다(high에서 low로 또는 low에서 high로) 인터럽트가 발생하게 된다.

volatile int state = HIGH;	

void setup( ) {
  pinMode(10, OUTPUT);
  attachInterrupt(0, toggle, CHANGE);
}
	0번 인터럽트 사용
	인터럽트가 호출되면 함수 'toggle()'를 호출

void toggle( ) {
  state = !state;
}
	함수 호출 때마다 state 값 반전
	(HIGH이면 LOW로, LOW이면 HIGH로 반전)

void loop() {
  digitalWrite(10, state);
}	

아두이노 보드에 스케치를 업로드하면, 디지털입출력 핀 10번에 연결된 LED에 불이 켜져 있게 된다. 디지털입출력 핀 2번에 버튼 스위치를 눌러 인터럽트를 발생시키면, setup 블록의 "attachInterrupt(0, toggle, CHANGE);"에 의하여 인터럽트 0번이 사용되어 toggle() 함수가 호출되어 디지털입출력 핀 10번의 출력 값을 반전시키게 되며 켜져 있던 LED는 꺼지고 상태가 유지된다. 다시 디지털입출력 핀 2번에 버튼 스위치를 눌러 인터럽트를 발생시키면, 인터럽트 0번이 사용되어 toggle() 함수가 호출되어 디지털입출력 핀 10번의 출력 값을 다시 반전시켜서 꺼져있던 LED는 켜지고 상태가 유지된다.

■

실•전•예•제

5.2 인터럽트로 스톱워치 만들기

아두이노 보드의 인터럽트 기능을 이용하여 스위치가 눌려지면, 10초마다 LED를 하나씩 불을 켜서 40초까지 4개의 LED에 불을 켜고 50초가 되면 4개의 LED가 모두 꺼지고 초기화는 타이머를 만들어 보자.

PART 2

입출력 응용

CHAPTER 6

아두이노에서 소리내기

> 소리 출력 : tone(핀번호, 주파수, 지속시간);
> 소리 정지 : noTone(핀번호);

아두이노 보드를 사용하여 LED를 켜거나 끄는 동작을 통하여 아두이노 보드를 사용한 제어 동작의 결과를 눈으로 확인 할 수 있는 것처럼, 아두이노 보드에서 소리를 발생시켜 제어 결과를 귀로 들을 수 있다.

공기 중에서 일어나는 진동으로 인한 현상인 소리는 진동의 주파수에 따라 다양한 종류의 소리가 만들어진다. 특히 사람은 귀를 통하여 일반적으로 20Hz~20kHz의 범위의 주파수를 들을 수 있으며, 이것을 가청 주파수라고 한다.

아두이노 보드를 통하여 사람이 들을 수 있는 소리를 만들어 내려면 이 가청 주파수 범위의 진동을 스피커나 피에조(piezo)에 출력하면 된다.

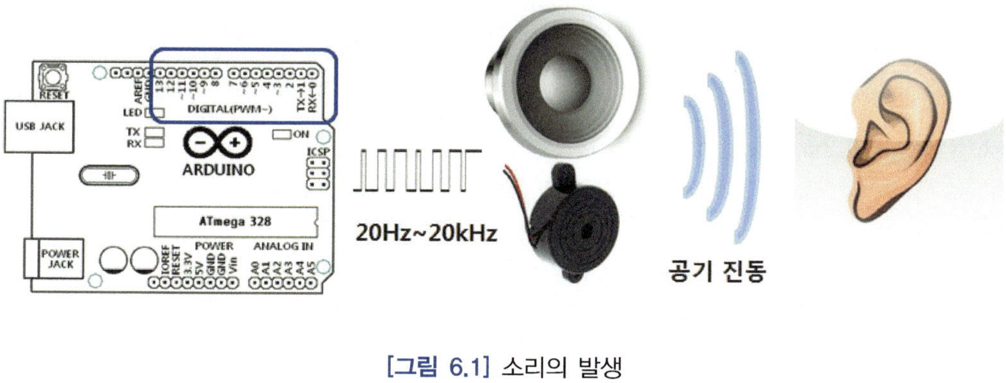

[그림 6.1] 소리의 발생

6.1 소리의 높낮이(음계, scale)

소리는 주파수에 따라서 음의 높이(피치, pitch)가 달라지는데 국제 피치음인 피아노의 A(라)음의 진동수 440Hz을 중심으로 등비수열로 12등분한 것을 12음계(scale)라 하고, 12등분된 음의 높이를 각각 A, A#, B, C, C#, D, D#, E, F, F#, G, G#로 표시한다.

$$440 \times 2^{\left(\frac{k}{12}\right)}\text{Hz}, \ (k = 0, 1, 2, 3, 4, 5, 6, 7, 8, 9, 10, 11)$$

[표 6.1] 음계와 주파수

12음계	7음계	주파수	주파수 계산식
A	라	440.00 Hz	$440 \times 2^{(0/12)}$
A#		466.16 Hz	$440 \times 2^{(1/12)}$
B	시	493.88 Hz	$440 \times 2^{(2/12)}$
C	도	261.63 Hz	$440 \times 2^{(3/12)}$
C#		277.18 Hz	$440 \times 2^{(4/12)}$
D	레	293.66 Hz	$440 \times 2^{(5/12)}$
D#		311.13 Hz	$440 \times 2^{(6/12)}$
E	미	329.63 Hz	$440 \times 2^{(7/12)}$
F	파	349.23 Hz	$440 \times 2^{(8/12)}$
F#		369.99 Hz	$440 \times 2^{(9/12)}$
G	솔	392.00 Hz	$440 \times 2^{(10/12)}$
G#		416.30 Hz	$440 \times 2^{(11/12)}$

(※출처: 스마트폰으로 제어하는 아두이노, 복두출판사)

일반적으로 사용되는 "도레미파솔라시"는 12음계 중 "C(도), D(레), E(미), F(파), G(솔), 라(A), 시(B)"로 7음계를 표현한 것이다.

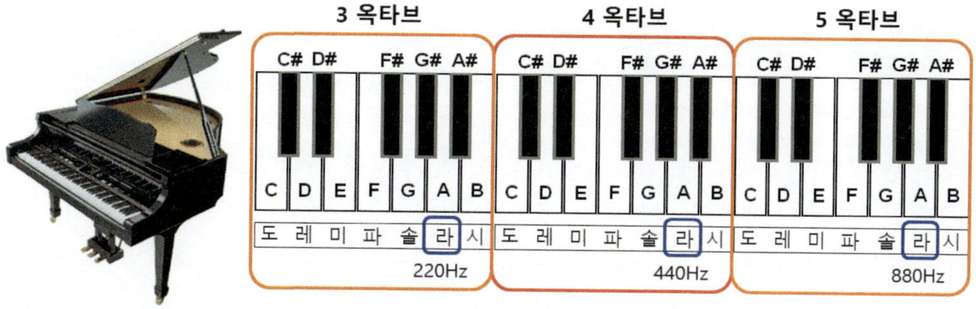

(※출처: 스마트폰으로 제어하는 아두이노, 복두출판사)

[그림 6.2] 피아노 건반과 음계

또한 음계는 각 음의 2배의 주파수가 되면 같은 음을 내게 되며 음계를 형성하게 되고 이것을 옥타브(octave)라고 한다. 예를 들면, A(라)음은 440Hz의 주파수를 갖는데, 440Hz의 2배 되는 880Hz, 880Hz의 2배 되는 1760Hz 또는 440Hz의 1/2배 되는 220Hz, 220Hz의 1/2배 되는 110Hz도 "라"의 음을 낸다.

[표 6.2] 옥타브에 따른 음계의 주파수

7음계	12음계	옥타브1	옥타브2	옥타브3	옥타브4	옥타브5	옥타브6	옥타브7	옥타브8
도	C	32.70	66.41	130.81	261.63	523.25	1046.50	2093.00	4186.01
	C#(Db)	36.65	69.30	138.59	277.18	556.37	1108.73	2217.46	4436.92
레	D	36.71	73.42	146.83	293.66	587.33	1176.66	2349.32	4698.64
	D#(Eb)	38.89	77.78	156.56	311.13	622.25	1246.51	2489.02	4978.03
미	E	41.20	82.41	166.81	329.63	659.26	1318.51	2637.02	5276.04
파	F	43.65	87.31	176.61	349.23	698.46	1396.91	2793.83	5587.65
	F#(Gb)	46.25	92.50	186.00	369.99	739.99	1479.98	2959.96	5919.91
솔	G	49.00	98.00	196.00	392.00	783.99	1567.98	3136.96	6271.93
	G#(Ab)	51.91	103.83	207.65	416.30	830.61	1661.22	3322.44	6646.88
라	A	56.00	110.00	220.00	440.00	880.00	1760.00	3520.00	7040.00
	A#(Bb)	58.27	116.54	233.08	466.16	932.33	1866.66	3729.31	7458.62
시	B	61.74	123.47	246.94	493.88	987.77	1976.53	3951.07	7902.13

(※출처: 스마트폰으로 제어하는 아두이노, 복두출판사)

6.2 소리의 만들기

소리를 발생시키려면 원하는 소리의 주파수로 전기신호를 만들어 스피커나 피에조(piezo)에 입력하면 스피커나 피에조의 물리적인 구조로 인하여 진동을 일으켜 소리가 난다.

주파수는 단위펄스가 1초에 반복하는 회수를 나타내므로, 아두이노 보드의 디지털입출력 핀을 사용하여 주파수를 갖는 신호를 만들어 내려면, 1초에 펄스신호를 주파수 값만큼 반복하여 내보내면 된다.

예를 들어 주파수가 440Hz인 라(A)음을 만들려면, 아두이노 보드에서 1초에 440번의 펄스를 만들어 디지털입출력 핀을 통하여 피에조에 출력하면 된다.

펄스가 같은 신호로 반복되는데 걸리는 시간인 주기는 주파수의 역수이며 다음과 같은 관계를 갖는다.

$$T = \frac{1}{440Hz} = 2272.73[\mu\text{sec}]$$

즉, 한 주기가 약 2272.73[μsec]인 펄스를 그림 6.2와 같이 1초에 걸쳐서 440번 반복시키면 된다.

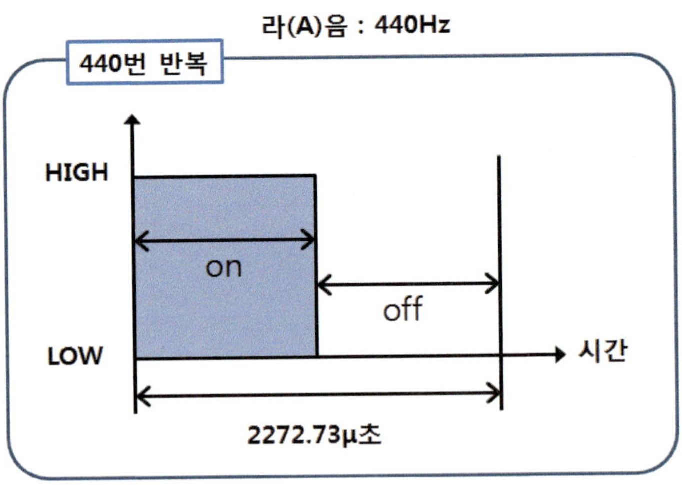

[그림 6.3] 라(A) 440Hz : 1초에 440번 반복되는 신호

그러므로 아두이노 보드에서 디지털입출력 핀을 사용하여 피에조에 4옥타브의 12음계의 신호를 출력하려면, 다음과 같은 주기를 사용하여야 한다.

[표 6.3] 음계의 주파수와 주기

12음계	7음계	4옥타브 주파수[Hz]	주기[μ 초]
C	도	261.63	3822
C#		277.18	3608
D	레	293.66	3405
D#		311.13	3214
E	미	329.63	3034
F	파	349.23	2863
F#		369.99	2703
G	솔	392.00	2551
G#		416.30	2408
A	라	440.00	2273
A#		466.16	2145
B	시	493.88	2025

아두이노 보드에서 피에조(piezo)를 통하여 소리를 만들기 위하여 그림 6.4와 같이 아두이노 보드의 디지털입출력 핀 7번에 피에조를 연결하여 구성한다.

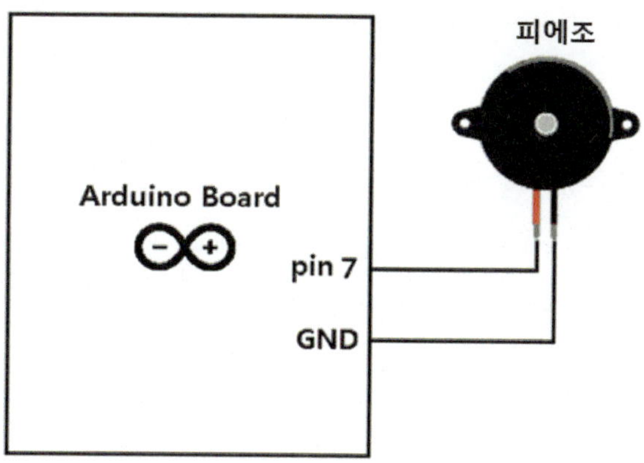

[그림 6.4] 아두이노 보드와 피에조 연결

[표 6.4] 아두이노 보드 연결 구성

아두이노 UNO 보드		연결 장치
핀번호	setup( ) 설정	
디지털 입출력 핀 7번	pinMode(7, OUTPUT)	피에조(piezo)

```
void setup( ) {
  pinMode( 7, OUTPUT );
}
```

회로를 구성하면 다음과 같다.

[그림 6.5] 아두이노 보드에 피에조 연결

실 • 전 • 예 • 제

6.1 표준 피치 라(A)음 내기

표준 "라(A)" 음은 440Hz의 주파수를 가지며 약 2272μ초의 주기를 갖는다. 그러므로 아두이노 보드의 디지털입출력 핀으로 HIGH와 LOW신호를 각각 1136μ초씩 출력하면 된다.

delay( )함수는 밀리초(m초) 단위의 시간지연만 할 수 있으므로, 마이크로초(μ초) 단위의 시간지연을 사용하려면 delayMicroseconds( )함수를 사용한다.

```
delayMicroseconds(1136);
```

아두이노 보드와 피에조 연결에 따른 setup( )설정은 다음과 같다.

```
void setup( ) {
  pinMode(7, OUTPUT);
}
```

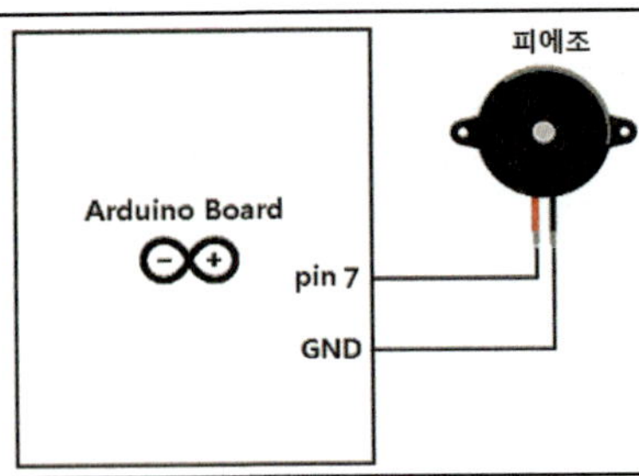

```
void loop( ) {

  for (int k=0; k<440; k++) {
    digitalWrite(7, HIGH);
    delayMicroseconds(1136);
    digitalWrite(7, LOW);
    delayMicroseconds(1136);
  }
  delay(1000);

}
```

loop( ) 시작

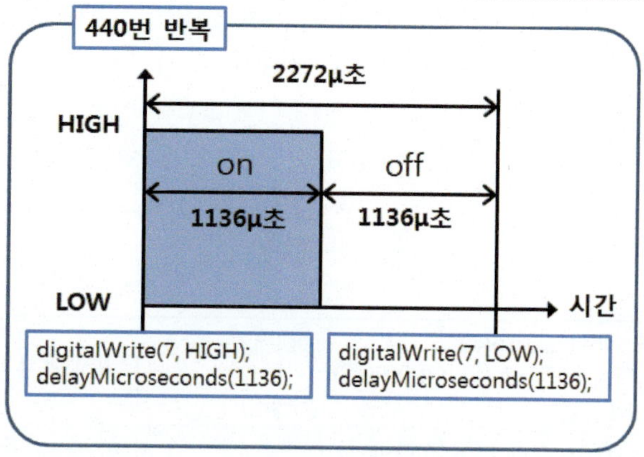

라(A)음 : 440Hz

loop( ) 끝

실행하면 스케치를 업로드하여 실행시키면 피에조에서 1초 간격으로 표준피치 "라(A)"음의 소리가 발생한다.

■

실 • 전 • 예 • 제

6.2 피에조를 통하여 '도레미파솔라시' 출력

표 3.3를 참고하여 표 3.5에 4옥타브에서 도레미파솔라시의 주파수에 대한 주기를 반올림하여 근사적으로 나타내었다.

[표 6.5] 4옥타브에서 7음계의 주파수와 주기

7음계	4옥타브 주파수[Hz]	주기[μ 초]
도(C)	262	3822
레(D)	294	3406
미(E)	330	3034
파(F)	349	2864
솔(G)	392	2550
라(A)	440	2272
시(B)	494	2026

예제 6.1에서 음을 내는 부분을 다음과 같이 각 음의 주파수에 대한 변수 sFreq을 사용하여 scalePlay(sFreq)라는 함수로 만들고, 펄스의 HIGH와 LOW 부분의 마이크로초 단위의 지속시간을 위한 변수 sTime을 다음과 같이 만들어 사용하면 편리하게 스케치를 만들 수 있다.

$$\text{펄스의 HIGH와 LOW 지속시간}[\mu\text{초}] = \left(\frac{1}{\text{음의 주파수}} \times 1{,}000{,}000\right) \div 2$$

완성된 스케치는 다음과 같다.

코드	설명

void setup( ) {
  pinMode(7, OUTPUT);
}
	피에조가 연결된 디지털입출력 핀 7번 출력모드

void scalePlay(int sFreq) {	음을 내기 위한 함수

int sTime = (1000000/sFreq)/2;
  for (int k=0; k<sFreq; k++) {
    digitalWrite(7, HIGH);
    delayMicroseconds(sTime);
    digitalWrite(7, LOW);
    delayMicroseconds(sTime);
  }
  delay(1000);
	펄스 HIGH와 LOW 부분의 마이크로초 단위의 지속시간

}	
void loop( ) {	loop( ) 함수의 시작

scalePlay(262);
  scalePlay(294);
  scalePlay(330);
  scalePlay(349);
  scalePlay(392);
  scalePlay(440);
  scalePlay(494);
	도 (주파수 262Hz)
	레 (주파수 294Hz)
	미 (주파수 330Hz)
	파 (주파수 349Hz)
	솔 (주파수 392Hz)
	라 (주파수 440Hz)
	시 (주파수 494Hz)

}	loop( ) 함수의 끝

■

6.3 tone( )과 noTone( ) 함수

아두이노에서는 앞에서 특정한 음을 내기 위하여 만든 scalePaly( )와 같은 함수를 제공하고 있다.

아두이노 개발환경은 소리를 내게하는 tone( )함수와 소리가 나지 않도록 하는 noTone( )함수를 제공하고 있다.

tone( )함수는 다음 그림 6.6과 같이 피에조나 스피커가 연결된 핀(pin), 재생하고자 하는 음의 주파수(freq)와 그 음이 지속되어야 할 시간(dtime)을 밀리초 단위로 지정할 수 있다. 만일 음이 지속될 시간을 지정하지 않으면, 다른 tone( )함수가 실행되거나 noTone( )함수가 실행될 때까지 계속을 출력하게 된다.

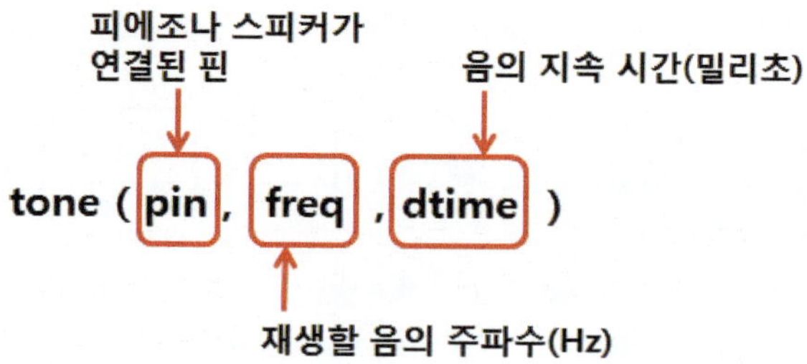

[그림 6.6] tone( )함수의 구성

예를 들어 아두이노 보드의 디지털입출력 핀 7번에 피에조를 연결하고 440Hz의 주파수를 갖는 라(A)음을 1초 동안 내기를 원한다면 다음과 같이 함수를 구성한다.

```
tone( 7, 440, 1000 );
```

실 • 전 • 예 • 제

6.3 tone( )함수를 이용하여 '도레미파솔라시' 출력

```
void setup( ) {
  pinMode(7, OUTPUT);
}
void loop( ) {
  tone(7, 262, 500);        // 도
  delay(500);
  tone(7, 294, 500);        // 레
  delay(500);
  tone(7, 330, 500);        // 미
  delay(500);
  tone(7, 349, 500);        // 파
  delay(500);
  tone(7, 392, 500);        // 솔
  delay(500);
  tone(7, 440, 500);        // 라
  delay(500);
  tone(7, 494, 500);        // 시
  delay(500);
}
```

■

6.4 악보 연주하기

그림 6.7과 같은 "반짝반짝 작은 별"의 첫 소절을 연주하는 스케치를 tone( ) 함수를 사용하여 만들어 보자.

[그림 6.7] "반짝반짝 작은 별"의 멜로디 악보

실 • 전 • 예 • 제 6.4 악보의 연주

먼저 그림 6.7의 악보처럼 도~시의 음에 해당하는 주파수를 표시하고 2장에서 배운 배열(array)를 사용하여 다음과 같이 지정한다.

```
mCode[14]= {262, 262, 392, 392, 440, 440, 392, 349, 349, 330, 330, 294, 294, 262};
```

배열(array) mCode[ ]에서 연주할 주파수를 순차적으로 가져와서 tone( )에서 실행시키면 된다. 완성된 스케치는 다음과 같다.

```
int piezo=7;

int mCode[14]= {262, 262, 392, 392, 440, 440, 392, 349, 349, 330, 330, 294, 294, 262};

void setup( ) {
  pinMode(piezo, OUTPUT);
}

void loop( ) {
  int playT=200;
  for (int k=0; k<14; m++) {
    tone(piezo, mCode[k], playT);
    delay(playT);
  }
  noTone(piezo);
  delay(2000);
}
```

■

앞의 예제 6.4는 박자에 관계없이 그림 6.7의 멜로디 음만을 연주한다. 박자에 따라 연주하기 위한 스케치를 만들어 보자.

그림 6.7의 악보를 보면, 1박자와 2박자로 구성되어 있다. tone( )명령어에서 음의 지속 시간을 1박자를 200msec로 설정하면 2박자는 400msec로 설정하면 된다.

먼저 그림 6.8과 같이 각 음에 대한 박자로 사용할 시간을 표현한다.

[그림 6.8] "반짝반짝 작은 별"의 멜로디와 박자 악보

배열(array)를 사용하여, 멜로디의 주파수는 mCode[14]에 저장하고 각 음에 대한 박자는 mBeat[14]에 다음과 같이 지정한다.

```
mCode[14]= {262, 262, 392, 392, 440, 440, 392, 349, 349, 330, 330, 294, 294, 262};
mBeat[14]= {200, 200, 200, 200, 200, 200, 400, 200, 200, 200, 200, 200, 200, 400};
```

연주할 멜로디의 주파수를 mCode[14]에 저장하여 순차적으로 가져와서 사용한 것처럼 각 음 박자를 mBeat[14]에 저장하여 tone( )에서 실행시키면 된다.

완성된 스케치는 다음과 같다.

```
int piezo=7;

int mCode[14]= {262, 262, 392, 392, 440, 440, 392, 349, 349, 330, 330, 294, 294, 262};
int mBeat[14]= {200, 200, 200, 200, 200, 200, 400, 200, 200, 200, 200, 200, 200, 400};

void setup( ) {
  pinMode(piezo, OUTPUT);
}

void loop( ) {
  for (int k=0; k<14; m++) {
    tone(piezo, mCode[k], mBeat[k] );
    delay(mBeat[k]);
  }
  noTone(piezo);
  delay(2000);
}
```

■

6.5 2차원 Array를 이용한 악보 연주하기

앞의 아두이노 스케치를 보면, 멜로디 음을 위한 배열 mCode[14]와 박자를 위한 배열 mBeat[14]의 2개의 배열을 동시에 참고하여 음이 연주된다. 2차원 배열(Array)를 이용하면 하나의 배열에 멜로디 음의 주파수와 박자를 동시에 저장할 수 있으며, 스케치를 작성하기가 쉬워진다.

2장 5절에서 설명한 배열(Array)은 여러 개의 LED나 스위치의 핀을 아두이노 스케치에서 편리하게 제어하기 위하여 사용된 1차원 배열이다.

그림 6.9는 1차원 배열의 예로 a1Data[4]의 설정과 동작원리를 설명한 것이다.

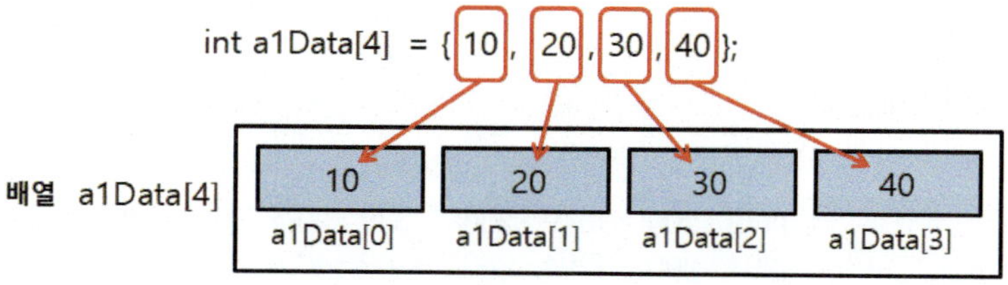

[그림 6.9] 1차원 배열의 개념

2차원 배열은 정보가 2차원 테이블 형태로 저장된다. 예를 들면 그림 6.10과 같이 a2Data[4][3]으로 2차원 배열을 선언하면, 4행 3열의 테이블 형태로 데이터가 저장되게 된다.

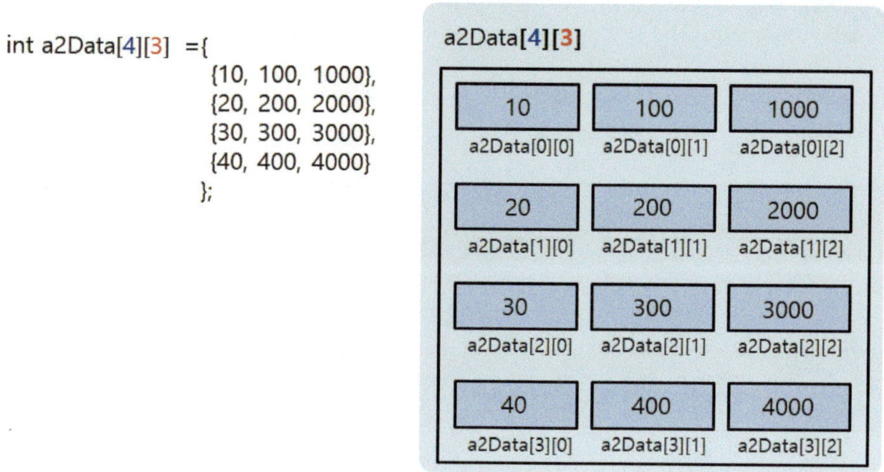

[그림 6.10] 2차원 배열의 개념

실 • 전 • 예 • 제

6.5 2차원 배열을 이용한 악보의 연주

먼저 그림 6.8의 악보를 2차원 배열(array)를 사용하여, 멜로디의 주파수와 박자를 mCode[14][2]에 다음과 같이 지정한다.

```
mCode[14][2] ={{262,200},{262,200},{392,200},{392,200},{440,200},{440,200},{440,400},
               {349,200},{349,200},{330,200},{330,200},{294,200},{294,200},{262,400}};
```

완성된 스케치는 다음과 같다.

```
int piezo=7;

int mCode[14][2]= {
                    {262, 200}, {262, 200}, {392, 200}, {392,200},
                    {440, 200}, {440, 200}, {392, 400},
                    {349, 200}, {349, 200}, {330, 200}, {330,200},
                    {294, 200}, {294, 200}, {262, 400}
                  };

void setup( ) {
  pinMode(piezo, OUTPUT);
}

void loop( ) {
  for (int k=0; k<14; m++) {
    tone(piezo, mCode[k][0], mCode[k][1]);
    delay(mCode[k][1]);
  }
  noTone(piezo);
  delay(2000);
}
```

■

6.6 곡이 긴 악보 연주하기

앞의 예제들에서 "반짝반짝 작은 별"의 앞 몇 소절 연주와 같이 비교적 짧은 악보를 연주하였다. 그림 6.11과 같이 "반짝반짝 작은 별"의 전곡 연주와 같이 긴 악보를 연주하는 스케치를 tone() 함수를 사용하여 만들어 보자.

실·전·예·제 6.6 긴 악보의 연주곡

그림 6.11의 악보는 도~시까지 하나의 음계(scale) 안에서 이루어져 있고, 악보의 계이름을 코드로 표현하면 다음과 같이 된다. 여기서 코드 사이의 "p"는 앞의 음이 2박자임을 나타낸다.

```
CCGGAAGpFFEEDDCpGGFFEEDpGGFFEEDpCCGGAAGpFFEEDDCp
```

[그림 6.11] "반짝반짝 작은 별"의 악보

연주할 곡의 계이름 코드를 다음과 같이 문자 배열 mData[ ]에 저장한다.

```
char mData[ ]="CCGGAAGpFFEEDCCpGGFFEEDpGGFFEEDpCCGGAAGpFFEEDDCp";
```

저장된 배열의 크기를 연주의 과정에서 사용하기 위하여, sizeof( ) 함수를 사용하여 저장된 배열의 크기를 측정한다.

```
const byte mSize=sizeof(mData);
```

이 악보에 따라 tone( )함수를 효과적으로 사용하기 위하여, 악보의 코드를 배열(Array)에 넣고 하나씩 순서대로 불러와서 해당하는 코드의 주파수를 tone( )함수에 전달하는 방법을 사용한다.

'도레미파솔라시' 코드는 문자 배열 code[ ]에 저장하고, 각 코드의 순서에 따라 각 음의 주파수를 다음과 같이 배열 freq[ ]에 저장한다.

```
char code[7]= {'C', 'D', 'E', 'F', 'G', 'A', 'B'};
int freq[7]= {262, 294, 330, 349, 392, 440, 494};
```

그림 6.12와 같이 다음과 같은 절차로 악보가 연주된다.

① 악보가 들어 있는 배열 mData[ ]에서 하나씩 문자를 읽어온다.
② 읽어 온 문자를 배열 code[ ]의 내용과 비교하여 같은 문자가 저장되어 있는 배열 code[ ]에서의 순서 k를 찾는다.
③ 배열 freq[ ]에서 k번째인 freq[k]의 값을 tone( )함수에 전달한다.
④ freq[k]의 값을 적용하여 tone(7, freq[k], 200)을 실행한다.

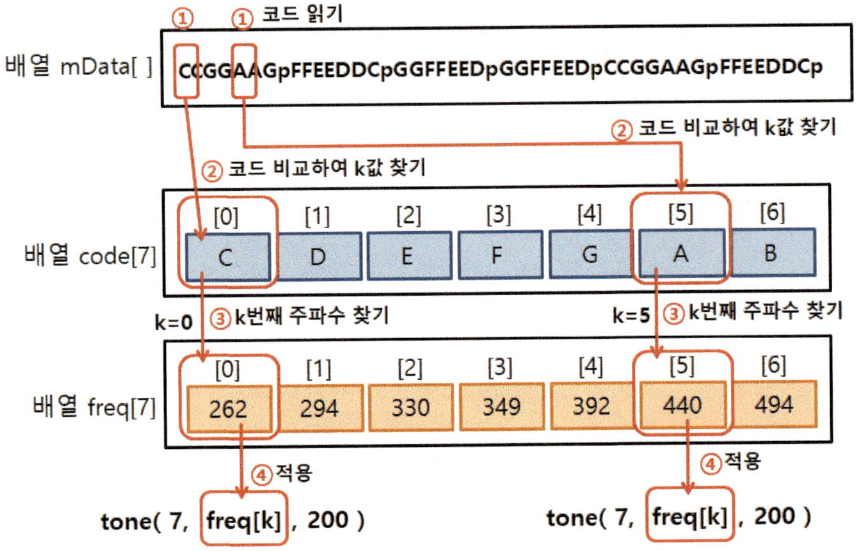

[그림 6.12] "반짝반짝 작은 별" 의 악보 연주 구조

완성된 스케치는 다음과 같다.

```
int piezo=7;
char code[7]= {'C', 'D', 'E', 'F', 'G', 'A', 'B'};
int freq[7]= {262, 294, 330, 349, 392, 440, 494};
char mData[ ]="CCGGAAGpFFEEDCCpGGFFEEDpGGFFEEDpCCGGAAGpFFEEDDCp";
byte mSize=sizeof(mData);
void setup( ) {
  pinMode(piezo, OUTPUT);
}
void loop( ) {
  int playT=200;
  for (int m=0; m<mSize; m++) {
    for(int k=0; k<7; k++) {
      if(mData[m]==code[k]) tone(piezo, freq[k], playT);
    }
    delay(playT);
  }
  noTone(piezo);
  delay(2000);
}
```

실행하면 "반짝반짝 작은 별"이 1박자를 0.2초로 하여 연주되고, 2초가 간격으로 전체연주가 반복된다.

■

6.7 외부 입력을 이용한 키보드 만들기

버튼 스위치나 센서, 시리얼 모니터 입력 등과 같은 외부 입력에 따라 소리가 나도록 하여보자.

먼저 그림 6.13과 같이 버튼 스위치를 사용하여, 각 버튼 스위치 입력에 따라 도, 레, 미, 파가 소리가 나는 간이형 키보드를 만들어 보자.

각 버튼 스위치 입력에 따라 도, 레, 미, 파가 소리가 나도록 하고, 버튼 스위치가 계속 눌려지고 있으면, 계속 같은 음을 출력하고, 버튼 스위치의 눌림이 종료되면, 출력되던 음이 멈추도록 하여, 오래 누르면 길게 소리가 나고 짧게 누르면 짧게 소리가 나도록 하자.

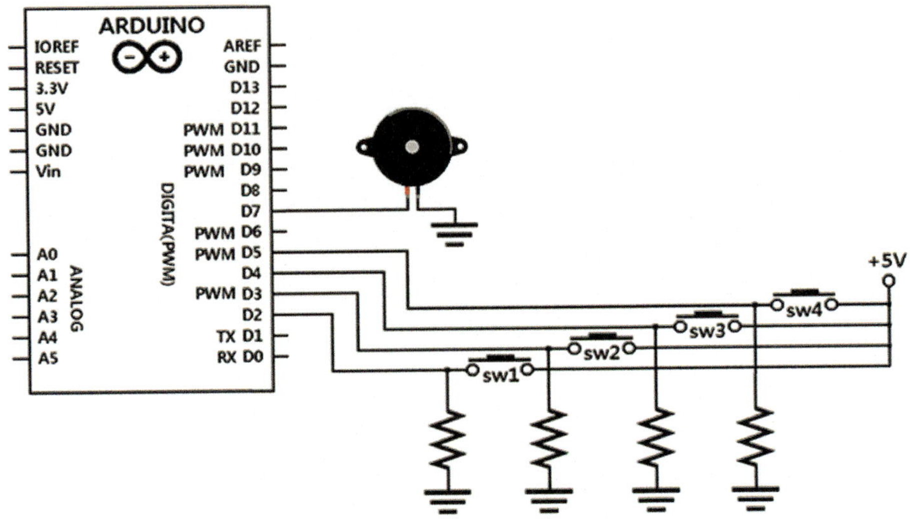

[그림 6.13] 아두이노 보드와 피에조와 버튼 스위치 연결

실 • 전 • 예 • 제

6.7 버튼 스위치로 간이형 키보드 만들기

아두이노 보드에서 피에조(piezo)를 통하여 소리를 만들기 위하여 그림 6.13과 표 6.6과 같이 아두이노 보드의 디지털입출력 핀 7번에 피에조를 연결하고, 디지털입출력 핀 2~5번에 버튼 스위치를 연결하여 구성한다.

[표 6.6] 아두이노 보드 연결 구성

아두이노 UNO 보드		연결 장치
핀번호	setup( ) 설정	
디지털 입출력 핀 2번	pinMode(2, INPUT)	버튼 스위치1
디지털 입출력 핀 3번	pinMode(3, INPUT)	버튼 스위치2
디지털 입출력 핀 4번	pinMode(4, INPUT)	버튼 스위치3
디지털 입출력 핀 5번	pinMode(5, INPUT)	버튼 스위치4
디지털 입출력 핀 7번	pinMode(7, OUTPUT)	피에조(piezo)

회로를 구성하면 다음과 같다.

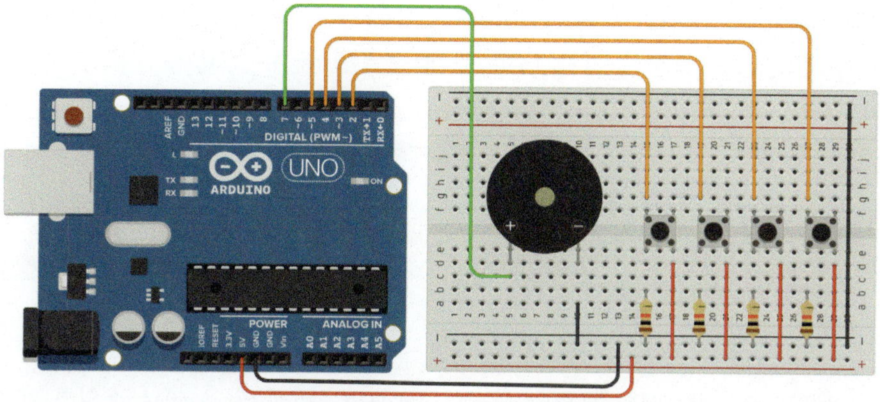

[그림 6.14] 아두이노 보드에 피에조 연결

for문을 사용하여 도레미파의 순서로 지정된 버튼 스위치를 if문과 digitalRead()을 사용하여 눌려지는 버튼 스위치를 조사한다. 눌려진 스위치에 해당하는 음의 출력은 tone()함수를 사용한다.

버튼 스위치가 눌려진 것이 확인되면 해당하는 음의 주파수를 출력한다. 이때, 버튼 스위치가 계속 눌리고 있는지를 조사하는 방법으로는 while()문을 사용한다.

int piezo = 7;	피에조가 연결된 디지털입출력 핀
int sw[4] = {2, 3, 4, 5};	4개 스위치 지정
int freq[4]= {262, 294, 330, 349};	도, 레, 미, 파의 주파수
int val = 0;	변수의 초기값

void setup( ) {
  pinMode(piezo, OUTPUT);
  for(int k=0; k<4; k++) {
    pinMode(sw[k], INPUT);
  }
}
	입출력 모드 선언

void loop( ) {	loop( )함수 시작
for(int k=0; k<4; k++) {	for(k)문 시작
val = digitalRead(sw[k]); if(val) {	k번째 스위치가 눌렀는지 검사
tone(piezo, freq[k]);	k번째 주파수 출력
while(digitalRead(sw[k]));	스위치가 계속 눌려지고 있는지 검사
noTone(piezo);	스위치 눌림이 끝나면 소리 정지
}	if문 끝
}	for(k)문 끝
}	loop( )함수 끝

실행하면 '도, 레, 미, 파'로 지정된 버튼 스위치를 누르면 그 음에 해당하는 소리가 출력되며, 스위치를 오래 누르면 길게 소리가 나고 짧게 누르면 짧게 소리가 난다.

■

실•전•예•제

6.8 시리얼 모니터로 연주하기

4장에서 배운 PC와 아두이노 보드의 시리얼 통신으로 피에조(piezo)로 소리를 제어해 보자. 그림 6.15와 같이 아두이노 보드의 디지털입출력 핀 7번에 피에조를 연결하고, PC의 시리얼 모니터를 사용할 수 있도록 구성한다.

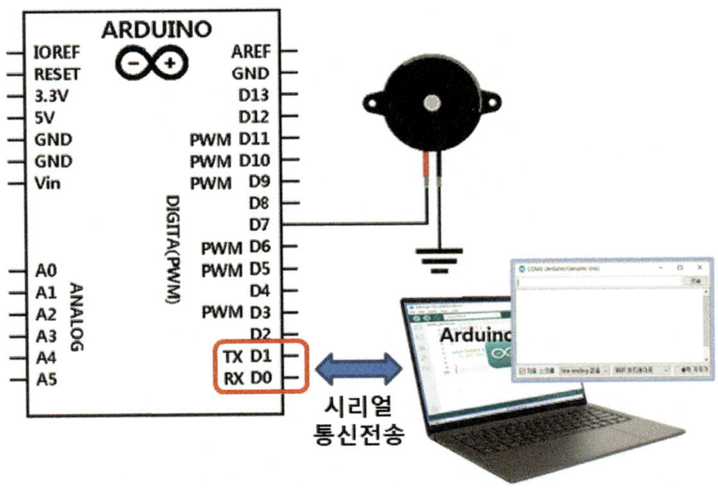

[그림 6.15] 시리얼 통신으로 연결된 아두이노 보드와 피에조

완성된 스케치는 다음과 같다.

int piezo = 7;	피에조가 연결된 디지털입출력 핀
char code[7]= {'C', 'D', 'E', 'F', 'G', 'A', 'B' }; int freq[7]= {262, 294, 330, 349, 392, 440, 494};	코드와 주파수 배열

void setup( ) {
Serial.begin(9600);
pinMode(piezo, OUTPUT);
Serial.println("Enter Code C/D/E/F/G/A/B");
}
	시리얼 통신 속도 설정
	입출력 모드 선언
	시리얼 모니터에 메시지 출력

void loop( ) {	loop( )함수 시작
if(Serial.available( )) {	if(Serial.available( ))시작
char select=Serial.read( ); Serial.print("Your Selcet Code ="); Serial.println(select);	시리얼 모니터 입력

for(int k=0; k<7; k++) {
if(select==code[k]) {
tone(piezo, freq[k], 500);
delay(500);
}
}
	코드 비교 for( )문 시작
	
	k번째 주파수 출력
	
	for( )문 끝

noTone(piezo);	소리발생 중지
}	if(Serial.available( ))끝
}	loop( )함수 끝

스케치를 업로드하고 시리얼 모니터를 열어 그림 6.16과 같이 코드를 입력하면 코드에 해당하는 소리가 발생한다. 또한 시리얼 모니터에 악보의 연속된 코드열을 입력하면 순차적으로 소리를 발생시킨다.

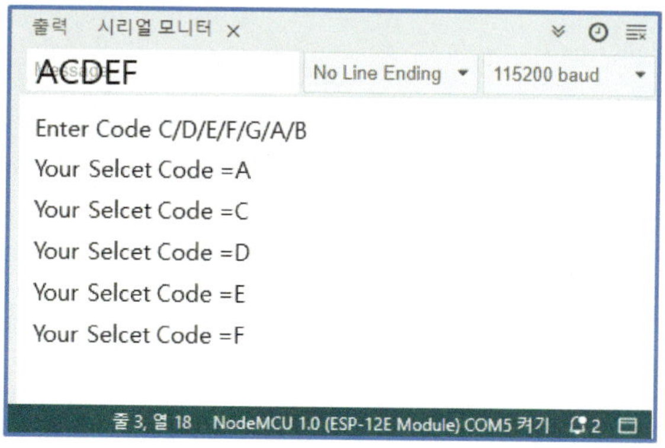

[그림 6.16] 시리얼 모니터 입력으로 소리 내기

■

6.8 아두이노 소리 발생 명령

아두이노에서 소리를 발생시키는 방법을 정리하면 그림 6.16~17과 같다.

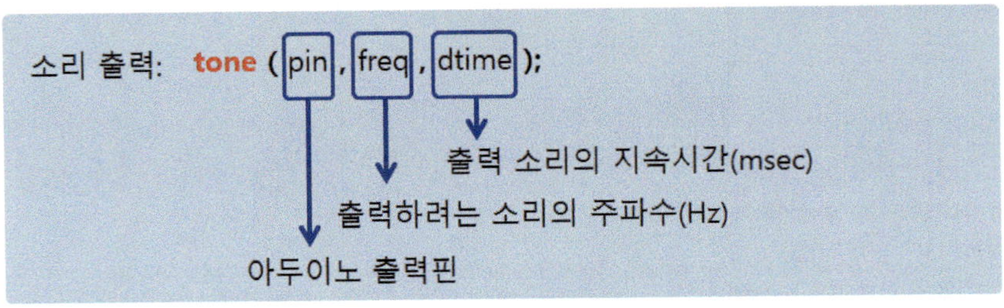

[그림 6.16] 아두이노 소리 발생 명령

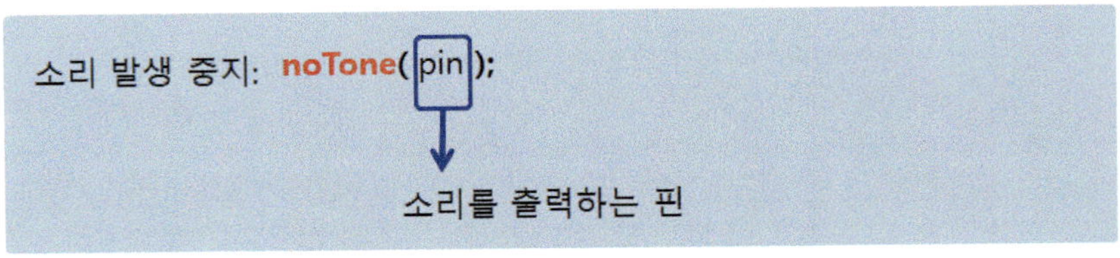

[그림 6.17] 아두이노 소리 발생 중지 명령

CHAPTER 7

아두이노에서 문자 LCD 사용하기

문자 LCD는 LCD화면에 정해진 형태의 문자를 표시할 수 있는 장치로, 실생활에 매우 많이 사용되고 있는 모듈 형태로 구성된 디스플레이 장치이다.

일반적으로 LCD 패널에 컨트롤러, 드라이버, 백라이트 유닛 등으로 구성된 모듈형태의 문자 LCD 모듈을 많이 사용한다.

7.1 문자 LCD(Character LCD)

글자, 숫자 등을 출력하는데 많이 사용되는 문자 LCD 모듈은 일반적으로 그림 7.1과 같은 16칸 2줄의 문자 LCD 모듈을 많이 사용한다.

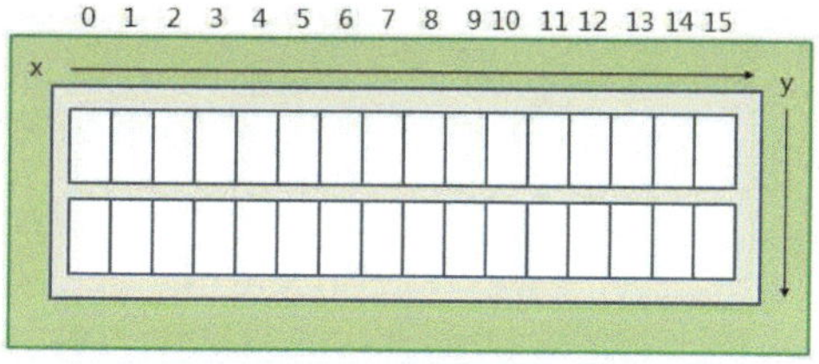

[그림 7.1] 16×2 문자 LCD 모듈

문자 LCD 모듈의 제어는 그림 7.2에 나타낸 것처럼 E, RW, RS는 문자 LCD를 제어하는 신호이고, D0~D7를 이용하여 문자 LCD에 표시할 데이터를 보낸다. 또한 15번과 16번 핀을 사용하면 LCD 패널의 백라이트 밝기를 조정할 수 있다.

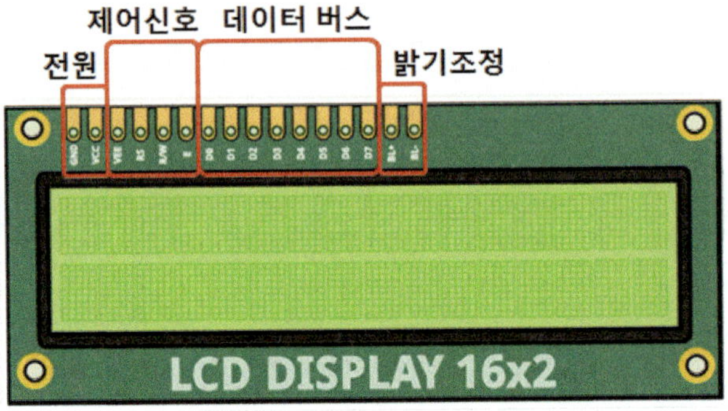

[그림 7.2] 문자 LCD 모듈

7.2 아두이노의 문자 LCD 제어 함수

아두이노는 문자 LCD를 쉽게 제어하기 위하여 LCD 모듈에 문자 등을 표시하기 위하여 다음과 같은 문자 LCD 라이브러리 함수들을 기본으로 제공하고 있다.

[표 7.1] 아두이노 문자 LCD 함수

	함수	내 용
1	LiquidCrystal name( )	name이라는 이름으로 클래스 생성: 데이터 4bit 경우 LiquidCrystal name(RS, E, D4, D5, D6, D7)
2	name.begin(cols, rows)	연결된 LCD의 가로와 세로 크기 입력
3	name.clear( )	LCD 화면을 모두 삭제
4	name.home( )	커서의 위치를 첫 위치(0,0)로 이동
5	name.setCursor(x, y)	가로(x)와 세로(y) 위치를 설정
6	name.write( )	LCD에 글자를 출력 : lcd.write(data) 사용
7	name.print( )	LCD에 숫자나 문자열을 출력
8	name.cursor( )	LCD 화면에 커서(_) 표시
9	name.noCursor( )	LCD 화면에 커서 감추기
10	name.blink( )	LCD 화면의 커서를 깜빡임.
11	name.noBlink( )	LCD 화면의 커서를 깜빡이지 않음
12	name.display( )	LCD 화면의 내용 표시
13	name.noDisplay( )	LCD 화면의 내용 사라지게 함
14	name.scrollDisplayLeft( )	LCD 화면의 내용을 왼쪽으로 한 칸 이동
15	name.scrollDisplayRight( )	LCD 화면의 내용을 오른쪽으로 한 칸 이동

16	name.autoscroll( )	LCD 화면이 자동으로 스크롤(이동)
17	name.noAutoscroll( )	LCD 화면이 자동으로 스크롤(이동) 금지
18	name.leftToRight( )	글자가 왼쪽에서 오른쪽 방향으로 출력
19	name.rightToLeft( )	글자가 오른쪽에서 왼쪽 방향으로 출력
20	name.createChar( )	LCD 모듈의 사용자 정의 문자 생성

표 7.1의 문자 LCD 라이브러리 함수들을 사용하여 아두이노 스케치를 작성하려면, 다음과 같이 "LiquidCrystal.h"를 스케치의 윗부분에 포함시켜야 한다.
(※ 참고 - http://arduino.cc/en/Reference/LiquidCrystalPrint)

```
#include <LiquidCrystal.h>
```

문자 LCD 모듈의 설정을 위하여 LiquidCrystal 라이브러리를 이용하여 lcd( )함수를 설정하여 사용한다. LiquidCrystal lcd( ) 함수 설정은 다음과 같이 4bit의 데이터를 사용하는 인터페이스 방업과 8bit 데이터를 사용하는 인터페이스 방법이 있다.

4bit 인터페이스	LiquidCrystal lcd(RS, E, D4, D5, D6, D7)
8bit 인터페이스	LiquidCrystal lcd(RS, RW, E, D0, D1, D2, D3, D4, D5, D6, D7)

여기서, 각 매개변수의 의미는 다음과 같다.

LDC 핀	기능	동작
RS	레지스터 선택	"0"이면 명령, "1"이면 데이터
E	LCD 사용 상태	"1"이면 LCD 사용 가능
D0~D7	데이터	8bit 또는 상위 4bit

예를 들면, 아두이노 보드에 4bit 인터페이스 방식으로 문자 LCD를 연결하며, 그림 7.3과 표 7.2와 같이 구성한다.

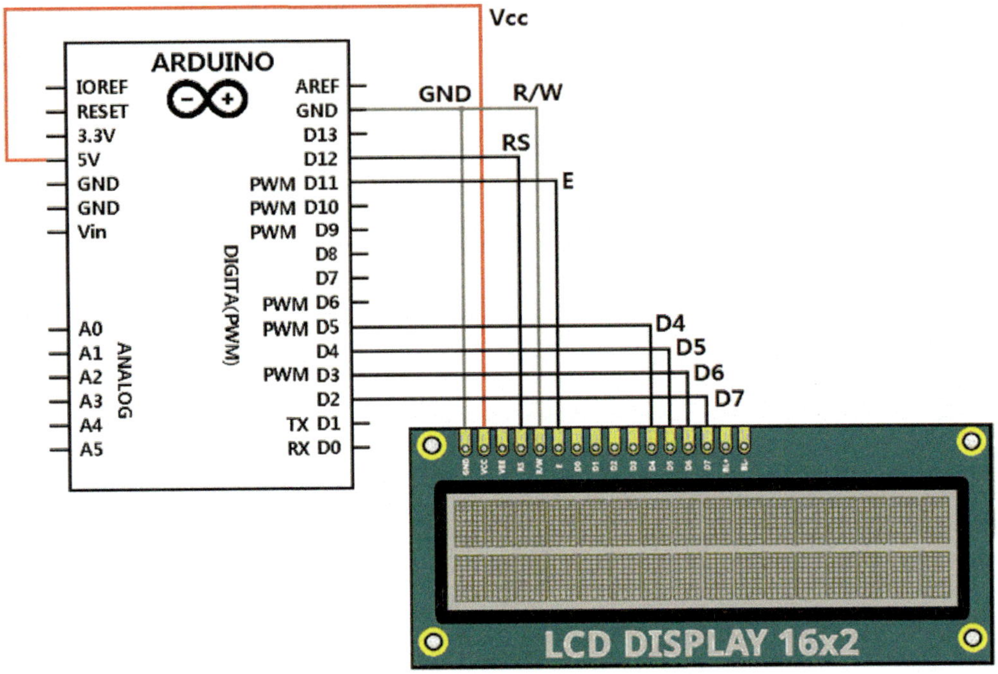

[그림 7.3] 문자 LCD 모듈

[표 7.2] 4bit 인터페이스의 문자 LCD 함수

문자 LCD 모듈	제어핀			데이터 핀							
	RS	RW	E	D0	D1	D2	D3	D4	D5	D6	D7
아두이노 보드 연결	12	GND	11					5	4	3	2
LiquidCrystal lcd()	LiquidCrystal lcd(12, 11, 5, 4, 3, 2);										

회로를 구성하면 다음과 같다.

[그림 7.4] 아두이노 UNO보드와 문자 LCD 연결

실•전•예•제

7.1 문자 LCD 모듈에 "Hello, World!" 출력하기

아두이노 보드로 문자 LCD 모듈에 문장 "Hello, World!"를 출력하자.
문자 LCD 라이브러리 함수를 사용하기 위하여 "LiquidCrystal.h"를 스케치에 포함시킨다.

```
#include <LiquidCrystal.h>
```

LiquidCrystal 라이브러리를 사용하여 lcd( )함수 이름으로 LCD 모듈의 제어선의 연결 핀을 4bit 인터페이스로 설정한다.

```
LiquidCrystal lcd(12, 11, 5, 4, 3, 2);
```

lcd.begin( )함수로 연결된 LCD의 가로(칸)과 세로(줄)를 설정하여 LCD를 초기화한다.

```
lcd.begin(16, 2);
```

lcd.print()함수로 원하는 문자를 출력한다.

```
lcd.print("Hello, World!");
```

완성된 스케치는 다음과 같다.

#include <LiquidCrystal.h>	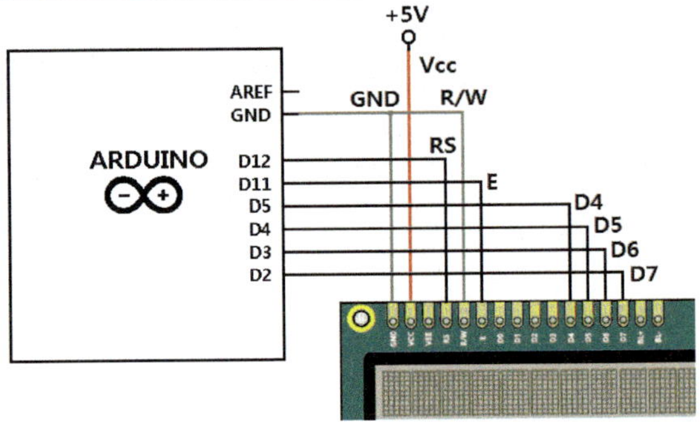
LiquidCrystal lcd(12, 11, 5, 4, 3, 2);	

void setup( ) {
  lcd.begin(16, 2);
  lcd.print("Hello, World!");
}
	16칸 2줄 LCD 초기화
	문자열 출력

void loop( ) { }	

아두이노 보드에 업로드하여 실행시키면 다음과 같이 나타난다.

■

실•전•예•제

7.2 LCD 모듈에 문자 출력하기

문자 LCD 모듈에 다음 함수를 이용하여 다음과 같이 출력하여 보자.

① LCD 모듈에 커서를 나타나게 하고, 2초 동안 깜빡이게 하기
② 깜박임을 멈추고, 커서를 감추기
③ 표시위치(0,0)에서 숫자 0부터 10까지 0.2초 간격으로 출력하기
④ LCD 모듈에 Hello!를 표시하고 1초 간격으로 3번 깜빡이기
⑤ LCD 모듈에 Hello!를 표시하고 1초 간격으로 3번 오른쪽 이동하기
⑥ LCD 모듈에 Hello!를 표시하고 1초 간격으로 3번 왼쪽 이동하기

기능	문자 LCD함수
LCD 모듈에 커서가 나타나게 하기	lcd.cursor( ), lcd.noCursor( )
깜박이게 하기	lcd.blink( ), lcd.noBlink( )
LCD 화면 지우기	lcd.clear( )
커서의 위치를 (0,0)로 이동	lcd.home( )
커서의 위치를 설정한 위치로 이동	lcd.setCursor( )
LCD 모듈에 표시된 글자를 오른쪽 이동하기	lcd.scrollDisplayRight( )
LCD 모듈에 표시된 글자를 왼쪽 이동하기	lcd.scrollDisplayLeft( )

문자 LCD의 초기화를 설정한다.

```
#include <LiquidCrystal.h>

LiquidCrystal lcd(12, 11, 5, 4, 3, 2);

void setup( )  {
  lcd.begin(16, 2);
}
```

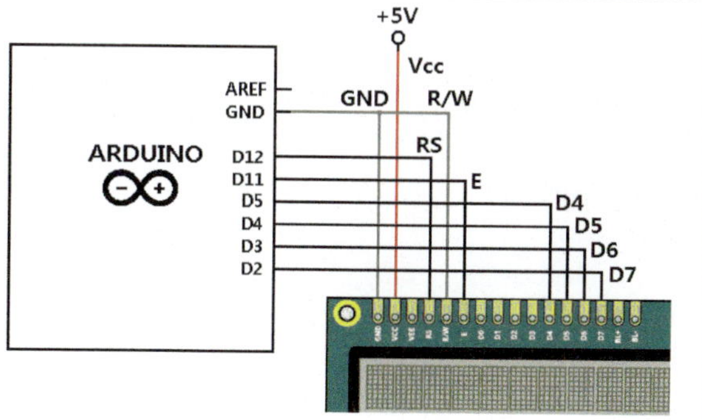

loop ( )함수의 구성은 다음과 같이 한다.

① LCD 모듈에 커서를 나타나게 하고, 2초 동안 깜빡이게 하기

lcd.print("Cursor ON-Blink");
  lcd.cursor( );
  lcd.blink( );
  delay(2000);
lcd.clear( );
	"Cursor ON-Blink" 출력
	커서 보이기
	깜빡이기
	2초 지연
	LCD화면 지우기

② 깜박임을 멈추고, 커서를 감추기

lcd.print("Cursor OFF");
  lcd.noBlink( );
  lcd.noCursor( );
  delay(1000);
lcd.clear( );
	"Cursor ON-Blink" 출력
	깜박임 정지
	커서 감추기
	1초 지연
	LCD화면 지우기

③ 표시위치(0,0)에서 숫자 0부터 10까지 0.2초 간격으로 출력하기

lcd.print("Count Up");
delay(1000);
lcd.clear( );
for (int k=0; k<=10; k++) {
    lcd.home( );
    lcd.print("No : ");
    lcd.print(k);
    delay(200);
  }
lcd.clear( );
	"Count Up" 출력
	
	표시위치를 (0,0)으로 이동
	"No :"를 나타내고 이어서
	숫자를 0 부터 10까지 출력
	0.2초 간격으로 표시
	
	LCD화면 지우기

④ LCD 모듈에 Hello를 표시하고 1초 간격으로 3번 깜빡이기

lcd.print("Hello!");
for (int k=0; k<3; k++) {
  lcd.noDisplay( );
  delay(1000);
  lcd.display( );
  delay(1000);
}
lcd.clear( );
	"Hello!" 출력
	
	LCD 모듈 표시된 글자를 1초 간격으로
	3번 깜빡임
	
	LCD화면 지우기

⑤ LCD 모듈에 Hello를 표시하고 1초 간격으로 3번 오른쪽 이동하기

lcd.setCursor(6,0);	커서의 위치를 (0,6)으로 이동
lcd.print("Hello!");	"Hello!" 출력

for (int k=0; k<3; k++){
  lcd.scrollDisplayRight( );
  delay(500);
}
	LCD 모듈에 표시된 글자를 3번
	오른쪽으로 이동

lcd.clear( );	LCD화면 지우기

⑥ LCD 모듈에 Hello를 표시하고 1초 간격으로 3번 왼쪽 이동하기

lcd.setCursor(6,0);	커서의 위치를 (0,6)으로 이동
lcd.print("Hello!");	"Hello!" 출력

for (int k=0; k<3; k++){
  lcd.scrollDisplayLeft( );
  delay(500);
}
	LCD 모듈에 표시된 글자를 3번
	왼쪽으로 이동

lcd.clear( );	LCD화면 지우기

아두이노 보드에 업로드하여 실행시키면 다음과 같이 나타난다.

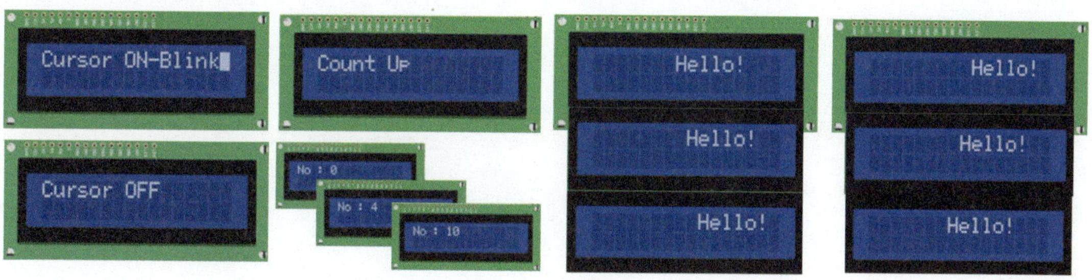

■

7.3 문자 LCD 사용자 정의문자 만들기

문자 LCD 모듈을 통하여 나타나는 문자나 기호들은 문자 LCD 모듈의 메모리에 미리 정의되어 있는 값을 출력하는 방식이다. 사용자가 임의의 기호 등을 만들어 출력하는 방법을 학습한다.

문자 LCD의 1개의 문자는 그림 7.5와 같이 8×5의 픽셀로 이루어져 있고, 1개의 문자는 각 줄을 표시하는 5bit 데이터, 8개로 구성되어 있다.

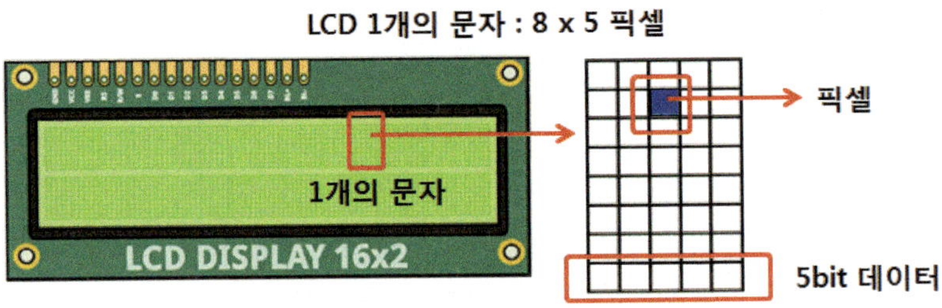

[그림 7.5] 문자 LCD 1개 문자의 구성

실·전·예·제 7.3 문자 LCD 모듈에 사용자 정의문자 출력하기

문자 LCD 모듈에 다음 그림 7.6과 같은 형태의 문자를 만들어, 문자 LCD 화면에 출력하여 보자.

[그림 7.6] 사용자 정의 문자

그림 7.7의 문자를 문자 LCD에 표시하기 위한 8줄의 5비트 데이터를 바이트 배열 mFace [ ]라는 이름으로 저장한다.

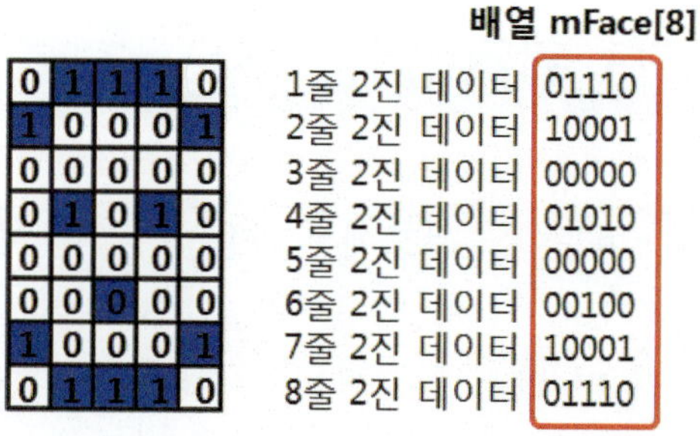

[그림 7.7] 사용자 정의 문자의 데이터

lcd.createChar( )함수를 사용하여 mFace[ ]의 데이터를 가지는 새로운 문자를 0번지에 특수 문자로 정의하여 저장한다.

```
lcd.createChar(0, mFace);
```

완성된 스케치는 다음과 같으며, mFace[8]의 각 데이터 앞의 B는 2진수 데이터임을 의미한다.

<table>
<tr><td>#include <LiquidCrystal.h></td><td>문자 LCD 라이브러리 함수 사용 선언</td></tr>
<tr><td>LiquidCrystal lcd(12, 11, 5, 4, 3, 2);</td><td>LCD 연결 설정</td></tr>
<tr><td>byte mFace[8] = {B01110,
B10001,
B00000,
B01010,
B00000,
B00100,
B10001,
B01110};</td><td>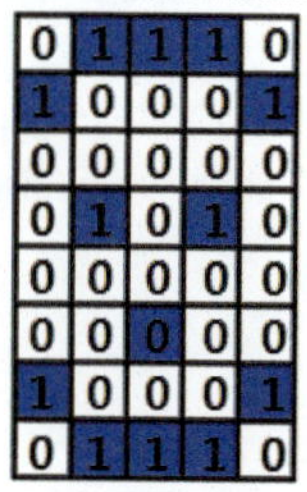</td></tr>
<tr><td>void setup( ) {
lcd.createChar(0, mFace);
lcd.begin(16, 2);
lcd.write(byte(0));
}</td><td>
0번 문자에 정의된 문자 지정
16칸 2줄 LCD 초기화
0번 문자 출력</td></tr>
<tr><td>void loop() {
}</td><td></td></tr>
</table>

■

7.4 I2C LCD 활용하기

앞에서 사용한 문자 LCD는 아두이노 보드에서 사용하기 위하여 상당히 많은 연결을 해야 한다. 4bit 방식으로 사용해도 D4~D7의 데이터선 4개와 제어선 RS와 RW, E를 연결해야 하고, 8bit 방식을 사용한다면 더 많은 신호선을 연결해야 한다.

I2C 방식의 문자 LCD 모듈을 사용하면, 좀더 편리하게 문자 LCD를 사용할 수 있다. I2C 통신 방식은 뒷 장에서 자세히 다룰 것이므로 간단하게 설명하면, 지정된 주소를 가진 장치에 클럭 신호인 SCL에 동기하여 SDA를 통하여 직렬로 데이터를 전송하는 방식으로 이루어져 있다.

아두이노 보드 등에서 I2C 방식을 지원하는 전자부품이나 모듈들에 부여된 고유 주소를 참고하여 클럭 SCL과 직렬 데이터 SDA만 연결하여 신호를 주고 받으며 제어가 가능하다.

I2C 방식의 문자 LCD는 기존의 문자 LCD에 그림 7.8과 같은 I2C 통신 모듈을 결합하여 I2C 통신이 가능하도록 제작한 것이다.

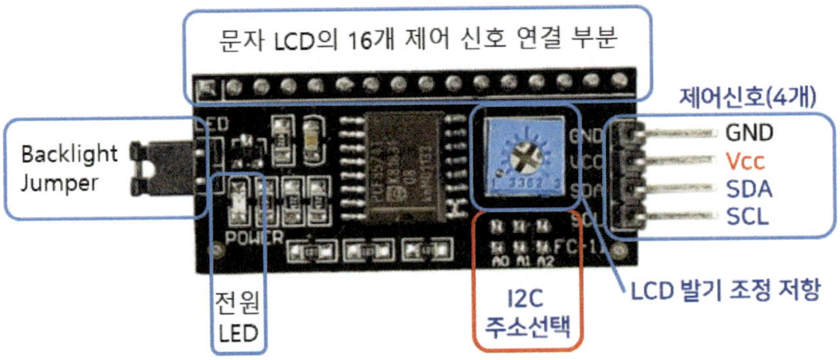

[그림 7.8] 문자 LCD를 위한 I2C 통신 모듈

그림 7.9은 I2C 통신 모듈이 결합된 I2C 방식의 문자 LCD이다.

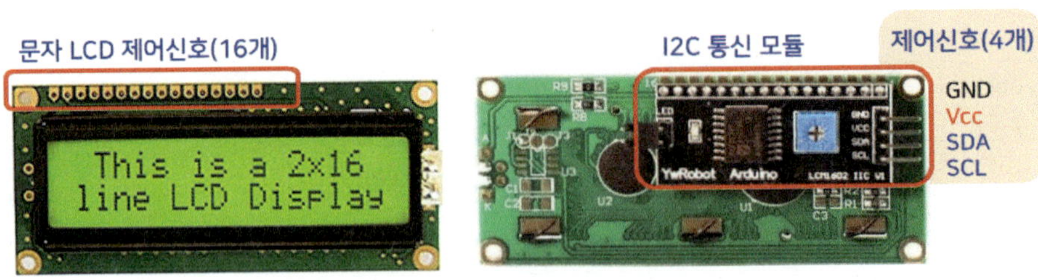

[그림 7.9] I2C 통신 모듈이 설치된 문자 LCD

기존의 문자 LCD의 16개 제어 신호들이 I2C 통신 모듈에 의하여 2개의 전원 핀과 SDA, SCL의 4개로 감소된 것을 알 수 있다.

(1) I2C 문자 LCD의 회로 구성

아두이노 UNO 보드와 I2C 문자 LCD의 회로를 구성하여 보자. 먼저 아두이노에서 I2C 통신을 위한 클럭 신호인 SCL과 직렬 데이터 핀 SDA의 위치를 확인한다. 아두이노 UNO 보드에는 그림 7.10과 같이 SCL과 SDA가 2곳에 연결할 수 있다.

I2C통신은 직렬로 연결된 I2C 장치들을 지정된 주소를 따라 연결되는 개념이므로 I2C통신 장치가 2개가 있는 것이 아니라 2곳으로 연결핀이 배치되어 있는 개념이다.

[그림 7.10] 아두이노 UNO의 I2C 통신 핀

한편, 그림 7.10의 아두이노 UNO의 SCL과 SDA 핀은 Reset 버튼 가장 오른쪽에 있는 핀들로 대부분 UNO 보드 부품면에 표시되어 있지 않고 뒷면에 표시되어 있다.

예를 들면 아두이노 UNO의 SCL과 SDA 핀과 I2C 문자 LCD의 SCL과 SDA 핀을 연결하는 방법은 그림 7.11의 (a)와 (b) 같이 구성할 수 있다.

그림 7.11(a)와 같이 아두이노 UNO 보드의 윗쪽의 전용 SCL과 SDA 핀을 사용하는 것이 일반적이지만, 회로 구성의 필요에 따라 그림 7.11(b)와 같이 구성할 수도 있다.

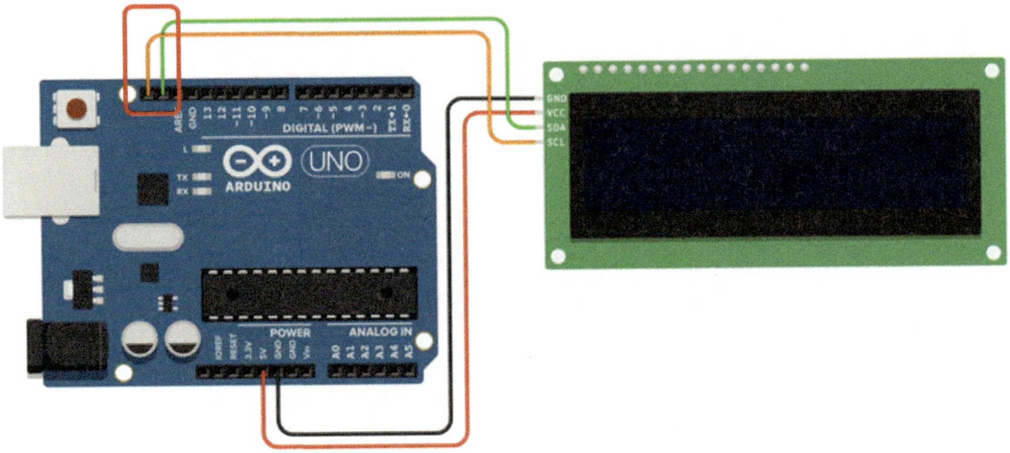

(a) UNO의 전용 SCL과 SDA 사용

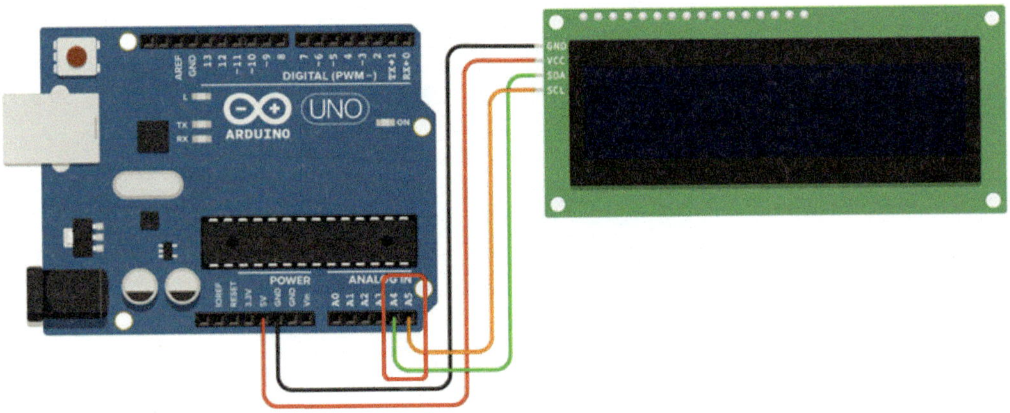

(b) UNO의 A5(SCL)와 A4(SDA) 사용

[그림 7.11] 아두이노 UNO의 I2C 통신 핀 연결

(2) I2C 문자 LCD의 I2C 주소 결정

일반적으로 I2C 문자 LCD의 I2C 주소는 문자 LCD와 결합한 그림 7.8의 I2C 모듈에 사용된 IC에 따라 0x27이나 0x3F로 배정되어 있다.

그러나 그림 7.12에 나타낸 것처럼 LCD I2C 모듈의 A0, A1, A2 부분을 개방하거나 연결하는 것에 따라 IC2 주소를 변경할 수 있다. A0, A1, A2 부분이 모두 개방되어 있을 때의 주소가 0x27이나 0x3F인 것이다.

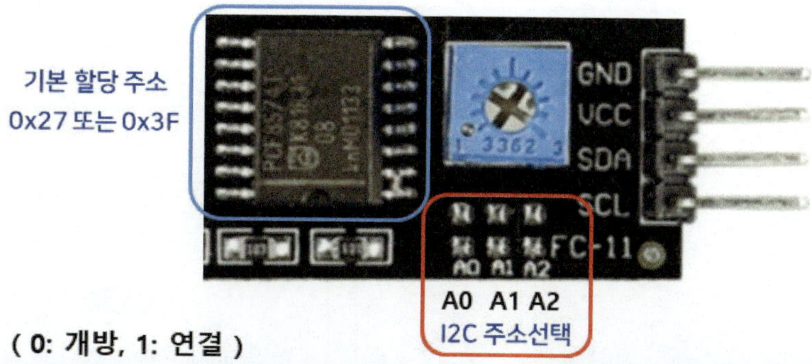

(0: 개방, 1: 연결)

A0	A1	A2	0x27 I2C 주소
0	0	0	0x27
1	0	0	0x26
0	1	0	0x25
1	1	0	0x24
0	0	1	0x23
1	0	1	0x22
0	1	1	0x21
1	1	1	0x20

A0	A1	A2	0x3F I2C 주소
0	0	0	0x3F
1	0	0	0x3E
0	1	0	0x3D
1	1	0	0x3C
0	0	1	0x3B
1	0	1	0x3A
0	1	1	0x39
1	1	1	0x38

[그림 7.12] I2C LCD 모듈의 I2C 주소 설정

(3) I2C 문자 LCD 라이브러리 설치

문자 LCD에 문자를 출력하기 위하여 "LiquidCrystal.h" 라이브러리를 스케치에 포함시켜서 관련된 명령들을 사용했던 것처럼, I2C 문자 LCD에 문자를 출력하기 위해서는 "LiquidCrystal_I2C.h" 라이브러리를 이용하여야 한다.

아두이노에서 I2C 문자 LCD를 사용하기 위한 "LiquidCrystal_I2C.h" 라이브러리를 불러오기 위한 방법을 살펴보자.

아두이노 개발환경(IDE)에서 스케치를 누르고 거기에서 라이브러리 추가를 누르게 되면 그림 7.13과 같이 라이브러리 매니저가 나타난다.

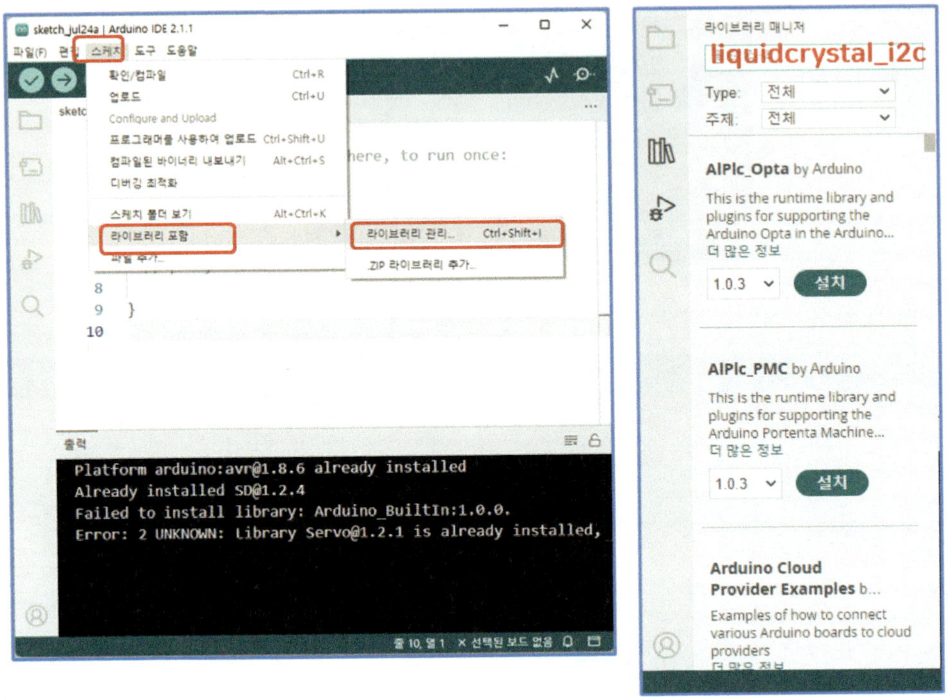

[그림 7.13] 아두이노 개발환경(IDE)의 라이브러리 매니저

라이브러리 매니저 부분에 'liquidcrystal_i2c'라고 입력하면, 관련된 여러 가지의 라이브러리가 나타난다.

그림 7.14와 같이 Frank de Brabander가 제공하는 LiquidCrystal I2C 라이브러리를 선택하여 설치한다.

[그림 7.14] LiquidCrystal I2C 라이브러리 선택

또는 다음 URL 주소에서 압축파일을 다운받아 .zip 라이러리 추가로 직접 추가해도 된다.

https://www.makerguides.com/wp-content/uploads/2019/02/LiquidCrystal_I2C-master.zip

(4) I2C 문자 LCD 라이브러리의 제어 함수

I2C 문자 LCD의 LiquidCrystal I2C 라이브러리 제어 함수를 간략히 정리하면 표 7.2와 같으며, 문자 LCD에서 사용한 LiquidCrystal 라이브러리 제어 함수 표 7.1과 비슷하다.

[표 7.2] 아두이노 I2C 문자 LCD 함수

	함수	내 용
1	LiquidCrystal_I2c name(I2C주소, 16, 2)	name이라는 이름으로 클래스 객체 생성
2	name.init( )	I2C 문자 LCD 초기화
3	name.clear( );	LCD 화면을 모두 삭제
4	name.backlight( );	백라이트 켜기
5	name.nobacklight( );	백라이트 끄기
6	name.setCursor(x, y)	가로(x)와 세로(y) 위치를 설정
7	name.cursor( )	커서 밑줄 나타내기
8	name.noCursor( )	커서 밑줄 지우기
9	name.print( )	LCD에 숫자나 문자열을 출력
10	name.blink( )	LCD 화면의 커서를 깜빡임
11	name.noBlink( )	LCD 화면의 커서를 깜빡이지 않음
12	name.autoscroll( )	LCD 화면이 자동으로 스크롤(이동)
13	name.noAutoscroll( )	LCD 화면이 자동으로 스크롤(이동) 금지
14	name.display( )	LCD 화면의 내용 표시
15	name.noDisplay( )	LCD 화면의 내용 사라지게 함
16	name.scrollDisplayLeft( )	LCD 화면의 내용을 왼쪽으로 한 칸 이동
17	name.scrollDisplayRight( )	LCD 화면의 내용을 오른쪽으로 한 칸 이동
18	name.leftToRight( )	글자 왼쪽에서 오른쪽 방향으로 출력
19	name.rightToLeft( )	글자 오른쪽에서 왼쪽 방향으로 출력

7.4 실•전•예•제 I2C 문자 LCD 모듈에 "Hello, World!" 출력하기

아두이노 보드에 그림 7.11 (a)와 같이 I2C 문자 LCD 모듈을 연결하고, 예제 7.1처럼 문자를 출력해 보자. 첫 번째 줄의 (0,0) 위치에 "Hello!"를 출력하고, 두 번째 줄의 (2,1) 위치에 "Arduino World!"를 출력한다.

완성된 스케치는 다음과 같다.

#include <LiquidCrystal_I2C.h> #define LCD_I2C_ADDR 0x27 //0x3F	I2C 문자 LCD 라이브러리 호출 I2C 문자 LCD의 I2C 주소 선언
LiquidCrystal_I2C lcd(LCD_I2C_ADDR, 16, 2);	I2C 문자 LCD의 형태 선언

void setup( ) {
  lcd.init( );
  lcd.backlight( );
}
	I2C 문자 LCD 초기화
	백라이트 켜기

void loop( ) {
  lcd.clear( );
  lcd.setCursor(0, 0);
  lcd.print("Hello!");
 	
  lcd.setCursor(2, 1);
  lcd.print("Arduino World!");
  delay(1000);
}
	문자 표시 시작 위치 (0,0)설정
	Hello! 표시
	
	문자 표시 시작 위치 (2,1)설정
	Arduino World! 표시

아두이노 보드에 업로드하여 실행시키면 그림 7.15와 같이 나타난다.

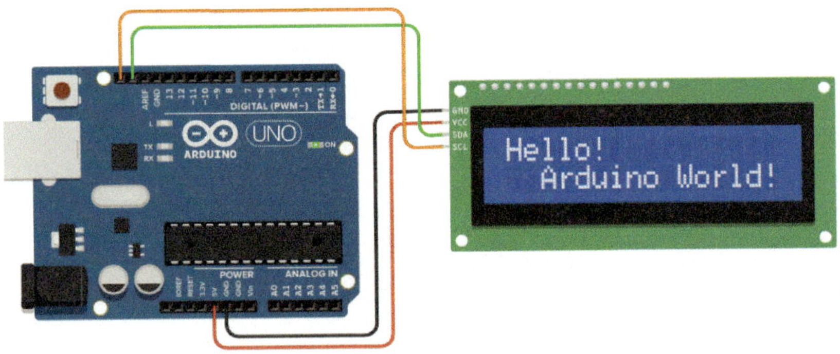

[그림 7.15] 실행 결과

CHAPTER 8

아두이노에서 센서 사용하기

실제 환경에서 대부분의 현상은 연속적인 변화를 갖는 아날로그적 특성을 가지고 있다. 아두이노 보드는 아날로그 입력 핀을 사용하여 가변저항(VR)이나 온도센서, 빛 센서, 초음파 센서 등의 연속적으로 변하는 아날로그 신호를 받아들여 A/D변환(Analog to Digital Conversion)하여 0~1023 범위의 값으로 읽어 들일 수 있는 기능을 제공한다. 아두이노 UNO 보드는 그림 8.1과 같이 A0~A5의 6개 아날로그 입력 핀을 가지고 있다.

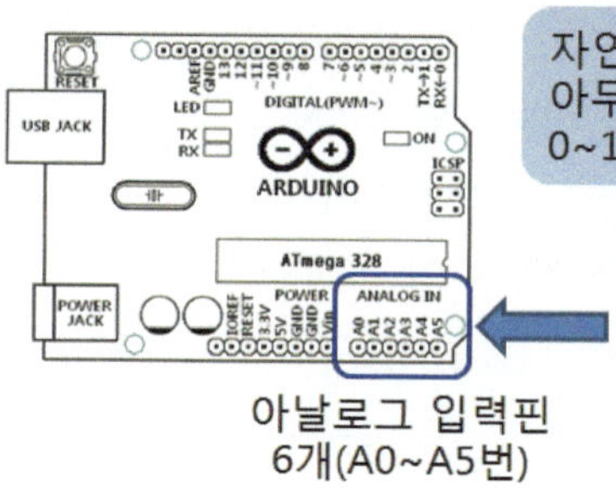

자연계 대부분의 신호는 아날로그 형태이며
아두이노 보드는 아날로그 신호를
0~1023의 분해능으로 AD변환하여 입력

아날로그 신호 입력장치	
광학적 신호	Cds, Photo, 칼라센서
소리	초음파
열	온도센서, 적외선

[그림 8.1] 아두이노 보드의 아날로그 입력

이 장에서는 3장에서 배운 아두이노 보드의 디지털 입력이나 아날로그 입력 신호를 받아들이고 처리했던 것과 4장의 시리얼 모니터를 활용하여 다양한 센서 신호를 처리하는 방법을 배운다.

8.1 센서

인간이 접하는 빛, 열, 바람, 냄새, 기울기나 속도 등과 같은 대부분의 물리적 현상을 전기적 신호로 변환해 주는 장치를 센서라고 한다. 대부분의 센서들은 연속적인 변화를 갖는 아날로그적 특성을 가지고 있으며, A/D변환을 통하여 디지털로 변환된 정보를 제어에 이용한다.

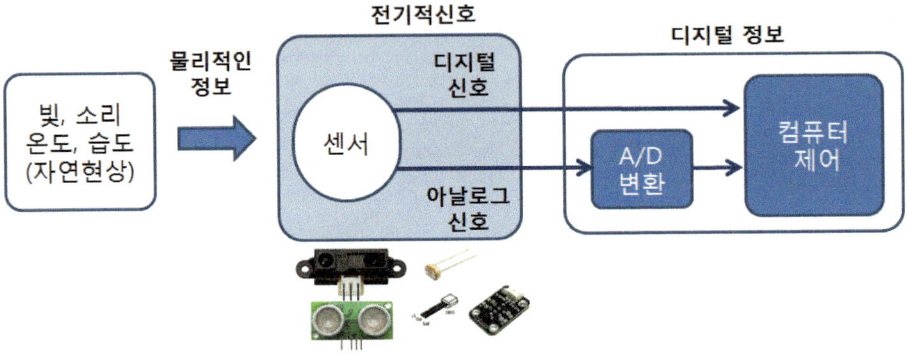

[그림 8.2] 센서의 활용

문이 열리거나 닫혔는지, 물체에 접촉되었는지, 버튼이 눌려졌는지 등과 같이 '0'과 '1'의 형태의 2진 정보를 감지하는 경우에는 디지털 센서를 사용하면 된다. 그러나 대부분의 자연현상들은 빛의 밝고 어두운 정도처럼 변화의 범위를 가지고 있다. 그러므로 센서를 통한 신호들은 자연현상의 물리적인 변화에 비례적인 출력을 발생시킬 수 있는 아날로그 정보를 출력한다.

자연의 물리적인 정보 형태에 따라 빛 세기의 변화를 감지하는 CdS나 LDR, 열 발생의 상태를 확인할 수 있는 온도센서, 물체를 감지하거나 거리를 측정할 수 있는 초음파 센서 및 적외선 센서, 물체가 기울어지거나 흔들리는 등의 정보를 얻을 수 있는 기울기 센서나 모션 센서 등이 있다. 최근에는 GPS위성을 통하여 위치정보를 얻을 수 있는 GPS 센서나, RFID, XBee 센서 등도 스마트기기와 연동되어 사용된다.

아두이노 보드는 그림 8.3과 같이 '0'과 '1'의 형태로 얻어지는 디지털 신호를 발생하는 센서는 디지털입출력 핀을 통하여 입력을 받아들이고, 다양한 아날로그 센서들의 정보들은 아날로그 입력핀을 통하여 사용한다.

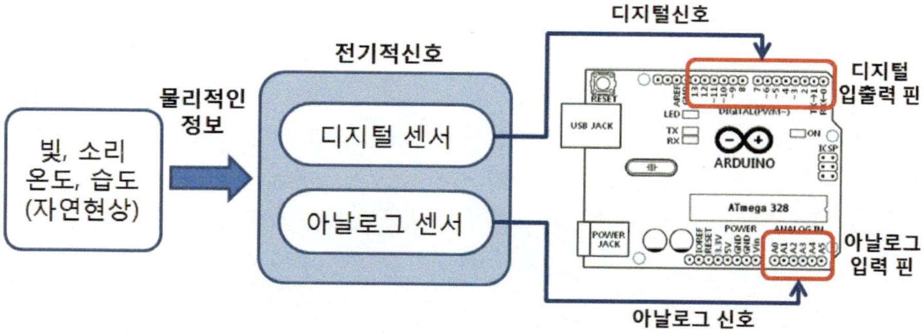

[그림 8.3] 아두이노 보드와 센서의 연결

센서들을 통하여 정보를 받아들이는 형태를 실제적으로 살펴보면, '0'과 '1'의 형태의 정보를 제공하는 디지털 센서들은 버튼 스위치를 사용하는 경우와 동일하게 아두이노보드의 디지털입출력 핀을 통하여 입력을 받아들여 처리하면 된다.

반면에 물리적인 현상으로부터 정보들이 변화의 범위를 가지는 센서들은 센서의 출력 값으로 대부분 그 변화에 비례하는 전압이나 전류를 발생시킨다. 예를 들면 앞에서 다룬 가변저항에서 변화시킨 저항값에 비례하여 0~+5V 범위의 전압이 출력되는 것처럼, 빛 센서는 측정된 빛의 밝기의 변화에 따라 0~+5V 범위의 전압으로 정보를 출력한다.

그러므로 이렇게 정보를 전압의 범위로 출력하는 센서들의 정보는 아두이노보드의 아날로그 입력에 연결하여 가변저항을 사용하는 것처럼 처리하면 된다.

요약하면 디지털 센서들은 아두이노 보드의 디지털입출력 핀에 버튼 스위치가 연결된 것처럼 생각하고 다루면 되고, 아날로그 센서들은 아날로그 입력 핀에 연결하여 가변저항이 연결된 것처럼 생각하고 다루면 된다.

다음 예제들을 통하여 아날로그 출력을 제공하는 센서들의 활용 방법을 살펴본다.

8.2 빛 센서(Cds)

실 • 전 • 예 • 제

8.1 빛의 변화에 따라 LED의 밝기 조절

빛의 밝기 변화를 인식하는 센서로 그림 8.4와 같은 CdS 센서가 많이 사용된다. CdS센서는 빛 세기가 변하면 저항 값이 변하므로 그림 8.5와 같이 아두이노 아날로그 입력 핀에 CdS센서를 연결하면 빛의 량에 따라서 전압 값이 입력된다.

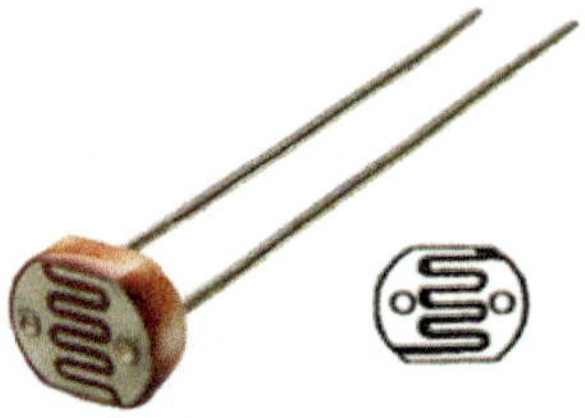

[그림 8.4] CdS 센서

아두이노 아날로그 입력 핀에 그림 8.5와 같이 CdS센서를 연결하고, 빛의 밝기에 따라 밝기가 변하도록 PWM핀에 LED를 연결한다.

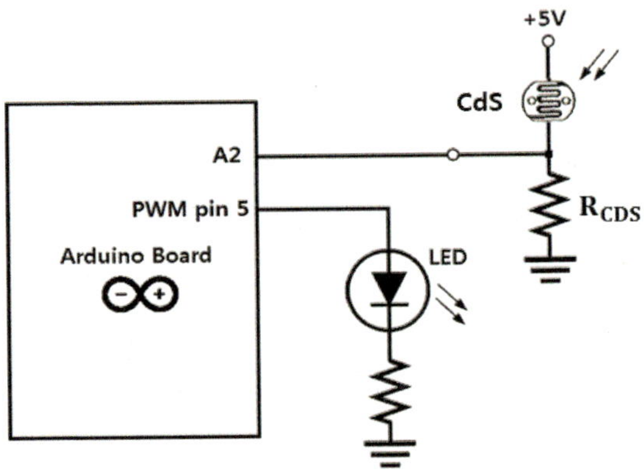

[그림 8.5] 아두이노 보드와 CdS센서의 연결

빛의 변화를 감지하는 CdS센서를 이용하여 3장에서 배운 가변저항을 사용한 예제 3.5처럼 빛의 밝기에 따라 LED의 밝기를 조절한다.

[표 8.1] 아두이노 보드 연결 구성

아두이노 UNO 보드		연결 장치
핀번호	setup( ) 설정	
아날로그 입력 핀 A2번	설정 필요 없음	CdS센서
디지털 입출력 핀 5번	PWM 모드 사용	LED

회로를 구성하면 다음 그림 8.6과 같다. $R_{CDS} = 2.1[k\Omega]$으로 한다.

[그림 8.6] 아두이노 보드와 CdS센서 회로

아두이노 보드의 아날로그 입력핀 A2를 통하여 입력되는 CdS센서 값은 A/D변환되어 0~1023 범위 값으로 변한다.

다음의 완성된 스케치는 예제 3.4와 동일하며, CdS센서 값을 시리얼 모니터에 나타나도록 추가하였다.

코드	설명

void setup( ) {
  Serial.begin(9600);
}
	시리얼 통신 설정

코드	설명
void loop( ) {	loop( )의 시작
int val1 = analogRead(2);	아날로그 입력핀 2번을 통하여 입력된 전압값을 0~1023범위의 값으로 읽어 val1에 저장
int val2 = map(val1, 0, 1023, 0, 100); Serial.print("CdS Sensor: "); Serial.print(val2); Serial.println("%");	0~1023범위의 val1값을 0~100 범위로 변환 시리얼 모니터에 출력

int val3 = map(val1, 0, 1023, 0, 255);
analogWrite(5, val3);
delay(20);
	0~1023범위의 val1값을 0~255 범위로 변환
	PWM 신호로 출력

}	loop( )의 끝

스케치를 업로드하여 실행시키고, CdS센서에 비춰지는 빛의 밝기를 조절하면 LED의 밝기가 조절되면 측정된 결과가 그림 8.7과 같이 시리얼 모니터에 표시된다.

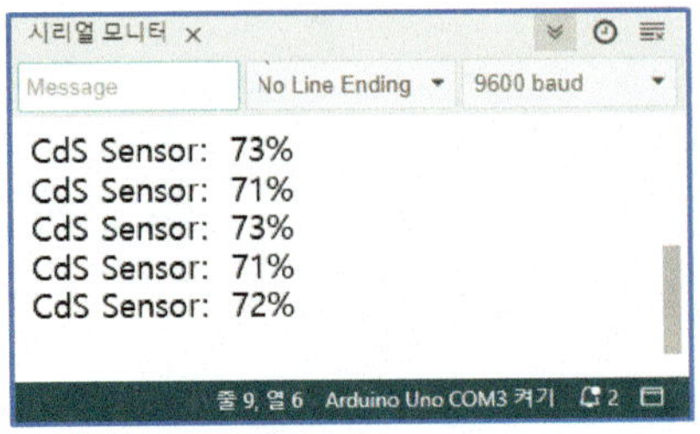

[그림 8.7] CdS센서를 통해 측정된 빛 밝기의 %값

8.3 온도 센서

실 • 전 • 예 • 제

8.2 온도에 따라 LED의 밝기 조절

온도센서는 그림 8.8과 같은 온도에 따라 저항 값이 변하는 방식으로 온도 변화를 인식하는 TMP36이나 비접촉 온도센서 MLX90614가 많이 사용된다.

[그림 8.8] 온도 센서

아두이노 아날로그 입력 핀에 그림 8.9와 같이 온도 센서 TMP36를 연결하고, 온도에 따라 밝기가 변하도록 PWM핀에 LED를 연결한다.

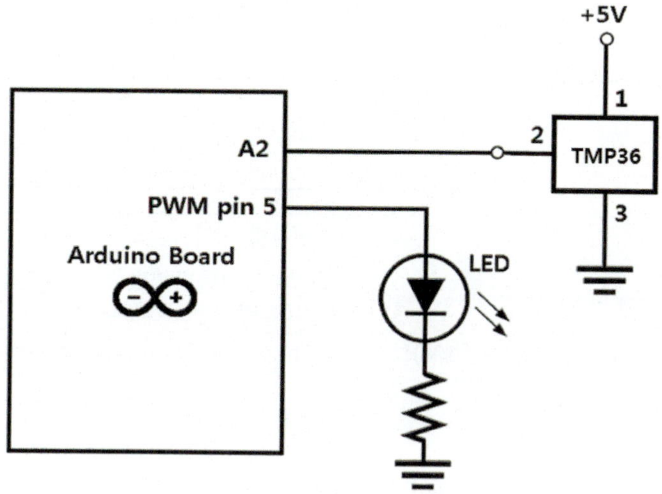

[그림 8.9] 아두이노 보드와 TMP36의 연결

[표 8.2] 아두이노 보드 연결 구성

아두이노 UNO 보드		연결 장치
핀번호	setup( ) 설정	
아날로그 입력 핀 A2번	설정 필요 없음	온도센서(TMP36)
디지털 입출력 핀 5번	PWM 모드 사용	LED

회로를 구성하면 다음과 같다.

[그림 8.10] 아두이노 보드와 TMP36 회로

완성된 스케치는 다음과 같으며 예제 8.1과 동일하다.

void setup( ) {
  Serial.begin(9600);
}
	시리얼 통신 설정

void loop( ) {	loop( )의 시작
int val1 = analogRead(2);	아날로그 입력핀 2번을 통하여 입력된 전압값을 0~1023범위의 값으로 읽어 val1에 저장
int val2 = map(val1, 0, 1023, 0, 100); Serial.print("Thermal Sensor: "); Serial.print(val2); Serial.println("%");	0~1023범위의 val1값을 0~100 범위로 변환 시리얼 모니터에 출력

int val3 = map(val1, 0, 1023, 0, 255);
analogWrite(5, val3);
delay(20);
	0~1023범위의 val1값을 0~255 범위로 변환
	PWM 신호로 출력

}	loop( )의 끝

스케치를 업로드하여 실행시키고, 온도센서에 열풍기 등으로 열을 가하여 온도를 조절하면 LED의 밝기가 조절되면 측정된 결과가 시리얼 모니터에 표시된다.

■

온도센서로부터 측정된 값을 소수점을 포함한 온도값으로 표시하고 싶다면, 다음과 같이 처리한다. 온도센서 LM36은 0.1℃ 당 1mV 출력으로 온도에 비례하는 아날로그 전압을 만들며 정밀도가 약 0.5[℃]이다. 그러므로 아두이노의 아날로그 입력핀으로부터 입력된 값을 다음과 같이 변환하고, 10으로 나누어 온도를 계산한다. 온도를 계산하기 위하여 32비트 정수를 사용하면, 소숫점 자리로 값을 얻을 수 있다.

```
float millivolts = (value/1024.0) * 5000;
float celsius = millivolts/10;
```

또한, 실제온도와 맞추기 위하여, 실제 측정된 값으로 옵셋값을 조정해 주어야 한다.

8.4 거리 센서(PSD)

실•전•예•제

8.3 PSD 센서로 측정한 거리에 따라 LED의 밝기 조절

물체까지의 거리를 비교적 정밀하게 측정하기 위한 가장 대표적인 센서인 PSD 센서는 일반적으로 산업 현장에서 거리를 측정하는 용도로 많이 사용되며 측정 범위는 약 4~80[cm] 정도이다.

그림 8.14는 적외선 발광 다이오드와 렌즈, CCD 센서로 구성하여 적외선 삼각 측량 방식으로 거리를 측정하는 PSD(Position Sensing Device) 센서이다.

[그림 8.11] 적외선 센서

PSD 센서로 측정된 거리에 따라 밝기가 변하도록 PWM핀에 LED를 연결한다.

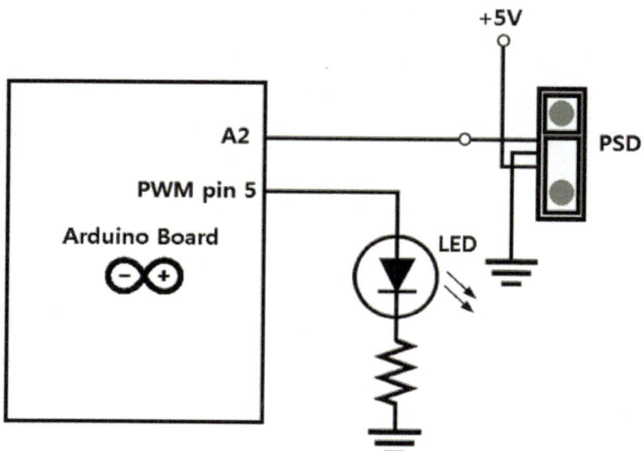

[그림 8.12] 아두이노 보드와 PSD 센서 연결

[표 8.3] 아두이노 보드 연결 구성

아두이노 UNO 보드		연결 장치
핀번호	setup( ) 설정	
아날로그 입력 핀 A2번	설정 필요 없음	거리센서(PSD)
디지털 입출력 핀 5번	PWM 모드 사용	LED

회로를 구성하면 다음과 같다.

[그림 8.13] 아두이노 보드와 PSD 센서 회로

완성된 스케치는 다음과 같으며 예제 8.1과 동일하다.

코드	설명

void setup( ) {
  Serial.begin(9600);
}
	시리얼 통신 설정

코드	설명
void loop( ) {	loop( )의 시작
int val1 = analogRead(2);	아날로그 입력핀 2번을 통하여 입력된 전압값을 0~1023범위의 값으로 읽어 val1에 저장
int val2 = map(val1, 0, 1023, 0, 100); Serial.print("PSD Sensor: "); Serial.print(val2); Serial.println("%");	0~1023범위의 val1값을 0~100 범위로 변환 시리얼 모니터에 출력

int val3 = map(val1, 0, 1023, 0, 255);
analogWrite(5, val3);
delay(20);
	0~1023범위의 val1값을 0~255 범위로 변환
	PWM 신호로 출력

}	loop( )의 끝

스케치를 업로드하여 실행시키고, PSD 앞에 4~50cm 간격으로 물체를 이동 시켜서 PSD와 물체 사이의 거리를 조정하면 LED의 밝기가 변하며 시리얼 모니터에 측정된 결과가 나타난다. ■

8.5 초음파 거리 센서

예제 8.4에서 다룬 PSD 거리센서는 가까운 거리인 약 4~80cm 범위에서 비교적 정확한 거리를 측정할 수 있다. 반면에 초음파 거리 센서는 일반적으로 10cm~3m까지 좀 더 긴 거리를 측정할 수 있게 해준다. 그림 8.17은 일반적으로 많아 사용되는 초음파 거리 센서 HC-SR04이다.

[그림 8.14] 초음파 거리 센서

이 디지털 초음파 거리 센서는 아두이노를 사용하여 바퀴로 구동되는 로봇 등에 적용하여 앞에서 움직이는 물체나 장애물의 거리를 측정하여 제어하기 위하여 많이 사용한다.

초음파 거리 센서의 기본원리는 그림 8.15와 같이 소리의 속도가 340m/s인 것을 이용하여 거리를 측정하는 것이다. 즉, 소리가 1cm를 가는데 29μ초가 소요되므로, 초음파 발생기에서 발생한 초음파가 전방에 있는 물체에 반사되어 센서로 돌아오는 시간을 측정하여 거리를 계산한다.

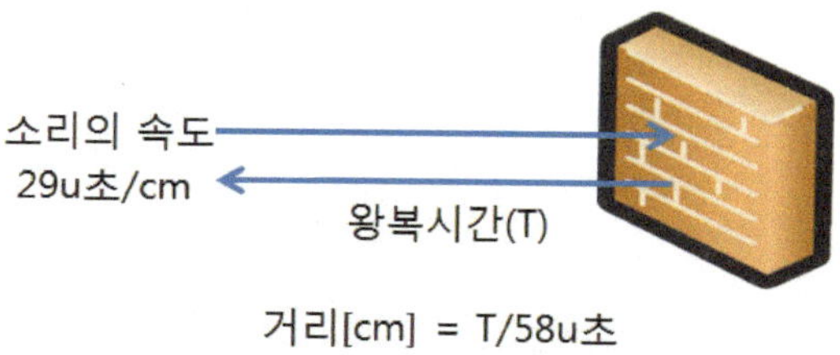

[그림 8.15] 초음파를 이용한 거리측정 원리

실•전•예•제

8.4 초음파 거리 센서로 거리를 측정하여 거리에 따라 LED의 밝기 조절

디지털 초음파 센서 HC-SR04는 트리거를 위하여 트리거 핀(Trig)을 통해 10μ초의 펄스를 발생시키고, 에코 핀(Echo)을 통하여 반사되는 초음파 값을 읽어 들이게 되므로 그림 8.16과 같이 아두이노 보드의 디지털 입출력 핀에 Trig와 Echo핀을 연결한다.

또한 앞의 센서 활용 예제들처럼 거리에 따라 밝기가 변하도록 PWM핀에 LED를 연결하고 시리얼 모니터를 통하여 측정된 값을 나타내자.

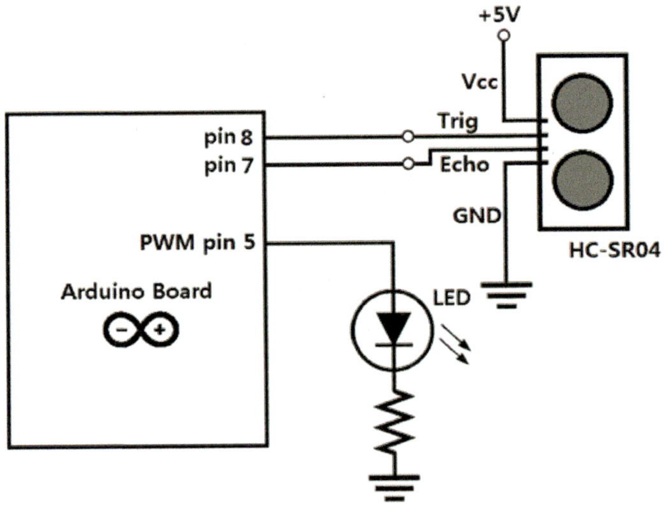

[그림 8.16] 아두이노 보드와 초음파 거리 센서 연결

[표 8.4] 아두이노 보드 연결 구성

아두이노 UNO 보드		연결 장치
핀번호	setup( ) 설정	
+5V	설정 필요 없음	초음파 거리 센서 Vcc핀
디지털 입출력 핀 8번	pinMode(8, OUTPUT)	초음파 거리 센서 Tirg핀
디지털 입출력 핀 7번	pinMode(7, INPUT)	초음파 거리 센서 Echo핀
GND	설정 필요 없음	초음파 거리 센서 GND핀
디지털 입출력 핀 5번	PWM 모드 사용	LED

회로를 구성하면 다음과 같다.

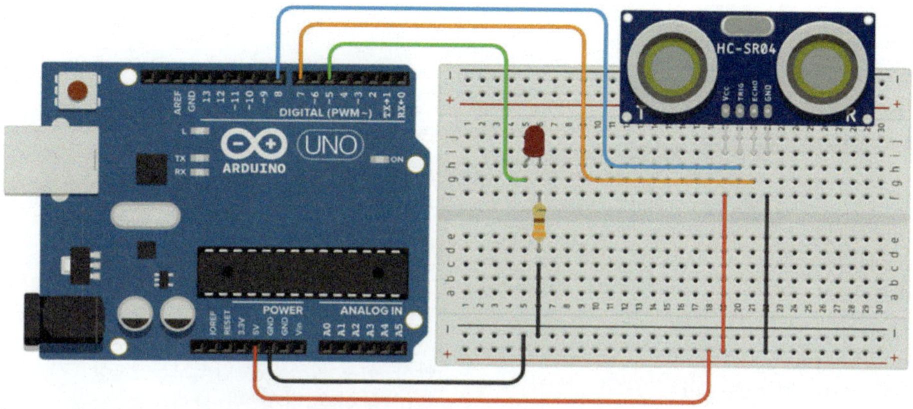

[그림 8.17] 아두이노 보드와 초음파 거리 센서 회로

HC-SR04과 같은 초음파 거리 센서 모듈은 그림 8.18과 같이 트리거 펄스를 기준으로 40kHz의 초음파 신호를 8번 발생시키고, 그 초음파신호가 되돌아오는 시간을 측정하여 거리를 계산한다.

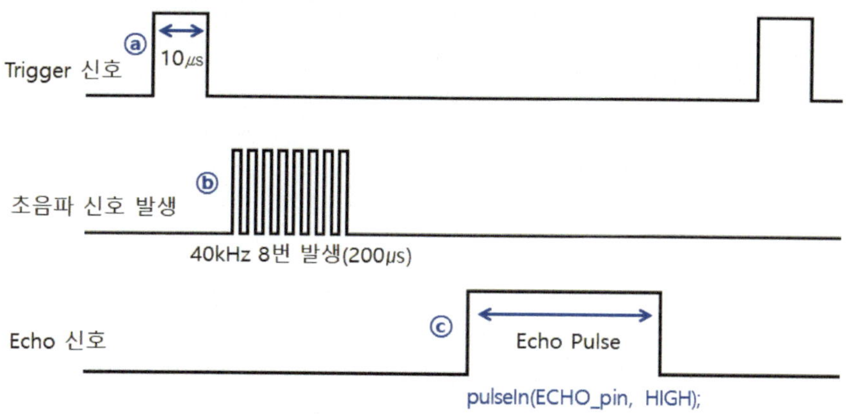

[그림 8.18] 초음파 센서의 거리 측정 원리

ⓐ 10μ초 간격으로 트리거 펄스를 발생

```
digitalWrite(pinTRIG, LOW);
delayMicroseconds(2);
digitalWrite(pinTRIG, HIGH);
delayMicroseconds(10);
digitalWrite(pinTRIG, LOW);
```

ⓑ 40kHz 초음파 신호를 8사이클 송출(25μ초×8=200μ초)

ⓒ 되돌아오는 반사 펄스를 pulseIn( )함수를 사용하여 계측

```
pulseIn(pinECHO, HIGH);
```

완성된 스케치는 다음과 같다.

코드	설명

int pinECHO = 7;
int pinTRIG = 8;
int distance;
	반사 신호 수신 핀
	트리거 신호 발생 핀

void setup(){
  Serial.begin(9600);
  pinMode(pinECHO, INPUT);
  pinMode(pinTRIG, OUTPUT);
}
	
	반사 신호 수신 핀 입력모드 설정
	트리거 신호 발생 핀 출력모드 설정

void loop( ){	loop( )의 시작

digitalWrite(pinTRIG, LOW);
  delayMicroseconds(2);
  digitalWrite(pinTRIG, HIGH);
  delayMicroseconds(10);
  digitalWrite(pinTRIG, LOW);
	트리거 핀을 2μ 초 동안 "LOW"
	
	트리거하기 위하여 10μ 초 동안 "HIGH"
	
	트리거 핀을 다시 "LOW"

distance = pulseIn(pinECHO, HIGH); int val1 = distance/58;	펄스 지속 시간 읽기 펄스 시간을 거리로 계산

Serial.print("Distance : ");
  Serial.print(val1);
  Serial.println("cm");
	시리얼 모니터에 측정된 거리 출력

int val2 = map(val1, 0, 4000, 0, 255);
  analogWrite(5, val2);
  delay(100);
	범위 0~4m에서 밝기 표현
	PWM 신호로 출력
	다음 측정까지 100mS 대기

}	loop( )의 끝

스케치를 업로드하여 실행시키고, 초음파 센서 앞에 10cm~4m 범위 안에서 물체를 이동시키면 물체 사이의 거리에 따라 LED의 밝기가 변하며, 그림 8.19와 같이 시리얼 모니터에 측정된 거리 값이 나타난다.

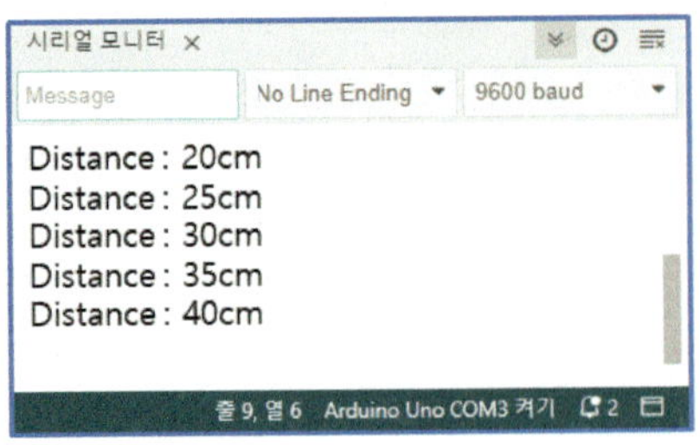

[그림 8.19] 초음파 거리 센서를 통해 측정된 거리

■

실 • 전 • 예 • 제

8.5 초음파 거리 센서로 악기 만들기

앞의 예제 8.4를 응용하여 거리에 따라 소리가 발생시켜보자. 그림 8.16의 회로 구성에서 LED대신 그림 8.20과 같이 피에조를 연결하고 거리가 멀어질 수로 주파수가 커져서 높은 음의 소리가 발생되도록 스케치를 작성한다.

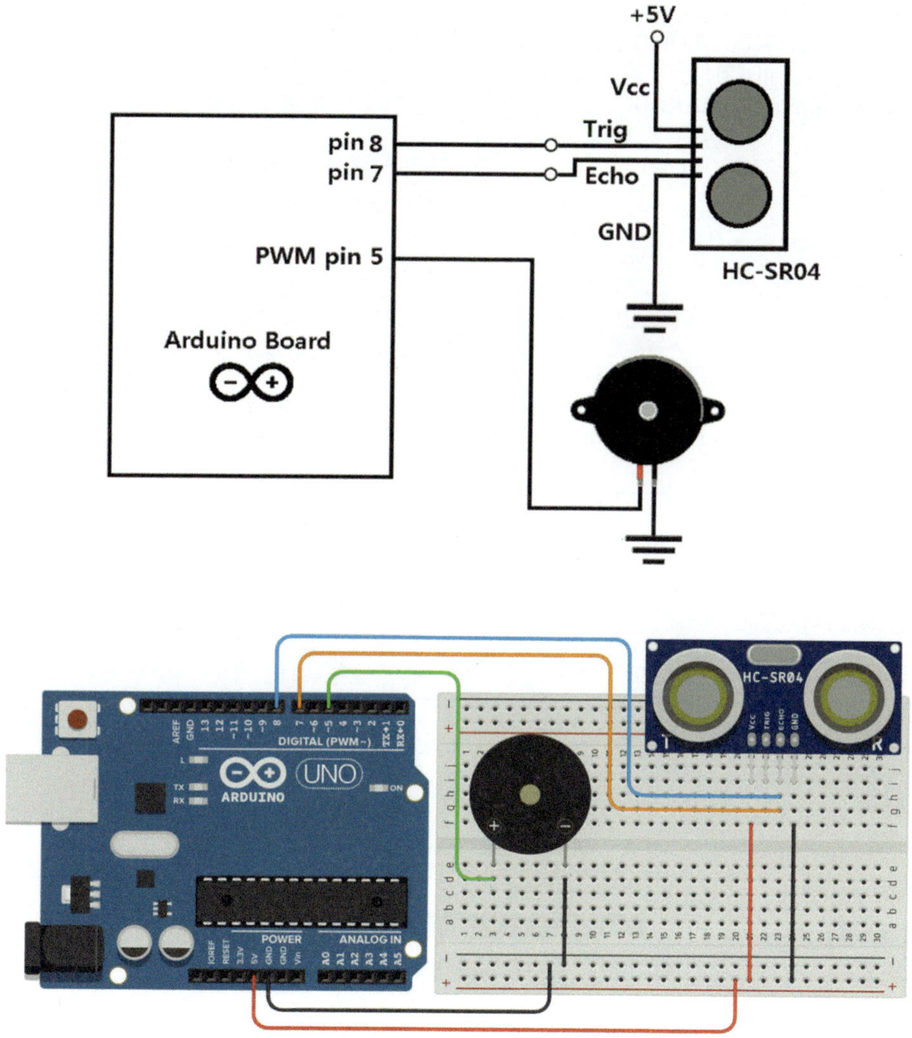

[그림 8.20] 아두이노 보드와 초음파 거리 센서

완성된 스케치는 다음과 같다.

코드	설명

int pinECHO = 7;
int pinTRIG = 8;
int piezo = 5;
int distance;
	반사 신호 수신 핀
	트리거 신호 발생 핀

void setup(){
  Serial.begin(9600);
  pinMode(pinECHO, INPUT);
  pinMode(pinTRIG, OUTPUT);
  pinMode(piezo, OUTPUT);
}
	반사 신호 수신 핀 입력모드 설정
	트리거 신호 발생 핀 출력모드 설정

void loop( ){	loop( )의 시작

digitalWrite(pinTRIG, LOW);
  delayMicroseconds(2);
  digitalWrite(pinTRIG, HIGH);
  delayMicroseconds(10);
  digitalWrite(pinTRIG, LOW);
	트리거 핀을 2μ 초 동안 "LOW"
	
	트리거하기 위하여 10μ 초 동안 "HIGH"
	
	트리거 핀을 다시 "LOW"

distance = pulseIn(pinECHO, HIGH); int val1 = distance/58;	펄스 지속 시간 읽기 펄스 시간을 거리로 계산

int val2 = val1*50;
  tone(piezo, val2, 200);
  delay(200);
	거리를 주파수로 변환
	piezo출력

Serial.print("Distance : ");
  Serial.print(val1); Serial.print("cm, ");
  Serial.print(val2); Serial.println("Hz");
	시리얼 모니터에 측정된 거리와 주파수 출력

}	loop( )의 끝

스케치를 업로드하여 실행시키고, 물체 사이의 거리에 따라 피에조의 소리가 다르게 나타나며, 그림 8.21과 같이 시리얼 모니터에 측정된 거리와 생성된 주파수의 값이 나타난다.

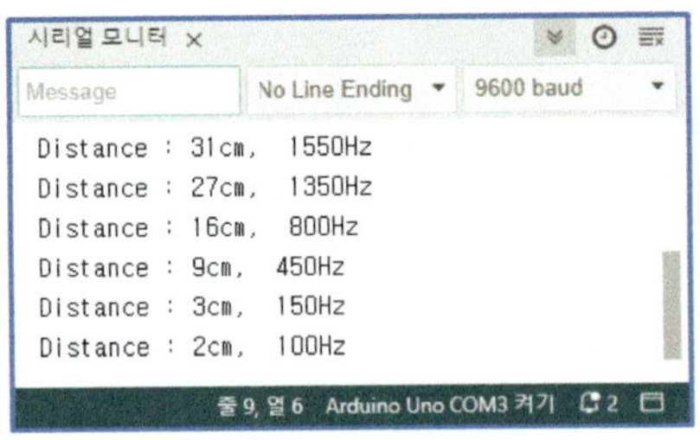

[그림 8.21] 초음파 거리 센서를 통해 측정된 거리

■

CHAPTER 9

아두이노로 모터제어하기

아두이노 보드는 LED로 불을 켜고 끄거나 피에조에서 소리를 발생시키는 것 이외에 모터를 사용하여 창문이 열리게 하거나 바람개비의 날개를 움직이게 하거나 로봇을 움직이게 하는 것처럼 행동적인 결과를 쉽게 제어할 수 있다.

이러한 동적인 결과를 만들기 위하여 서보모터(Servo Motor)를 사용하거나 일반 직류모터(DC Motor)나 스테핑모터(Stepping Motor)를 사용할 수 있다.

스테핑 모터는 정확한 각도제어가 유리하여 기계적인 움직임을 정밀하게 제어하는 곳에 많이 사용되고 있으며, 서보모터는 일반 직류모터에 서보제어 기능을 내장하여 속도가 빠르고 정밀한 제어와 큰 힘을 필요로 하는 로봇의 제어 등에 많이 사용된다. 직류모터는 저렴하면서도 효과적인 구동 수단이다.

9.1 표준 서보모터 제어하기

표준 서보모터는 0°~180° 사이의 각도위치로 정밀하게 이동시킬 수 있는 구동장치이다. 일반적으로 서보모터는 펄스에 의해 제어하는 방식으로 사용하기 편리하다.

서보모터는 그림 9.1과 같이 제어, 전원, 접지의 3개의 리드선을 가지고 있다.

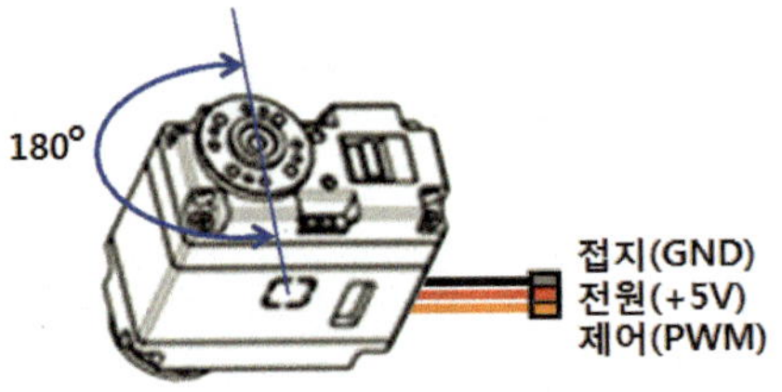

[그림 9.1] 서보모터

서보모터의 접지와 전원은 아두이노 보드의 +5V, GND에 연결하고, 서보모터의 제어는 아두이노 보드의 PWM 출력 핀에 연결하여 사용한다.

더욱이 아두이노 개발환경에서는 서보모터 제어를 위하여 이동할 각도만 입력하면 되는 서보 라이브러리를 제공하고 있다.

이 서보 라이브러리를 사용하기 위해서는 아두이노 스케치를 작성할 때 다음과 같이 "Servo.h" 라이브러리를 사용을 선언해주어야 한다.

```
#include <Servo.h>
```

그림 9.2에는 서보모터의 제어선을 아두이노 보드의 PWM핀 9번에 연결하였다.

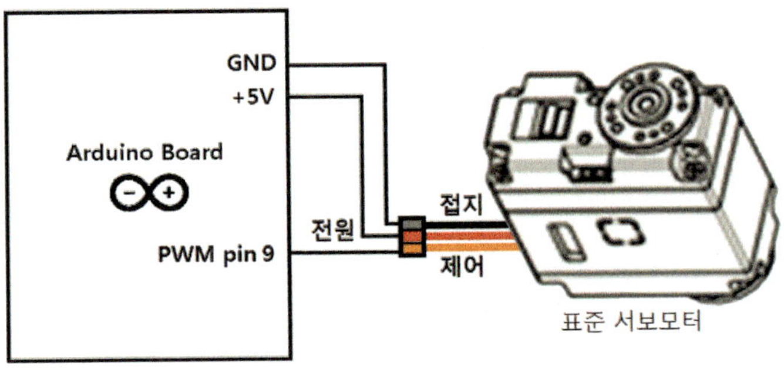

[그림 9.2] 아두이노 보드와 서보모터

[표 9.1] 아두이노 보드 연결 구성

아두이노 UNO 보드		연결 장치
핀번호	setup( ) 설정	
PWM 핀 9번	설정 필요 없음	서보모터 제어핀

회로를 구성하면 다음과 같다.

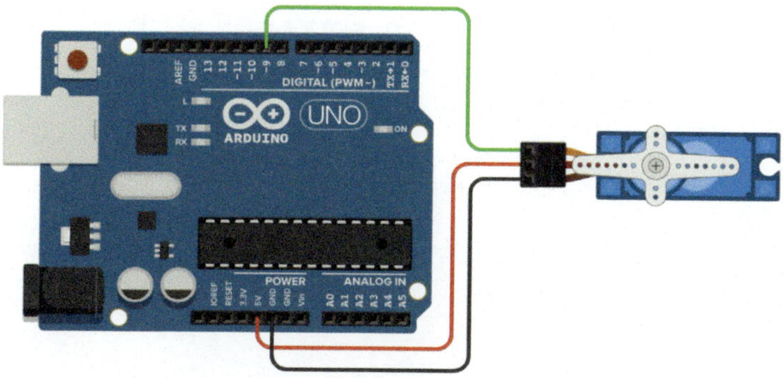

[그림 9.3] 아두이노 보드에 서보모터 연결

실•전•예•제

9.1 서보모터의 각도 제어

서보모터를 사용하여 회전 위치를 0도 → 90도 → 180도 → 90도 → 0도로 반복하여 회전하도록 해보자.

먼저 스케치에서 서보 라이브러리를 사용하기 위하여 서보 라이블러리 〈Servo.h〉를 사용을 선언해 준다.

```
#include 〈Servo.h〉
```

다음으로 사용할 Servo 변수 'myservo'를 정의한다. Servo 변수는 여러 개의 서보모터를 사용하는 경우 각각의 서보모터를 구분하여 제어하기 편리하게 하여 준다.

```
Servo myservo;
```

서보 라이브러리 명령어 Servo는 12개까지의 Servo 변수를 정의하여 사용할 수 있다. 그러므로 만일 4개의 서보모터를 제어하기 원한다면, 아래와 같이 정의하여 사용하면 편리하다.

```
Servo servo1;
Servo servo2;
Servo servo3;
Servo servo4;
```

다음으로 아두이노 보드에서 지정된 Servo 변수가 실제로 제어할 서보모터의 제어핀을 *****.attach( )함수를 통하여 지정한다.

예제와 같이 서보모터의 제어 핀으로 아두이노 보드의 PWM핀 9번을 사용하고 Servo 변수를 myservo라고 한다면, 다음과 같이 지정한다.

```
myservo.attach(9);
```

서보모터의 각도를 제어하는 명령은 *****.write( ) 함수를 사용한다.

예제와 같이 Servo 변수를 myservo라고 하고 다음과 같이 지정하면 원하는 각도만큼 회전한다.

```
myservo.write(각도);
```

완성된 아두이노 스케치는 다음과 같다.

#include <Servo.h>	서보 라이브러리 포함 선언
Servo myservo;	사용할 Servo 변수를 myservo로 지정

void setup( ) {
myservo.attach(9);
}
	아두이노 보드 PWM핀 9번을 myservo에 지정

void loop( ) {	loop( ) 함수 시작
myservo.write(0); delay(500);	0도 위치로 이동
myservo.write(90); delay(500);	90도 위치로 이동
myservo.write(180); delay(500);	180도 위치로 이동
myservo.write(90); delay(500);	90도 위치로 이동
}	loop( ) 함수 끝

서보모터는 현재의 위치를 기준으로 지시된 각도 위치를 이동하는 것이 아니라, 그림 9.4와 같이 초기 기준위치 0도를 기준으로 0~180도 사이의 위치로 이동하게 되므로 서버모터를 사용하여 기구구조를 제작할 때 주의하여야 한다.

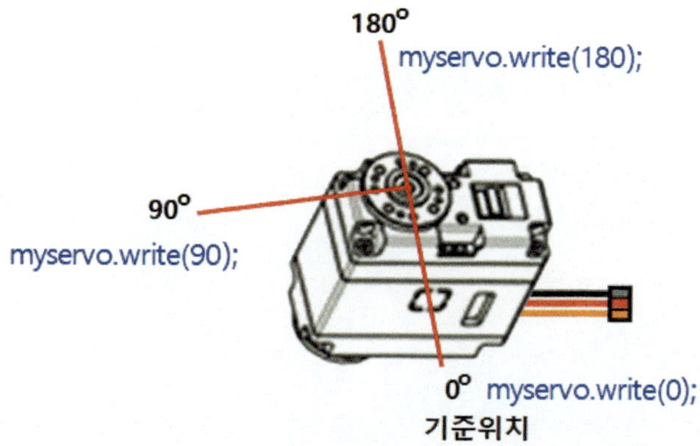

[그림 9.4] 서보모터

예를 들면 기구적으로 90도 위치에 갈 수 없는데 가도록 명령이 주어지면 서보모터나 구조에 손상을 주게 된다.

■

실•전•예•제

9.2 가변저항을 사용한 서보모터의 각도제어

아두이노 보드에서 가변저항을 사용하여 서보모터의 회전 각도를 제어하여 보자. 아두이노의 예제 '파일→ 예제→ Servo-Knob'에서 제공하는 예제 스케치를 참고한다.

[표 9.2] 아두이노 보드 연결 구성

아두이노 UNO 보드		연결 장치
핀번호	setup( ) 설정	
PWM 핀 9번	설정 필요 없음	서보모터 제어핀
아날로그 입력핀 0번	설정 필요 없음	가변저항

[그림 9.5] 아두이노 보드에 서보모터와 가변저항 연결

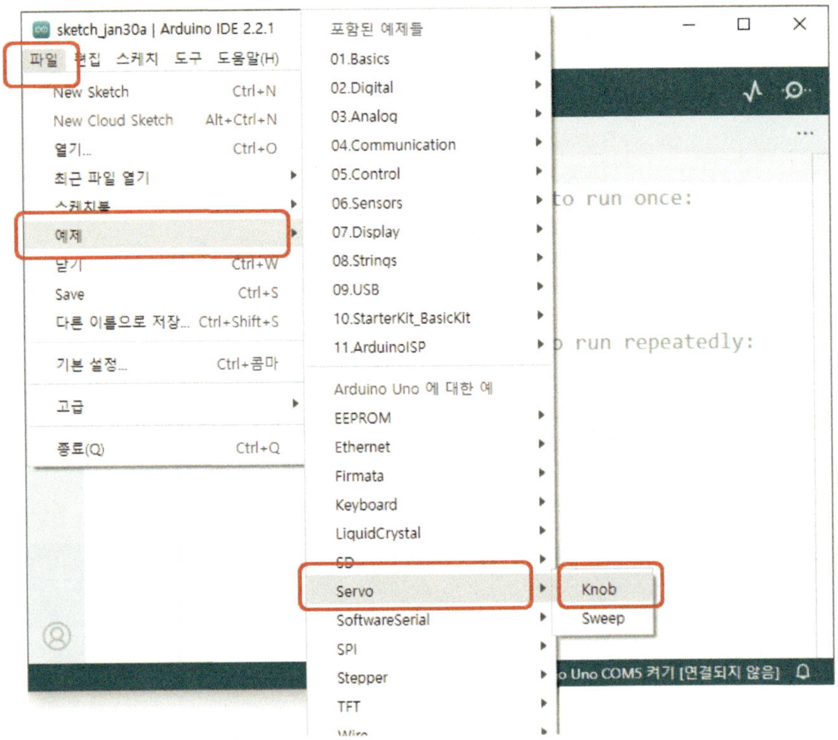

[그림 9.6] 아두이노 예제 Servo의 Knob

#include 〈Servo.h〉	서보 라이브러리 포함 선언

Servo myservo;
int potpins=0;
int val=0;
	사용할 Servo 변수를 myservo로 지정
	가변저항이 연결된 아날로그 입력 핀 지정

void setup( ) {
  myservo.attach(9);
}
	아두이노 보드의 PWM핀 9번을 myservo에 지정

void loop( ) {	loop( ) 함수 시작

val = analogRead(potpin);
  val = map(val, 0, 1023, 0, 180);
  myservo.write(val);
  delay(15);
	아날로그 핀으로 가변저항의 값을 읽어 저장
	map함수로 0~180도 범위로 변환
	서보모터 회전
	시간 지연

}	loop( ) 함수 끝

스케치를 업로드하여 실행시키고 가변저항을 조정하면 서보모터가 회전한다.

■

9.2 연속회전 서보모터 제어하기

표준 서보모터는 0°~180° 사이의 각도위치로 정밀하게 이동시킬 수 있는 구동장치이다. 일반적으로 서보모터는 펄스에 의해 제어하는 방식으로 사용하기 편리하다.

서보모터는 그림 9.1과 같이 제어, 전원, 접지의 3개의 리드선을 가지고 있다.

0°~180° 사이의 위치로 정확하게 이동하는 표준 서보모터와 다르게 연속회전이 가능한 서보모터를 연속회전 서보모터(continuous servo motor)라 한다.

연속회전 서보모터는 연속적으로 정회전(CW)과 역회전(CCW)이 가능하도록 표준 서보모터를 수정하여 만든 것으로 일반 서보모터와 비슷한 방법으로 제어하며 회전속도를 조절할 수 있다.

연속회전 서보모터의 제어는 표준 서보모터 제어는 약 회전각도를 90도로 지정하면 정지하고, 90보다 낮게 하거나 높게 지정하면 정회전 또는 역회전을 하게 된다. 정지 값이 정확하지 않은 이유는 표준 서보모터를 개조하는 과정에 따라 차이가 발생할 수 있다.

실 • 전 • 예 • 제

9.3 가변저항을 사용한 연속회전 서보모터의 정력회전과 정지 제어

그림 9.7과 같이 연속회전 서보모터(FS90R)을 아두이노 보드에 연결하고, 앞의 예제 9.2에서 사용한 가변저항을 사용한 서보모터의 회전 각도를 제어와 시리얼 모니터를 사용하여 연속회전 서보모터의 정회전, 역회전과 정지가 되는 각도 값을 찾아보자.

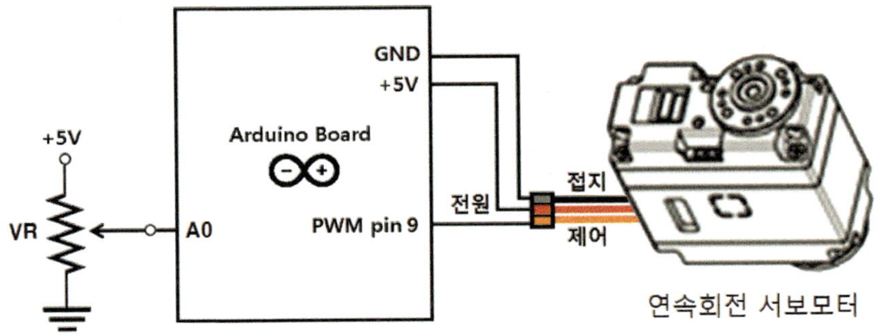

[그림 9.7] 아두이노 보드와 연속회전 서보모터

완성된 스케치는 다음과 같다.

#include 〈Servo.h〉	서보 라이브러리 포함 선언

Servo myservo;
int potpins=0;
int val=0;
	사용할 Servo 변수를 myservo로 지정
	가변저항이 연결된 아날로그 입력 핀 지정

void setup( ) {
  Serial.begin(9600);
  myservo.attach(9);
}
	시리얼 통신 속도 설정
	아두이노 보드의 PWM핀 9번을 myservo에 지정

void loop( ) {	loop( ) 함수 시작

val = analogRead(potpin);
val = map(val, 0, 1023, 0, 180);
Serial.print("Deg. = ");
Serial.println(val);
myservo.write(val);
delay(20);
	아날로그 핀으로 가변저항의 값을 읽어 저장
	map함수로 0~180도 범위로 변환
	회전각도를 시리얼 모니터에 출력
	
	서보모터 회전
	시간 지연

}	loop( ) 함수 끝

스케치를 업로드하여 실행시키고 가변저항을 조정하면 서보모터가 회전 또는 정지하며 그 각도 값을 시리얼 모니터로 확인할 수 있다. ■

9.3 스테핑 모터 제어하기

9.2절에서 설명한 연속회전 서보모터는 일반 직류모터에 서보제어 기능을 내장하여 일반적으로 사용이 편리하지만 정밀한 회전제어나 큰 토크를 필요로 하는 경우 사용하기 어렵다. 비교적 정확한 각도제어로 기계적인 움직임을 정밀하게 제어하고 회전 토크도 필요한 곳에는 스테핑 모터의 사용이 적합하다.

스테핑 모터는 일반적으로 펄스를 인가하여 순차적으로 여자 신호를 발생시켜 여자 전류를 흘려 회전축을 구동한다. 즉, 펄스에 따라 한 스텝씩 주어진 방향에 따라 회전하게 된다. 이러한 제어를 위하여 스테핑 모터의 제어에는 증폭회로가 내장된 전용 드라이버 모듈이 사용된다.

아두이노에서 제어하기 위하여 5V 환경에서 동작하는 소형 스텝 모터와 ULN2003 IC를 적용한 그림 9.8과 같은 소형 드라이버 모듈을 사용하여 제어하여 본다.

[그림 9.8] 스테핑 모터와 제어 모듈

4상 스테핑 모터 제어를 위한 ULN2003 IC 모듈의 IN1~IN4와 전원(+,-)에 그림 9.9와 표 9.3과 같이 아두이노 보드를 연결한다.

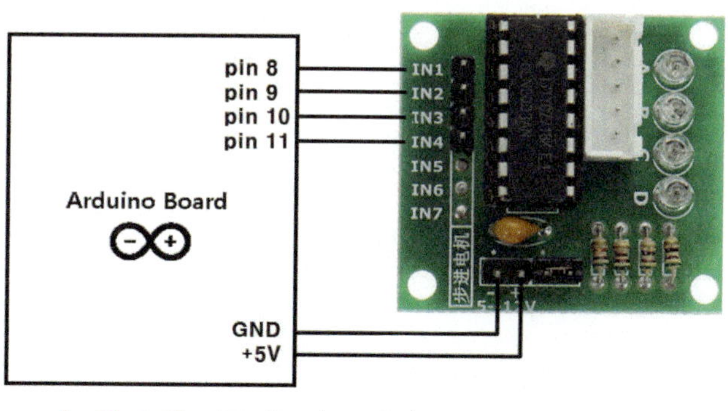

[그림 9.9] 아두이노와 스테핑 모터제어 모듈 연결

[표 9.3] 아두이노 보드 핀과 스테핑 모터 제어 모듈의 연결

아두이노 보드	스테핑 모터 제어 모듈
디지털입출력 핀 8번	IN1
디지털입출력 핀 9번	IN2
디지털입출력 핀 10번	IN3
디지털입출력 핀 11번	IN4

실 • 전 • 예 • 제

9.4 스테핑 모터를 시계방향으로 회전시키기

아두이노 보드로 스테핑 모터를 시계방향으로 회전 시켜본다. 아두이노 보드의 디지털입출력 핀 8~11을 각각 스테핑 모터 제어모듈의 IN1~IN4에 연결하고, 제어모듈의 +와 -전원은 아두이노 보드의 +5V와 GND에서 공급한다.

완성된 스케치는 다음과 같다.

`int pinMotor[4] = {8, 9, 10, 11};` `int dTime = 2;`	4상 스테핑 모터의 4상 선언 해당 4상 파형의 발생주기를 결정

`void setup( ) {`
`  for(int k=0; k<4; k++) {`
`    pinMode(pinMotor[k], OUTPUT);`
`  }`
`}`
	pin 8 → IN1
	pin 9 → IN2
	pin 10 → IN3
	pin 11 → IN4

`void loop( ) {`
`  setpMotor(1, 0, 0, 0);`
`  setpMotor(0, 1, 0, 0);`
`  setpMotor(0, 0, 1, 0);`
`  setpMotor(0, 0, 0, 1);`
`}`
	A,B,C,D상의 값 : H, L, L, L
	A,B,C,D상의 값 : L, H, L, L
	A,B,C,D상의 값 : L, L, H, L
	A,B,C,D상의 값 : L, L, L, H

`void setpMotor(int a, int b, int c, int d) {`
`  digitalWrite(pinMotor[0], a);`
`  digitalWrite(pinMotor[1], b);`
`  digitalWrite(pinMotor[2], c);`
`  digitalWrite(pinMotor[3], d);`
`  delay(dTime);`
`}`
	A,B,C,D상에 값을 출력하는 함수
	
	해당 4상 파형의 발생주기

■

실 • 전 • 예 • 제

9.5 스테핑 모터를 시계방향과 반시계방향으로 회전시키기

아두이노 보드로 스테핑 모터를 시계(CW)방향과 반시계(CCW)방향으로 일정시간 간격으로 반복 회전 시켜보자.

앞의 예제 9.4에 3장의 그림 3.11에서 설명한 bitWrite( ) 함수와 같은 원리로 사용되는 그림 9.10의 bitRead( )함수를 사용한다.

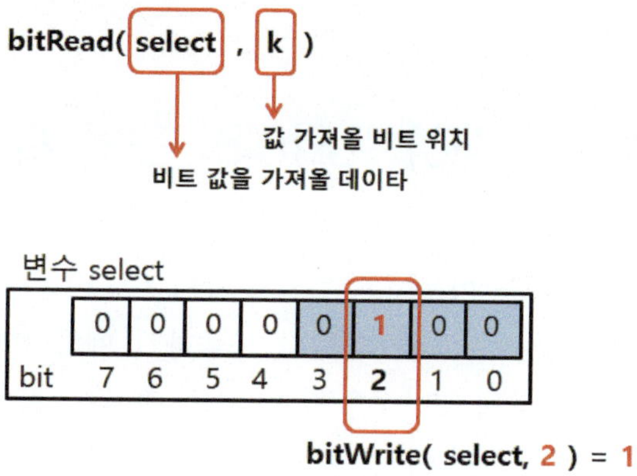

[그림 9.10] bitRead( ) 함수

완성된 스케치는 다음과 같다.

int pinMotor[4] = {8, 9, 10, 11}; int phase[4] = {B01000, B00100, B00010, B00001}; int dTime = 2;	4상 스테핑 모터의 4상 선언 4상 위상방향 데이터 해당 4상 파형의 발생주기를 결정

void setup( ) {
  for(int k=0; k<4; k++) {
    pinMode(pinMotor[k], OUTPUT);
  }
}
	pin 8 → IN1
	pin 9 → IN2
	pin 10 → IN3
	pin 11 → IN4

void loop( ) {
  for (int n=0; n<1000; n++) {
    for(int k=0; k<4; k++) {
      setpMotor(k);
    }
  }
  for (int n=0; n<1000; n++) {
    for(int k=3; k>=0; k--) {
      setpMotor(k);
    }
  }
}
	시계방향(CW) 회전
	
	반시계방향(CCW) 회전

void setpMotor(int p) {
  for(int k=0; k<4; k++) {
    digitalWrite(pinMotor[k], bitRead(phase[p],k));
  }
  delay(dTime);
}
	A,B,C,D상에 값을 출력하는 함수
	
	bitRead( )함수
	
	해당 4상 파형의 발생주기

스테핑 모터각 약 16초 간격으로 시계(CW)방향과 반시계(CCW)방향으로 반복 회전한다. ■

9.4 직류모터 제어 드라이버 모듈 사용하기

서보모터와 다르게 직류모터는 아두이노 보드의 출력핀에 직접 연결하여 모터를 회전시킬 수 없다. 직류모터를 구동시킬 수 있는 전류가 부족하기 때문이다.

이러한 문제를 해결하기 위하여 일반적으로 아두이노 보드는 직류모터를 제어하기 위하여 전용 모터 드라이버 쉴드나 별도의 모터 드라이버 모듈을 사용하여 직류모터의 회전 속도의 빠르기와 회전방향을 제어한다.

L298를 사용한 직류모터 드라이버 모듈들은 그림 9.11처럼 다양하지만, 2개의 직류모터의 속도와 방향을 각각 제어할 수 있게 되어 있다.

[그림 9.11] L298를 사용한 모터 드라이버 모듈

그림 9.11의 직류모터 드라이버 모듈 가운데 일반적으로 많이 사용되는 모듈로 2개의 직류모터와 속도와 방향을 제어하기 위한 연결 방법을 설명하면, 드라이버 모듈은 크게 3부분으로 구분된다.

그림 9.12와 같이 2개의 직류모터 A와 B를 연결하는 부분과 모듈과 모터에 전원을 공급하는 부분, 그리고 각 모터의 회전속도와 방향을 제어하는 부분으로 나누어진다.

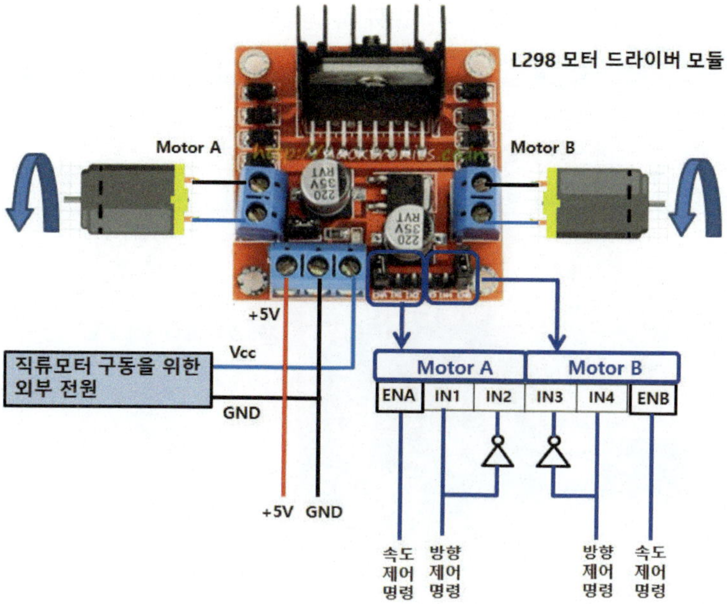

[그림 9.12] 2개의 직류모터 제어를 위한 드라이버 모듈의 연결방법

아두이노 보드에 모터 드라이버 모듈을 연결하고 1개의 직류모터를 시계방향(CW)과 반시계방향(CCW)으로 회전시켜보자.

9.6 실•전•예•제 직류모터의 회전제어

범용 L298 직류모터 드라이버 모듈을 사용하여 아두이노 보드와 표 9.4와 그림 9.13과 같이 연결한다.

직류모터를 드라이버 모듈의 A에 연결하고, 전원은 외부전원 없이 아두이노 보드의 전원을 사용한다. 또한 회전방향을 설정하기 위하여 사용하는 아두이노의 디지털 입출력핀 4번을 IN1에 연결하고 NOT게이트를 사용하여 IN2에 연결하는 대신 디지털 입출력핀 3번을 사용하여 디지털 입출력핀 4번의 신호를 반전시켜 입력한다.

속도제어 위하여 모터 드라이버 모듈의 ENA에 PWM 출력이 가능한 디지털 입출력핀 5번을 연결한다. 다만 이 예제에서는 PWM 출력을 사용하지 않고 디지털 신호 0과 1로 일정한 속도로 회전하며 회전방향의 제어를 확인한다.

[표 9.4] 아두이노 보드와 직류모터 드라이버 모듈 연결 구성

	아두이노 보드	모터 드라이버 모듈	
연결선 연결	PWM 핀 5번	ENA	
연결선 연결	디지털입출력 핀 4번	IN1	
연결선 연결	디지털입출력 핀 3번	IN2(IN1 반전)	

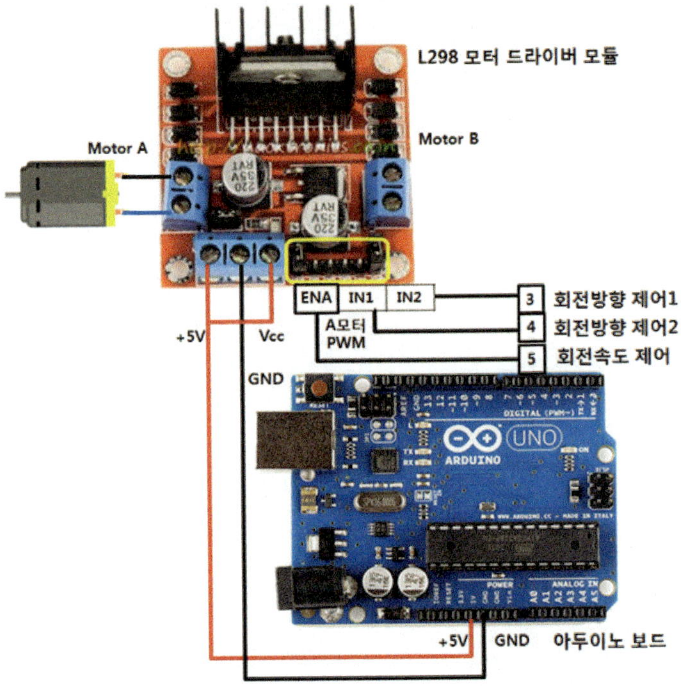

[그림 9.13] 아두이노 보드로 1개의 직류모터 제어를 위한 모듈의 연결

작성된 스케치는 다음과 같다.

int ENA=5;
int IN1=4;
int IN2=3;
	모터A 회전속도 제어(ENA) 핀 지정
	모터A 회전방향 제어(IN1) 핀 지정
	모터A 회전방향 제어(IN2) 핀 지정

void setup( ) {
  pinMode(ENA, OUTPUT);
  pinMode(IN1, OUTPUT);
  pinMode(IN2, OUTPUT);
}	

void loop( ) {	

digitalWrite(IN1, LOW);
digitalWrite(IN2, HIGH);
digitalWrite(ENA, HIGH);
delay(1000);
	시계방향(CW) 회전
	
	회전속도 일정

digitalWrite(ENA, LOW); delay(1000);	**모터 회전 정지**

digitalWrite(IN1, HIGH);
digitalWrite(IN2, LOW);
digitalWrite(ENA, HIGH);
delay(1000);
	반시계방향(CCW) 회전
	
	회전속도 일정

digitalWrite(ENA, LOW); delay(1000);	**모터 회전 정지**
}	

직류모터가 1초 간격으로 시계방향(CW) 회전→ 정지→ 반시계방향(CCW) 회전→ 정지를 반복한다.

■

아두이노 보드에 모터 드라이버 모듈을 연결하여 직류모터의 속도를 변경하며 회전시켜 보자.

실 • 전 • 예 • 제 9.7 직류모터의 속도제어

예제 9.6의 아두이노와 모터 드라이버 모듈의 연결을 그대로 사용하고, 속도제어 위하여 모터 모듈의 ENA에 연결된 PWM 출력이 가능한 디지털 입출력핀 5번에 PWM 신호를 이용하여 회전속도를 제어한다.

작성된 스케치는 다음과 같다.

int ENA=5;
int IN1=4;
int IN2=3;
	모터A 회전속도 제어(ENA) 핀 지정
	모터A 회전방향 제어(IN1) 핀 지정
	모터A 회전방향 제어(IN2) 핀 지정

void setup( ) {
// pinMode(ENA, OUTPUT);
pinMode(IN1, OUTPUT);
pinMode(IN2, OUTPUT);
}	

void loop( ) {	
digitalWrite(IN1, HIGH); digitalWrite(IN2, LOW);	시계방향(CW) 회전

for (int k=100; k<255; k=k+50) {
analogWrite(ENA, k);
delay(2000);
analogWrite(ENA, 0);
delay(2000);
}
	회전속도 100→150→200→250로 변화
	
	모터 회전 정지

}	

직류모터가 시계방향(CW)으로 회전속도를 100 → 150 → 200 → 250의 4단계로 2초 단위로 변화하며 반복한다.

■

직류모터의 회전과 속도 제어가 가능한 함수를 만들어 제어해보자.

실・전・예・제 9.8 직류모터의 속도제어 (함수)

예제 9.6의 아두이노와 모터 드라이버 모듈의 연결을 그대로 사용하고, 회전속도와 방향을 값을 받아 동작하는 함수를 만들어 제어한다.

작성된 스케치는 다음과 같다.

int ENA=5;
int IN1=4;
int IN2=3;
	모터A 회전속도 제어(ENA) 핀 지정
	모터A 회전방향 제어(IN1) 핀 지정
	모터A 회전방향 제어(IN2) 핀 지정

void setup( ) {
pinMode(IN1, OUTPUT);
pinMode(IN2, OUTPUT);
}	

void loop( ) {
aMotor(1, 0, 200); delay(2000);
aMotor(1, 0, 0); delay(1000);
aMotor(0, 1, 100); delay(2000);
aMotor(0, 1, 0); delay(1000);
}
	200의 속도로 CW방향으로 2초가 회전
	1초가 정지
	200의 속도로 CW방향으로 2초가 회전
	1초가 정지

void aMotor(int dir1, int dir2, int sp) {
  digitalWrite(IN1, dir1);
  digitalWrite(IN2, dir2);
  analogWrite(ENA, sp);
}
	A모터의 회전 속와 방향을 제어하는 함수

직류모터의 회전방향과 속도를 제어하기 위한 다양한 구조의 함수를 만들어 사용하면 로봇 자동차의 제어와 다양한 구동부 제어에 편리하게 사용할 수 있다.

■

9.5 릴레이 모듈 사용하기

직류 모터를 제어하는 또 하나의 방법은 릴레이(relay)를 사용하는 것이다. 릴레이에 직류모터를 연결하고, 릴레이의 접점의 on-off를 아두이노 제어하여 직류모터를 제어하는 방식이다. 릴레이는 직류 모터뿐만 아니라 높은 전압이나 큰 전류를 공급하여 제어하기를 원하는 곳에 사용이 가능하다.

릴레이는 낮은 전압이나 전류의 신호를 이용하여 높은 전압이나 전류 회로를 제어할 수 있는 소자이다. 간단하게 설명하면, 그림 9.14와 같이 낮은 전압이나 전류의 신호로 높은 전압이나 전류 회로의 스위치(ON 또는 OFF) 역할을 하는 장치이다.

[그림 9.14] 릴레이의 용도

일반적인 대부분의 릴레이는 그림 9.15와 같은 구조로 되어 있다. 제어신호(control signal)에 의하여 코일에 전류가 흐르면, 코일 부분은 전자석(electromagnet)이 되는 원리를 사용하여 NC와 NO의 기계적인 스위칭이 일어나게 하는 원리이다.

공통단자인 COM의 초기 위치는 스프링에 의하여 NC(normally closed)에 연결되어 있지만 제어신호에 의하여 코일이 자력을 가지는 전자석으로 변환 되면, 공통단자인 COM의 위치가 NO(normally open)로 변경되어, 제어신호에 의하여 NC와 NO 사이에 스위칭을 하게 된다.

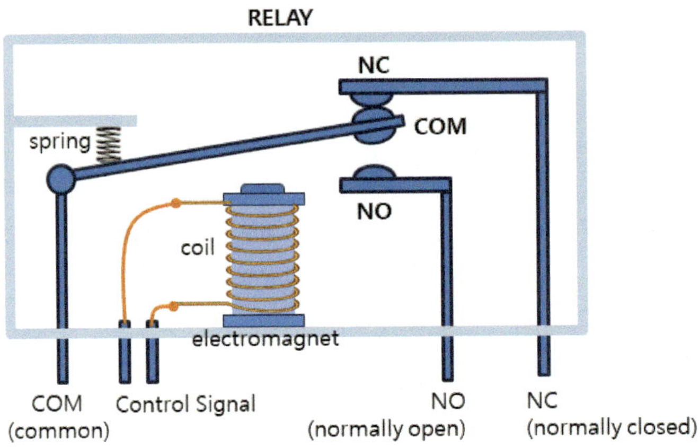

[그림 9.15] 일반적인 릴레이의 구조

스위치 위치를 제어하는 방법에는 전자석, 광 커플러 등을 사용하는 여러 가지가 있으나, 가장 일반적인 방법은 전자석을 사용하는 것으로 전자기 릴레이라고 한다. 기계적인 접점을 가지고 있어서 제어 속도가 빠른 곳에는 사용할 수 없지만 비교적 높은 전력의 신호를 제어하기 쉽다.

그림 9.16(a)는 일반적으로 많이 사용되고 있는 부품상태의 릴레이이고, 그림 9.16(b)은 마이크로프로세서나 아두이노에서 사용이 3.3V, 5V, 12V 등 직류 신호로 사용할 수 있도록 모듈로 만들어진 형태이다.

(a) 일반적인 전기 부품 상태의 릴레이

(b) 릴레이 모듈

[그림 9.16] 릴레이

(1) 릴레이의 동작 원리

릴레이를 전자회로 적으로 그 동작을 설명하면, 그림 9.17과 같이 NC(Normal Close)와 NO(Normal Open)의 2개의 핀이 있으며, 이 2개의 핀 중에 한 곳으로 COM이 연결되면 다른 한 곳은 연결이 끊어지는 구조이다.

COM의 위치는 코일의 의하여 제어되며, 코일에 전류가 흐르지 않으면, COM은 NC에 연결되어 있으며, 코일에 전류가 흐르면, COM은 NO에 연결된다.

즉, 아두이노 보드 등에서 제어신호로 LOW를 주면, NC와 NO 사이에 스위칭이 일어나지 않아서 COM에 공급되는 직류 전압/전류나 교류전원이 NC로 공급된다. 반면에 제어신호로 HIGH를 주면, NC에서 NO로 스위칭이 일어나서 COM에 공급되는 직류 전압/전류나 교류전원은 NO로 공급된다.

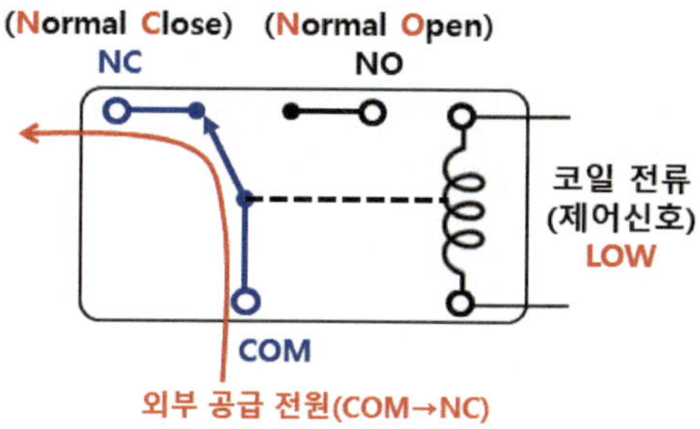

(a) 제어신호 LOW 일 때

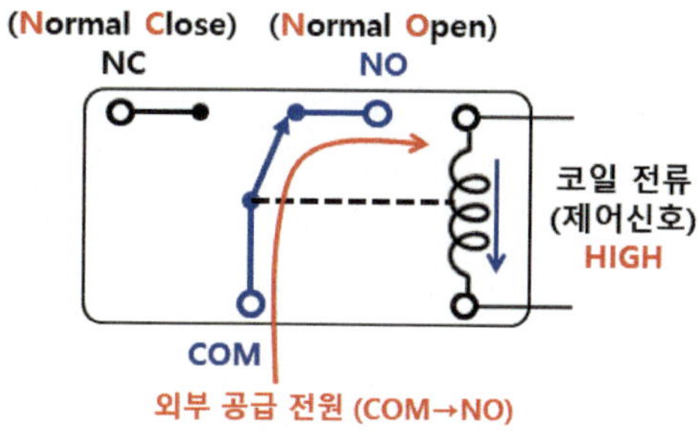

(b) 제어신호 HIGH 일 때

[그림 9.17] 릴레이의 동작 원리

(2) 아두이노 UNO를 사용한 릴레이 제어

아두이노 UNO를 사용하여 릴레이를 제어하여 보자.

실 • 전 • 예 • 제

9.9 릴레이 제어

릴레이의 동작을 확인하기 위하여 그림 9.18과 같은 릴레이 LU-5-R로 그림 9.19와 같이 릴레이의 NC와 NO핀에 각각 전구를 연결하고, COM에는 외부 전원으로 9V 건전지를 연결하였다. 아두이노 보드의 디지털 입출력핀 10번과 접지를 릴레이의 제어에 연결하고, 3초 간격으로 1초간 HIGH 신호를 주도록 하였다.

[그림 9.18] 릴레이 LU-5-R

아두이노 보드	릴레이		외부장치
		NC	Lamp 1
GND	제어신호 선2	COM	외부전원의 9V의 +
디지털 입출력 핀 10번	제어신호 선1	NO	Lamp 2

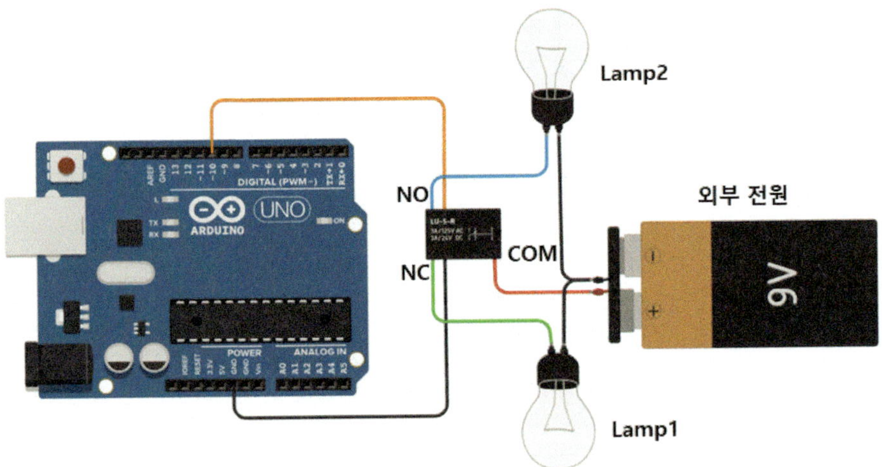

[그림 9.19] 아두이노 보드로 릴레이를 제어하는 회로

작성된 스케치는 다음과 같다.

코드	설명

`int relayPin=10;`
`void setup( ) {`
`   pinMode(relayPin, OUTPUT);`
`}`
	릴레이 제어 신호 핀 지정

void loop( ) {
digitalWrite(relayPin, LOW);
delay(3000);
digitalWrite(relayPin, HIGH);
delay(1000);
}
	릴레이 제어신호를 3초간 LOW
	(릴레이 COM과 NC 연결)
	릴레이 제어신호를 1초간 HIGH
	(릴레이 COM과 NO 연결)

릴레이 제어신호가 3초간 LOW이므로 릴레이의 COM과 NC가 연결되어, NC에 연결된 Lamp1은 9V 건전지에 의하여 3초간 불이 켜지고 NO에 연결된 Lamp2는 꺼진 상태가 된다. 그 후에 릴레이 제어신호가 1초간 HIGH이므로 릴레이의 COM과 NO가 연결되어, NO에 연결된 Lamp2가 9V 건전지에 의하여 1초간 불이 켜지고, NC에 연결된 Lamp1은 꺼진 상태가 된다.

그림 9.20은 아두이노 보드와 릴레이 모듈을 사용하는 경우 회로 연결 방법이다.

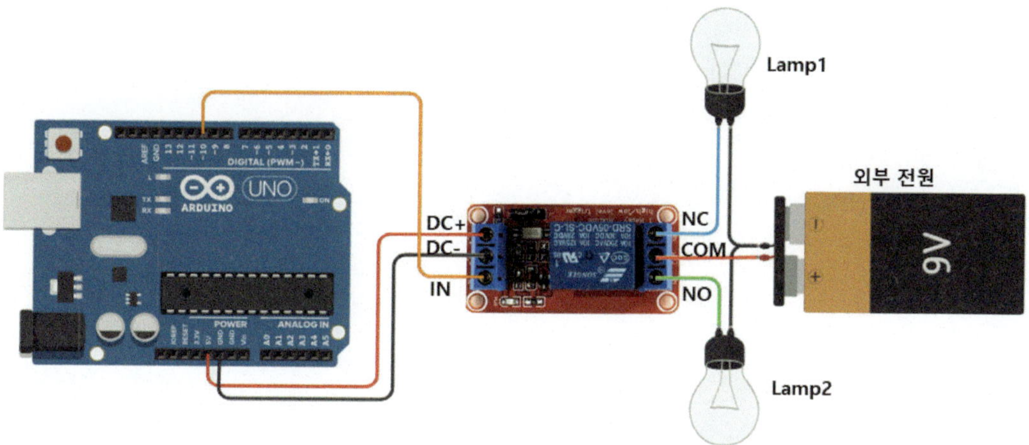

[그림 9.20] 아두이노 보드로 릴레이 모듈을 제어하는 회로

아두이노 보드	릴레이 모듈		외부장치
+5V	DC+	NC	Lamp 1
GND	DC-	COM	외부전원의 9V의 +
디지털 입출력 핀 10번	IN	NO	Lamp 2

■

CHAPTER 10

아두이노로 로봇 자동차 제어하기

9장에서 서보모터(Servo Motor), 스테핑모터(Stepping Motor) 그리고 직류모터(DC Motor)를 제어하는 방법을 학습하였다.

스테핑 모터는 정확한 각도제어가 유리하여 기계적인 움직임을 정밀하게 제어하는 곳에 많이 사용되고 있으며, 서보모터는 일반 직류모터에 서보제어 기능을 내장하여 속도가 빠르고 정밀한 제어와 큰 힘을 필요로 하는 로봇의 제어 등에 많이 사용된다. 직류모터는 저렴하면서도 효과적인 구동수단이 된다.

특히 모터에 바퀴 등을 연결하여 구동부를 만들면 자유롭게 움직일 수 있는 수단이 되며, 이것에 다양한 센서 등을 장착하면 스스로 움직일 수 있는 지능형 자동차가 된다.

이 장에서는 간단하게 직류모터에 2개의 모터와 바퀴를 사용하여 로봇자동차를 구성하고 자유로운 이동이 가능하도록 제어하여 본다. 또한 센서를 적용하여 장애물을 회피하며 이동하도록 제어해 본다.

10.1 아두이노 직류모터 제어 쉴드 사용하기

9장 4절에서 L298를 사용한 직류모터 제어모듈을 사용한 제어방법을 살펴보았다. 이러한 범용 직류모터 제어모듈을 사용하려면, 그림 9.12와 같이 2개의 직류모터 M1과 M2를 연결하는 부분과 모듈과 모터에 전원을 공급하는 부분 그리고 각 모터의 회전속도와 방향을 제어하는 부분 등 아두이노 보드에서 제어하기 위하여 여러 가지 연결을 해야 했다.

아두이노 보드를 위한 전용 모터구동 쉴드를 이용하면 그림 10.1과 같이 아두이노 보드 위에 적층형(아두이노 보드에 쌓아 연결)으로 연결할 수 있어 편리하게 모터제어를 할 수 있다.

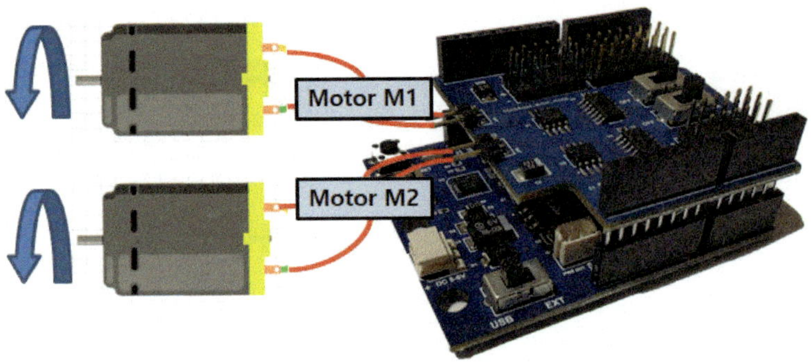

[그림 10.1] 아두이노 전용 모터구동 쉴드

그림 10.2는 아두이노 모터구동 쉴드에 2개의 모터를 연결하는 방법을 나타낸 것이다. 아두이노 보드와 모터구동 쉴드가 내부적으로는 표 10.1과 같이 연결되지만, 외부적으로는 모터구동 쉴드에 모터만 연결하면 되어 직류모터 사용과 제어가 편리하다. 이 쉴드를 이용하면 아두이노에서 간단하게 직류모터에 2개의 모터와 바퀴를 사용하여 로봇자동차를 구성하고 쉽게 제어가 가능하다.

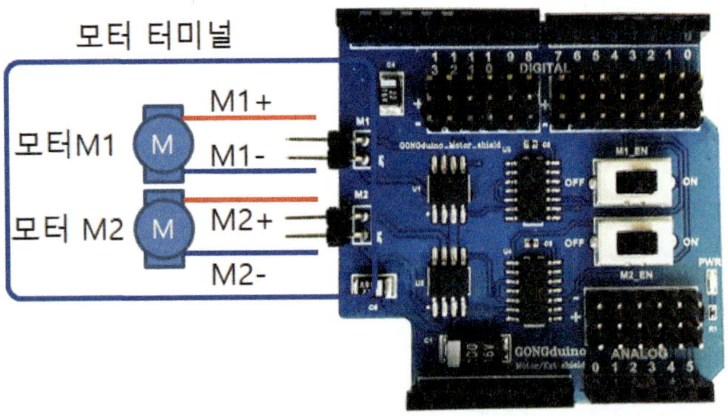

[그림 10.2] 모터구동 쉴드와 직류모터의 연결

아두이노 보드와 전용 모터쉴드를 적층형으로 결합하면 9장에서 사용한 모터 드라이버 모듈에 속도와 방향을 제어하기 위하여 연결했던 아두이노의 제어 핀들이 내부적으로 자동 결합된다. 즉, 표 10.1과 같이 직류 모터 M1과 M2의 제어를 위하여 각각 아두이노 보드의 디지털입출력 핀 4번과 7번이 사용되고, 속도를 제어하기 위하여 PWM 핀 5번과 6번이 사용된다.

[표 10.1] 모터쉴드를 이용한 아두이노 보드 핀의 직류모터 제어

아두이노 보드	모터 쉴드
디지털입출력 핀 4번	모터 M1의 방향(Direction) 제어
PWM 핀 5번	모터 M1의 속도(Speed, PWM) 제어
PWM 핀 6번	모터 M2의 속도(Speed, PWM) 제어
디지털입출력 핀 7번	모터 M2의 방향(Direction) 제어

그림 10.3과 같이 아두이노 보드에 모터 쉴드를 연결하고 1개의 직류모터를 시계방향(CW)과 반시계방향(CCW)으로 회전시켜보자.

[그림 10.3] 아두이노 보드와 전용 모터구동 쉴드의 결합

실 • 전 • 예 • 제

10.1 모터 쉴드로 직류모터의 회전제어

이 예제에서는 1개의 모터만 연결하여 시계방향이나 반시계방향 회전만 하게 되므로 연결 상태는 다음과 같다.

아두이노 보드의 디지털입출력 핀 4번은 모터의 회전 방향을 결정하게 되고, PWM 핀 5번은 회전 속도를 결정한다. 그러나 다음과 같이 PWM 핀 5번에 'HIGH'와 'LOW'의 디지털 값으로 주면 최대속도로 회전하거나 정지하게 된다.

[표 10.2] 모터쉴드 제어 명령 구성(고정속도)

아두이노 핀	스케치	모터동작
디지털입출력 핀 4번	digitalWrite(4, HIGH)	시계방향 회전
	digitalWrite(4, LOW)	반시계방향 회전
디지털입출력 핀 5번	digitalWrite(5, HIGH)	회전
	digitalWrite(5, LOW)	정지

완성된 스케치는 앞장의 예제 9.5와 유사하며 다음과 같다.

int dirM1=4; int spdM1=5;	모터 M1 회전방향 제어(dirM1) 핀 지정 모터 M1 회전속도 제어(spdM1) 핀 지정

void setup( ) {
pinMode(dirM1, OUTPUT);
pinMode(spdM1, OUTPUT);
}	

void loop( ) {	

digitalWrite(dirM1, HIGH);
digitalWrite(spdM1, HIGH);
delay(1000);
	시계방향(CW) 회전
	회전속도 일정

digitalWrite(spdM1, LOW); delay(1000);	모터 회전 정지

digitalWrite(dirM1, LOW);
digitalWrite(spdM1, HIGH);
delay(1000);
	반시계방향(CCW) 회전
	회전속도 일정

digitalWrite(spdM1, LOW); delay(1000);	모터 회전 정지
}	

스케치를 업로드하여 실행시키면, 직류모터가 1초 간격으로 시계방향(CW) 회전→ 정지→ 반시계방향(CCW) 회전→ 정지를 반복한다.

만일 모터의 회전이 digitalWrite(4, HIGH)일 때 시계방향 회전이 일어나지 않고 반대로 회전하면 모터쉴드와 직류모터의 2개의 연결선을 서로 반대로 연결한다.

■

실 • 전 • 예 • 제

10.2 직류모터의 가감속 회전제어

아두이노 보드에 모터 드라이버 회로를 연결하고 직류모터의 속도를 가속이나 감속 회전시켜보자.

연결은 예제 10.1과 같이 유지한다.

아두이노 보드는 PWM 신호를 이용하여 직류모터의 회전을 가속이나 감속시킬 수 있다.

회전을 제어하는 PWM핀 5번을 10.1과 다르게 analogWrite(5, val);를 사용한다.

직류모터의 기동 토크 등을 고려하여 0부터 가속시키지 않고 100~255 범위로 가속시킨다.

[표 10.3] 모터쉴드 제어 명령 구성(속도 가변)

아두이노 핀	스케치	모터동작
PWM 핀 5번	analogWrite(5, val)	0~255 범위에서 회전

완성된 스케치는 앞장의 예제 9.6과 유사하며 다음과 같다.

`int dirM1=4;` `int spdM1=5;`	모터 M1 회전방향 제어(dirM1) 핀 지정 모터 M1 회전속도 제어(spdM1) 핀 지정

`void setup( ) {`
`  pinMode(dirM1, OUTPUT);`
`//  pinMode(spdM1, OUTPUT);`
`}`	

`void loop( ) {`	
`  digitalWrite(dirM1, HIGH);`	시계방향(CW) 회전

`  for (int k=100; k<255; k=k+50) {`
`    analogWrite(spdM1, k);`
`    delay(2000);`
`    analogWrite(spdM1, 0);`
`    delay(2000);`
`  }`
	회전속도 100→150→200→250로 변화
	
	모터 회전 정지

`}`	

스케치를 업로드하여 실행시키면, 직류모터가 시계방향(CW)으로 회전속도를 100→150→200→250의 4단계로 2초단위로 변화하며 반복한다. 모터의 시계방향으로 2초 간격으로 가속 회전한다.

■

실•전•예•제

10.3 직류모터의 기동 토크

직류모터의 기동토크를 알아보기 위하여 예제 10.2와 가변저항을 이용하여 모터의 회전이 시작되는 값을 찾아보자.

다음과 같이 회로를 구성한다.

[표 10.4] 아두이노 보드 연결 구성

아두이노 UNO 보드		연결 장치
핀번호	setup( ) 설정	
아날로그 입력 핀 A2번	설정 필요 없음	가변저항(VR)
디지털 입출력 핀 5번	설정 필요 없음	모터쉴드 적층연결
디지털 입출력 핀 4번	pinMode(4, OUTPUT)	모터쉴드 적층연결

완성된 스케치는 다음과 같다. 시리얼 모니터의 활용은 4장을 참고한다.

코드	설명

int dirM1=4;
int spdM1=5;
int val;	

void setup( ) {
  Serial.begin(9600);
  pinMode(dirM1, OUTPUT);
}
	아두이노 보드 PWM핀은 출력을 지정하지 않아도 된다.

void loop( ) {	loop( )의 시작
val=analogRead(2); val=map(val, 0, 1023, 0, 255);	가변저항 값 읽기 (0~1023)을 (0~255)로 변환
Serial.print("PWM Power(0~255) = "); Serial.println(val);	시리얼 모니터 출력
digitalWrite(dirM1, HIGH); analogWrite(spdM1, val);	모터회전
}	loop( )의 끝

스케치를 업로드하여 실행시키고 시리얼 모니터 창을 연다. 가변저항을 변화시키면서 직류모터가 정지하기 시작하는 때의 값을 시리얼 모니터에서 확인한다.

예제에서 사용한 직류모터의 경우 70 전후에서 모터가 정지하였다.

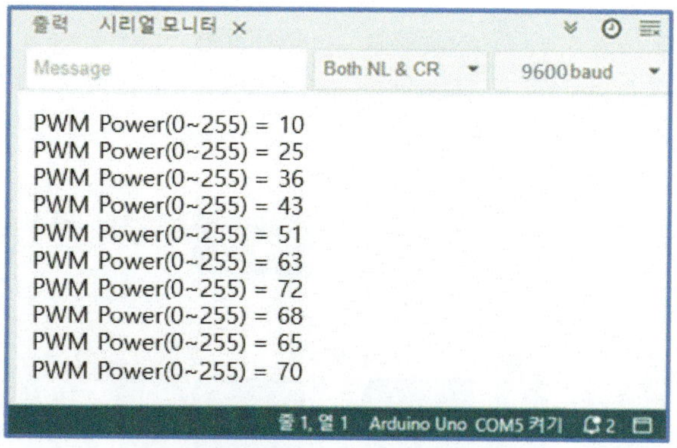

[그림 10.4] 시리얼 모니터 결과

10.2 직류모터로 2바퀴 이동 로봇자동차 만들기

2개의 모터에 각각 바퀴를 달아 그림 10.5와 같이 2개의 바퀴로 움직이는 전기자동차나 로봇을 만든다면, 쉽고 효과적인 구동수단이 된다.

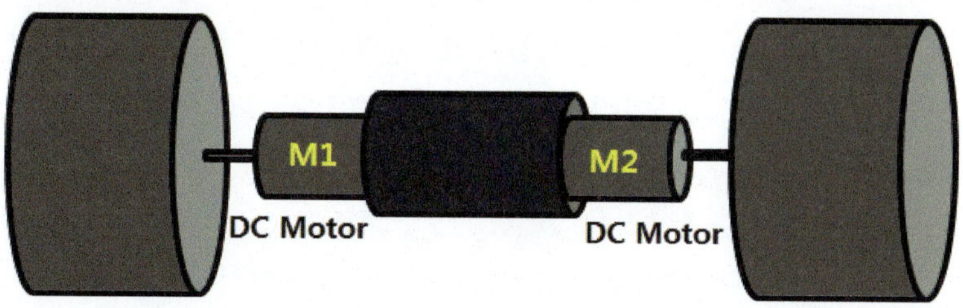

[그림 10.5] 2개의 바퀴로 움직이는 로봇자동차

이러한 2바퀴 구동 시스템(Two-Wheel-Drive System)이 전진이나 후진 그리고 좌우회전을 하려면 그림 10.6과 같이 각 모터를 제어해야 한다.

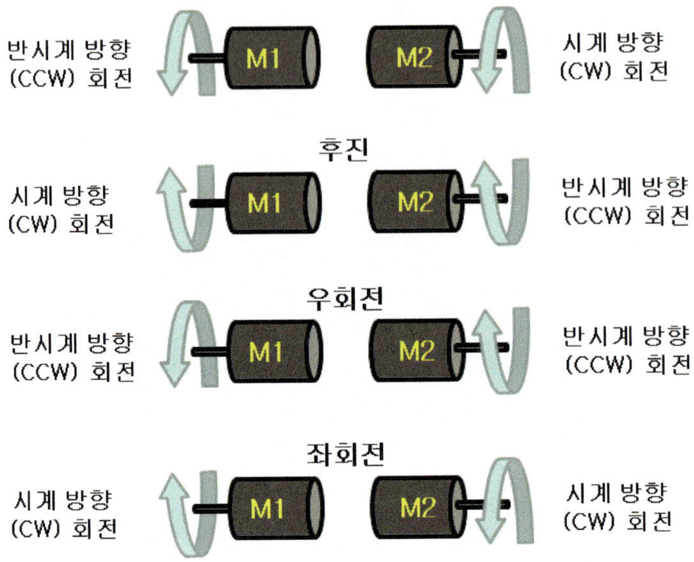

[그림 10.6] 2개의 모터회전에 따른 방향 조정

10.4 실·전·예·제 2휠 로봇자동차의 전진, 후진, 우회전, 좌회전

그림 10.5의 구조를 갖는 2휠 로봇 자동차를 전진, 후진, 우회전, 좌회전 시켜보자.

아두이노 보드와 직류모터 드라이버 쉴드는 그림 10.1를 참고하여, 표 10.5 같이 연결하면 다음과 같이 회로가 구성된다.

[표 10.5] 모터쉴드와 모터의 연결

모터	모터 쉴드
M1+	모터 M1 단자1
M1-	모터 M1 단자2
M2+	모터 M2 단자1
M2-	모터 M2 단자2

회로를 구성하면 다음과 같다.

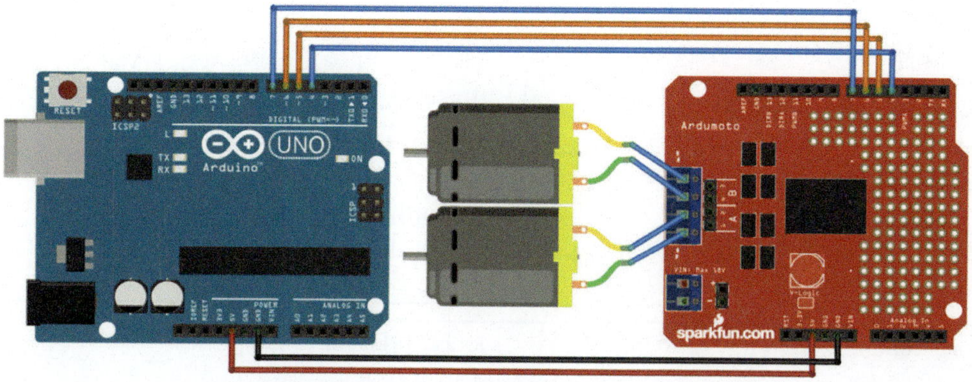

[그림 10.7] 2개의 모터회전에 따른 방향 조정

[표 10.6] 모터쉴드 제어 명령 구성

	회전 방향	회전 속도
모터 A	디지털입출력 핀 4번	PWM 핀 5번
	digitalWrite(4, HIGH) digitalWrite(4, LOW)	analogWrite(5, val2)
모터 B	디지털입출력 핀 7번	PWM 핀 6번
	digitalWrite(7, HIGH) digitalWrite(7, LOW)	analogWrite(6, val2)

그림 10.6과 같이 전진, 후진, 우회전, 좌회전을 할 수 있는 함수를 만들어 사용하여 구성한다. 만일 전진을 위하여 그림 10.8과 같이 모터 M1과 모터 M2의 방향 값을 지정하였을 때 두 모터의 회전 방향이 일치하지 않으면 각 모터의 연결선을 변경하여 그림 10.8과 같이 되도록 일치 시킨다.

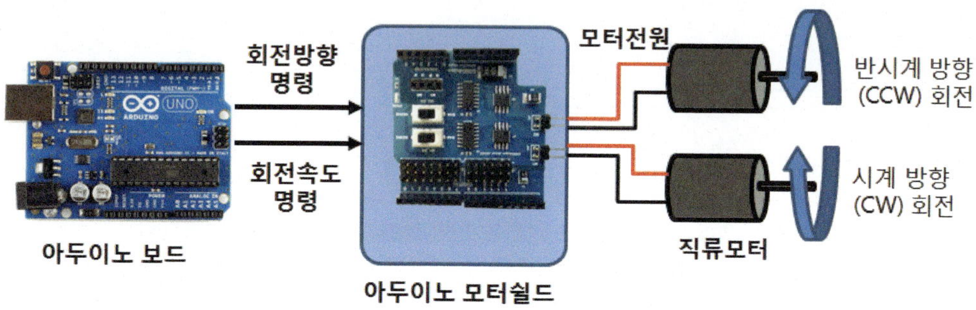

[그림 10.8] 2개의 모터회전에 따른 방향 조정

완성된 스케치는 다음과 같다.

int dirM1=4;
int dirM2=7;
int spdM1=5;
int spdM2=6;
int val;
	핀 4번 모터 M1의 방향지정(dirM1)
	핀 7번 모터 M2의 방향지정(dirM2)
	핀 5번 모터 M1의 속도지정(spdM1)
	핀 6번 모터 M2의 속향지정(spdM2)

void setup( ) {
pinMode(dirM1, OUTPUT);
pinMode(dirM2, OUTPUT);
}
	핀 4번(dirM1) 출력모드지정
	핀 7번(dirM2) 출력모드지정

void loop( ) {	loop( )의 시작

motor_FW(2000);
motor_RT(1000);
motor_FW(2000);
motor_LT(1000);
motor_FW(2000);
motor_BW(2000);
motor_ST(2000);
	2초 전진
	1초 우회전
	2초 전진
	1초 좌회전
	2초 전진
	2초 후진
	2초 정지

}	loop( )의 끝

void motor_FW(int t) {
digitalWrite(dirM1, HIGH);
analogWrite(spdM1, 255);
digitalWrite(dirM2, LOW);
analogWrite(spdM2, 255);
delay(t);
}
	전진 함수
	모터 M1의 방향 : 반시계방향
	
	모터 M2의 방향 : 시계방향
	
	지정시간 동안 전진

void motor_BW(int t) {
digitalWrite(dirM1, LOW);
analogWrite(spdM1, 255);
digitalWrite(dirM2, HIGH);
analogWrite(spdM2, 255);
delay(t);
}
	후진 함수
	모터 M1의 방향 : 시계방향
	
	모터 M2의 방향 : 반시계방향
	
	지정시간 동안 전진

void motor_RT(int t) {
digitalWrite(dirM1, HIGH);
analogWrite(spdM1, 255);
digitalWrite(dirM2, HIGH);
analogWrite(spdM2, 255);
delay(t);
}
	우회전 함수
	모터 M1의 방향 : 반시계방향
	
	모터 M2의 방향 : 반시계방향
	
	지정시간 동안 회전

void motor_LT(int t) {
digitalWrite(dirM1, LOW);
analogWrite(spdM1, 255);
digitalWrite(dirM2, LOW);
analogWrite(spdM2, 255);
delay(t);
}
	좌회전 함수
	모터 M1의 방향 : 시계방향
	
	모터 M2의 방향 : 시계방향
	
	지정시간 동안 회전

void motor_ST(int t) {
analogWrite(spdM1, 0);
analogWrite(spdM2, 0);
delay(t);
}
	정지 함수
	모터 M1 정지
	모터 M2 정지
	지정시간 동안 정지

스케치를 업로드하여 실행시키면 로봇자동차는 2초 전진 → 1초 우회전 → 2초 전진 → 1초 좌회전 → 2초 전진 → 2초 후진 → 2초 정지를 반복한다.

■

10.3 초음파 센서를 사용한 로봇자동차 제어하기

앞의 10.2절에서 2개의 모터에 각각 바퀴를 달아 자유롭게 움직일 수 있는 로봇 자동차를 제어하여 보았다. 이 로봇자동차에 다양한 센서 등을 장착하면 스스로 움직일 수 있는 지능형 자동차를 만들 수 있다.

직류모터에 2개의 모터와 바퀴로 만든 로봇자동차에 8장에서 배운 초음파 센서를 적용하여 장애물을 회피하며 이동하도록 제어해 본다.

아두이노 보드와 직류모터 드라이버 쉴드는 그림 10.9와 같이 연결하고 초음파 센서를 연결한다.

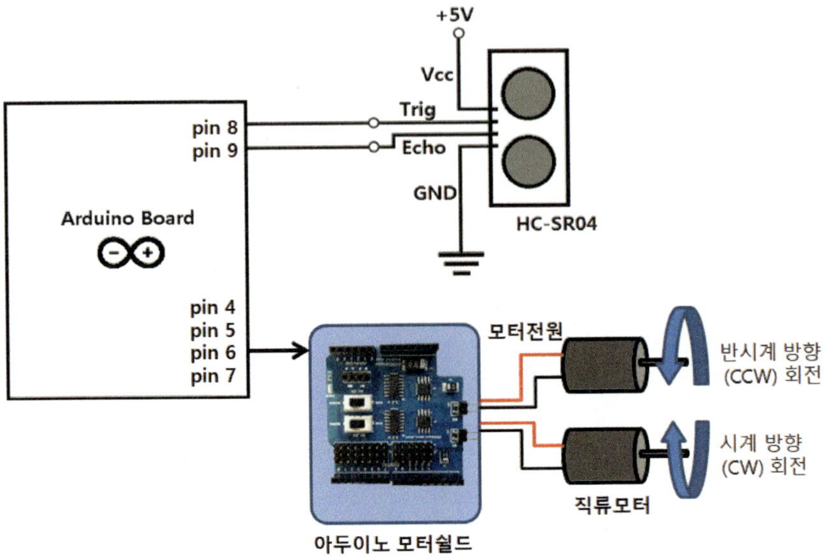

[그림 10.9] 2개의 모터회전에 따른 방향 조정

10.5 실•전•예•제 로봇자동차의 초음파 센서를 이용한 장애물 회피 이동

그림 10.9와 같이 아두이노에 모터쉴드를 연결하고 초음파 센서를 연결한다. 로봇자동차가 전진하다가 초음파 센서에서 장애물을 인식하면 뒤로 물러나서 오른쪽으로 회전한 후 다시 전진하도록 제어하여 보자.

완성된 스케치는 다음과 같다.

`int pinECHO = 9;`	핀 9번 초음파 센서의 Echo핀
`int pinTRIG = 8;`	핀 8번 초음파 센서의 Trig핀
`int dirM1=4;`	핀 4번 모터 M1의 방향지정(dirM1)
`int dirM2=7;`	핀 7번 모터 M2의 방향지정(dirM2)
`int spdM1=5;`	핀 5번 모터 M1의 속도지정(spdM1)
`int spdM2=6;`	핀 6번 모터 M2의 속향지정(spdM2)
`int dist;`	거리변수

`void setup( ) {`	
`  Serial.begin(9600);`	시리얼 모니터 설정
`  pinMode(pinECHO, INPUT);`	
`  pinMode(pinTRIG, OUTPUT);`	
`  pinMode(dirM1, OUTPUT);`	핀 4번(dirM1) 출력모드지정
`  pinMode(dirM2, OUTPUT);`	핀 7번(dirM2) 출력모드지정
`}`	

코드	설명
`void loop( ) {`	loop( )의 시작

`ultrSen( );`
`Serial.print(dist); Serial.println("cm");`
`if(dist <15) {`
`motor_ST(500);`
`motor_BW(2000);`
`motor_RT(1000);`
`}`
`motor_FW(1000);`
	거리측정 함수 호출
	시리얼 모니터 출력
	15cm안 쪽에 장애애물 감지
	0.5초 정지
	2초간 후진
	우회전
	
	1초 전진

`}`	loop( )의 끝

코드	설명

`void ultrSen( ) {`
`digitalWrite(pinTRIG, LOW);`
`delayMicroseconds(2);`
`digitalWrite(pinTRIG, HIGH);`
`delayMicroseconds(10);`
`digitalWrite(pinTRIG, LOW);`
`int distance = pulseIn(pinECHO, HIGH);`
`dist = distance/58;`
`}`
	초음파센서 거리측정 함수
	
	거리 측정 값(cm)

코드	설명

`void motor_FW(int t) {`
`digitalWrite(dirM1, HIGH);`
`analogWrite(spdM1, 255);`
`digitalWrite(dirM2, LOW);`
`analogWrite(spdM2, 255);`
`delay(t);`
`}`
	전진 함수
	모터 M1의 방향 : 반시계방향
	
	모터 M2의 방향 : 시계방향
	
	지정시간 동안 전진

코드	설명

`void motor_BW(int t) {`
`digitalWrite(dirM1, LOW);`
`analogWrite(spdM1, 255);`
`digitalWrite(dirM2, HIGH);`
`analogWrite(spdM2, 255);`
`delay(t);`
`}`
	후진 함수
	모터 M1의 방향 : 시계방향
	
	모터 M2의 방향 : 반시계방향
	
	지정시간 동안 전진

코드	설명

`void motor_RT(int t) {`
`digitalWrite(dirM1, HIGH);`
`analogWrite(spdM1, 255);`
`digitalWrite(dirM2, HIGH);`
`analogWrite(spdM2, 255);`
`delay(t);`
`}`
	우회전 함수
	모터 M1의 방향 : 반시계방향
	
	모터 M2의 방향 : 반시계방향
	
	지정시간 동안 회전

void motor_LT(int t) {
    digitalWrite(dirM1, LOW);
    analogWrite(spdM1, 255);
    digitalWrite(dirM2, LOW);
    analogWrite(spdM2, 255);
    delay(t);
}
	좌회전 함수
	모터 M1의 방향 : 시계방향
	
	모터 M2의 방향 : 시계방향
	
	지정시간 동안 회전

void motor_ST(int t) {
    analogWrite(spdM1, 0);
    analogWrite(spdM2, 0);
    delay(t);
}
	정지 함수
	모터 M1 정지
	모터 M2 정지
	지정시간 동안 정지

스케치를 업로드하여 실행시키면 로봇자동차는 전진하다가 초음파센서로 15cm 앞에서 장애물을 감지하면 0.5초 정지 → 2초 후진 → 1초 우회전 후 전진을 반복한다.

■

PART 3

IoT와 WiFi

CHAPTER 11

BlueTooth를 이용한 시리얼통신

외부 기기를 사용하여 아두이노를 제어하거나 아두이노에 연결된 센서 등의 정보를 외부로 보내는 방법으로 4장에서 시리얼 통신을 이용하는 것을 다루었다. 아두이노는 시리얼 통신 방식이외에도 이더넷이나 무선인터넷, zigbee, RFID 등 다양한 통신 방식을 활용하기 편리하게 되어 있다.

아두이노는 기본 보드 외에 기능을 확장하기 위하여 1장에서 설명한 것 같이 다양한 종류의 쉴드 보드들을 가지고 있다. 아두이노의 확장 핀을 통해 기본 제어 보드와 확장 쉴드를 위로 계속 쌓아 올려 사용하는 적층형 구조로 되어 있어 용도에 따른 확장 연결이 편리하게 되어 있다. 또한 쉴드 형태가 아니어도 다양한 통신 모듈들도 쉽게 사용할 수 있도록 라이브러리들이 제공된다.

아두이노 보드와 블루투스 모듈이나 쉴드를 사용하면, 스마트 폰과 같은 블루투스 연결이 가능한 기기를 통하여 무선으로 제어 대상을 제어할 수 있다. 이 장에서는 블루투스 모듈을 사용한 시리얼통신 방법을 실습해 보자.

11.1 블루투스를 이용한 시리얼통신

4장에서는 PC와 시리얼 모니터를 활용하여 아두이노에 제어를 위한 정보를 보내거나 센서의 정보를 시리얼 모니터에 나타내 보았다. 이를 위하여 PC와 아두이노 보드 사이를 시리얼 통신이 가능한 케이블로 연결하여 시리얼 모니터로 통신하였다.

PC는 오래전부터 마우스, 키보드, 프린터, 스캐너와 스피커 등 다양한 주변기기를 시리얼 케이블로 연결하여 사용하여 왔고, 최근에는 케이블을 사용하지 않고 블루투스(BlueTooth)를 통한 무선 방식으로 연결하고 있다.

그러므로 아두이노 또한 블루투스로 시리얼 통신 통신이 가능한 모듈이나 쉴드를 사용하면 블루투스 기능을 활용할 수 있다. 더욱이 대부분의 스마트 기기들이 블루투스 기능을 내장하고 있기 때문에 아두이노와 스마트 기기 연결하여 다양한 제어에 활용할 수 있다.

아두이노 보드를 스마트 폰으로 제어하려면, 아두이노 보드와 개발용PC가 시리얼 통신을 통하여 정보를 주고 받는 것처럼 아두이노 보드와 스마트 폰 사이에 통신이 이루어지도록 해야 한다.

아두이노 보드는 그림 11.1과 같이 블루투스 모듈이나 쉴드(BT Shield)를 사용하면 블루투스 기능이 있는 기기들과 통신을 할 수 있다. 아두이노 보드에 블루투스 쉴드를 장착하면, 스마트 폰과 아두이노 보드에 장착된 블루투스 모듈이나 쉴드가 블루투스 방식으로 통신할 수 있게 되고, 아두이노 보드는 블루투스 모듈이나 쉴드와 시리얼 통신으로 정보를 주고받게 되므로 시리얼 통신으로 스마트 폰과 통신이 가능하게 된다. 일단 아두이노 보드가 스마트 폰과 블루투스로 시리얼 통신이 연결되고 나면, 그 다음은 4장에서 다룬 것과 같은 일반적인 시리얼 통신 제어와 동일하게 된다.

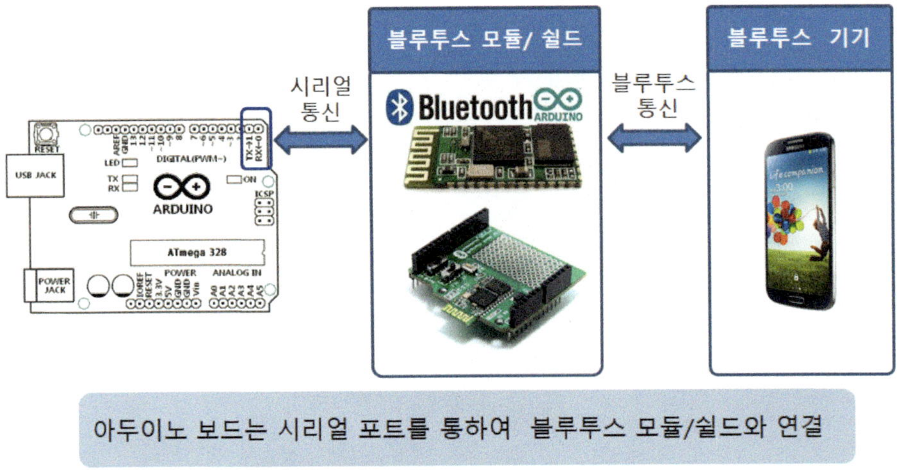

[그림 11.1] 스마트 폰과 블루투스 통신

11.2 아두이노 블루투스 모듈과 쉴드

아두이노 보드의 시리얼 포트에 블루투스 모듈이나 쉴드를 연결하면 블루투스 기능을 가진 다른 아두이노 보드, 스마트 기기와 같은 모바일 장치 또는 컴퓨터 등과 연결이 가능하다.

일반적으로 아두이노 보드용 블루투스 쉴드들은 아두이노 보드의 UART 포트인 0번(RX)와 1번(TX)를 사용하여 연결된다. 전송 속도는 9600bps(data bits: 8, stop bit: 1, Parity: No parity)로 기본 설정되어 있으며, Default PINCODE는 "1234"이고, 10m 거리 이내에서 사용할 수 있다.

그런데 블루투스 쉴드가 아두이노 보드의 UART 포트인 0번(RX)와 1번(TX)를 사용하는 구조는 PC가 아두이노 보드와 시리얼 통신을 해야 하는 경우 충돌이 일어날 수 있어서 PC에서 아두이노 보드로 업로드를 할 경우 아두이노 보드의 0번(RX)과 1번(TX)으로부터 반드시 블루투스 모듈이나 쉴드를 제거하고 사용하여야 한다.

이러한 불편을 해결하기 위하여 최근에는 아두이노 보드의 0번과 1번 대신에 다른 디지털입출력 핀을 소프트웨어적으로 정의하여 시리얼 통신하는 블루투스 쉴드 타입도 있다. 이 경우에는 소프트웨어 시리얼 통신용으로 사용하는 핀이 다른 용도로 중복되지 않도록 주의해야 한다.

그러므로 블루투스 쉴드를 사용할 때 어떤 핀을 통신용 RX와 TX로 사용하는 지를 반드시 확인하여야 한다.

아두이노 보드에 블루투스를 통하여 시리얼 통신을 하려면 블루투스 모듈이나 아두이노 전용 쉴드를 사용하면 된다. 쉴드 타입에 비하여 모듈 타입은 전원과 통신선들을 연결해야 하는 불편함이 있지만 다양한 형태와 기능을 가진 그림 11.2와 같은 모듈들이 제공되고 있어 용도에 따라 편리하게 사용할 수 있다.

HC-05는 마스터와 슬레이브 둘 다 사용가능하고, HC-06은 슬레이브로 고정되어 있는 모듈이고, 4.0 BLE HM-10 모듈은 최근 많이 사용되는 BLE Type이다.

[그림 11.2] 블루투스 모듈

이 장에서는 먼저 블루투스 모듈을 아두이노 보드의 UART 포트인 0번(RX)와 1번(TX)에 연결하여 사용하는 방법을 설명하고, 소프트웨어 시리얼 통신을 하는 방식을 설명한다.

아두이노 전용 블루투스 쉴드를 사용하는 방법은 블루투스 모듈을 사용하기 위하여 외부적으로 선을 연결하는 대신 쉴드를 적층형으로 장착하면 자동으로 사용되는 핀들이 연결되므로 모듈의 사용이나 쉴드의 사용의 차이가 없다.

11.3 아두이노 보드와 블루투스 모듈/쉴드의 연결

먼저 아두이노에서 블루투스 통신 기능을 사용하려면, 아두이노 보드에 블루투스 모듈을 연결해야 한다.

실습을 위하여 일반적으로 많이 활용되는 블루투스 모듈 HC-05/ZS-040, HC-06를 기준으로 아두이노 보드와 연결 방법을 설명한다.

그림 11.3과 같이 블루투스 모듈 HC-05/ZS-040와 HC-06은 아두이노 보드에 연결하는 전원 VCC와 GND, 신호선 RXD와 TXD, 확장을 위한 STATE와 EN로 되어 있고 핀의 위치나 배열이 같다. 다만 HC-05/ZS-040는 6핀을 모두 사용할 수 있도록 6개의 핀이 있고, HC-06은 양쪽 끝의 STATE와 EN를 제외한 4개의 핀만 있다.

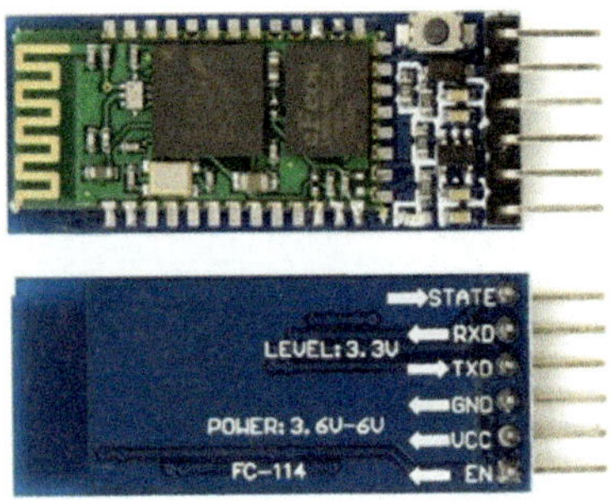

(a) HC-05/ZS-040

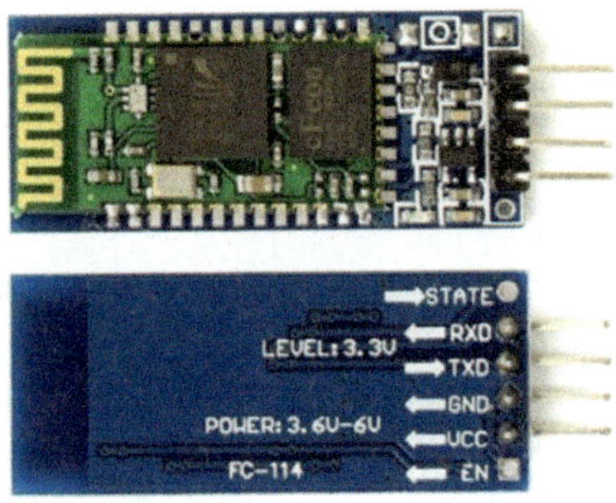

(b) HC-06

[그림 11.3] 블루투스 모듈의 핀 구성

다음으로 시리얼 통신을 위한 아두이노 보드와 블루투스 모듈의 연결 방법을 살펴보자.

아두이노 보드는 시리얼 통신을 위하여 디지털 입출력핀 0번은 RX(수신)로 1번은 TX(송신)로 사용한다. 시리얼 통신은 서로 정보를 주고받는 개념이므로 서로 연결되는 장치의 RX와 TX가 교차되어 연결되어야 한다.

그러므로 그림 11.4와 같이 아두이노 보드의 RX와 TX가 블루투스 모듈의 TXD와 RXD에 각각 연결되어야 한다. 당연히 아두이노 보드의 전원에 VCC와 GND도 연결되어야 한다.

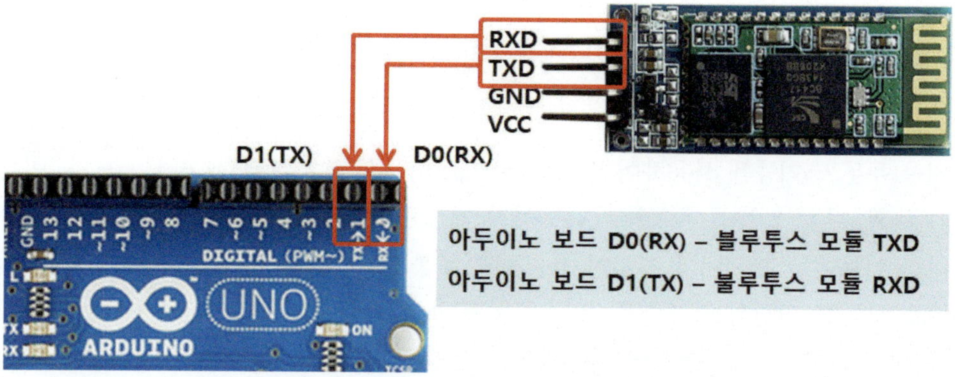

[그림 11.4] 아두이노와 블루투스 모듈의 연결

아두이노 보드와 블루투스 모듈을 연결하는 과정은 다소 번거롭고 주의가 필요하다. 그런데 아두이노 보드에 적층형으로 연결하는 블루투스 쉴드를 사용하면, 그림 11.5와 같이 10장에서 사용한 아두이노 전용 직류모터 쉴드처럼 아두이노 보드에 쉽게 연결하여 사용할 수 있다.

아두이노 보드에 쉴드를 연결하면, 단순히 외부적 배선의 연결만 하지 않아도 되는 것이 아니라 내부적으로 아두이노의 RX와 TX가 블루투스 쉴드의 TXD와 RXD에 서로 교차되어 연결되기 때문에 관련 특별한 주의 없이 쉽게 사용할 수 있다.

[그림 11.5] 아두이노 보드와 블루투스 쉴드의 결합

그러나 쉴드 타입은 아두이노 보드와 적층형으로 결합하여 배선을 줄이는 편리함이 있지만 아두이노의 핀을 자유롭게 사용하는 것에 제약이 생긴다. 특히 소프트웨어 시리얼을 사용할 경우 쉴드 타입은 핀이 지정되어 있으므로 불편하다.

반면에 모듈 타입은 전원과 통신선들을 연결해야 하는 불편함이 있지만 다양한 형태와 기능을 가진 그림 11.2와 같은 모듈들이 제공되고 있어 용도에 따라 편리하게 사용할 수 있다.

11.4 아두이노 보드와 블루투스 통신하기

먼저 블루투스 기능을 사용하여 스마트 폰으로 아두이노 보드를 제어하여 보자. 이를 위해 그림 11.6과 같이 2가지 부분으로 나누어진 작업이 이루어져야 한다.

하나는 아두이노 보드에서 이루어져야 하는 부분으로, 블루투스 기능을 사용할 수 있도록 블루투스 모듈을 연결하고, 블루투스 모듈을 통하여 시리얼 통신으로 제어 데이터를 받거나 내보낼 수 있도록 스케치를 구성해야 한다.

다른 하나는 스마트 폰 등에서 이루어져야 하는 부분으로, 블루투스 통신을 통하여 제어 데이터를 내보내거나 받아들을 수 있는 앱(App)을 설치해야 한다.

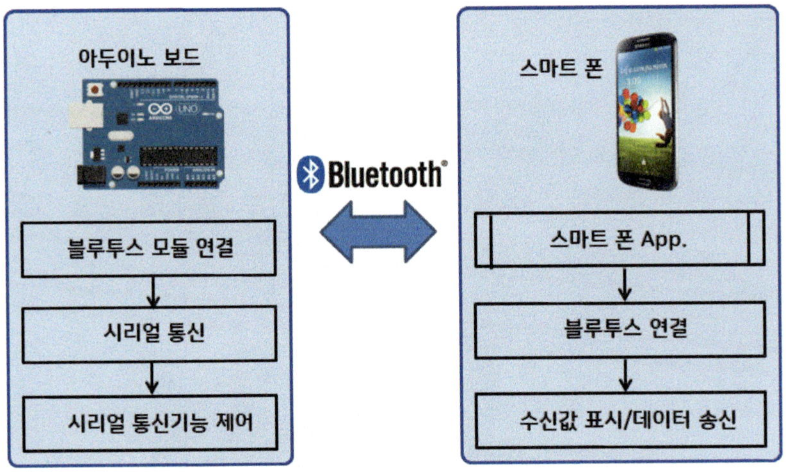

[그림 11.6] 아두이노 보드와 블루투스 모듈/쉴드의 결합

첫 번째 아두이노 보드에서 블루투스 모듈을 연결하고 안드로이드 스마트 폰과 블루투스 통신을 통하여 아두이노 보드를 제어하는 방법과 순서를 살펴보자.

① 아두이노 보드에 스케치 작성과 업로드

개발용 PC에서 아두이노 보드에서 사용될 스케치를 작성하고, PC와 아두이노 보드 사이에 시리얼 통신이 가능하도록 USB 통신 케이블 등을 연결하고 아두이노 보드에 스케치를 업로드 한다.

아두이노 보드에 블루투스 모듈이나 쉴드를 연결하지 않은 상태에서 USB 케이블을 통하여 작성된 스케치를 업로드 한다.

② 아두이노 보드에 블루투스 모듈 연결

아두이노 보드에 그림 11.4와 같이 블루투스 모듈을 연결하고, 아두이노 보드가 블루투스 모듈과 시리얼 통신이 가능하도록 설정한다.

주의사항

아두이노 UNO보드는 하드웨어적으로 하나의 시리얼 포트 밖에 제공하지 않으므로 아두이노 보드가 USB 케이블 등으로 PC와 연결할 때와 아두이노 보드가 블루투스 모듈이나 쉴드를 사용할 때를 구분하여 시리얼 통신 포트가 사용되도록 해야 한다.

예를 들면, PC와 아두이노 보드가 USB 케이블 등으로 연결될 때에는 블루투스 모듈이나 쉴드의 연결을 아두이노 보드에서 분리하여 제거하거나 시리얼 통신 포트가 연결되지 않도록 전환 스위치 등을 조정해야 한다. 반대로 아두이노 보드가 블루투스 모듈이나 쉴드를 사용하여 통신기능을 하게 하려면 PC와 아두이노 보드 사이에 연결하였던 통신 케이블을 제거하거나 모듈이나 쉴드가 시리얼 포트를 사용할 수 있도록 스위치를 조정해야 한다.

두 번째 스마트 폰에서 블루투스 기능을 사용하여 아두이노 보드와 통신하며 제어하는 방법과 순서를 살펴보자.

③ 안드로이드 스마트 폰에 제어를 위한 App 설치

아두이노 보드를 안드로이드 폰으로 제어하기 위해서는 안드로이드 폰에 먼저 아두이노 보드의 기능을 제어할 수 있는 앱(App)을 설치해야 한다. 예를 들면 3장의 2절에서처럼 ON/OFF 스위치로 사용할 수 있는 앱(BT_ONOFFSW.apk)을 설치해야 한다.

스마트 폰에서 아두이노 제어용으로 사용하는 App은 제공된 것을 사용할 수 도 있고, 스스로 제작을 원한다면 구글 앱인벤터를 사용하여 제작하는 방법을 부록에 설명하여 놓았다.

[그림 11.7] 스마트 폰의 앱

④ 스마트 폰에서 블루투스 기능 활성화

스마트 폰의 설정에서 연결 가능한 블루투스 기기를 검색하여 아두이노 보드에 장착된 블루투스 모듈이나 쉴드를 찾아 연결하고 활성화시킨다.

ⓐ 스마트 폰의 블루투스 기능 ON

ⓑ 스마트폰의 설정 에서 "블루투스 찾기" 선택

ⓒ 검색된 아두이노 블루투스 쉴드 선택

ⓓ PIN코드를 "1234"로 입력하여 등록(페어링)

ⓔ 등록 확인

[그림 11.8] 블루투스 기기 검색과 등록

⑤ 제어용 App를 활성화

아두이노 보드를 안드로이드 폰으로 제어하기 위해 설치한 앱(App)을 실행하고 블루투스 기능을 활성화한다.

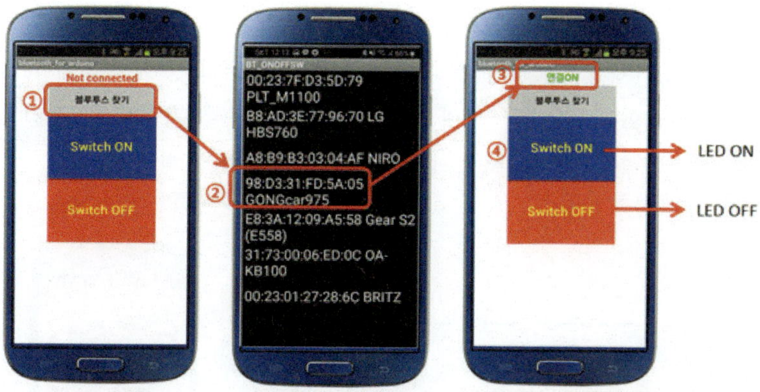

(a) App실행 (b) 블루투스 찾기 (c) 블루투스 연결 확인

[그림 11.9] 실행된 App에서 블루투스 기능 활성화

[표 11.1] 아두이노 블루투스 활용 순서

구분	순서	작업
스케치 작성과 설치 (아두이노 보드)	①	응용 스케치 작성
	②	BT 모듈/쉴드를 아두이노에서 분리한 후 스케치 업로드
	③	아두이노 보드에 BT Shield 장착
앱 설치(스마트 폰)	④	스마트 폰에 App 설치
실행	⑤	스마트 폰의 블루투스 기능 활성화하고 아두이노 BT 찾기
	⑥	스마트 폰에서 앱 실행
	⑦	실행

11.5 블루투스 통신에 의한 아두이노 보드 제어

스마트 폰과 같이 블루투스 기능이 있는 기기에서 블루투스 모듈이 연결된 아두이노 보드를 제어하는 방법을 살펴본다.

4장의 시리얼 통신을 이용한 제어에서 아두이노 보드에 연결된 LED, Piezo, 문자LCD, 모터 등을 스위치나 가변저항이나 센서 값을 이용하여 시리얼 통신으로 제어할 수 있다. 블루투스 통신은 기본적으로 시리얼 통신을 이용하는 것이므로 블루투스 기능을 이용하면 시리얼 통신으로 제어할 수 있는 것들은 동일하게 제어할 수 있기 때문이다.

4장의 시리얼 통신으로 PC에서 LED를 제어한 것처럼 스마트 폰에서 블루투스 통신을 이용하여 LED를 제어하는 방법을 살펴보자.

먼저 스마트 폰에는 PC가 시리얼 모니터를 통해서 그림 11.10과 같이 LED를 제어할 수 있는 스위치 값을 전달했던 것처럼 스마트 폰에서도 시리얼 통신으로 전달할 스위치 값을 발생시켜 줄 앱(App)을 설치하여 사용하면 된다.

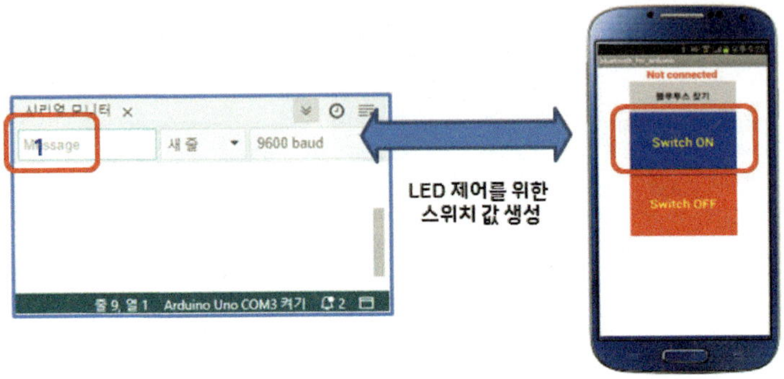

[그림 11.10] LED를 제어하기 위한 스마트 폰을 사용한 스위치 기능

스마트 폰에서는 스위치 기능을 할 앱(App)을 이용하여 블루투스 통신으로 아두이노 보드에 접속하고, 아두이노 보드에서는 시리얼 통신 명령으로 얻어진 값에 따라 아두이노 보드에 연결된 LED를 제어하면 된다.

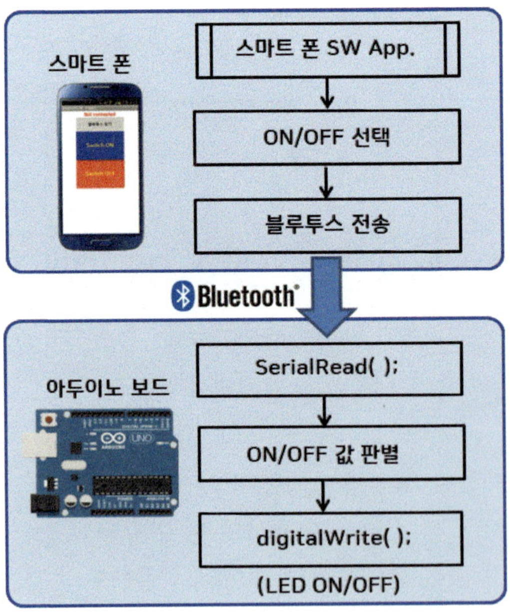

[그림 11.11] 스마트 폰에서 아두이노 보드 제어하기

실 • 전 • 예 • 제

11.1 블루투스 기능을 이용한 LED의 ON/OFF 제어

스마트 폰에 ON/OFF제어를 할 수 있는 "BT_ONOFFSW.apk"를 설치하고, 블루투스 모듈이 연결된 아두이노 보드로 LED를 ON/OFF 하도록 하여보자.

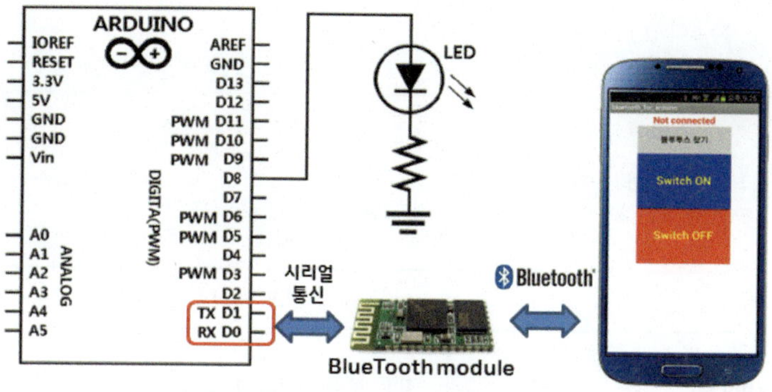

[그림 11.12] 스마트 폰으로 BT 모듈이 장착된 아두이노 보드의 LED 제어

[표 11.2] 아두이노 보드 연결 구성

UNO 보드		연결 장치
핀번호	setup( ) 설정	
디지털 입출력 핀 0번(RX)	Serial.begin(9600);	블루투스 모듈(TXD)
디지털 입출력 핀 1번(TX)		블루투스 모듈(RXD)
디지털 입출력 핀 8번	pinMode(8, OUTPUT)	LED1

회로를 구성하면 다음과 같다.

[그림 11.13] 아두이노 보드에 BT 모듈과 LED 연결

아두이노 보드에서 UART 포트로 블루투스 통신을 하므로, 시리얼 통신을 위한 설정을 한다. 통신 속도가 9600bps로 이루어지므로 "Serial.begin(9600);"를 설정한다.

블루투스 모듈을 통한 정보는 "Serial.read( )" 함수를 통하여 이루어진다. 시리얼 통신을 통하여 입력이 발생할 때 동작시키기 위하여 "Serial.available( )"함수를 사용한다. "Serial.available( )"는 시리얼 통신을 통하여 수신된 바이트 수를 알려주는 함수이다.

```
if (Serial.available( )> 0) {
  시리얼 입력이 발생하면 실행시킬 내용;
 }
```

작성된 스케치는 다음과 같다.

int pinLED = 8;	아두이노 보드의 디지털입출력 핀 8번에 LED연결

void setup( ) {
  Serial.begin(9600);
  pinMode(pinLED, OUTPUT);
}
	BT 모듈/쉴드의 통신 속도 9600bps 설정

void loop( ) {	loop 시작
byte r_data; if (Serial.available( )> 0) {	BT 모듈/쉴드를 통한 시리얼 통신 입력 발생 검사
r_data = Serial.read( );	BT 모듈/쉴드를 통한 입력 저장

if(r_data == 1) {
  digitalWrite(pinLED, HIGH);
}
	스마트 폰의 앱 "BT_ONOFFSW.apk" 의 ON 터치
	LED ON

if(r_data == 2) {
  digitalWrite(pinLED, LOW);
}
	스마트 폰의 앱 "BT_ONOFFSW.apk" OFF 터치
	LED OFF

}	if (Serial.available( )>0)의 끝
}	loop 끝

실행을 위해서는 앱이 설치되어 있는 스마트 폰이 필요하므로, 먼저 스마트 폰에 ON/FFF 기능을 할 수 있는 간단한 앱 "BT_ONOFFSW.apk"을 설치한다.

ON/OFF앱은 구글 앱인벤터로 제작하여 사용할 수 있으며, 제작 방법은 부록에 수록하였다. 또한 출판사 홈페이지 "www.bogdoo.co.kr"을 통하여 "BT_ONOFFSW.apk"을 다운받을 수 있다. ■

앞의 예제 11.1을 switch-case문을 사용하면, 더 많은 확장을 쉽게 할 수 있다.

int pinLED = 8;	아두이노 보드의 디지털입출력 핀 8번에 LED연결

void setup( ) {
  Serial.begin(9600);
  pinMode(pinLED, OUTPUT);
}
	BT 모듈/쉴드의 통신 속도 9600bps 설정

void loop( ) {	loop 시작
byte r_data; if (Serial.available( )> 0) {	BT 모듈/쉴드를 통한 시리얼 통신 입력 발생 검사
r_data = Serial.read( );	BT 모듈/쉴드를 통한 입력 저장
switch (r_data) {	switch( ) 시작
case 1: digitalWrite(pinLED, HIGH); break;	스마트 폰의 앱 "BT_ONOFFSW.apk" 의 ON 터치 LED ON
case 2: digitalWrite(pinLED, LOW); break;	스마트 폰의 앱 "BT_ONOFFSW.apk" OFF 터치 LED OFF
}	switch( ) 끝
}	if (Serial.available( )>0)의 끝
}	loop 끝

■

시리얼 통신에 의하여 발생한 입력을 switch-case문으로 쉽게 사용하기 위하여, 시리얼 입력 발생에 대한 검사 방법으로 "serialEvent( )" 함수를 사용하여 보자.

"serialEvent( )"는 다음과 같이 시리얼 입력이 발생하면, "Serial.read( );"를 통하여 값을 읽어 변수 "phoneData"에 저장한다.

```
void serialEvent( ) {
 phoneData = Serial.read( );
}
```

11.6 소프트웨어 시리얼을 이용한 블루투스 통신

앞에서 다룬 블루투스 모듈이나 쉴드의 TXD와 RXD를 아두이노 보드의 UART 포트인 0번(RX)와 1번(TX)에 연결하여 사용하는 방식이어서 일반적인 시리얼 통신 명령어를 그대로 사용하였다.

이러한 방식은 PC의 시리얼 통신을 활용하는 경우 블루투스 모듈이나 쉴드가 같은 통신 포트를 사용하게 되어 충돌이 일어난다. 이것을 해결하기 위하여 아두이노 보드의 0번과 1번 대신에 다른 디지털입출력 핀을 소프트웨어적으로 정의하여 시리얼 통신할 수 있다. 쉴드 타입의 경우에는 소프트웨어 시리얼 통신용으로 사용하는 핀이 다른 용도로 중복되지 않도록 주의해야 한다.

예를 들면 그림 11.14와 같이 디지털입출력 핀 2번과 3번을 소프트웨어 시리얼 RX와 TX로 정의하는 경우를 살펴보자.

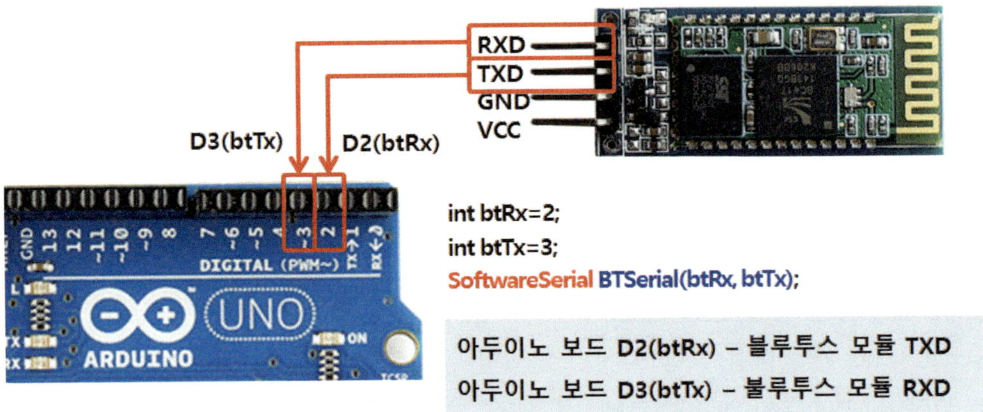

[그림 11.14] 소프트웨어 시리얼을 사용하기 위한 아두이노와 블루투스 모듈의 연결

소프트웨어적으로 시리얼 기능을 사용하려면 라이브러리 "SoftwareSerial.h"를 스케치에 포함시키고, 소프트웨어 시리얼 함수를 정의하면 된다.

#include 〈SoftwareSerial.h〉	소트프웨어 시리얼 라이브러리 포함
int btRx=2; int btTx=3;	RX로 사용할 핀 지정 TX로 사용할 핀 지정
SoftwareSerial BTSerial(btRx, btTx);	소프트웨어 시리얼 BTSerial( ) 함수 지정

SoftwareSerial 명령에 의하여 소프트웨어 시리얼 함수인 BTSerilal( )가 설정되면 일반적인 시리얼 통신을 위하여 사용되는 함수들을 다음과 같이 사용할 수 있다. 예를 들면 Serial.begin(9600)에 대응하여 BTSerial.begin(9600)로 사용하면 된다.

[표 11.7] 소프트웨어 시리얼 함수

시리얼 통신 명령	정의한 BTSerial 통신 명령
Serial.begin(9600);	BTSerial.begin(9600);
Serial.available( )	BTSerial.available( )
Serial.read( );	BTSerial.read( );
Serial.println( );	BTSerial.println( );
Serial.write( );	BTSerial.write( );

소프트웨어 시리얼 통신을 사용할 수 있도록 제작된 블루투스 모듈이나 쉴드를 사용하여 스마트 폰에 ON/OFF 제어를 할 수 있는 "BT_ONOFFSW.apk"를 설치하고, 블루투스 모듈/쉴드가 연결된 아두이노 보드로 LED를 ON/OFF하도록 하여보자.

실 • 전 • 예 • 제 11.2 소프트웨어 시리얼 기능을 갖는 블루투스 모듈/쉴드를 이용한 LED의 ON/OFF 제어

예제 11.1과 동일하게 ON/OFF제어를 할 수 있는 "BT_ONOFFSW.apk"를 스마트 폰에 설치하여 사용한다. 예제 11.1과 다르게 소프트웨어 시리얼을 사용하기 위하여 블루투스 모듈/쉴드를 그림 11.14와 같이 연결한다.

[표 11.8] 아두이노 보드 연결 구성

UNO 보드		연결 장치
핀번호	setup( ) 설정	
디지털 입출력 핀 2번(RX사용)	BTSerial.begin(9600);	블루투스 모듈(TXD)
디지털 입출력 핀 3번(TX사용)		블루투스 모듈(RXD)
디지털 입출력 핀 8번	pinMode(8, OUTPUT)	LED

[그림 11.15] 소프트웨어 시리얼을 위한 BT 모듈/쉴드 연결

아두이노 보드에 업로드할 스케치는 예제 11.1에서 사용한 switch-case 예제 스케치에서 소프트웨어 시리얼을 사용하기 위한 설정을 추가하고 Serial( ) 함수 명령부분을 새로 정의한 BTSreial( ) 함수 부분으로 다음과 같이 수정한다.

#include <SoftwareSerial.h>
int btRx=2;
int btTx=3;
SoftwareSerial BTSerial(btRx, btTx);
	소프트웨어 시리얼 설정

int pinLED = 8;	아두이노 보드의 디지털입출력 핀 8번에 LED연결

void setup( ) {
  BTSerial.begin(9600);
  pinMode(pinLED, OUTPUT);
}
	BT 모듈/쉴드의 통신 속도 9600bps 설정

void loop() {	loop 시작
byte r_data; if (BTSerial.available( )> 0) {	BT 모듈/쉴드를 통한 시리얼 통신 입력 발생 검사
r_data = BTSerial.read( );	BT 모듈/쉴드를 통한 입력 저장
switch (r_data) {	switch( ) 시작

case 1:
        digitalWrite(pinLED, HIGH);
      break;
	스마트 폰의 앱 "BT_ONOFFSW.apk" 의 ON 터치
	LED ON

case 2:
        digitalWrite(pinLED, LOW);
      break;
	스마트 폰의 앱 "BT_ONOFFSW.apk" OFF 터치
	LED OFF

}	switch( ) 끝
}	if (BTSerial.available( )> 0) 끝
}	loop 끝

실행을 위해서는 앱이 설치되어 있는 스마트 폰이 필요하므로, 먼저 스마트 폰에 ON/FFF 기능을 할 수 있는 간단한 앱 "BT_ONOFFSW.apk"을 설치하고 예제 11.1에서와 같이 스마트 폰을 사용하여 LED ON/OFF를 실행시킨다.

■

주의사항

소프트웨어 시리얼 기능을 사용하는 블루투스 모듈이나 쉴드를 사용하는 경우 제조사에 따라 모듈이나 쉴드에서 RXD와 TXD 핀의 위치가 다를 수 있으므로 사용하려고 하는 모듈이나 쉴드에서 RXD와 TXD 핀의 위치를 반드시 확인하여 SoftwareSerial BTSerial(btRx, btTx) 명령에 적용해야 한다.

그리고 소프트웨어 시리얼을 위하여 사용하는 디지털입출력 핀을 다른 용도로 중복하여 사용하지 않도록 해야 한다.

CHAPTER

스마트 폰을 이용한 BlueTooth 통신 제어 12

외부 기기를 사용하여 아두이노를 제어하거나 아두이노에 연결된 센서 등의 정보를 외부로 보내기 위하여 11장에서 블루투스를 이용한 시리얼 통신 방법을 다루었다.

이장에서는 스마트 기기에서 블루투스를 통한 시리얼 통신으로 아두이노를 제어하거나 스마트 기기에 센서정보를 전달하는 방법을 학습한다. 스마트 폰의 다양한 기능을 활용하여 앱으로 아두이노 보드를 제어하는 다양한 응용예제들을 실습해 보자.

12.1 스마트 폰 앱을 이용한 아두이노 보드 제어

11장에서 스마트 폰에서 블루투스를 이용하여 아두이노 보드와 시리얼 통신하는 방법을 학습하였다. 아두이노 보드의 소프트웨어 시리얼을 이용하여 그림 12.1과 같이 연결하는 방법을 다루었다.

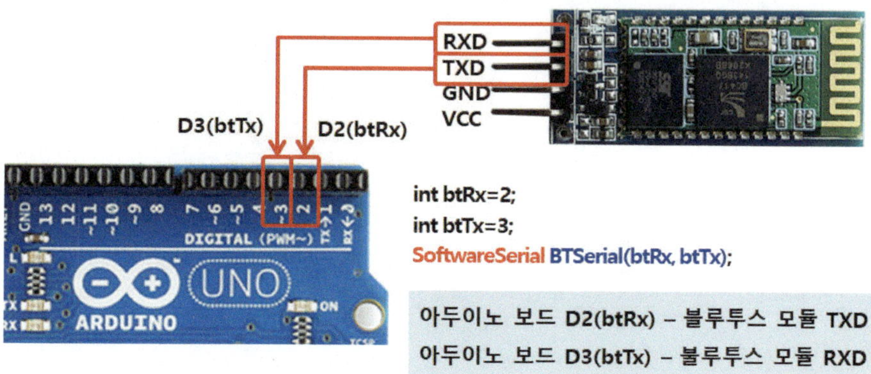

[그림 12.1] 소프트웨어 시리얼을 이용한 아두이노와 블루투스 모듈의 연결

또한, 스마트 폰으로 아두이노 보드를 제어 하려면, 그림 12.2와 같이 스마트 폰, 블루투스 모듈이나 쉴드 그리고 아두이노 보드의 3가지 요소가 필요하며 그 연결 방법과 동작 구조를 살펴보았다.

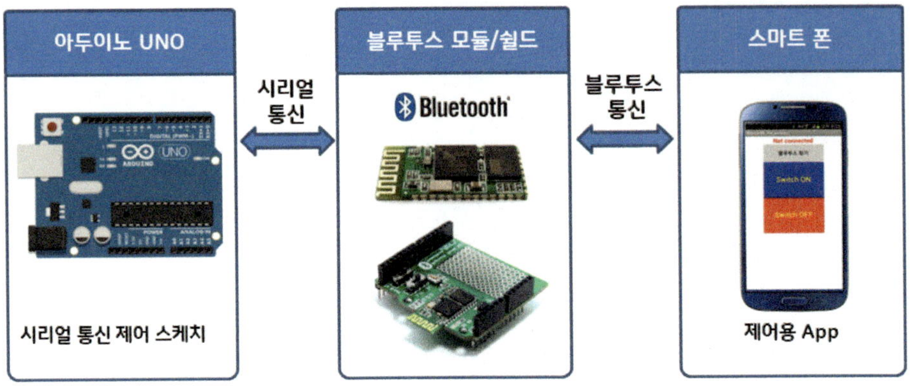

[그림 12.2] 스마트 폰을 이용한 아두이노 보드의 제어 구성

먼저 아두이노 보드와 스마트 폰이 블루투스로 시리얼 통신으로 연결(페어링)되어야 하고, 다음으로 스마트 폰에는 블루투스를 통하여 아두이노 보드에 전송할 제어명령을 발생시키는 앱(App)이 설치되어 실행되어야 하며, 동시에 아두이노 보드에는 시리얼 통신으로 제어할 스케치가 설치되어 있어야함을 보였다.

예제 11.1과 11.2의 스마트 폰으로 아두이노 보드의 LED를 ON/OFF하는 예제를 통하여 동작원리, 연결과 설정방법 등을 자세히 다루었다.

스마트 폰의 다양한 기능을 활용하여 아두이노 보드를 제어하는 방법을 살펴보자. 먼저 예제 11.1과 11.2를 확장하여 스마트 폰에서 6개의 제어 신호를 받아서 아두이노 보드를 제어할 수 있도록 확장하여 본다.

실 • 전 • 예 • 제

12.1 스마트 폰을 사용한 LED 4개의 ON/OFF 제어

아두이노 보드에 그림 12.3과 같이 4개의 LED를 연결하고, 스마트 폰과 블루투스 모듈을 통하여 4개의 LED를 각각 ON을 시키고, OFF시켜 보자.

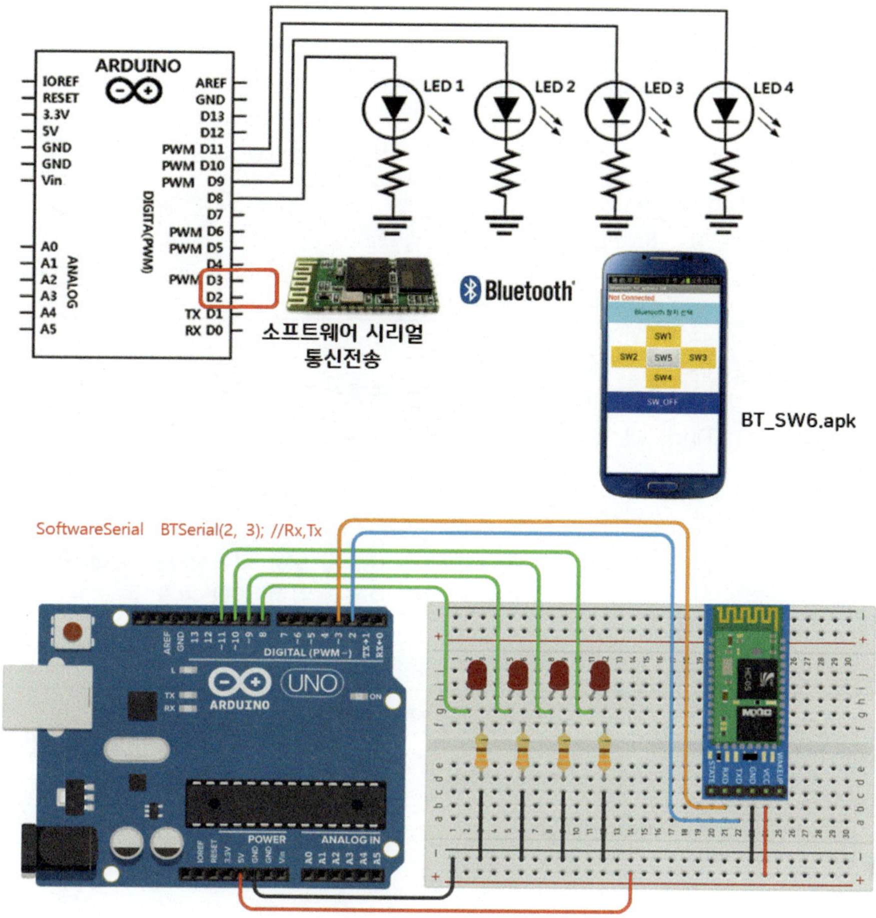

[그림 12.3] BT_SW6 앱(App)

아두이노 보드에 4개의 LED를 연결하고, 6개의 기능 버튼이 있는 그림 12.3과 같은 앱 "BT_SW6"이 설치된 스마트 폰으로 표 12.1에 지정된 LED 동작이 되도록 제어하여 보자.

앱 "BT_SW6"의 각 SW1~5와 SW_OFF 값은 표 12.1과 같고, 앱인벤터를 사용한 앱(App)의 제작방법은 부록 A에 첨부하였다.

[표 12.1] 스마트 폰 앱에 따른 LED 동작

앱 스위치 선택	스위치 값	아두이노 보드의 LED 동작
SW1	1	1번째 LED ON
SW2	2	2번째 LED ON
SW3	3	3번째 LED ON
SW4	4	4번째 LED ON
SW5	5	사용하지 않음
SW_OFF	6	4개의 LED가 동시에 off

아두이노 보드에 설치될 스케치를 다음과 같이 작성한다.

코드	설명

#include <SoftwareSerial.h>
int btRx=2;
int btTx=3;
SoftwareSerial BTSerial(btRx, btTx);
	소프트웨어 시리얼 설정

int pinLED[4] = {8, 9, 10, 11}; int k, m; byte phoneData;	디지털입출력 핀 8, 9, 10, 11번에 LED연결

void setup( ) {
  BTSerial.begin(9600);
  for(k=0; k<4; k++){
    pinMode(pinLED[k], OUTPUT);
  }
}
	BT 모듈의 통신 속도 9600bps 설정

void BTserialEvent( ) {
  phoneData = BTSerial.read( );
  m=phoneData-1;
}
	BT 모듈을 통한 시리얼 통신입력 발생 검사
	BT 모듈을 통한 입력 저장

코드	설명
void loop( ) {	loop 시작
switch (phoneData) {	switch( ) 시작

case 1:
    digitalWrite(pinLED[m], HIGH);
    break;
  case 2:
    digitalWrite(pinLED[m], HIGH);
    break;
  case 3:
    digitalWrite(pinLED[m], HIGH);
    break;
  case 4:
    digitalWrite(pinLED[m], HIGH);
    break;
	스마트 폰의 앱에 의하여 지정된 LED ON

case 6:
    for(k=0; k<4; k++){
      digitalWrite(pinLED[k], LOW);
    }
    break;
	스마트 폰의 앱에 의하여 4개의 LED OFF

}	switch( ) 끝
}	loop( ) 끝

11장 4절에서 설명한 스마트 폰과 아두이노 보드 사이에 그림 11.8과 같이 블루투스 페어링을 하고, 스마트 폰에서 그림12.3의 앱 "BT_SW6"을 실행시켜 그림 11.9와 같이 앱에서 블루트스 연결을 활성화한다. 아두이노 보드와 블루투스 연결이 확인되면 앱의 버튼을 터치하여 아두이노 보드에 연결된 LED의 제어를 확인한다.

■

실 • 전 • 예 • 제

12.2 스마트 폰을 사용한 4가지 LED 함수의 제어

3장의 연습과제 3.2에서 스위치 입력을 받아 LED 디스플레이 동작을 제어한 것처럼 표 12.2와 같이 예제 12.1에서 사용한 앱 "BT_SW6"를 사용하여 스마트 폰 입력에 따른 LED 디스플레이 동작을 제어하여 보자.

[표 12.2] 스마트 폰 입력에 따른 LED 동작

스트마 폰 APP "BT_SW6"	SW1	SW2	SW3	SW4	SW6
LED 디스플레이 동작	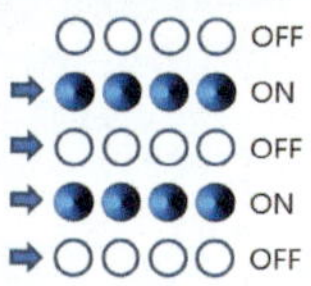	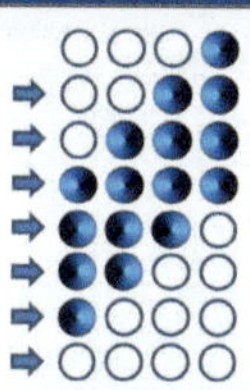	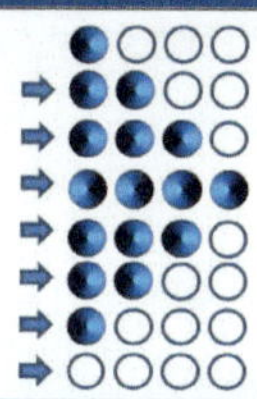	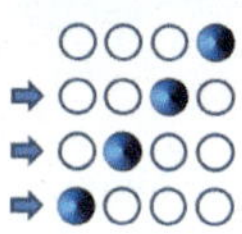	
함수	LEDft1( )	LEDft2( )	LEDft3( )	LEDft4( )	LEDft6( )

아두이노 보드에 설치될 스케치는 3장의 연습과제 3.2를 참고하여 각 LED동작을 함수로 만들어 다음과 같이 작성한다.

소프웨어 시리얼 선언

```
#include <SoftwareSerial.h>
int btRx=2;
int btTx=3;
SoftwareSerial  BTSerial(btRx, btTx);
```

Array와 변수 선언

```
int pinLED[4] = {8, 9, 10, 11};
int k;
int phoneData;
```

setup() 함수: 출력모드/시리얼 통신 설정

```
void setup( ) {
  BTSerial.begin(9600);
  for(k=0; k<4; k++){
    pinMode(pinLED[k], OUTPUT);
  }
}
```

serialEvent() 함수: 시리얼 입력 발생

```
void BTserialEvent( ) {
 phoneData = BTSerial.read( );
}
```

loop()함수

```
void loop( ) {
  switch (phoneData) {
    case 1:
      LEDft1();
    break;
    case 2:
      LEDft2();
    break;
    case 3:
      LEDft3();
    break;
    case 4:
      LEDft4();
    break;
    case 6:
      LEDft6();
     break;
  }
}
```

LEDft1( )

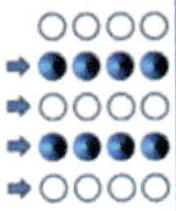

```
void LEDft1( ) {
  for(k=0; k<4; k++) {
    digitalWrite(pinLED[k], HIGH);
  }
  delay(1000);
  for(k=0; k<4; k++) {
    digitalWrite(pinLED[k], LOW);
  }
  delay(1000);
}
```

LEDft2( )

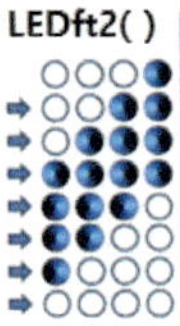

```
void LEDft2( ) {
  for(k=0; k<4; k++) {
    digitalWrite(pinLED[k], HIGH);
    delay(1000);
  }
  for(k=0; k<4; k++) {
    digitalWrite(pinLED[k], LOW);
    delay(1000);
  }
}
```

LEDft3( )

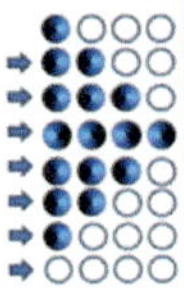

```
void LEDft3( ) {
  for(k=3; k>=0; k--) {
    digitalWrite(pinLED[k], HIGH);
    delay(1000);
  }
  for(k=0; k<4; k++) {
    digitalWrite(pinLED[k], LOW);
    delay(1000);
  }
}
```

LEDft4( )

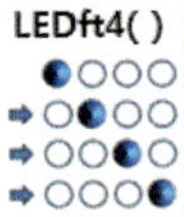

```
void LEDft4( ) {
  for(k=0; k<4; k++) {
    digitalWrite(pinLED[k], HIGH);
    delay(1000);
    digitalWrite(pinLED[k], LOW);
    delay(1000);
  }
}
```

LEDft6( )

LED off

```
void LEDft5( ) {
  for(k=0; k<4; k++) {
    digitalWrite(pinLED[k], LOW);
  }
}
```

[그림 12.4] 아두이노 보드에 설치할 스케치

앞의 예제처럼 블루투스 페어링을 하고, 스마트 폰에서 앱 "BT_SW6"을 실행시켜 앱의 버튼을 터치하여 아두이노 보드에 연결된 LED의 디스플레이 상태를 확인한다.

■

12.2 스마트 폰으로 로봇자동차 구동하기

10장에서 다룬 2바퀴로 구동되는 로봇자동차를 스마트 폰으로 제어하여 보자.

예제 12.2에서 사용한 6개의 기능 버튼이 있는 그림 12.3과 같은 앱 "BT_SW6"을 스마트 폰에 설치하고 표 12.3에 지정된 동작이 되도록 제어한다. 또한 10장의 예제 10.4에서 사용한 함수를 사용한다.

앱 "BT_SW6"의 각 SW1~5와 SW_OFF 값은 표 12.3과 같다.

[표 12.3] 스마트 폰 앱에 따른 로봇자동차 동작

앱 스위치 선택	스위치 값	아두이노 보드의 LED 동작
SW1	1	전진
SW2	2	좌회전
SW3	3	우회전
SW4	4	후진
SW5	5	제자리돌기
SW_OFF	6	정지

실•전•예•제 12.3 스마트 폰으로 로봇자동차 구동하기

먼저 10장에서처럼 2바퀴로 구동되는 로봇자동차를 제어하기 위하여 아두이노 보드와 직류 모터 드라이버 모듈을 표 12.4와 같이 연결한다.

그리고 아두이노 보드에 블루투스 통신을 위하여 모듈이나 쉴드를 연결한다.

[표 12.4] 모터쉴드를 이용한 아두이노 보드 핀의 직류모터 제어

아두이노 보드	모터 쉴드
디지털입출력 핀 4번	모터 M1의 방향(Direction) 제어
PWM 핀 5번	모터 M1의 속도(Speed, PWM) 제어
PWM 핀 6번	모터 M2의 속도(Speed, PWM) 제어
디지털입출력 핀 7번	모터 M2의 방향(Direction) 제어

10장에서 설명한 것처럼 아두이노 보드를 위한 전용 모터구동 쉴드를 이용하면 그림 12.5와 같이 아두이노 보드 위에 적층형(아두이노 보드에 쌓아 연결)으로 연결할 수 있어 편리하게 모터제어를 할 수 있다.

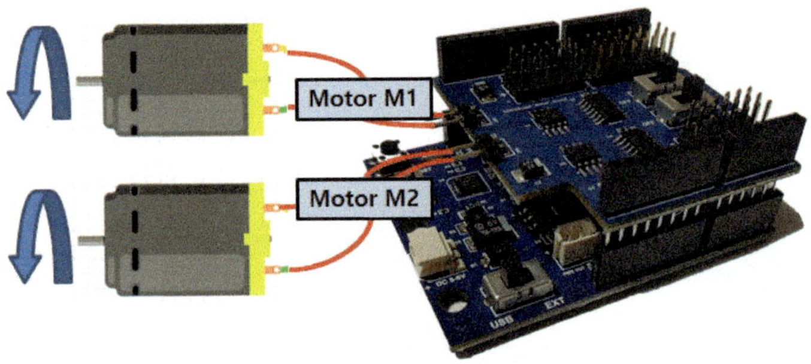

[그림 12.5] 아두이노 전용 모터구동 쉴드

아두이노 보드에 설치될 스케치는 다음과 같다.

```
#include <SoftwareSerial.h>
int btRx=2;
int btTx=3;
SoftwareSerial  BTSerial(btRx, btTx);
```
소프트웨어 시리얼 설정

```
int pinLED[4] = {8, 9, 10, 11};
int m;
byte phoneData;
```
디지털입출력 핀 8, 9, 10, 11번에 LED연결

```
void setup( ) {
  BTSerial.begin(9600);
  for(int k=0; k<4; k++){
    pinMode(pinLED[k], OUTPUT);
  }
  pinMode(4, OUTPUT);
  pinMode(7, OUTPUT);
}
```
BT 모듈/쉴드의 통신 속도 9600bps 설정

핀 4번 모터 M1의 방향지정
핀 7번 모터 M2의 방향지정

void BTserialEvent( ) {
  phoneData = BTSerial.read( );
  m=phoneData-1;
}
	BT 모듈/쉴드를 통한 시리얼 통신 입력 발생 검사
	BT 모듈/쉴드를 통한 입력 저장

void loop() {	loop 시작
switch (phoneData) {	switch( )문 시작

case 1:
    motor_FW(100);
    digitalWrite(pinLED[m], HIGH);
    break;
	로봇자동차 전진
	0번 LED ON

case 2:
    motor_LT(100);
    digitalWrite(pinLED[m], HIGH);
    break;
	로봇자동차 좌회전
	1번 LED ON

case 3:
    motor_RT(100);
    digitalWrite(pinLED[m], HIGH);
    break;
	로봇자동차 우회전
	2번 LED ON

case 4:
    motor_BW(100);
    digitalWrite(pinLED[m], HIGH);
    break;
	로봇자동차 후진
	3번 LED ON

case 5:
    motor_RT(2000);
    for(int k=0; k<4; k++){
      digitalWrite(pinLED[k], HIGH);
    }
    break;
	로봇자동차 2초간 우회전
	4개의 LED ON

case 6:
    motor_ST(100);
    for(int k=0; k<4; k++){
      digitalWrite(pinLED[k], LOW);
    }
    break;
	로봇자동차 정지
	4개의 LED OFF

}	switch( )문 끝
}	loop 끝

void motor_FW(int t) {
    digitalWrite(4, HIGH);
    analogWrite(5, 255);
    digitalWrite(7, LOW);
    analogWrite(6, 255);
    delay(t);
  }
	전진 함수
	모터 M1의 방향 : 반시계방향
	
	모터 M2의 방향 : 시계방향
	
	지정시간 동안 전진

void motor_BW(int t) {
    digitalWrite(4, LOW);
    analogWrite(5, 255);
    digitalWrite(7, HIGH);
    analogWrite(6, 255);
    delay(t);
}
	후진 함수
	모터 M1의 방향 : 시계방향
	
	모터 M2의 방향 : 반시계방향
	
	지정시간 동안 전진

void motor_RT(int t) {
    digitalWrite(4, HIGH);
    analogWrite(5, 128);
    digitalWrite(7, HIGH);
    analogWrite(6, 128);
    delay(t);
}
	우회전 함수
	모터 M1의 방향 : 반시계방향
	
	모터 M2의 방향 : 반시계방향
	
	지정시간 동안 회전

void motor_LT(int t) {
    digitalWrite(4, LOW);
    analogWrite(5, 128);
    digitalWrite(7, LOW);
    analogWrite(6, 128);
    delay(t);
}
	좌회전 함수
	모터 M1의 방향 : 시계방향
	
	모터 M2의 방향 : 시계방향
	
	지정시간 동안 회전

void motor_ST(int t) {
    analogWrite(5, 0);
    analogWrite(6, 0);
    delay(t);
}
	정지 함수
	모터 M1 정지
	모터 M2 정지
	지정시간 동안 정지

앞의 예제처럼 블루투스 페어링을 하고, 스마트 폰에서 앱 "BT_SW6"을 실행시켜 앱의 버튼을 터치하여 로봇자동차의 동작 상태를 확인한다.

■

12.3 블루투스 통신으로 데이터 전송

앞 절에서는 스마트 폰의 블루투스 통신 기능을 이용하여 블루투스 모듈이 연결된 아두이노 보드를 제어하는 방법을 살펴보았는데, 이 절에서는 아두이노 보드에서 블루투스 통신을 이용하여 스마트 폰에 정보를 전송하는 방법을 살펴본다.

아두이노 보드에서는 6장에서 가변저항이나 센서들의 측정값을 시리얼 통신으로 PC의 시리얼 모니터에 나타낸 것과 같이 블루투스 모듈을 통하여 시리얼 통신으로 값을 전송한다.

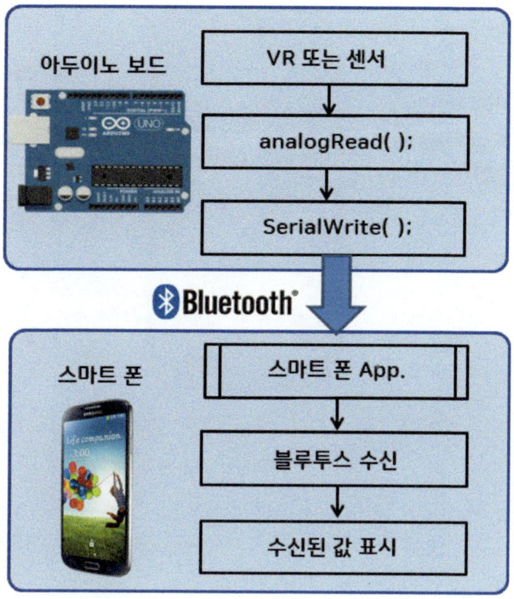

[그림 12.6] 아두이노 보드에서 스마트 폰으로 정보 보내기

스마트 폰에서는 앞 절에서 스위치 기능을 할 앱(App)이 필요했던 것처럼 PC의 시리얼 모니터 역할을 할 앱(App)이 필요하다.

앱 "BT_RCV1"은 블루투스 기기를 검색하여 연결하고 "수신시작"이 터치되면 블루투스 쉴드가 장착된 아두이노 보드로부터 값을 받아 그 값을 표시하는 간단한 앱이다.

[표 12.5] 스마트 폰 앱의 기능과 아두이노 동작

앱 화면 선택	아두이노 보드
Bluetooth 주소검색	아두이노 보드의 BT 주소
BT 접속	아두이노 보드의 BT와 연결
BT 해제	아두이노 보드의 BT와 연결 종료
수신 시작	아두이노 보드에 '1' 전달 아두이노 보드에서 전송되는 값 수신
수신 종료	아두이노 보드에 '2' 전달

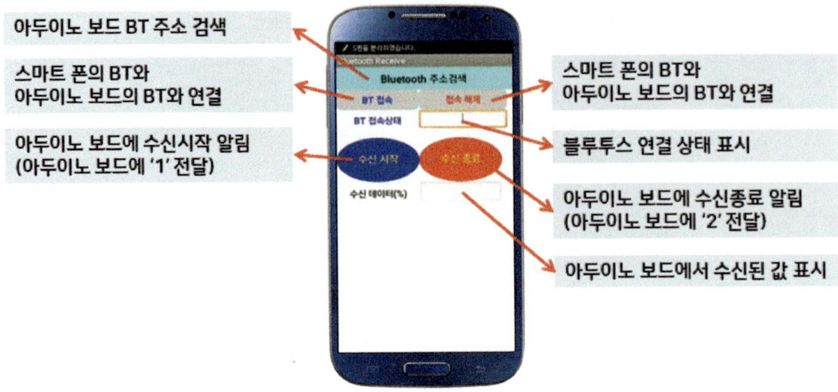

[그림 12.7] BT_RCV1 앱(App)

"BT_RCV1.apk"의 제작 방법은 부록A에 수록하였고, "www.bookdoo.co.kr"을 통하여 다운 받을 수 있다.

12.4 실•전•예•제 아두이노 보드의 가변저항 값을 스마트 폰에 표시하기

먼저 아두이노에서 측정하여 보내오는 가변저항 값을 받을 수 있도록 스마트 폰에 그림 12.7과 같은 앱 "BT_RCV1.apk"를 설치한다.

블루투스 모듈이 연결된 아두이노 보드에 가변저항을 연결하여, 가변저항 값에 따라 LED의 밝기가 조절되고, 가변저항의 값이 스마트 폰에 표시되도록 하여보자.

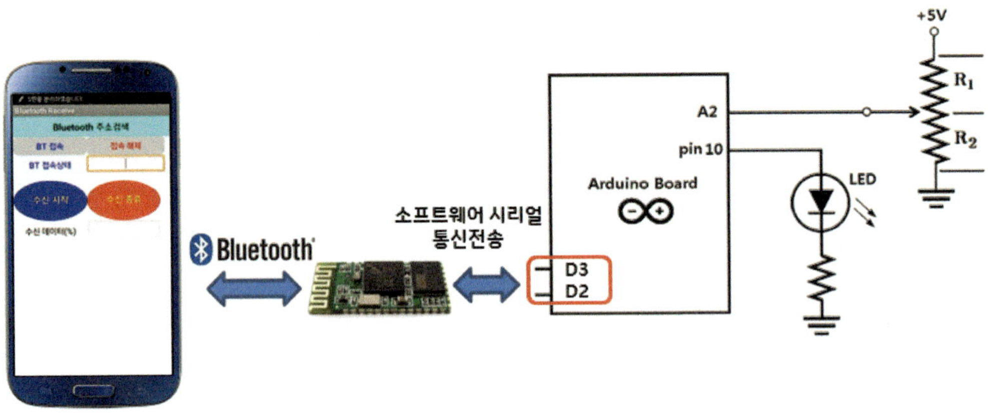

[그림 12.8] 아두이노 보드의 아날로그 입력

블루투스 모듈이 연결된 아두이노 보드에서 가변저항(VR)를 통하여 아날로그 입력을 받아들이고, 그 입력에 비례하여 LED의 밝기가 조절되도록 그림 12.8과 같이 회로를 구성한다. 가변저항은 아두이노 보드의 아날로그 입력 A2에 연결하고, LED는 PWM 핀 5번에 연결한다.

[표 12.6] 아두이노 보드 연결 구성

UNO 보드		연결 장치
핀번호	setup( ) 설정	
디지털 입출력 핀 2번(RX)	BTSerial.begin(9600);	블루투스 모듈/쉴드(TXD)
디지털 입출력 핀 3번(TX)		블루투스 모듈/쉴드(RXD)
아날로그 입력 핀 A2번	설정 필요 없음	가변저항(VR)
디지털 입출력 핀 5번	PWM 모드 사용	LED

회로를 구성하면 다음과 같다.

[그림 12.9] 아두이노 보드에 BT 모듈/쉴드와 LED 연결

아두이노 보드에서 UART 포트로 블루투스 통신을 하므로, 소프트웨어 시리얼 통신을 위한 설정을 한다. 통신 속도가 9600bps로 이루어지므로 "BTSerial.begin(9600);"를 설정한다.

아두이노 보드에 설치되는 스케치는 다음과 같다.

코드	설명

`#include <SoftwareSerial.h>`
`int btRx=2;`
`int btTx=3;`
`SoftwareSerial BTSerial(btRx, btTx);`
	소프트웨어 시리얼 설정

int pinLED = 5; int val1, val2, val3;	아두이노 보드의 PWM핀 5번에 LED연결

void setup( ) {
  BTSerial.begin(9600);
}
	시리얼 모니터 통신 속도 9600bps 설정

void loop( ) {	loop 시작
byte select; if (BTSerial.available( )> 0) {	BT 모듈/쉴드의 시리얼 통신 입력 발생 검사
select = BTSerial.read( );	BT 모듈/쉴드를 통한 입력 저장
switch (select) {	스마트 폰 앱에서 '수신 시작' 명령 수신
case 1:	

val1=analogRead(2);
val2=map(val1, 0, 1023, 0, 100);
BTSerial.write(val2);
	아두이노 보드에 연결된 VR로 부터 값 입력
	%값으로 변환
	블루투스 통신으로 스마트 폰에 값 전달

val3 = map(val1, 0, 1023, 0, 255);
analogWrite(pinLED, val3);
delay(50);
	PWM 값으로 변환
	VR값에 비례한 LED 밝기 표시

break;	

case 2:
analogWrite(pinLED, 0);
delay(20);
break;
	스마트 폰 앱에서 '수신 종료' 명령 수신
	LED OFF

}	switch( ) 끝
}	if (Serial.available( )> 0) 끝
}	loop 끝

앞의 예제들처럼 블루투스 페어링을 하고, 스마트 폰에서 앱 "BT_RCV1.apk"을 실행시키고 수신시작 버튼을 터치하여 수신 데이터 값을 확인한다.

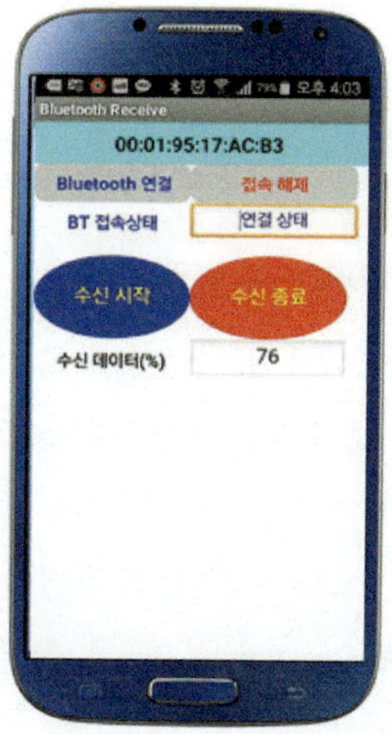

[그림 12.10] 스마트 폰 실행 결과

■

소프트웨어 시리얼을 사용하고 앞의 예제 12.4를 변형하여, 아두이노 보드의 가변저항 값을 시리얼 모니터와 스마트 폰에 동시에 표시하여 보자.

그림 12.11과 같이 아두이노의 D0(RX)와 D1(TX)를 시리얼 모니터를 위해 사용하고, 블루투스는 11장 6절에서 설명한 소프트웨어 시리얼을 사용하여 연결한다.

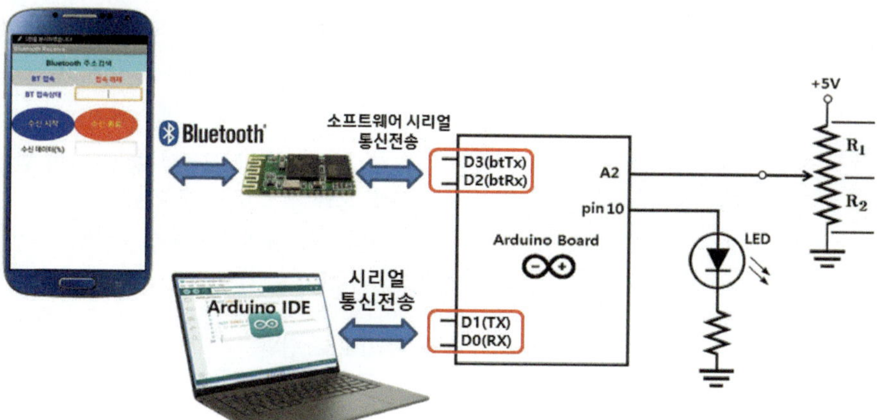

[그림 12.11] 아두이노 보드의 아날로그 입력

소프트웨어 시리얼을 설정하기 위하여 앞의 그림 12.2와 같이 아두이노의 D2와 D3를 각각 블루투스 연결을 위한 btRx와 btTx로 사용한다.

실•전•예•제 12.5 아두이노 보드의 가변저항 값을 시리얼 모니터와 스마트 폰에 동시에 표시하기

예제 12.4와 같이 먼저 아두이노에서 측정하여 보내오는 가변저항 값을 받을 수 있도록 스마트 폰에 그림 12.10과 같은 앱 "BT_RCV1.apk"를 설치한다.

블루투스 모듈이 연결된 아두이노 보드에 가변저항을 연결하여, 가변저항 값에 따라 LED의 밝기가 조절되고, 가변저항의 값이 시리얼 모니터와 스마트 폰에 표시되도록 하여보자.

아두이노 보드에서 UART 포트와 소프트웨어 시리얼 통신을 위한 설정을 한다. UART 포트의 통신 속도와 블루투스의 소프트웨어 시리얼 통신 속도를 모두 9600bps로 설정하기 위하여 각각 "Serial.begin(9600)"과 "BTSerial.begin(9600)"를 설정한다.

아두이노 보드에 설치되는 스케치는 다음과 같다.

코드	설명

#include 〈SoftwareSerial.h〉
int btRx=2;
int btTx=3;
SoftwareSerial BTSerial(btRx, btTx);
	소프트웨어 시리얼 설정

int pinLED = 5; int val1, val2, val3;	아두이노 보드의 PWM핀 5번에 LED연결

void setup( ) {
Serial.begin(9600);
BTSerial.begin(9600);
}
	시리얼 모니터 통신 속도 9600bps 설정
	BT 모듈/쉴드 통신 속도 9600bps 설정

void loop( ) {	loop 시작
byte select; if (BTSerial.available( )〉 0) {	BT 모듈/쉴드의 시리얼 통신 입력 발생 검사
select = BTSerial.read( );	BT 모듈/쉴드를 통한 입력 저장
switch (select) {	스마트 폰 앱에서 '수신 시작' 명령 수신
case 1:	

val1=analogRead(2);
val2=map(val1, 0, 1023, 0, 100);
BTSerial.write(val2);
	아두이노 보드에 연결된 VR로 부터 값 입력
	%값으로 변환
	블루투스 통신으로 스마트 폰에 값 전달

Serial.print("VR % value = "); Serial.println(val2);	시리얼 모니터에 VR의 %값 전송

val3 = map(val1, 0, 1023, 0, 255);
analogWrite(pinLED, val3);
delay(50);
	PWM 값으로 변환
	VR값에 비례한 LED 밝기 표시

break;	

case 2:
  analogWrite(pinLED, 0);
  delay(20);
break;
	스마트 폰 앱에서 '수신 종료' 명령 수신
	LED OFF

}	switch( ) 끝
}	if (BTSerial.available( )〉 0) 끝
}	loop 끝

업로드 후 시리얼 모니터를 열고, 앞의 예제들처럼 블루투스 페어링을 하고, 스마트 폰에서 앱 "BT_RCV1.apk"을 실행시키고 수신시작 버튼을 터치하여 수신 데이터 값을 확인한다.

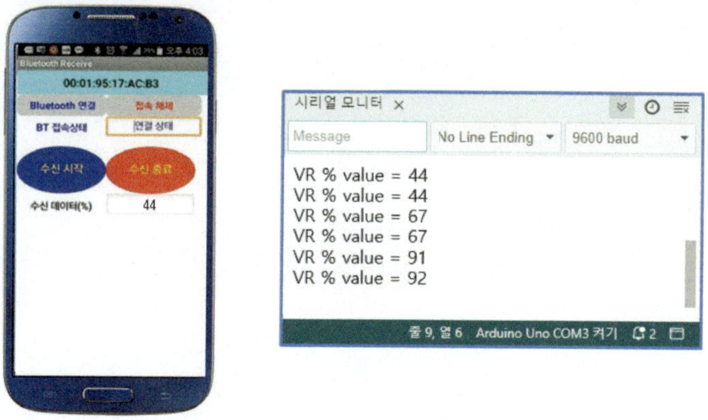

[그림 12.12] 스마트 폰과 시리얼 모니터 실행 결과

■

아두이노 보드에 블루투스 모듈이나 쉴드를 장착하면 시리얼 통신을 사용하여 아두이노 보드에 연결된 LED, Piezo, 문자LCD, 모터 등을 제어한 것처럼 스마트 폰에서 제어할 수 있으며, 가변저항 센서들의 측정 값을 스마트 폰에 나타낼 수도 있다.

예를 들면 앞에서 다룬 것과 같이 LED를 스위치나 시리얼 모니터로 제어하였다면 스마트 폰에서도 스위치 대신에 스위치 기능을 하는 제어값을 블루투스로 전송하여 동일한 방법으로 제어할 수 있다. 또한 스마트 폰에서 블루투스 통신을 이용하여 피에조의 소리를 발생시키는 것도 가능하며, 모터에 의한 전후좌우 이동이나 연결된 LED, Piezo, 문자LCD의 문자표현도 가능하다.

CHAPTER 13

I2C를 이용한 통신 제어

외부 기기를 사용하여 아두이노를 제어하거나 아두이노에 연결된 센서 등의 정보를 외부로 보내기 위하여, 4장에서는 시리얼 통신을, 11장에서는 블루투스를 이용한 시리얼 통신 방법을 다루었다.

이 장에서는 7장에서 I2C LCD를 사용하기 위하여 사용된 I2C 통신에 대하여 자세히 살펴보고, I2C 통신으로 여러 개의 아두이노 보드를 데이지 체인으로 연결하거나 I2C 방식의 센서나 모터 모듈을 제어하는 방법을 학습한다. 예제들을 실습해 보자.

13.1 I2C 통신 방식

일반적으로 많이 사용되는 시리얼 통신 방식인 RS-232, RS-422, RS-485와 같은 UART (Universal asynchronous receiver/transmitter)인 비동기식이다. 특히 아두이노는 RS-232방식을 일반적으로 많이 사용하는데, 1:1 통신 방법으로 다수의 기기를 연결하기 불편하다. 반면에 I2C와 SPI 통신은 1:N 통신이 가능하며, 아두이노는 SPI와 I2C 통신을 사용하는 센서 모듈들을 사용할 수 있다.

I2C(Inter-Intergrated Circuit)와 SPI(Serial Peripheral Interface Bus)는 동기식 통신 방식으로 마스터(master)와 여러 개의 슬레이브(slave) 장치를 연결하여 정보를 주고받는다.

통신 속도는 SPI가 빠르기 때문에 고속으로 많은 양의 데이터를 전송해야 된다면 SPI통신을 사용하는 것이 적합하지만 장치를 연결할 때마다 사용해야하는 신호선(SCLK, MOSI, MISO, SS)이 I2C 신호선(SCL, SDA)보다 많아지기 때문에 복잡해진다.

그러므로 적은 양의 데이터를 저속으로 전송할 경우에는 I2C는 2개의 신호선 만을 이용하므로 I2C 통신을 사용하는 것이 적합하다. 또한 1:N 통신으로 여러 개의 슬레이브 모듈들을 연결할 경우, SPI는 SS 연결을 통해 가능지만, I2C의 경우 슬레이브가 가지고 있는 주소(address)로 접근하는 방식을 사용하여 편리하다.

아두이노 UNO는 I2C 통신을 위한 클럭 신호인 SCL과 직렬 데이터 핀 SDA가 그림 13.1과 같이 배치되어 있다.

[그림 13.1] 아두이노 UNO의 I2C 통신 핀

아두이노에서 I2C 통신을 사용하기 위해 사용되는 SDA(직렬데이터), SCL(직렬 클럭) 신호선은 그림 13.2와 같이 모두 풀업 저항을 연결하여 데이터를 송수신하지 않을 때 항상 HIGH 상태로 유지시켜야 한다.

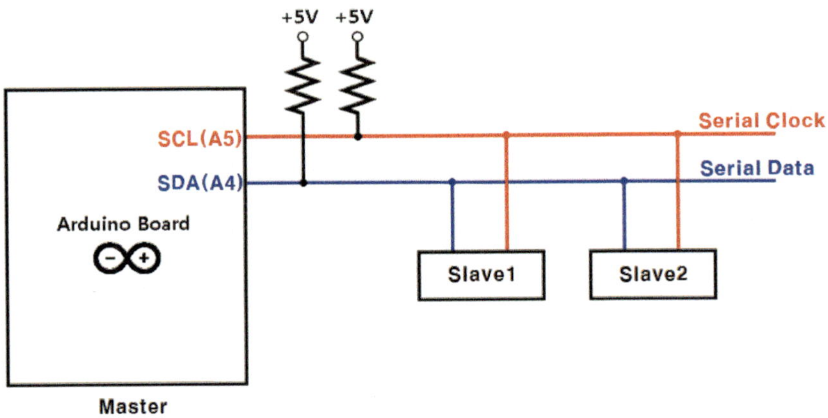

[그림 13.2] I2C 통신 방식

I2C나 SPI 통신은 아두이노에서 사용하기 위한 라이브러리가 제공되며, Wire라는 명령을 사용한다.

13.2 I2C로 2개의 아두이노 연결하기

두 개의 아두이노 보드를 그림 13.3과 같이 서로 I2C로 연결하고, 마스터 아두이노에서 보내는 데이터에 따라서 슬레이브 LED의 시리얼 모니터에 출력하는 예제를 제어해 보도록 하자.

그림 13.3과 같이 마스터(master) 아두이노의 SCL(A5)와 슬레이브(slave) 아두이노의 SCL(A5)를 연결하고, 마스터 아두이노의 SDA(A4)와 슬레이브 아두이노의 SDA(A4)를 연결한다.

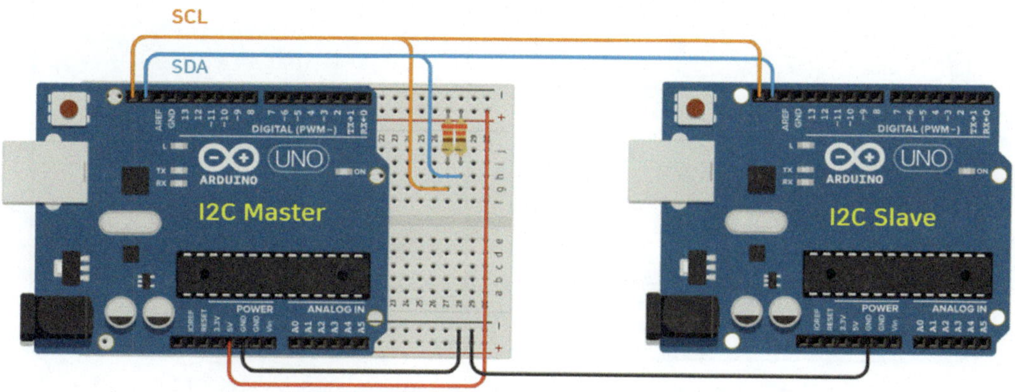

[그림 13.3] Master 아두이노 – Slave 아두이노 연결

실 • 전 • 예 • 제

13.1 마스터 아두이노에서 슬레이브 아두이노로 데이터 보내기

I2C로 서로 연결된 마스터 아두이노에는 데이터를 보내는 스케치가 설치되어야 하고, 슬레이브 아두이노에 데이터를 받아 시리얼 모니터로 출력하는 스케치를 설치해야한다.

이를 위하여 그림 13.4와 같이 마스터 아두이노에는 [파일→ 예제→ Wire→ master_write]의 예제 스케치를 업로드하고, 슬레이브 아두이노에는 [파일→ 예제→ Wire→ slave_receiver]의 예제 스케치를 업로드 한다.

이때, 2개의 아두이노를 동시에 PC에 연결한 경우 마스터 아두이노가 연결된 포트와 슬레이브 아두이노가 연결된 포트를 구분하여 각각의 예제 스케치를 업로드해야 한다.

표 13.1과 그림 13.4처럼 마스터와 슬레이브 아두이노를 구분하여 연결하고 업로드 한다.

[표 13.1] Master 아두이노 – Slave 아두이노 연결

	마스터 아두이노 보드	슬레이브 아두이노 보드
연결된 포트	COM3	COM4
예제 스케체	master_write	slave_receiver

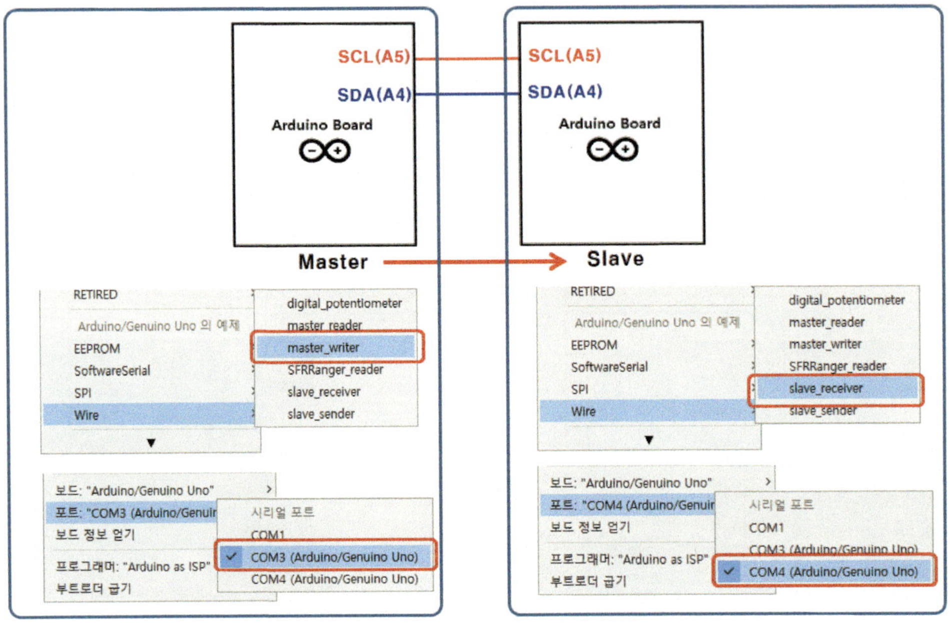

[그림 13.4] Master 아두이노와 Slave 아두이노에 예제 스케치 업로드

마스터 아두이노 보드에 설치될 스케치는 다음과 같다.

코드	설명

//I2C Master
#include <Wire.h>
byte x = 0;
	I2C통신을 위한 Wire 라이브러리 사용

void setup( ) {
  Wire.begin( );
}
	Wire함수 초기화

void loop( ) {	loop 시작

Wire.beginTransmission(8);
Wire.write("x is ");
Wire.write(x);
Wire.endTransmission( );
 	
x++;
delay(500);
	장치 8번에 전송
	"x is "의 5 bytes 보내기
	x값(1byte) 보내기
	전송 정지
	
	x값 +1 증가

}	loop() 끝

슬레이브 아두이노 보드에 설치될 스케치는 다음과 같다.

코드	설명

//I2C Slave
#include <Wire.h>
byte x = 0;
	I2C통신을 위한 Wire 라이브러리 사용

void setup( ) {
  Wire.begin(8);
  Wire.onReceive(receiveEvent);
  Serial.begin(9600);
}
	I2C버스에 #8로 접속
	receiveEvent를 이벤트로 등록
	시리얼 통신 속도 설정(9600)

void loop( ) {
  delay(500);
}	

void receiveEvent(int howMany) {	receiveEvent 함수 시작 마스터로부터 데이터를 수신 할 때마다 실행

while (1 < Wire.available( )) {
    char c = Wire.read( );
    Serial.print(c);
  }
  int x = Wire.read( );
  Serial.println(x);
	Wire를 통한 통신 감지
	I2C버스를 통해 데이터를 문자형으로 받기
	받은 문자("x is ")를 시리얼 모니터에 출력
	
	I2C버스를 통해 데이터를 정수형으로 받기
	받은 값을 정수로 시리얼 모니터에 출력

}	receiveEvent() 끝

마스터 아두이노와 슬레이브 아두이노에 각각 업로드가 완료되면, 슬레이브 아두이노의 시리얼 모니터를 열어 결과를 확인한다.

슬레이브 아두이노 보드 시리얼 모니터

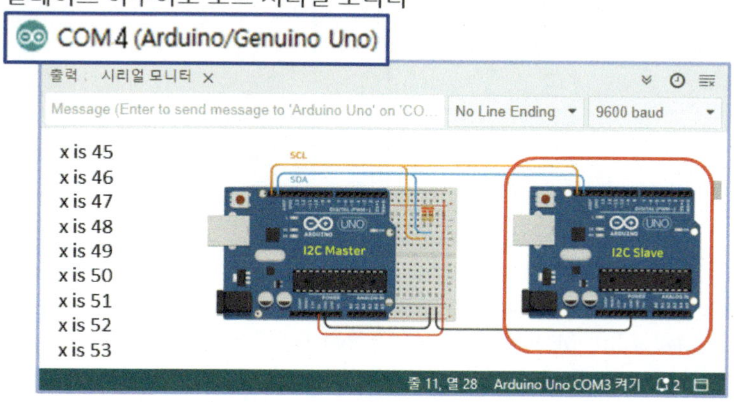

[그림 13.5] 슬레이브 아두이노의 시리얼 모니터

실 • 전 • 예 • 제

13.2 슬레이브 아두이노에서 마스터 아두이노로 데이터 보내기

예제 13.1과 반대로 슬레이브 아두이노에서 마스터 아두이노로 데이터를 보내는 예제를 살펴보자.

이를 위하여 그림 13.6과 같이 마스터 아두이노에는 [파일→ 예제→ Wire→ master_reader]의 예제 스케치를 업로드하고, 슬레이브 아두이노에는 [파일→ 예제→ Wire→ slave_sender]의 예제 스케치를 업로드 한다.

[표 13.2] Master 아두이노 – Slave 아두이노 연결

	마스터 아두이노 보드	슬레이브 아두이노 보드
연결된 포트	COM3	COM4
예제 스케체	master_reader	slave_sender

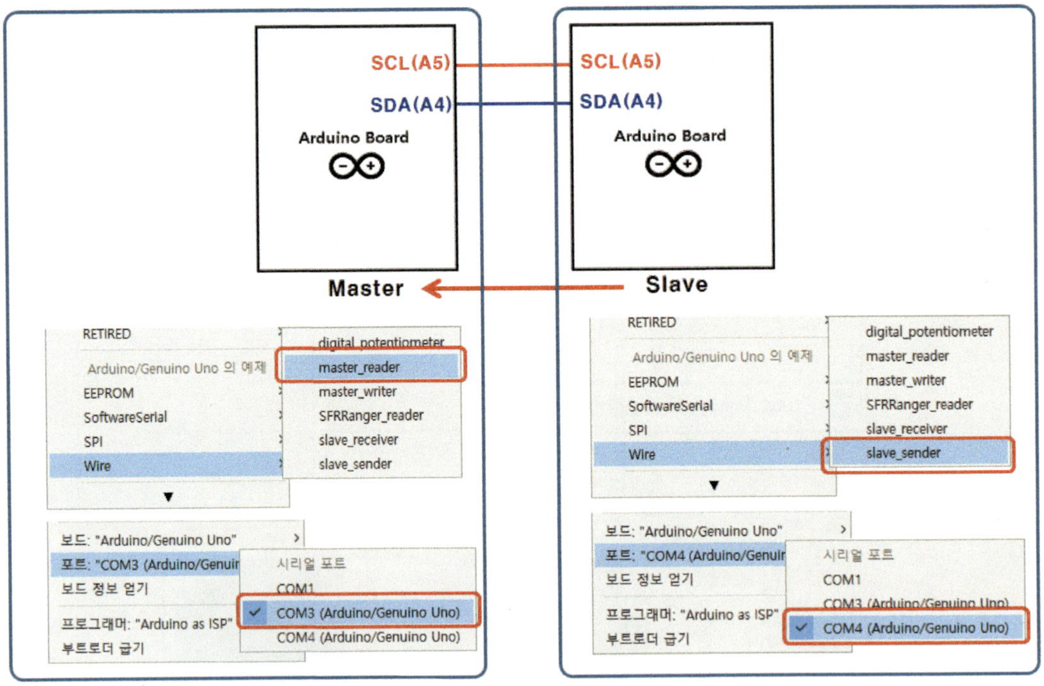

[그림 13.6] Master 아두이노와 Slave 아두이노에 예제 스케치 업로드

마스터 아두이노 보드에 설치될 스케치를 다음과 같다.

//I2C Master
#include 〈Wire.h〉
byte x = 0;
	I2C통신을 위한 Wire 라이브러리 사용

void setup( ) {
  Wire.begin( );
  Serial.begin(9600);
}
	Wire함수 초기화
	시리얼 통신 속도 설정(9600)

void loop( ) {	loop 시작

Wire.requestFrom(8, 6);
while (Wire.available( )) {
  char c = Wire.read( );
  Serial.println(c);
}
delay(500);
	장치 8번에 6byte 요청
	
	보내온 데이터를 문자형으로 받기
	받은 문자를 시리얼 모니터에 출력

}	loop( ) 끝

슬레이브 아두이노 보드에 설치될 스케치를 다음과 같다.

//I2C Slave #include 〈Wire.h〉	I2C통신을 위한 Wire 라이브러리 사용

void setup( ) {
  Wire.begin(8);
  Wire.onRequest(requestEvent);
}
	I2C버스에 #8로 접속
	requestEvent를 이벤트로 등록

void loop( ) {
  delay(500);
}	

void requestEvent( ) {	receiveEvent 함수 시작 마스터로부터 데이터를 요청할 때마다 실행
Wire.write("hello");	6byte 문자("hello")를 보내기
}	requestEvent( ) 끝

마스터 아두이노와 슬레이브 아두이노에 각각 업로드가 완료되면, 슬레이브 아두이노의 시리얼 모니터를 열어 결과를 확인한다.

마스터 아두이노가 I2C의 장치 #8번에 연결된 슬레이브 장치에 6바이트의 데이터를 요청하면, 슬레이브 아두이노가 6바이트의 데이터("hello")를 전송한다.

마스터 아두이노 보드 시리얼 모니터

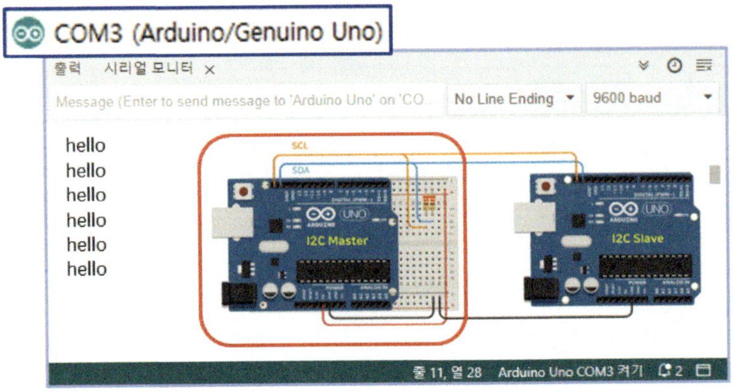

[그림 13.7] 마스터 아두이노의 시리얼 모니터

13.3 I2C에 연결된 아두이노 제어하기

I2C로 연결된 2개의 아두이노 보드에서 마스터 아두이노로 슬레이브 아두이노를 제어하여 보자.

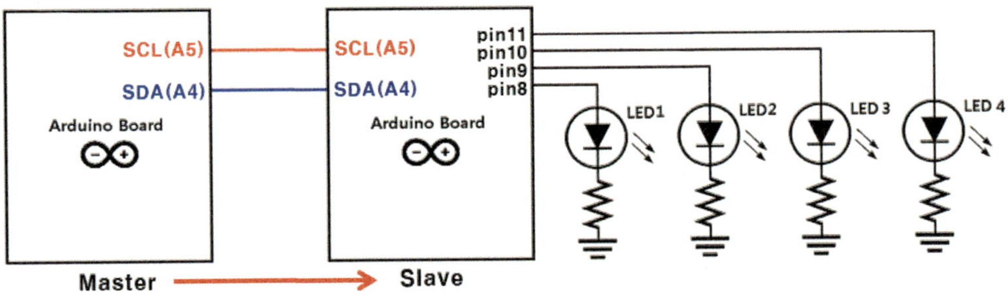

[그림 13.7] Master 아두이노 – Slave 아두이노(LED 4개) 연결

실•전•예•제

13.3 마스터 아두이노로 슬레이브 아두이노 제어하기

그림 13.8과 같이 I2C에 연결된 마스터 아두이노에서 데이터를 보내어 슬레이브 아두이노의 LED를 제어하여 보자.

마스터 아두이노에서 0~3의 데이터를 순차적으로 전송하면, 슬레이브 아두이노에 연결된 4개의 LED 가운데 해당하는 순서의 LED에 불이 켜지게 한다.

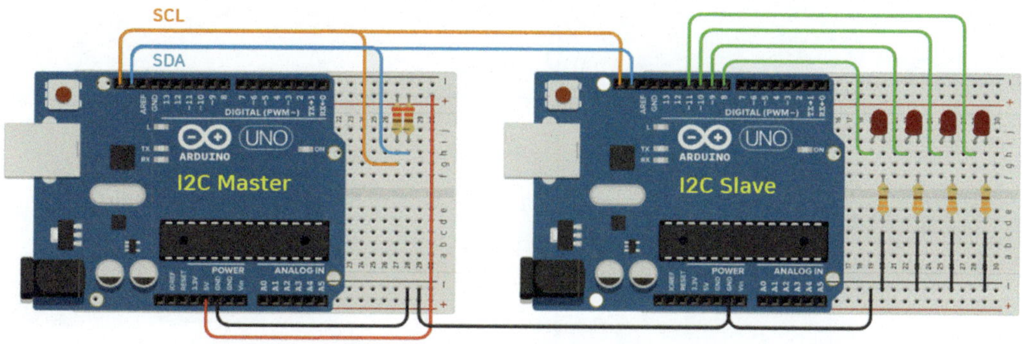

[그림 13.8] 마스터 아두이노를 사용한 슬레이브 아두이노의 제어

마스터 아두이노 보드에 설치될 스케치를 다음과 같다.

//I2C Master #include <Wire.h> int dataT;	I2C통신을 위한 Wire 라이브러리 사용

void setup( ) {
  Wire.begin( );
  Serial.begin(9600);
}
	Wire함수 초기화
	시리얼 통신 속도 설정(9600)

void loop( ) {	loop 시작

for (int k=0; k<4; k++) {
    dataT=k;
    Wire.beginTransmission(8);
    Wire.write(dataT);
    Wire.endTransmission(0);
    Serial.println(dataT);
    delay(200);
  }
	전송할 데이터(dataT)를 0~3까지 변화
	장치 #8번에 전송
	데이터(dataT)를 보내기
	전송 정지

}	loop() 끝

슬레이브 아두이노 보드에 설치될 스케치를 다음과 같다.

//I2C Slave
#include 〈Wire.h〉
int pinLED[4]= {8,9,10,11};
int dataR = 0;
	I2C통신을 위한 Wire 라이브러리 사용

void setup( ) {
  Wire.begin(8);
  Wire.onReceive(receiveEvent);
  Serial.begin(9600);
  for (int k=0; k〈4; k++) {
    pinMode(pinLED[k], OUTPUT);
  }
}
	I2C버스에 #8으로 접속
	receiveEvent를 이벤트로 등록
	
	LED가 연결된 8~11핀 출력모드 선언

void receiveEvent(int value) {	receiveEvent 함수 시작 마스터로부터 데이터를 요청할 때마다 실행

dataR= Wire.read( );
  digitalWrite(pinLED[dataR], HIGH);
  Serial.println(dataR);
  delay(1000);
	I2C버스를 통해 데이터를 정수형으로 받기

}	receiveEvent() 끝

void loop( ) {
  for (int k=0; k〈4; k++) {
    digitalWrite(pinLED[k], LOW);
  }
  delay(1000);
}
	LED 모두 off

마스터 아두이노와 슬레이브 아두이노에 각각 업로드가 완료하면, 슬레이브 아두이노에 연결된 4개의 LED가 순차적은 on/off 된다,

■

13.4 I2C에 연결된 여러 개의 아두이노 제어하기

그림 13.9와 같이 마스터 아두이노에 2개의 슬레이브 아두이노를 I2C로 연결하여 제어해 보자.

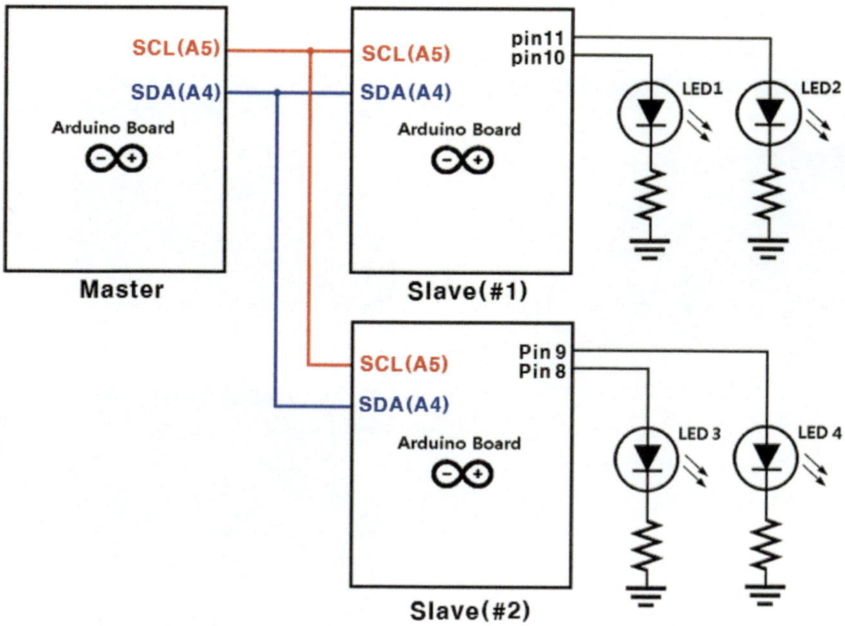

[그림 13.9] 마스터 아두이노를 사용한 2개의 슬레이브 아두이노의 제어

실・전・예・제

13.4 마스터 아두이노로 2개의 슬레이브 아두이노 제어하기

그림 13.10과 같이 I2C에 연결된 마스터 아두이노에서 데이터를 보내어 2개의 슬레이브 아두이노의 LED를 각각 제어하여 보자.

마스터 아두이노에서 0과 1의 데이터를 전송하면, 슬레이브 아두이노(#1)에 연결된 2개의 LED가 on/off되고, 슬레이브 아두이노(#2)에 연결된 2개의 LED는 반대로 off/on되게 한다.

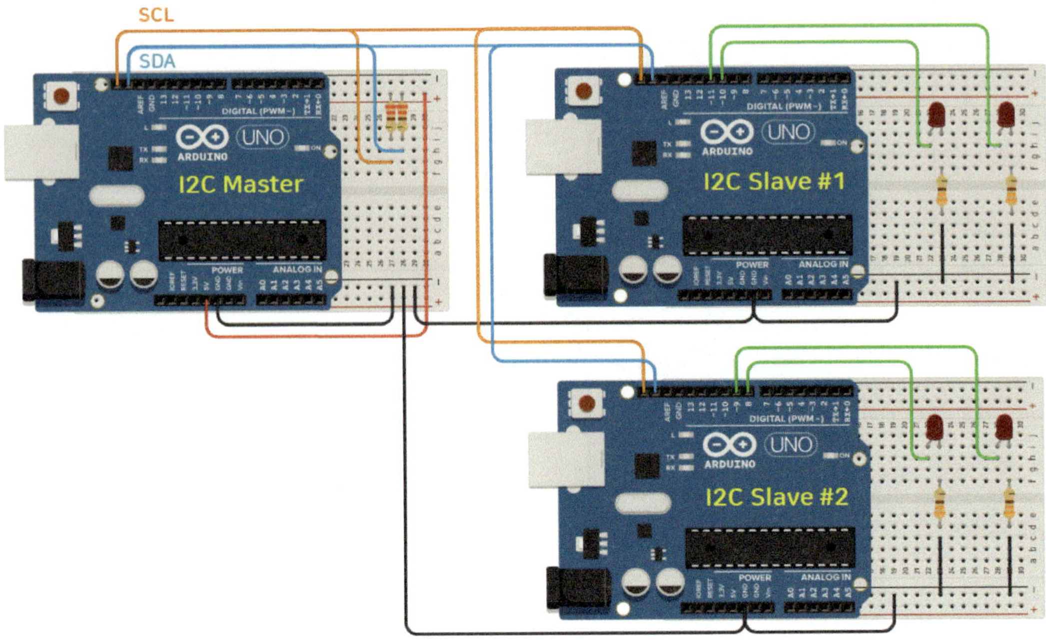

[그림 13.10] 마스터 아두이노를 사용한 2개의 슬레이브 아두이노의 제어

마스터 아두이노 보드에 설치될 스케치를 다음과 같다.

//I2C Master #include <Wire.h> int dataT;	I2C통신을 위한 Wire 라이브러리 사용

void setup( ) {
  Wire.begin( );
  Serial.begin(9600);
}
	
	Wire함수 초기화
	시리얼 통신 속도 설정(9600)

void loop( ) {	loop 시작

for (int k=0; k<2, k++) {
    dataT=k;
    Wire.beginTransmission(1);
    Wire.write(dataT);
    Wire.endTransmission(1);
 	
    Wire.beginTransmission(2);
    Wire.write(dataT);
    Wire.endTransmission(w);
 	
    Serial.println(dataT);
    delay(1000);
  }
	
	전송할 데이터(dataT)를 0~1까지 변화
	장치 #0번에 전송
	데이터(dataT)를 보내기
	장치 #0번 전송 정지
	
	장치 #1번에 전송
	데이터(dataT)를 보내기
	장치 #1번 전송 정지

}	loop() 끝

그림 13.10의 슬레이브 아두이노 보드(I2C Slave #1)에 설치될 스케치는 다음과 같다.

코드	설명

//I2C Slave#0
#include 〈Wire.h〉
int pinLED[2]= {10,11};
int dataR = 0;
	I2C통신을 위한 Wire 라이브러리 사용

void setup( ) {
  Wire.begin(1);
  Wire.onRequest(receiveEvent);
  Serial.begin(9600);
  for (int k=0; k〈2; k++) {
    pinMode(pinLED[k], OUTPUT);
  }
}
	I2C버스에 #1으로 접속
	receiveEvent를 이벤트로 등록
	
	LED가 연결된 10, 11핀 출력모드 선언

void loop( ) {
  for (int k=0; k〈2; k++) {
    digitalWrite(pinLED[k], LOW);
  }
  delay(500);
}
	LED 모두 off

void receiveEvent( ) {	receiveEvent 함수 시작 마스터로부터 데이터를 요청할 때마다 실행

dataR= Wire.read( );
  digitalWrite(pinLED[dataR], HIGH);
  Serial.println(dataR);
	I2C버스를 통해 데이터를 정수형으로 받기

}	receiveEvent() 끝

그림 13.10의 슬레이브 아두이노 보드(I2C Slave #2)에 설치될 스케치는 다음과 같다.

코드	설명

//I2C Slave#1
#include 〈Wire.h〉
int pinLED[2]= {8,9};
int dataR = 0;
	I2C통신을 위한 Wire 라이브러리 사용

void setup( ) {
  Wire.begin(2);
  Wire.onRequest(receiveEvent);
  Serial.begin(9600);
  for (int k=0; k〈2; k++) {
    pinMode(pinLED[k], OUTPUT);
  }
}
	I2C버스에 #2으로 접속
	receiveEvent를 이벤트로 등록
	
	LED가 연결된 8, 9핀 출력모드 선언

void loop( ) {
  for (int k=0; k<2; k++) {
    digitalWrite(pinLED[k], LOW);
  }
  delay(500);
}
	LED 모두 off

void receiveEvent( ) {	receiveEvent 함수 시작 마스터로부터 데이터를 요청할 때마다 실행

dataR= Wire.read( );
digitalWrite(pinLED[1-dataR], HIGH);
Serial.println(dataR);
	I2C버스를 통해 데이터를 정수형으로 받기

}	receiveEvent() 끝

마스터 아두이노에서 0과 1의 데이터를 전송하면, 슬레이브 아두이노(#1)에 연결된 2개의 LED가 on/off되고, 슬레이브 아두이노(#2)에 연결된 2개의 LED가 off/on된다.

■

CHAPTER 14

WiFi 모듈과 인터넷

아두이노 보드는 이더넷 또는 WiFi 모듈이나 쉴드와 접근 가능한 IP가 있다면 쉽게 인터넷으로 통신을 할 수 있으며, 웹페이지 등을 통해 아두이노 보드에 연결된 LED, 피에조, 모터 등을 제어할 수 있다.

아두이노에 설치는 편리하지만 사용에 제한이 많은 WiFi 쉴드보다 최근 많이 사용되는 WiFi 모듈을 사용하는 방법을 다루어 보자. WiFi 모듈로 무선인터넷을 이용하여 클라이언트나 서버를 구성하는 방법 등을 살펴본다.

이 장은 활용 중심의 실용적인 내용보다 아두이노에서 무선인터넷을 사용하기 위한 개념적인 내용을 다루게 되므로 실용적 적용을 위해서는 다음 장으로 넘어가도 된다.

14.1 인터넷 제어의 개념

IoT(사물인터넷) 제어 등을 하려면 유무선 인터넷을 통한 원격제어를 해야 한다. 유무선 인터넷을 이용하여 정보를 전송하는 방법은 기존의 시리얼 통신이나 I2C 통신을 통한 연결 방식과는 다르다. 인터넷을 이용하여 정보를 전송하거나 수신하려면, 먼저 서버(Server)와 클라이언트(Client) 개념을 이해해야 한다.

(1) 서버와 클라이언트의 개념

서버와 클라이언트의 개념은 인터넷에서 정보가 교환되고 서비스가 제공되는 방식이다. 좀 더 자세히 설명하면, 그림 14.1과 같이 서버는 네트워크(일반적으로 인터넷)를 통해 다른 컴퓨터나 장치에 서비스, 리소스 또는 데이터를 제공하도록 설계된 컴퓨터 또는 시스템으로 클라이언트 장치의 요청에 응답하고 필요한 데이터를 제공하거나 특정 작업을 수행하여 해당 요청을 수행한다. 이때 클라이언트는 서비스를 요청하는 Master가 되고, 서버는 요청에 응답하는 Slave가 된다.

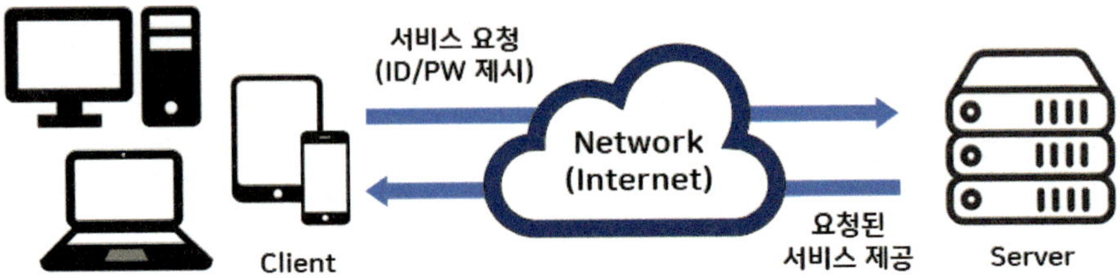

[그림 14.1] 서버와 클라이언트

반면, 클라이언트는 서버에서 서비스, 리소스 또는 데이터를 요청하는 컴퓨터, 장치 또는 소프트웨어 응용 프로그램이다. 클라이언트는 요청을 보내 서버와의 통신을 시작하고 서버에서 받은 응답을 처리하게 된다.

클라이언트가 서비스를 요청하는 Master로서 서버에 접속하려면 아이디(ID)와 패스워드(PW)를 제시하는 과정이 필요하다. 클라이언트의 Master의 자격이 확인되면 서버는 클라이언트의 요청에 응답하는 Slave가 되어 동작하게 된다.

도서관 시스템으로 비유하여 예를 들면, 서버는 책을 보관하는 중앙 도서관으로 생각할 수 있고, 클라이언트는 책을 빌리거나 반납하기 위해 도서관을 방문하는 개별 독자로 생각할 수 있다. 사서(서버)가 도서관의 자원을 관리하고, 독자(클라이언트)의 요청에 응답하고 서비스를 제공하는 개념이다.

서버와 클라이언트 구조는 네트워크로 연결된 인터넷의 기반이 되었고, 이를 활용한 대표적인 서비스가 팀 버너스리(Tim Berners-Lee)가 개발한 웹 서비스(WWW, World Wide Web)이다.

14.2 아두이노에서 인터넷을 활용하기

아두이노 보드에서 IoT(사물인터넷) 제어를 위하여 인터넷을 활용하려면, 아두이노 보드와 개발용 PC가 시리얼 통신을 통하여 정보를 주고받는 것처럼 아두이노 보드가 인터넷에 접속할 수 있도록 해야 한다.

아두이노에서 시리얼 통신의 경우에는 전송하려는 정보를 Serial.print( ) 함수 등을 통해 전송 코드가 작동할 때마다 직접 능동적으로 정보를 보낼 수 있다. 그러나 아두이노 R3보드는 자체적으로 인터넷 통신을 위한 기능이 없다. 아두이노 보드에서 인터넷을 사용하려면 이더넷(Ethernet)을 사용할 것인지 무선인터넷(WiFi)을 사용할 것인지 결정하고 해당하는 모듈이나 전용 쉴드를 사용하여야 한다.

그림 14.2와 같이 아두이노 보드에 이더넷 모듈이나 쉴드(Ethernet Shield)나 WiFi 모듈이나 쉴드를 연결하고 인터넷을 위한 IP를 부여받으면 인터넷에 접속할 수 있다.

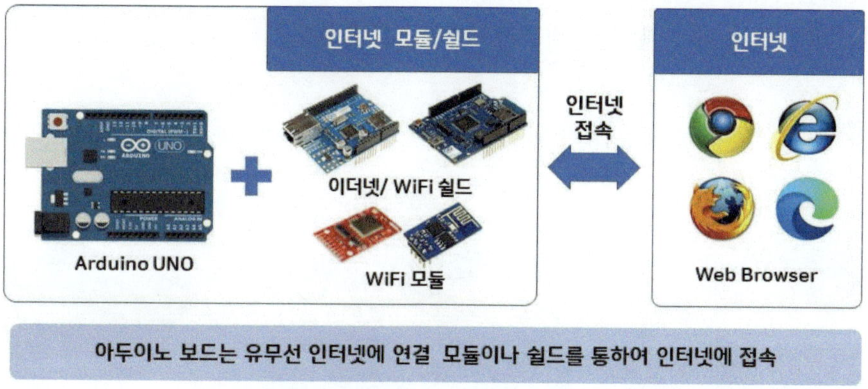

[그림 14.2] 아두이노 보드의 인터넷 접속 방법

이 장에서는 IoT(사물인터넷) 제어를 위하여 인터넷을 활용하기 위한 개념을 살펴보기 위하여, 아두이노 WiFi 모듈을 사용하여 인터넷에 접속하고 아두이노 보드를 제어하는 방법을 살펴본다.

14.3 아두이노를 위한 WiFi 모듈

IoT(사물인터넷) 제어를 위하여 아두이노 보드에서 무선 통신을 이용한 프로젝트를 수행하려면, 보편적인 아두이노 보드에 자체에 인터넷 기능이 없으므로 WiFi 쉴드나 모듈을 인터페이스하여 WiFi 연결을 가능하게 해야 한다. 아두이노에서 WiFi 연결을 위한 일반적으로 방법은 다음과 같다.

(1) 아두이노 WiFi 쉴드

아두이노는 다양한 쉴드를 장착하여 기능의 확장을 할 수 있도록 되어있어서, 유무선 인터넷 통신을 위한 그림 14.3(a)과 같은 이더넷 쉴드나 WiFi 쉴드도 제공된다. 이 쉴드는 아두이노 Uno 및 Mega 보드와 호환되며 IEEE 802.11b/g/n 표준을 지원한다. 그러나 현재 WiFi 쉴드는 공식 사이트에서 지원되지 않고 있다.

아두이노 쉴드들은 그림 14.3(b)와 같이 적층형(laminated structure)으로 아두이노 보드에 쉽게 결합되는데, 구조적으로 아두이노 보드의 신호 핀들을 고정적으로 사용하고 라이브러리 활용이나 코딩이 쉽고 편리하다. 그러나 이러한 구조적으로 고정된 결합이 오히려 아두이노 신호선의 사용에 혼란을 가져오는 경우가 많아서 현재 쉴드형 보다는 모듈형을 선호하기 때문이다.

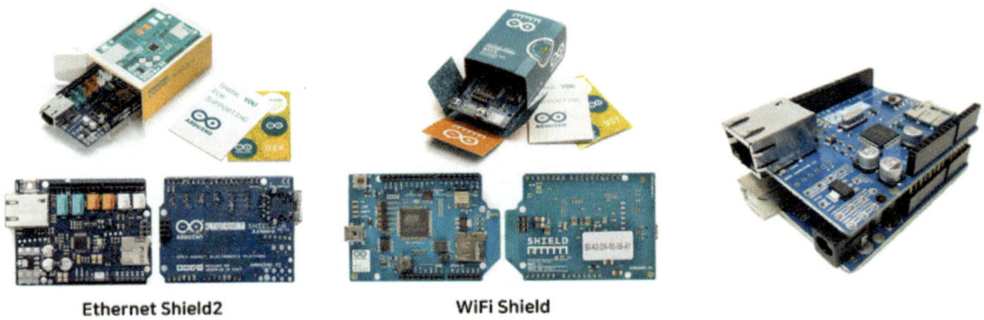

(a) Arduino Shields　　(b) 적층형 구조

[그림 14.3] 아두이노 쉴드

(2) ESP8266

ESP8266은 저가형 WiFi 모듈로 저렴한 가격과 사용 편의성으로 인해 널리 사용되는 WiFi 모듈이다. TCP/IP 프로토콜 스택이 내장된 저가형 모듈로 사물인터넷(IoT) 프로젝트에 적합하다. 또한 아두이노 개발환경(IDE)를 사용하여 쉽게 코딩할 수 있는 GPIO 핀이 있어 IoT(사물인터넷) 프로젝트에 가장 적합하다.

ESP8266 모듈은 그림 14.4와 같이 ESP-01~ESP-14가 있으나 일반적으로 ESP-01와 ESP-12E가 많이 사용되며, ESP8266을 USB-직렬 변환기와 통합한 보드인 NodeMCU가 있다.

[그림 14.4] ESP8266모듈

(3) ESP32

ESP32는 Bluetooth 지원 및 더 많은 GPIO 핀과 같은 추가 기능을 갖춘 ESP8266의 고급 버전으로 WiFi와 Bluetooth 연결을 모두 제공하므로 광범위한 응용 분야에 적합하다. 아두이노 보드에 모듈/쉴드 형태로 사용되기보다는 ESP32 보드 자체적으로 ESP32 Arduino Core를 통해 Arduino IDE와 호환된다. 더욱이 아두이노 UNO R4 WiFi의 경우에는 ESP32가 내장되어 WiFi 기능을 제공하고 있다.

[그림 14.5] ESP32와 아두이노 R4 WiFi

(4) NodeMCU

NodeMCU는 ESP8266 모듈을 기반으로 하며 Lua 스크립팅을 사용하여 IoT 프로젝트를 개발하는 편리한 방법을 제공한다. USB 직렬 프로그래밍 인터페이스가 내장되어 있으며 Arduino IDE를 사용하여 프로그래밍할 수 있다.

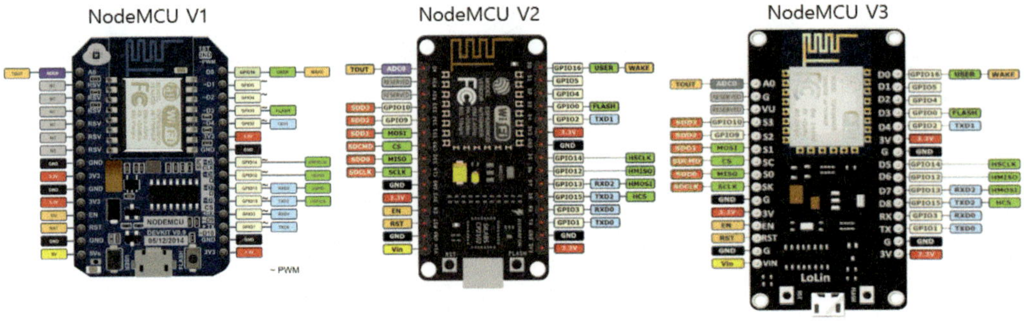

[그림 14.6] NodeMCU

이 장에서는 아두이노 등 다양한 마이크로프로세서 장치에서 많이 사용되는 ESP8266 WiFi 모듈을 사용하여 무선인터넷을 이용하는 방법을 살펴본다.

14.4 ESP8266 WiFi 모듈

Espressif Systems에서 개발한 무선 통신 모듈은 인터넷에 쉽게 연결하고 무선으로 통신할 수 있게 해준다. 일반적으로 ESP8266과 ESP32 모듈이 가장 많이 사용되고 있다. 특히 ESP8266은 사용이 편리하고 가격이 저렴한 WiFi 모듈로 TCP/IP 프로토콜 스택이 내장되어 있어 인터넷 연결 및 IoT 애플리케이션 작업에 적합하다. 또한 GPIO 핀이 장착되어 있어 독립적으로 다양한 센서, 액추에이터 및 기타 전자 부품과 인터페이스할 수 있게 되어 있다.

이 장에서는 아두이노 UNO에 시리얼 통신으로 그림 14.7과 같은 ESP8266 모듈 ESP-01을 사용하여 무선인터넷에 접속하는 방법을 살펴본다.

[그림 14.7] ESP8266모듈

ESP-01는 802.11b/g/n WiFi 모듈로 UART/GPIO를 지원한다. 구동 전압은 3.0V~3.6V이며, 동작 명령어로 UART AT command를 사용한다. 초기 시리얼 통신 속도는 115,200bps로 설정되어 있다.

(1) 아두이노 UNO 보드와 ESP8266 ESP-01 모듈의 연결

아두이노 UNO 보드와 ESP8266 ESP-01 모듈은 시리얼 통신 포트를 통해서 연결된다. 아두이노 보드는 시리얼 통신으로 데이터를 ESP-01 모듈에 보내고, 그 데이터를 ESP-01 모듈이 WiFi 기능을 통하여 데이터를 보내도록 한다. 다르게 표현하면 아두이노 보드는 다소 복잡한 명령(AT command)으로 ESP-01 모듈을 제어하여 무선인터넷 통신을 하지만 시리얼 통신 기능을 사용할 것뿐이다.

그러므로 아두이노가 WiFi 통신을 하려면, ESP8266 ESP-01 모듈과 시리얼 통신으로 연결되어 있어야 한다. 아두이노 UNO 보드는 고정 시리얼 포트(RX, TX)가 1개 밖에 없고, 이 고정된 시리얼 포트로 프로그램을 업로드하거나 모니터링 기능에 활용하기 때문에, 블루투스 모듈이나 WiFi 모듈 등과 같은 다른 모듈들이 시리얼 포트를 사용하기 위하여 일반적으로 아두이노 UNO에서 소프트웨어 시리얼 포트를 설정하여 사용한다.

또한, 아두이노 보드는 기본 신호 전압이 5V이고, ESP8266 ESP-01 모듈은 3.3V에서 동작하므로 두 보드를 연결할 때 주의해야 한다.

즉, ESP8266은 3.3V에서 작동하므로 아두이노 UNO의 5V 신호가 출력되는 핀에 ESP8266의 입력 핀을 직접 연결하지 않고 그림 14.8과 같이 저항 분압 회로를 사용해서 연결해야 손상을 방지할 수 있다. 아두이노 보드에 연결되지는 않지만 ESP8266을 활성화하려면 CH_PD(칩 활성화)를 3.3V에 연결해 주어야 한다.

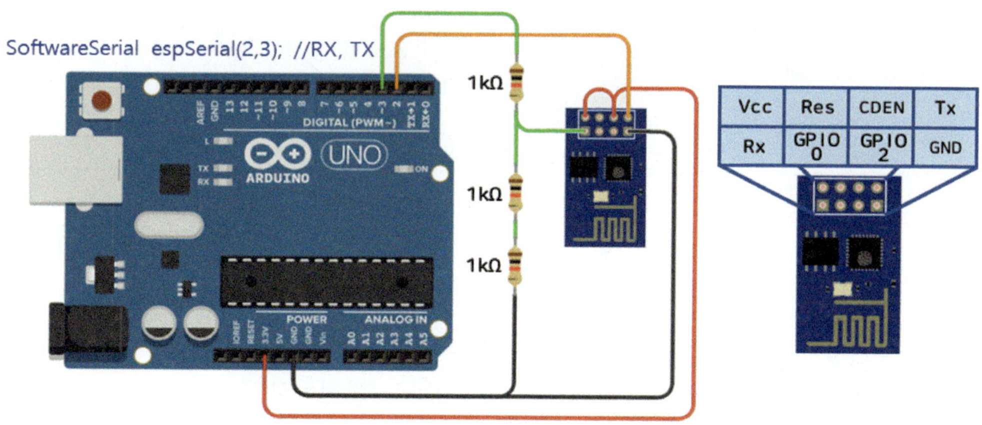

[그림 14.8] 아두이노 UNO와 ESP8266의 연결

(2) ESP-01 모듈의 시리얼 통신 설정

아두이노 UNO는 시리얼 통신을 하는 것이라 소프트웨어 시리얼을 위한 것이나 전송속도 이외에 별도의 설정이 없지만 ESP8266 ESP-01 모듈은 아두이노로부터 받은 정보를 처리할 수 있도록 몇 가지 설정이 필요하다. ESP8266 ESP-01 모듈이 아두이노와 시리얼 통신을 할 수 있는 설정이 필요하고, ESP-01 모듈이 WiFi 통신을 하기 위한 설정도 필요하다.

이들 설정은 아두이노 UNO에서 시리얼 통신을 통해 AT command를 ESP-01 모듈로 전송하여 이루어지므로 그림 14.8과 같이 연결한 후 설정을 해야 한다.

먼저, ESP-01 모듈은 초기 시리얼 통신 속도가 115,200bps로 설정되어 있으므로, 아두이노 UNO와 ESP-01 모듈이 통신을 하려면 ESP-01 모듈의 통신속도를 9600bps로 변경해야 한다.

이것을 위하여 아두이노 개발환경(IDE)의 시리얼 모니터 창에서 ESP-01 모듈 제어를 위한 'AT command'를 입력할 수 있도록 다음과 같은 ESP-01 모듈과의 시리얼 통신 프로그램을 작성하여 실행시킨다.

#include <SoftwareSerial.h>	SoftwareSerial 라이브러리 연결
SoftwareSerial espSerial(2,3); //Rx, Tx	SoftwareSerial를 espSerial로 설정 (Rx=2, Tx=3)

void setup ( ) {
  Serial.begin(9600);
  espSerial.begin(115200);
}
	컴퓨터의 시리얼 통신 전송속도 설정
	ESP-01에 연결을 위한 전송속도 설정

void loop( ) {	loop( ) 시작

if(espSerial.available( )) {
  Serial.write(espSerial.read( ));
}
	ESP-01 시리얼 통신이 활성 되면
	ESP-01 시리얼 통신 내용 시리얼 모니터에 출력

if(Serial.available( )) {
  espSerial.write(Serial.read( ));
}
	컴퓨터 시리얼 통신이 활성 되면
	시리얼 통신 내용을 ESP-01 시리얼로 전송

}	loop( ) 끝

아두이노 개발환경(IDE)의 시리얼 모니터 입력 창에 AT라고 입력한다. 그림 14.9와 같이 OK라고 출력되면 ESP-01 모듈이 정상적으로 동작하는 상태이다.

시리얼 모니터의 설정은 전송속도는 9600로 하고, 입력에 대한 return 값이 아래 줄에 출력되도록 'Both NL & CR(Newline & Carriage return)'로 설정한다.

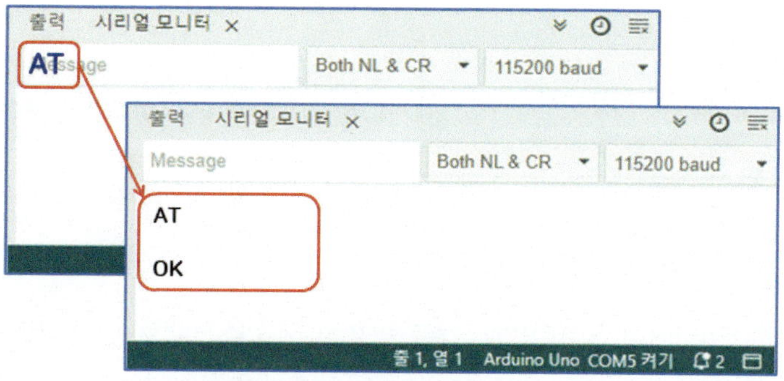

[그림 14.9] ESP-01 AT 전송

AT는 WiFi 모듈이 정상 동작하고 있는지도 알 수 있고, 통신속도와 통신선이 제대로 연결되어 있는지를 알 수 있는 AT command의 가장 기본적인 명령어이다.

ESP-01 모듈의 통신속도를 변경하기 위해 AT+UART_DEF=9600,8,1,0,0라고 입력한다. 그림 14.10과 같이 입력에 대하여 OK 메시지가 출력되면, ESP-01 모듈의 통신속도는 9600bps로 변경된 것을 의미한다.

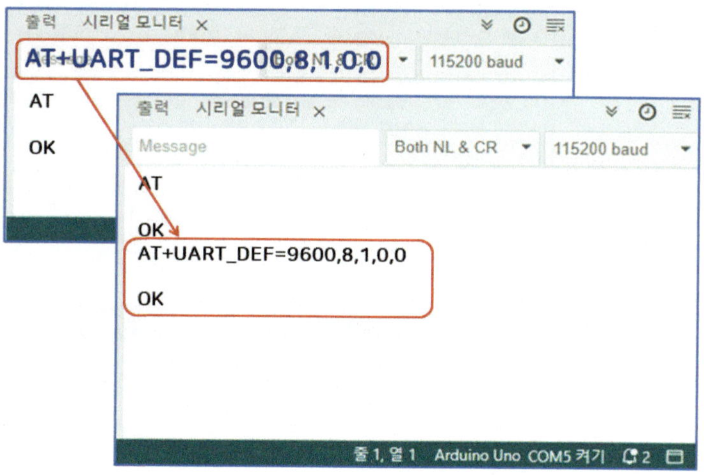

[그림 14.10] AT 명령으로 ESP-01 전송 속도 변경

앞의 ESP-01 모듈과의 시리얼 통신 프로그램에서 espSerial.begin(115200)을 espSerial.begin(9600)으로 변경하고 후 다시 아두이노로 업로드 한다.

void setup ( ) {
    Serial.begin(9600);
    espSerial.begin(9600);
}
	컴퓨터의 시리얼 통신 전송속도 설정
	ESP-01에 연결을 위한 전송속도 9600변경

(3) ESP-01 모듈의 WiFi 접속을 위한 설정

아두이노 개발환경(IDE)의 시리얼 모니터 입력 창에 다시 AT라고 입력하여 응답을 확인한다. 이제 WiFi에 접속을 위하여, 연결 가능한 무선 네트워크 목록을 검색해주는 AT+CWLAP 명령을 입력한다.

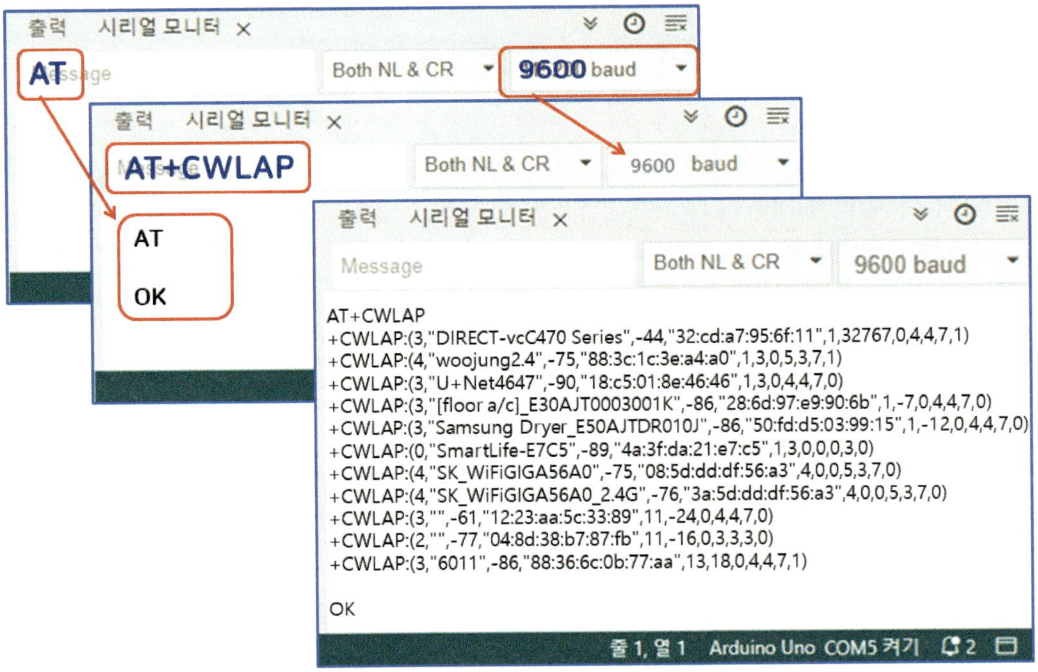

[그림 14.11] 연결 가능한 무선 네트워크 검색

AT+CWMODE? 명령으로 현재 모드가 몇 번인지 확인하고, 일반적으로 모드는 1번으로 설정한다. AT+CWMODE=1으로 입력하여 모드를 변경한다.

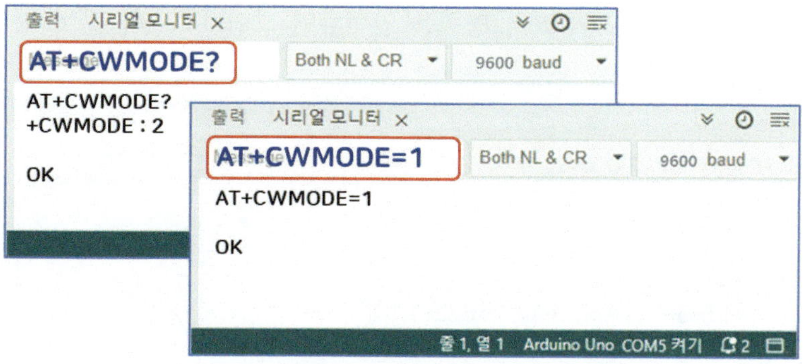

[그림 14.12] ESP-01의 입력 모드 변경

스마트 폰의 모바일 핫스팟을 이용하는 경우 그림 14.13을 참고하여 스마트 폰에서 제공하는 네트워크의 이름과 비밀번호를 확인하여, SSID와 패스워드로 이용한다.

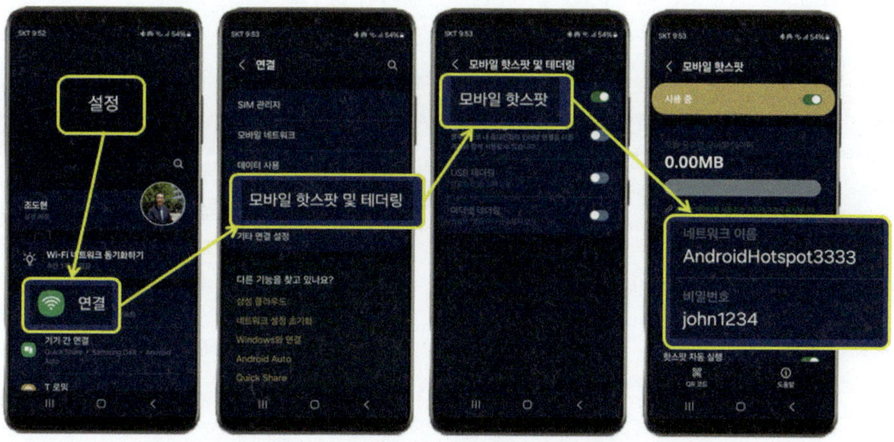

[그림 14.13] 스마트 폰 모바일 핫스팟의 IP와 PW 확인

WiFi 접속을 위하여 그림 14.14와 같이 AT+CWJAP="SSID","비밀번호"를 입력한다. 정상적으로 접속이 되면 "WIFI CONNECTED"가 출력 되고, "WIFI GOT IP"라고 응답이 출력된다.

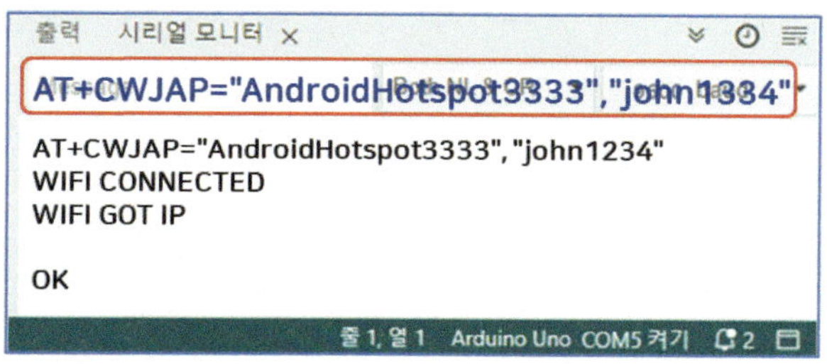

[그림 14.14] ESP-01의 입력 모드 변경

할당된 IP를 확인하려면 AT+CIFSR 명령을 입력하면 그림 14.15와 같이 IP 주소를 확인할 수 있다.

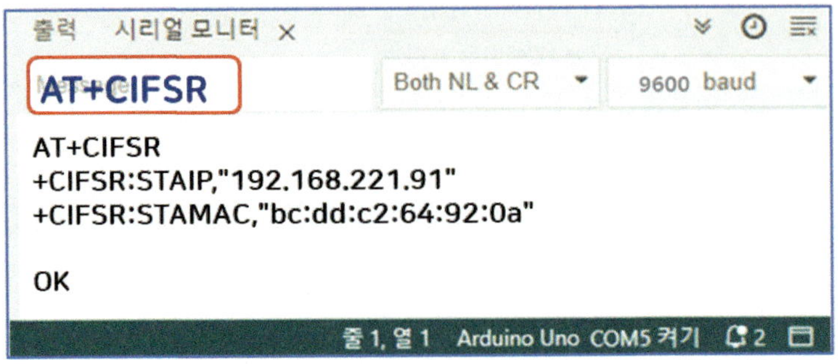

[그림 14.15] ESP-01의 입력 모드 변경

중요한 ESP8266 AT COMMAND를 간단히 정리하면 표 14.1과 같다.

[표 14.1] ESP8266의 중요 AT COMMAND

명령어	기능 설명	응답
AT	AT command 작동 상태 확인	OK (정상 동작) 무응답 (동작 오류)
AT+RST	재시작 (Reset)	OK… ready
AT+UART_DEF=속도,8,0,0	AT 통신속도 변경	OK
AT+CWMODE?	Wifi 모드 확인	'+CWMODE: mode#
AT+CWMODE=mode#	Wifi 모드 설정 (ex> AT+CWMODE=1)	OK
AT+CWLAP	접속 가능한 Wifi 목록 검색	Wifi 목록
AT+CWJAP?	접속된 Wifi 확인	
AT+CWJAP="SSID","비밀번호"	Wifi 접속	WIFI CONNECTED WIFI GOT IP OK
AT+CWQAP	Wifi 접속 종료	OK WIFI DISCONNECT
AT+CIFSR	IP 주소 확인	+CIFSR: STAIP, "할당된 IP주소" +CIFSR: STAMAC, "MAC주소"

(4) ESP-01 어댑터 모듈 사용

그림 14.8과 같이 저항 등을 사용하여 회로를 구성하는 것은 번거롭다. 그림 14.16과 같은 ESP-01 어댑터 모듈을 사용하면, 그림 14.17과 같이 동작전압을 5V 사용하면서 어댑터의 4개 핀(Rx, Tx, Vcc, GND)를 사용하여 편리하게 배선할 수 있다.

[그림 14.16] 어탭터 사용을 통한 ESP-01 모듈

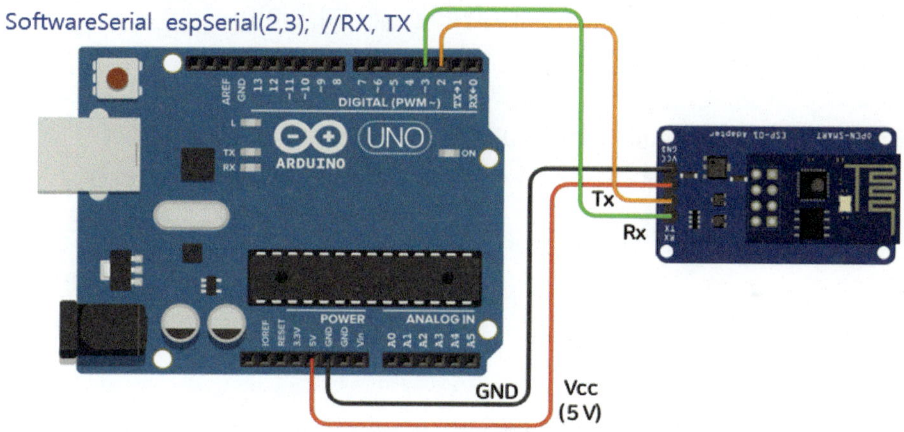

[그림 14.17] 아두이노 UNO와 어뎁터를 사용한 ESP8266 모듈의 연결

14.5 ESP8266 WiFi 모듈을 이용한 인터넷 접속

아두이노 UNO에서 ESP8266 모듈을 이용하여 HTTP 통신을 해보도록 하자.

HTTP 통신을 하려면 TCP 프로토콜을 이용하여 HTTP 메세지를 보내면 되는데, ESP8266 모듈은 TCP/UDP 스택이 내장되어 있어서 TCP 통신이 가능하며, AT 명령을 사용하면 된다.

WiFi 네트워크에 연결하고 AT명령을 이용해서 HTTP 명령을 보내는 방법을 보자.

HTTP 요청을 보내기 위해서 AT+CIPSTART를 이용하여 웹서버에 TCP 커넥션을 연결해야 한다. 명령 구성은 다음과 같다.

AT+CIPSTART= {TCP 연결 번호}," TCP" ," 웹서버IP" , {포트번호}

예를 들어 구글 웹 서버에 연결한다면, TCP의 연결번호를 0으로 하고, 구글 웹서버의 IP 216.58.200.14와 포트번호 80을 입력하면 된다.

AT+CIPSTART=0, "TCP" , "216.58.200.14" ,80

서버에 연결이 되면, AT+CIPSEND 명령을 사용하여 HTTP 명령을 보낸다.
명령어의 형식은 다음과 같다.

AT+CPISEND= {TCP 연결번호}, {보내고자 하는 메세지 길이}

예를 들면, "GET /index.html" 명령을 0번 TCP 연결로 보내고자 하면, 메시지(GET/index.html)의 길이가 15자이기 때문에, AT+CPISEND=0,15 로 실행하고, 그 다음에 〉 가 나오면 GET/index.html을 전송하면 된다.

14.1 실•전•예•제 HTTP를 이용한 구글 웹 서버 접속

아두이노 UNO에서 ESP8266 모듈을 이용하여 HTTP 통신으로 구글 웹 서버에 접속해 보자.

아두이노 스케치는 다음과 같다.

#include 〈SoftwareSerial.h〉	SoftwareSerial 라이브러리 사용
SoftwareSerial espSerial(2,3); //Rx, Tx	SoftwareSerial를 espSerial로 설정 (Rx=2, Tx=3)
String ssid = "WiFi_ID"; String password = "WiFi_PW";	접속할 무선 네트워크의 아이디 접속할 무선 네트워크의 패스워드

void connectWifi( ) {	WiFi 연결을 위한 함수

String cmd = "AT+CWMODE=1";
espSerial.println(cmd);
cmd="AT+CWJAP=""SSID"",""PASSWORD";
espSerial.println(cmd);
delay(1000);	

if(espSerial.find("OK")) {
Serial.println("Wifi connected");
}else {
Serial.println("Cannot connect to Wifi"+esp);
}	

}	

void httpGet(String server, String uri) {	HTTP 웹 서버 연결

String connect_server_cmd = "AT+CIPSTART=4, ₩"TCP ₩", ₩""+server+" ₩",80";
espSerial.println(connect_server_cmd);
String httpCmd = "GET "+uri;
String cmd = "AT+CIPSEND=4,"+httpCmd.length();
espSerial.println(cmd);
espSerial.println(httpCmd);	

}	

void setup( ) {	setup( )함수 시작
espSerial.begin(9600);	소프트웨어 시리얼 espSerial 설정
Serial.begin(9600);	시리얼 통신 설정
connectWifi( );	WiFi 연결 함수 호출
httpGet("142.250.207.110","/index.html");	구글 웹서버 연결
}	setup( )함수 끝

void loop( ) {	loop( ) 함수 시작
}	loop( ) 함수 끝

■

웹 사이트의 IP 주소를 찾는 방법은 컴퓨터의 cmd 창에 tracert를 입력하고 스페이스로 한 칸을 띄우고 원하는 웹사이트의 주소를 "www."를 제외하고 입력한다.

예를 들면 구글의 IP 주소를 찾는 방법은 tracert google.com를 입력하면 된다.

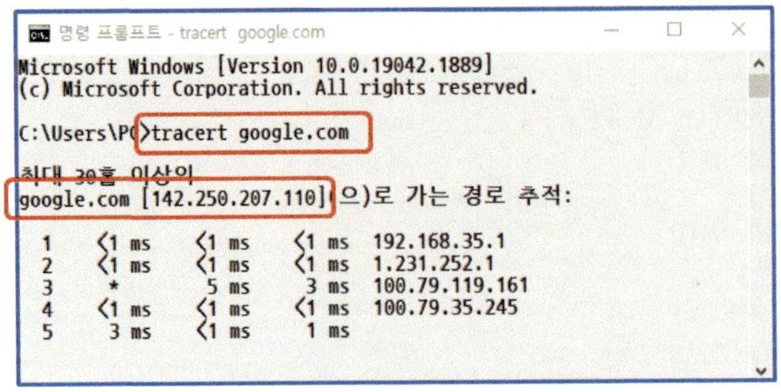

[그림 14.18] 윈도우 cmd창의 명령 프롬프트

CHAPTER 15

WiFi 모듈을 활용한 제어

아두이노 UNO R3에서 시리얼 통신으로 ESP8266 모듈을 이용하여 WiFi 통신하는 과정은 어렵고 복잡하다. 연결하고, 메시지나 명령을 전송하고 받는 과정 등을 AT 명령으로 직접 코딩하여야 하기 때문이다.

아두이노 개발환경의 장점과 편리함은 복잡한 제어 방법을 다양한 라이브러리 활용을 통하여 해결하는 것이다. ESP8266 모듈 사용을 위해서도 WiFiEsp와 같은 아두이노 라이브러리를 사용하면 편리하고, 다양한 예제를 제공하고 있어서 사용하기 좋다.

이 장에서는 WiFiEsp 라이브러리를 사용하여 클라이언트와 서버 기능을 통한 제어를 설명한다.

15.1 WiFiEsp 라이브러리 설정하기

(1) WiFiEsp 라이브러리 설치

WiFiEsp 라이브러리를 사용하려면, 아두이노 개발환경(IDE)에 라이브러리를 설치해야 한다.

아두이노에서 라이브러리를 추가하기 위하여, 아두이노 개발환경(IDE)에서 도구에서 라이브러리 관리를 선택하면 그림 15.1과 같이 라이브러리 매니저가 나타난다.

라이브러리 매니저 부분에 'WiFiEsp'라고 입력하면, 관련된 여러 가지의 라이브러리가 나타난다.

그림 15.1과 같이 WiFiEsp 라이브러리를 선택하여 설치한다.

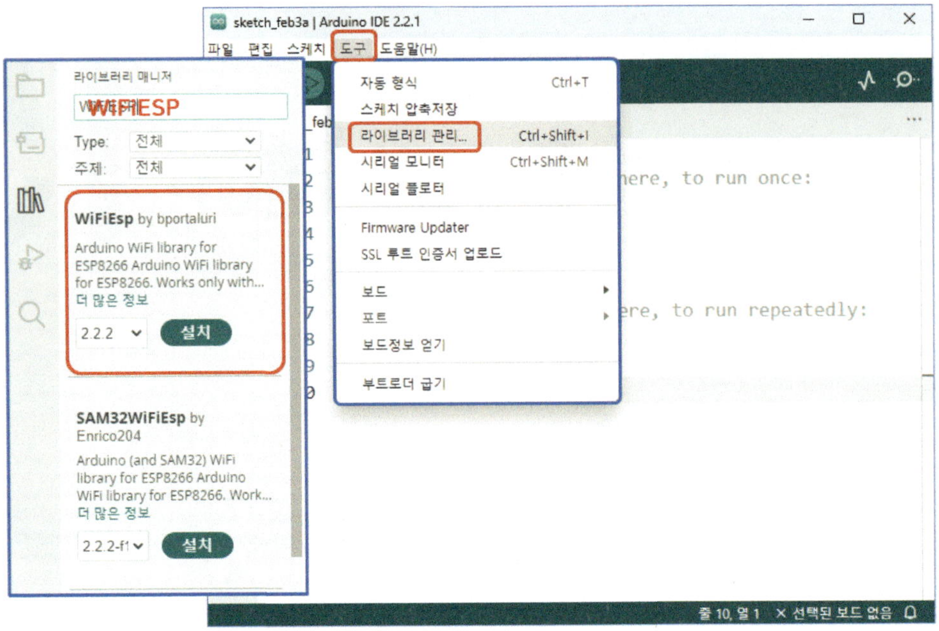

[그림 15.1] 아두이노 개발환경(IDE)의 라이브러리 매니저

WiFiEsp 라이브러리는 다음 아두이노 홈페이지에서 다운받아 설치할 수도 있다.

```
https://www.arduino.cc/reference/en/libraries/wifiesp/
```

WiFiEsp 라이브러리를 zip 파일로 다운로드 받고, 다음 Sketch에서 Sketch 〉 Include Library 〉 Add .Zip Library 를 선택해서 다운 받은 ZIP 파일을 선택하면 라이브러리로 등록되어 사용이 가능하다.

(2) WiFiEsp 예제

WiFiEsp 라이브러리가 설치되면 그림 15.2와 같이 WiFiEsp 라이브러리를 활용하여 무선인터넷으로 클라이언트나 서버를 구현할 수 있는 예제들을 참고하여 사용하면 WiFi 기반의 웹서버(web server)와 클라이언트(client)를 만들어 무선인터넷 제어에 쉽게 활용할 수 있다.

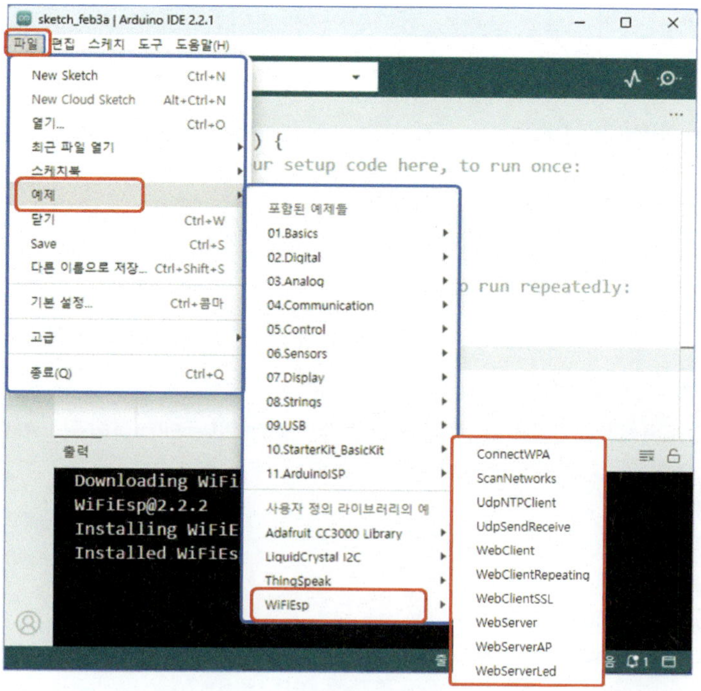

[그림 15.2] WiFiEsp의 예제

15.2 WiFiEsp 라이브러리로 WiFi 사용을 위한 설정

ESP8266 기반의 라이브러리 “WiFiEsp.h”를 활용을 선언한다.

```
#include <WiFiEsp.h>
```

아두이노 UNO를 ESP8266 ESP-01 모듈과 시리얼 통신으로 연결하기 위하여 소프트웨어 시리얼 espSerial( ) 포트를 설정하여 사용한다.

```
#SoftwareSerial espSerial(2, 3); // RX, TX
```

예제에서는 다음과 같은 전처리 구조로 구성하여 'HAVE_HWSERIAL1' 매크로가 정의되지 않은 경우에 소프트웨어 시리얼을 부분을 포함시키고, HAVE_HWSERIAL1이 이미 정의된 경우

#ifndef와 #endif 사이의 코드 블록은 컴파일에서 제외한다.

```
#ifndef HAVE_HWSERIAL1
  #include <SoftwareSerial.h>
  SoftwareSerial Serial1(2, 3); // RX, TX
#endif
```

또한 ESP8266 ESP-01 모듈이 무선인터넷을 사용하기 위한 WiFi 아이디와 패스워드를 설정하고, 무선인터넷에 연결해야 한다.

다음과 같이 ESP8266 ESP-01 모듈이 무선 네트워크에 접속할 아이디와 패스워드, WPA/WPA2 네트워크 상태를 설정한다.

```
char ssid[ ] = "WiFi_ID";
char password[ ] = "WiFi_PW";
int status = WL_IDLE_STATUS;
```

Setup( )함수에서 WiFiEsp.h 라이브러리를 사용하여, 설정한 아이디와 패스워드로 무선 네트워크에 접속한다.

WiFi.init( )함수로 아두이노에 소프트웨어 시리얼로 연결된 ESP8266 모듈을 초기화한다.

```
WiFi.init(&espSerial);
```

WiFi 네트워크에 접속을 시도한다.

```
while ( status != WL_CONNECTED) {
  Serial.print("Attempting to connect to WPA SSID: ");
  Serial.println(ssid);
  status = WiFi.begin(ssid, password);
}
```

15.3 Web Client 만들기

WiFiEsp 예제의 WebClient를 참고하여 아두이노 UNO에서 ESP8266 모듈을 사용하여웹 클라이언트를 만들어 그림 15.3과 같이 Google 웹사이트에 접속해 보자.

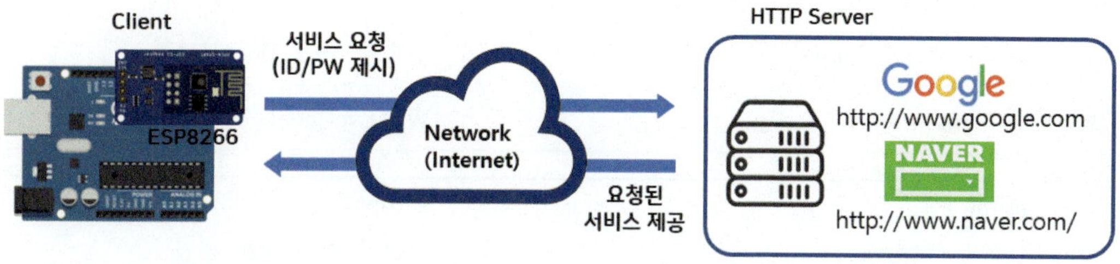

[그림 15.3] 아두이노 ESP8266 웹 클라이언트와 HTTP 서버

실 • 전 • 예 • 제

15.1 웹 클라이언트 만들기

아두이노 UNO에 ESP8266 ESP-01 모듈을 어댑터를 사용하여 그림 15.4와 같이 연결한다.

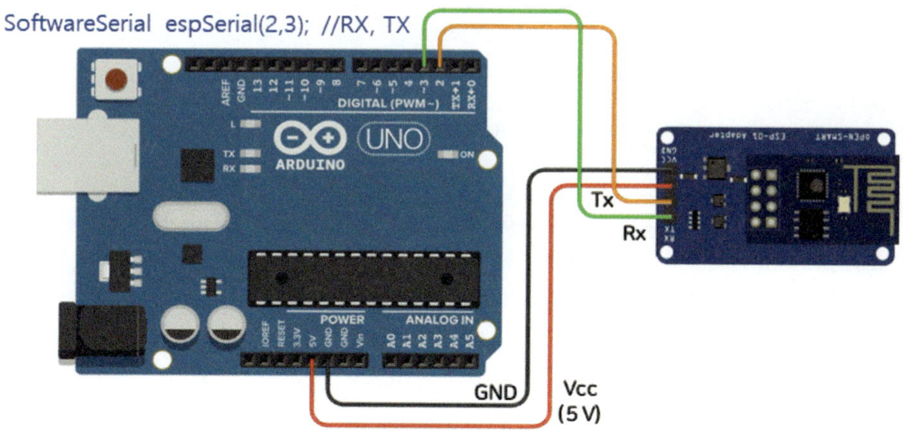

[그림 15.4] 아두이노 UNO에 ESP8266 모듈 연결

아두이노 스케치는 다음과 같다.

#include 〈WiFiEsp.h〉	ESP8266WiFi 라이브러리 사용

#ifndef HAVE_HWSERIAL1
  #include 〈SoftwareSerial.h〉
  SoftwareSerial espSerial(2, 3); // RX, TX
#endif
	소프트웨어 시리얼 설정

char ssid[ ] = "WiFi_ID"; char password[ ] = "WiFi_PW"; int status = WL_IDLE_STATUS;	접속할 무선 네트워크의 아이디 접속할 무선 네트워크의 패스워드 네트워크 상태를 설정
char server[ ] = "arduino.cc";	접속할 http 웹사이트 주소
WiFiEspClient client;	WiFiEspClient 객체 client 생성

void setup( ) {	setup( )함수 시작
Serial.begin(115200); espSerial.begin(9600);	시리얼 전송 속도 설정 소프트웨어시리얼 전송 속도 설정
WiFi.init(&espSerial);	ESP8266 모듈 초기화

if (WiFi.status( ) == WL_NO_SHIELD) {
  Serial.println("WiFi shield not present");
  while (true);
}
	쉴드 존재 확인

while (status != WL_CONNECTED) {
  Serial.print("Attempting WPA SSID: ");
  Serial.println(ssid);
  status = WiFi.begin(ssid, password);
}
	설정한 아이디/패스워드로
	WiFi 접속 시도

Serial.println("You're connected to the network"); printWiFiStatus( ); Serial.println( ); Serial.println("Starting connection to server...");	WiFi 접속상태 출력

if (client.connect(server, 80)) {
  Serial.println("Connected to server");
  client.println("GET /asciilogo.txt HTTP/1.1");
  client.println("Host: arduino.cc");
  client.println("Connection: close");
  client.println( );
}
	Make a HTTP request

}	setup( )함수 끝

void printWiFiStatus( ) {	printWifiStatus( ) 시작
Serial.print("SSID: "); Serial.println(WiFi.SSID( ));	연결된 네트워크의 SSID 출력
IPAddress ip = WiFi.localIP( ); Serial.print("IP Address: "); Serial.println(ip);	WiFi 모듈의 IP 주소 출력
long rssi = WiFi.RSSI( ); Serial.print("Signal strength (RSSI):"); Serial.print(rssi); Serial.println(" dBm");	수신된 신호 상태 출력
}	printWifiStatus( ) 끝

void loop( ) {	loop( ) 함수 시작

while (client.available( )) {
char c = client.read( );
Serial.write(c);
}
	서버에서 사용 가능한 수신 바이트가 있으면 읽고 출력

if (!client.connected( )) {
Serial.println( );
Serial.println("Disconnecting from server...");
client.stop( );
while (true);
}
	서버 연결 끊어지면 클라이언트 중지
	
	아니면 연결 유지

}	loop( ) 함수 끝

그림 15.5는 웹 클라이언트의 동작에 대한 시리얼 모니터 출력이다.

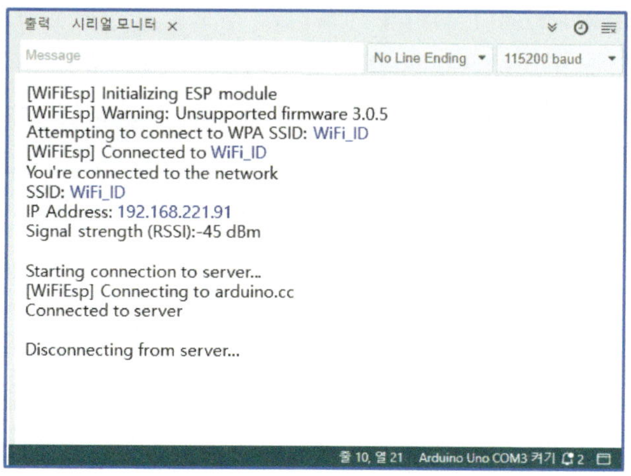

[그림 15.5] 웹 클라이언트의 시리얼 모니터 출력

■

15.4 웹 서버 만들기

WiFiEsp 예제에서 WebServer를 참고하여 아두이노 UNO와 ESP8266 모듈로 웹 서버를 만들어 UNO의 정보를 클라이언트에 제공해 보자.

앞에서 클라이언트는 그림 15.3과 같이 서버에 접속하여 정보를 받아오는 것이지만, 그림 15.6과 같이 서버는 접속한 클라이언트에 정보를 제공해야 하는 것이 다르다.

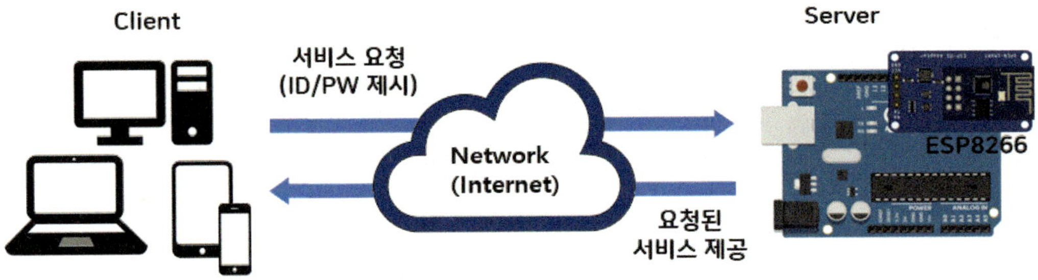

[그림 15.6] 아두이노 ESP8266 서버와 클라이언트

아두이노와 ESP8266로 구현된 서버로 접속하는 클라이언트에게 정보를 제공해야 한다.

(1) HTML 언어로 구성된 웹 페이지

웹을 통하여 클라이언트가 서버에 접속하면, 서버에서 제공하는 정보가 클라이언트에 나타날 필요가 있다. 이 정보들을 HTML(Hyper Text Markup Language)로 구성하면, 클라이언트의 웹 브라우저(Web browser)에서 서버가 제공하는 정보를 볼 수 있다.

HTML(Hyper Text Markup Language)는 웹 브라우저의 어느 위치에 어떤 데이터를 어떤 모양으로 표시할 것인지를 나타내는 화면의 출력형식을 기술하는 언어이다.

HTML 문서의 구조는 그림 15.7과 같다. 작성된 문서를 ***.html로 저장한 후 웹 브라우저에서 실행시키면, 그림 15.8과 같이 나타난다.

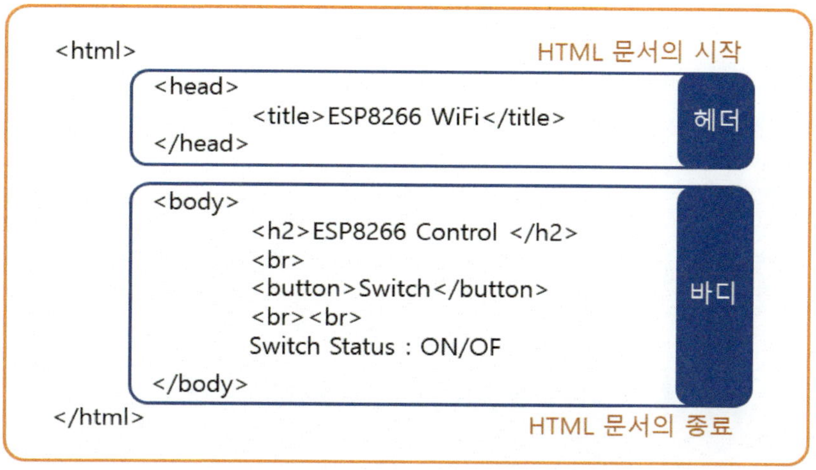

[그림 15.7] HTML 문서의 구조 예

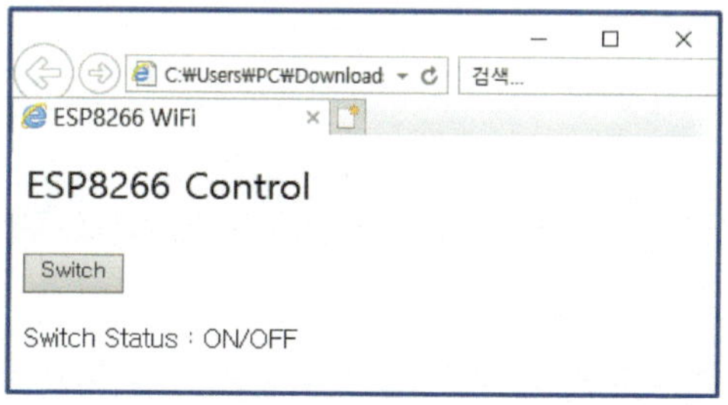

[그림 15.8] 그림 15.7의 html 파일을 웹 브라우저에서 실행한 결과

(2) 아두이노와 ESP8266로 구현된 서버에서 HTML 문장 전송하기

아두이노와 ESP8266로 구현된 서버가 웹을 통하여 접속한 컴퓨터나 스마트 기기와 같은 클라이언트에게 웹 브라우저에서 그림 16.97과 같은 정보를 제공하려면, 클라이언트로 그림 15.7의 html 문장에 그림 15.9와 같이 client.print(“ ”);을 추가하여 전송하면 된다.

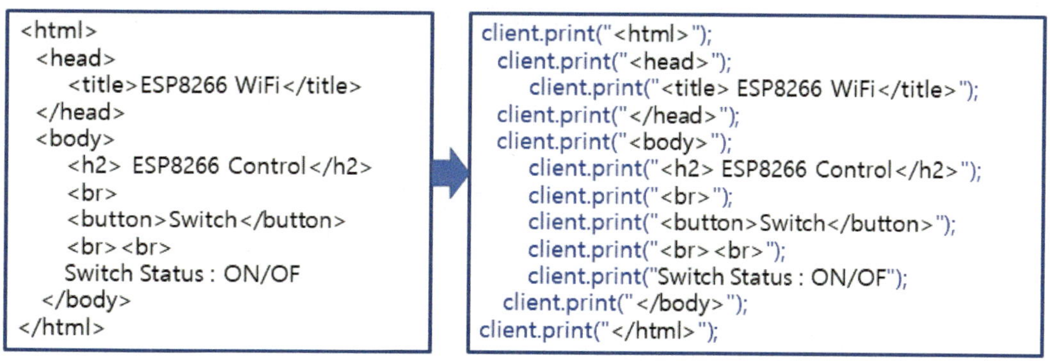

[그림 15.9] 아두이노 웹 서버에서 html 문서를 클라이언트로 전송하는 방법

(3) 아두이노와 ESP8266의 웹서버 구성

아두이노에서 무선인터넷을 사용하기 위한 과정은 앞 절의 웹 클라이언트에서 클라이언트 설정 부분을 제외하면 유사하다.

WiFiEsp.h를 활용한다.

```
#include <WiFiEsp.h>
```

WiFiEspServer의 객체를 'server'라는 이름으로 생성한다.

```
WiFiEspServer  server(80);
```

server(80)의 매개변수 값 80은 내부에서 사용될 포트 번호인데, HTTP 프로토콜은 80번 포트를 사용한다.

setup( )함수에서 접속할 무선 네트워크의 아이디와 패스워드로 무선 네트워크에 접속하고, server.begin( )함수로 WiFiEspServer객체 server를 시작한다.

loop( )함수에서 server.available( )를 사용하여 클라이언트의 접속을 확인하고, 클라이언트의 접속이 없으면 종료시킨다. 클라이언트가 접속되면 확인 메시지를 시리얼 모니터에 출력한다.

```
WiFiEspClient  client = server.available( );
Serial.println("New Client");
```

WiFiEsp 예제의 WebServer를 참고하여 아두이노와 ESP8266로 서버를 구현하고, 웹을 통해 접속하는 클라이언트에게 정보를 제공하고, 클라이언트의 요구에 따라 서비스를 제공하는 방법을 학습한다.

실 • 전 • 예 • 제

15.2 클라이언트에서 아두이노와 ESP8266 서버의 가변저항 값 읽기

아두이노 UNO에 ESP8266 ESP-01 모듈을 어댑터를 사용하여 그림 15.10과 같이 연결하고, A0에 가변저항을 연결하여 아날로그 입력으로 사용한다.

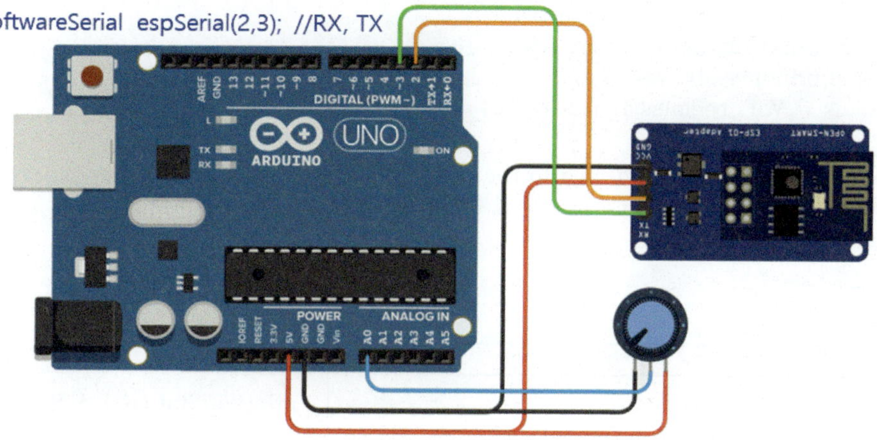

[그림 15.10] 아두이노 UNO에 ESP8266 모듈과 가변저항 연결

아두이노 스케치는 다음과 같다.

#include ⟨WiFiEsp.h⟩	ESP8266WiFi 라이브러리 사용

#ifndef HAVE_HWSERIAL1
  #include ⟨SoftwareSerial.h⟩
  SoftwareSerial espSerial1(2, 3); // RX, TX
#endif
	소프트웨어 시리얼 설정

char ssid[ ] = "WiFi_ID"; char password[ ] = "WiFi_PW"; int status = WL_IDLE_STATUS;	접속할 무선 네트워크의 아이디 접속할 무선 네트워크의 패스워드 네트워크 상태를 설정
int reqCount = 0;	수신된 request 수
WiFiEspServer server(80);	WiFiEspServer 객체 server 생성

void setup( ) {	setup( )함수 시작
Serial.begin(115200); espSerial.begin(9600);	시리얼 전송 속도 설정 소프트웨어시리얼 전송 속도 설정
WiFi.init(&espSerial);	ESP8266 모듈 초기화

if (WiFi.status( ) == WL_NO_SHIELD) {
Serial.println("WiFi shield not present");
while (true);
}
	쉴드 존재 확인

while (status != WL_CONNECTED) {
Serial.print("Attempting WPA SSID: ");
Serial.println(ssid);
status = WiFi.begin(ssid, password);
}
	설정한 아이디/패스워드로
	WiFi 접속 시도

Serial.println("You're connected to the network"); printWiFiStatus( ); Serial.println( );	WiFi 접속상태 출력
server.begin( );	웹 서버 시작
}	setup( )함수 끝

void printWiFiStatus( ) {	printWifiStatus( ) 시작
Serial.print("SSID: "); Serial.println(WiFi.SSID( ));	연결된 네트워크의 SSID 출력
IPAddress ip = WiFi.localIP( ); Serial.print("IP Address: "); Serial.println(ip);	WiFi 모듈의 IP 주소 출력
Serial.println( ); Serial.print("Open a browser to http://"); Serial.println(ip); Serial.println( );	browser가 접속할 주소
}	printWifiStatus( ) 끝

void loop( ) {	loop( ) 함수 시작
WiFiEspClient client = server.available( );	클라이언트의 접속 확인

if (client) {
Serial.println("New client");
boolean currentLineIsBlank = true;
	클라이언트접 속하면
	New client 출력

while (client.connected( )) { if (client.available( )) {	클라이언트가 접속된 동안
char c = client.read( ); Serial.write(c);	
if (c == '₩n' && currentLineIsBlank) { Serial.println("Sending response");	클라이언트로부터 요청사항 수신

"HTTP/1.1 200 OK ₩r ₩n" "Content-Type: text/html ₩r ₩n" "Connection: close ₩r ₩n" "Refresh: 20 ₩r ₩n" " ₩r ₩n");	표준 http 응답 헤더 보내기

client.print("〈!DOCTYPE HTML〉 ₩r ₩n");
client.print("〈html〉 ₩r ₩n");
client.print("〈h1〉Hello World!〈/h1〉 ₩r ₩n");
client.print("Requests received: ");
client.print(++reqCount);
client.print("〈br〉 ₩r ₩n");
client.print("Analog input A0: ");
client.print(analogRead(0));
client.print("〈br〉 ₩r ₩n");
client.print("〈/html〉 ₩r ₩n");
break;
	analogRead(0) 결과 클라이언트에게 전송

}	if (c == ' ₩n' &&..) 끝

if (c == ' ₩n') {
currentLineIsBlank = true;
}
	새 라인 확인

else if (c != ' ₩r') {
currentLineIsBlank = false;
}
	현재 라인

}	if (client.available()) 끝
}	while (client.connected()) 끝
delay(10);	
client.stop( ); Serial.println("Client disconnected");	접속 종료
}	if (client) 끝
}	loop( )함수 끝

그림 15.11은 아두이노 개발환경(IDE)에서 아두이노에 프로그램을 업로드 완료 후 시리얼 모니터 출력된 WiFi에 연결된 아두이노와 ESP8266로 구현된 서버에 할당 된 IP주소이다.

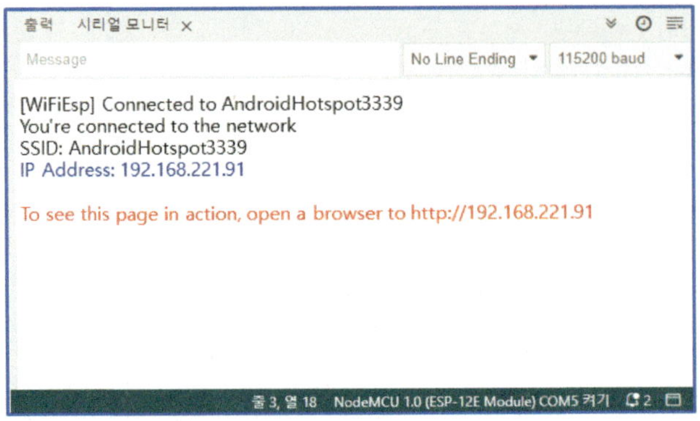

[그림 15.11] WiFi에 연결된 아두이노와 ESP8266로 구현된 서버에 할당 된 IP주소

그림 15.12는 시리얼 모니터에 출력된 서버와 클라이언트 연결 정보이다. 스마트 폰의 웹 브라우저에 아두이노와 ESP8266로 구현된 서버의 IP주소를 입력하고 검색을 누르면, 그림 15.12와 같이 시리얼 모니터에 클라이언트가 접속했다는 내용이 출력된다.

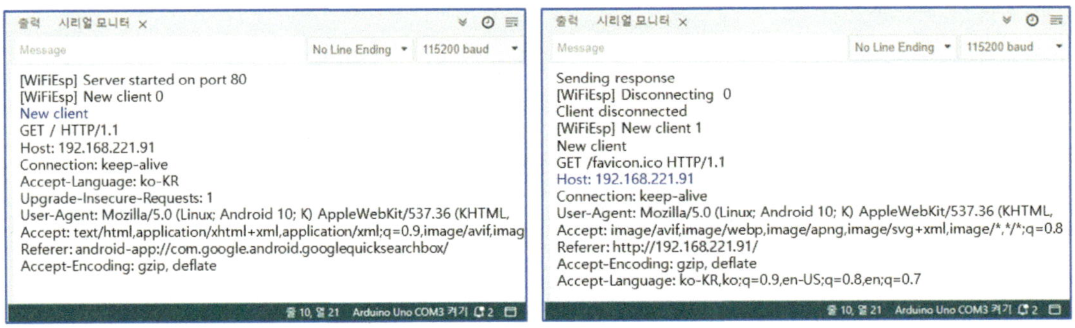

[그림 15.12] 시리얼 모니터에 출력된 서버와 클라이언트 연결 정보

스마트 폰의 웹 브라우저의 화면이 아두이노와 ESP8266로 구현된 서버에서 가변저항을 조정하면 그림 15.13과 같이 그 결과가 스마트 폰(클라이언트)에 나타난다.

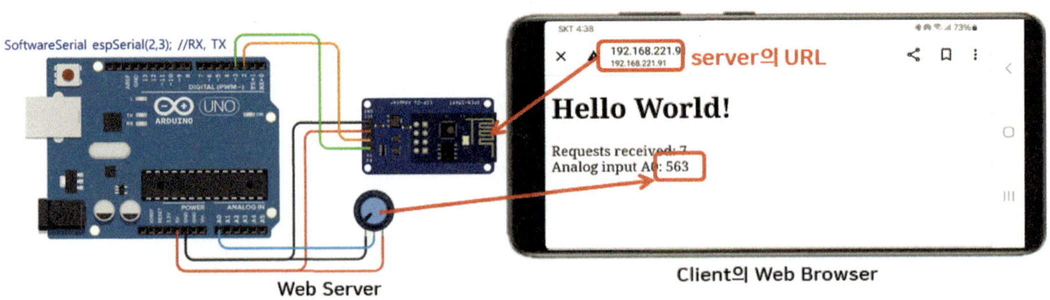

[그림 15.13] 아두이노와 ESP8266로 구현된 서버와 스마트 폰 클라이언트 연결

■

실 • 전 • 예 • 제

15.2 클라이언트에서 서버 NodeMCU의 LED 제어하기

클라이언트에서 입력한 정보로 아두이노와 ESP8266 서버의 LED를 제어할 수 있는 WiFi 기반의 웹 서버를 만들어 LED를 제어하여 보자.

서버로 구성된 아두이노와 ESP8266의 D11에 LED를 연결하고, 그림 15.14와 같이 클라이언트가 웹 브라우저를 통해 LED의 ON/OFF를 상태를 선택하면, 클라이언트에서 전달한 정보로 아두이노와 ESP8266 서버의 LED를 켜거나 끈다.

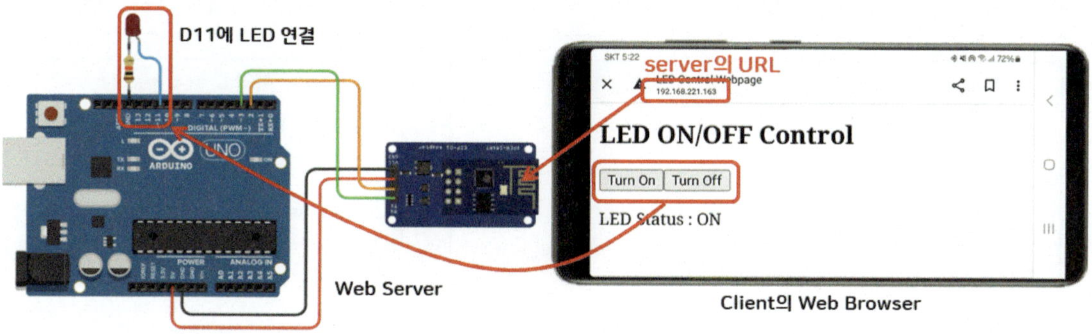

[그림 15.14] WiFi로 클라이언트의 웹 브라우저(스마트 폰)에서 아두이노 서버의 LED 제어

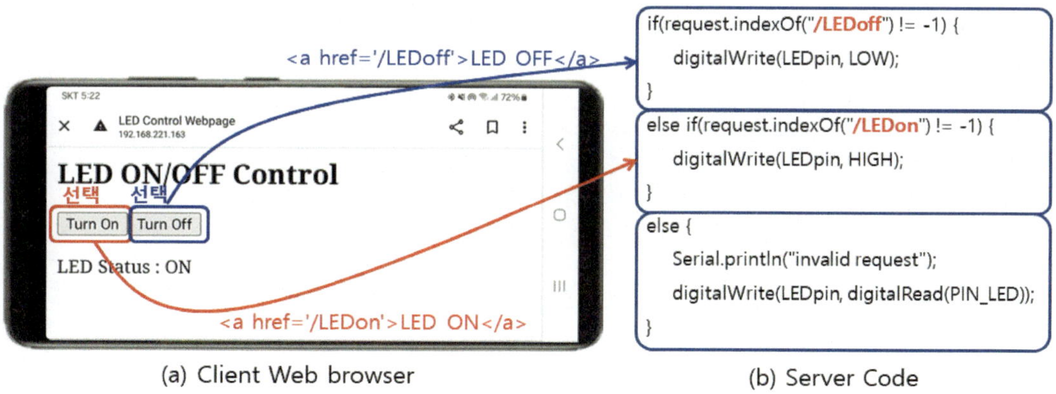

[그림 15.15] 클라이언트의 웹 브라우저에서 선택한 정보와 서버 코드의 연결

아두이노 스케치는 다음과 같다.

`#include <WiFiEsp.h>`	ESP8266WiFi 라이브러리 사용

`#ifndef HAVE_HWSERIAL1`
`  #include <SoftwareSerial.h>`
`  SoftwareSerial espSerial1(2, 3); // RX, TX`
`#endif`
	소프트웨어 시리얼 설정

`#define LEDpin D11`	LED를 연결할 D11의 핀 설정

`char ssid[ ] = "WiFi_ID";`
`char password[ ] = "WiFi_PW";`
`int status = WL_IDLE_STATUS;`
	접속할 무선 네트워크의 아이디
	접속할 무선 네트워크의 패스워드
	네트워크 상태를 설정

`int reqCount = 0;`	수신된 request 수
`WiFiEspServer server(80);`	WiFiEspServer 객체 server 생성

`void setup( ) {`	setup( )함수 시작
`  Serial.begin(115200);` `  espSerial.begin(9600);`	시리얼 전송 속도 설정 소프트웨어시리얼 전송 속도 설정
`  pinMode(LEDpin, OUTPUT);` `  digitalWrite(LEDpin, LOW);`	LEDpin을 출력모드로 선언 LEDpin의 초깃값 LOW 설정
`  WiFi.init(&espSerial);`	ESP8266 모듈 초기화

`  if (WiFi.status( ) == WL_NO_SHIELD) {`
`    Serial.println("WiFi shield not present");`
`    while (true);`
`  }`
	쉴드 존재 확인

`  while ( status != WL_CONNECTED) {`
`    Serial.print("Attempting WPA SSID: ");`
`    Serial.println(ssid);`
`    status = WiFi.begin(ssid, password);`
`  }`
	설정한 아이디/패스워드로
	WiFi 접속 시도

`  Serial.println("You're connected to the network");`
`  printWiFiStatus( );`
`  Serial.println( );`
	WiFi 접속상태 출력

`  server.begin( );`	웹 서버 시작
`}`	setup( )함수 끝

void printWiFiStatus( ) {	printWifiStatus( ) 시작
Serial.print("SSID: "); Serial.println(WiFi.SSID( ));	연결된 네트워크의 SSID 출력
IPAddress ip = WiFi.localIP( ); Serial.print("IP Address: "); Serial.println(ip);	WiFi 모듈의 IP 주소 출력
Serial.println( ); Serial.print("Open a browser to http://"); Serial.println(ip); Serial.println( );	browser가 접속할 주소
}	printWifiStatus( ) 끝

void loop( ) {	loop( ) 함수 시작
WiFiEspClient client = server.available( ); if(!client) return; Serial.println("New client");	클라이언트의 접속 확인 클라이언트 접속 없으면 종료 클라이언트 접속 상황 출력
client.setTimeout(5000);	클라이언트에게 HTTP 전송 시도
String request = client.readStringUntil('₩r'); Serial.println("request: "); Serial.println(request);	클라이언트의 URL 정보 저장

if(request.indexOf("/LEDoff") != -1) {
digitalWrite(LEDpin, LOW);
}
	클라이언트에서 요청 정보에 /LEDoff 가 있으면 LED OFF

else if(request.indexOf("/LEDon") != -1) {
digitalWrite(LEDpin, HIGH);
}
	클라이언트에서 요청 정보에 /LEDon가 있으면 LED ON

else {
Serial.println("invalid request");
digitalWrite(LEDpin, digitalRead(LEDpin));
}
	클라이언트로부터 정보가 없으면 현재 LED 상태 유지

while(client.available( )) {
client.read( );
}	

```
    client.print("HTTP/1.1 200 OK");
    client.print("Content-Type: text/html₩r₩n₩r₩n");
    client.print("<!DOCTYPE HTML>");
    client.print("<html>");
    client.print("<head>");
    client.print("<meta charset=₩"UTF-8₩">");
    client.print("<title>LED Control Webpage</title>");
    client.print("</head>");
    client.print("<body>");
    client.print("<h2>LED ON/OFF Control</h2>");
    client.print("<a href=₩"/LEDon₩"₩"><button> Turn On </button></a>");
    client.print("<a href=₩"/LEDoff₩"₩"><button> Turn Off </button></a>");
    client.print("<br><br>");
    client.print("LED Status : ");
    client.print((digitalRead(LEDpin)) ? "ON" : "OFF");
    client.print("</body>");
    client.print("</html>");

    Serial.println("클라이언트 연결 해제");
}                                                       loop( ) 함수 끝
```

그림 15.16은 아두이노 개발환경(IDE)에서 아두이노에 프로그램을 업로드 완료 후 시리얼 모니터 출력된 WiFi에 연결된 아두이노와 ESP8266로 구현된 서버에 할당 된 IP주소이다.

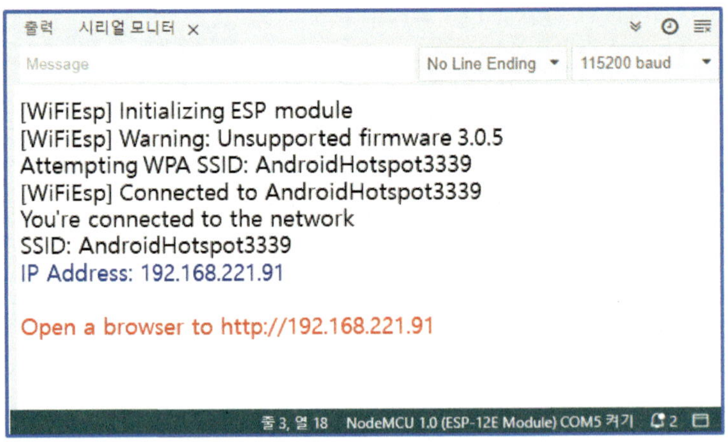

[그림 15.16] WiFi에 연결된 아두이노와 ESP8266로 구현된 서버에 할당 된 IP주소

그림 15.16에 나타난 아두이노와 ESP8266로 구현된 서버의 IP주소를 그림 15.17과 같이 클라이언트로 사용할 스마트 폰 등에서 웹 브라우저에 입력한다.

스마트 폰의 웹 브라우저에 아두이노와 ESP8266로 구현된 서버의 IP주소를 입력하고 검색을 누르면, 그림 15.18과 같이 시리얼 모니터에 클라이언트가 접속했다는 내용이 출력되고, 스마

트 폰의 웹 브라우저의 화면이 아두이노와 ESP8266로 구현된 서버에서 제공하는 html로 구성된 그림 15.17과 같은 화면이 클라이언트의 웹 브라우저에 나타난다.

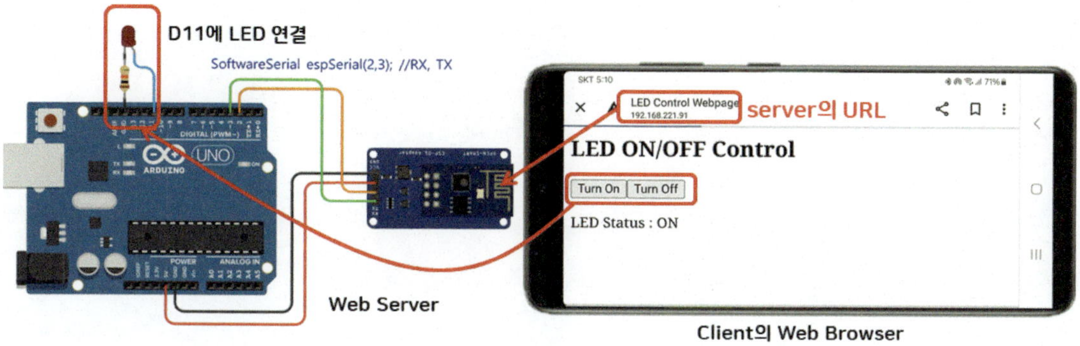

[그림 15.17] 클라이언트(스마트 폰)에서 아두이노와 ESP8266로 구현된 서버의 LED 제어

스마트 폰의 웹 브라우저에서 그림 15.16과 같이 'Turn On'을 클릭하면, 아두이노 시리얼 모니터에 클라이언트로부터 새로운 정보가 입력되었다는 내용이 출력되고, 아두이노의 D2에 연결된 LED에 불이 켜진다.

[그림 15.18] 스마트 폰(클라이언트)에 아두이노와 ESP8266로 구현된 서버에 할당된 IP주소 입력한 결과

■

PART 4

NodeMCU와 UNO R4

CHAPTER 16

ESP 모듈과 NodeMCU

NodeMCU는 ESP8266 WiFi 모듈을 기반으로 IoT(Internet of Things, 사물 인터넷) 프로젝트 개발에 사용하기 편리한 오픈 소스 펌웨어 및 개발 보드이다. ESP8266의 기능과 통합 USB-직렬 변환기를 결합하여 장치를 쉽게 연결하고 임베디드 시스템이나 하위 수준 프로그래밍에 대한 광범위한 지식 없이도 IoT 애플리케이션을 더 쉽게 만들 수 있다.

16.1 ESP 모듈과 NodeMCU

NodeMCU는 TCP/IP 프로토콜 스택을 갖춘 저비용, 저전력, 고집적 WiFi 모듈인 ESP8266나 ESP32를 기반으로 구축되어 있다. ESP 모듈은 인터넷에 쉽게 연결하고 무선으로 통신할 수 있게 해준다.

(a) ESP 8266 (b) ESP 32

[그림 16.1] ESP 모듈

(1) ESP 모듈

"ESP"는 일반적으로 Espressif Systems에서 개발한 일련의 무선 통신 모듈이며, 일반적으로 ESP8266과 ESP32 모듈이 가장 많이 사용되고 있다.

■ ESP8266

ESP8266은 저렴한 가격과 사용 편의성으로 인해 널리 인기를 얻은 저가형 Wi-Fi 모듈로서 TCP/IP 프로토콜 스택이 내장되어 있어 인터넷 연결 및 IoT 애플리케이션 작업에 적합하다. ESP8266에는 GPIO 핀이 장착되어 있어 사용자가 다양한 센서, 액추에이터 및 기타 전자 부품과 인터페이스할 수 있게 되어 있다.

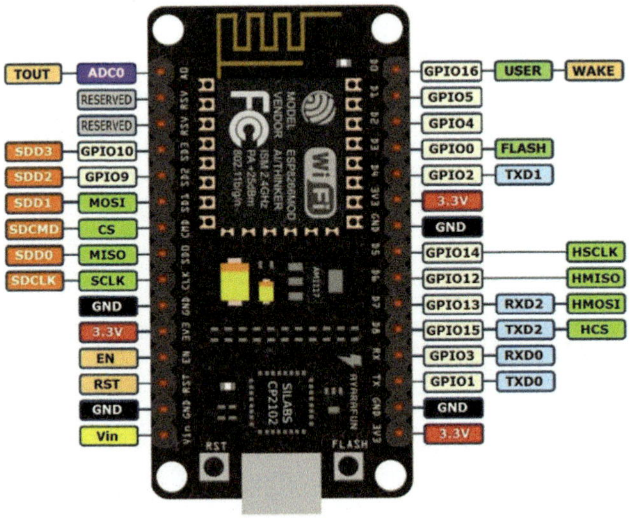

[그림 16.2] ESP 8266 모듈을 적용한 NodeMCU

Arduino IDE를 사용하는 C++, NodeMCU 펌웨어를 사용하는 Lua 스크립팅 언어, MicroPython을 포함한 여러 프로그래밍 언어를 지원하고 있다.

■ ESP32

ESP32는 ESP8266의 상위 버전으로 듀얼 코어 프로세서가 있어 복잡한 작업과 멀티태스킹에 더 많은 처리 능력과 기능들을 제공한다. ESP32는 WiFi 외에도 Bluetooth Classic 및 BLE (Bluetooth Low Energy)를 지원한다. ESP32 역시 Arduino IDE와도 호환되므로 사용이 편리하다.

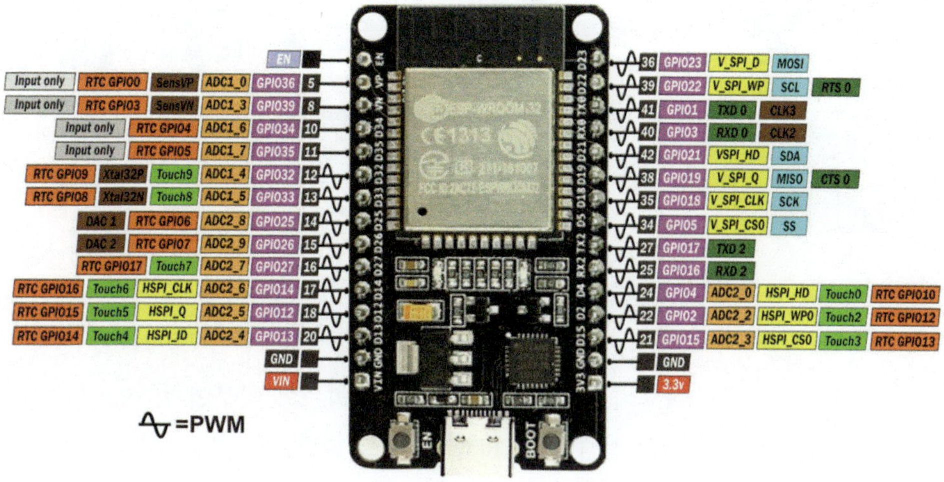

[그림 16.3] ESP 32 모듈을 적용한 NodeMCU

(2) NodeMCU의 종류

NodeMCU는 IoT(Internet of Things, 사물 인터넷) 프로젝트 개발에 사용하기 편리한 오픈 소스 펌웨어 및 개발 보드이며, 다양한 센서, 액추에이터 및 기타 전자 구성 요소와 인터페이스 할 수 있는 GPIO(범용 입출력) 핀을 제공하며, 이 핀들을 통하여 디지털 신호를 입력 또는 출력하거나 아날로그 신호를 처리하도록 구성할 수 있다.

NodeMCU에 포함된 ESP8266 모듈은 WiFi 연결을 지원하므로 무선 통신을 활용한 애플리케이션에 적합하다.

NodeMCU를 사용하기 위하여 Arduino IDE 또는 ESP8266 모듈을 지원하는 기타 플랫폼을 사용할 수 있다. 다만 Arduino IDE를 사용하려면 NodeMCU 개발에 필요한 도구와 라이브러리를 제공하는 ESP8266 보드 패키지 설치가 필요하다.

NodeMCU는 어떤 ESP8266모듈을 사용하는지에 따라 0.9와 1.0으로 구분된다.

예를 들면, NodeMCU 0.9은 ESP-12 모듈 사용하며 NodeMCU V1이라 하고, NodeMCU 1.0은 ESP-12E 모듈을 사용하며 V2와 V3로 나누어진다.

V1은 현재 거의 사용되고 있지 않으며, 일반적으로 USB와 TTL 사이의 변환을 위한 UART로 V2는 CP2102 쓰는 반면, V3는 CH340을 사용한다.

그림 15.4와 같이 NodeMCU V1, V2와 V3는 외부 인터페이스 핀의 구성과 크기가 다르기 때문에 사용할 때 주의가 필요하다.

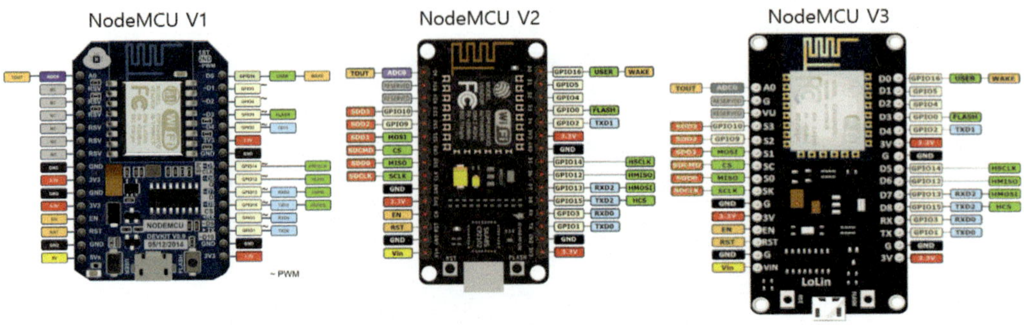

[그림 16.4] NodeMCU V1, V2, V3

ESP-12E는 Espressif Systems에서 개발한 ESP8266 시리즈의 일부인 ESP8266 모듈의 특정 변형으로 Tensilica사의 LX106 저전력 32bit RISC MCU를 기반으로 하고 있다. 집적화된 10-bit ADC, TCP/IP protocol stack, WiFi 2.4 GHz, WPA/WPA 지원, STA/AP/STA+AP 3가지 모드가 가능하고, 아두이노, 라즈베리파이 등 연결이 가능하다.

특히 ESP-12E Module 단독으로 아두이노 IDE에서 사용할 수 있어서 스마트 스위치, 스마트 조명, 화재 감지기, 가스 센서, 온도습도 센서, 스마트 디스플레이 등에 응용이 가능하다.

이 책에서는 ESP-12E 모듈을 사용한 NodeMCU V3을 중심으로 설명한다.

16.2 NodeMCU V3의 소개

NodeMCU V3는 ESP8266 모듈의 변형인 Tensilica사의 LX106 저전력 32bit RISC MCU를 기반으로 하고 있으며, 30개의 외부 인터페이스 핀은 그림 16.4와 같다.

ESP8266 모듈은 3.3V의 전력이 공급되어야 하며 10uA에서 170mA 사이의 전류를 소모한다. LM1117(800-mA 15-V linear voltage regulator)로 5V 전압을 3.3V로 변환해 준다.

직류 출력 전원으로 사용할 수 있도록 3세트의 3.3V와 GND를 제공하며, 1세트의 5V(Vin)과 GND를 가지고 있다. VU핀은 VUSB의 의미로 USB 포트를 통해서 입력되는 5V 전압이 제공된다.

D0~D10까지 11개의 디지털 핀과 1개의 아날로그 입력 핀 A0를 가지고 있다. SPI(Serial Peripheral Interface) 통신을 지원하는 SDD0~SDD4, SDCMD, SDLCK의 6개의 SD핀이 있다.

또한 ESP 모듈이 인터넷에 쉽게 연결하고 무선으로 통신할 수 있게 해준다.

앞에서 설명한 것처럼 NodeMCU V3는 시리얼 통신을 위하여 USB와 TTL 사이의 변환을 위한 UART로 CH340을 사용한다. 이것은 NodeMCU를 개발용 컴퓨터에 USB 케이블 등으로 시리얼 통신을 위하여 연결할 때 해당하는 디바이스 드라이버 프로그램의 설치가 필요하다는 것을 의미한다.

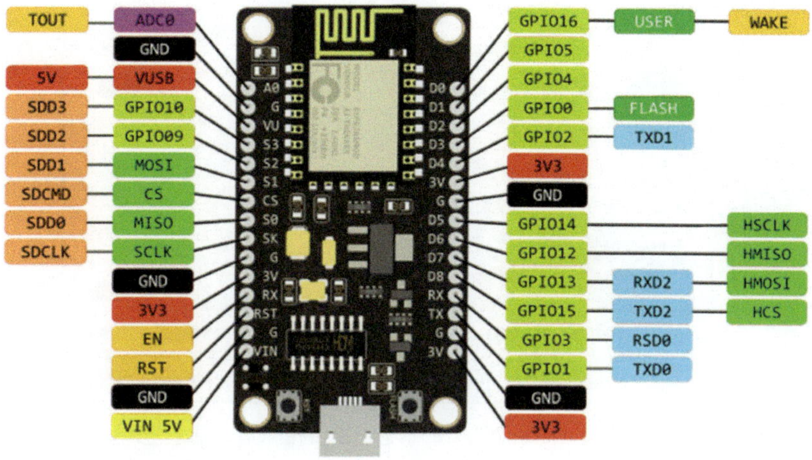

[그림 16.4] NodeMCU V3의 외부 인터페이스

16.3 아두이노 개발환경에서 NodeMCU V3 설정

NodeMCU V3를 아두이노 개발환경(IDE)에서 사용하려면, 아두이노 개발환경(IDE)에 NodeMCU 보드를 등록해야 하고, 개발용 컴퓨터에 NodeMCU 보드에서 USB와 TTL 사이의 변환을 위한 UART로 사용하는 CH340을 위한 디바이스 드라이버 프로그램의 설치해야 한다.

(1) 아두이노 개발환경(IDE) NodeMCU 보드 등록

아두이노 개발환경(IDE)에 NodeMCU 보드를 추가하려면, 먼저 ESP8266 보드의 정보를 검색할 수 있는 URL 주소를 설정해야 한다.

아두이노 개발환경(IDE)을 실행시키고, 그림 16.5와 같이 툴바의 파일에서 기본설정...을 클릭하면, 새로운 기본설정 창이 나타난다. 이 기본설정 창에서 아래쪽의 '추가 보드 관리자 URL'에 다음과 같은 URL 주소를 추가한다.

```
http://arduino.esp8266.com/stable/package_esp8266com_index.json
```

파일 〉 기본설정(환경설정)〉 추가적인 보드 매니저 URLs에 주소 추가

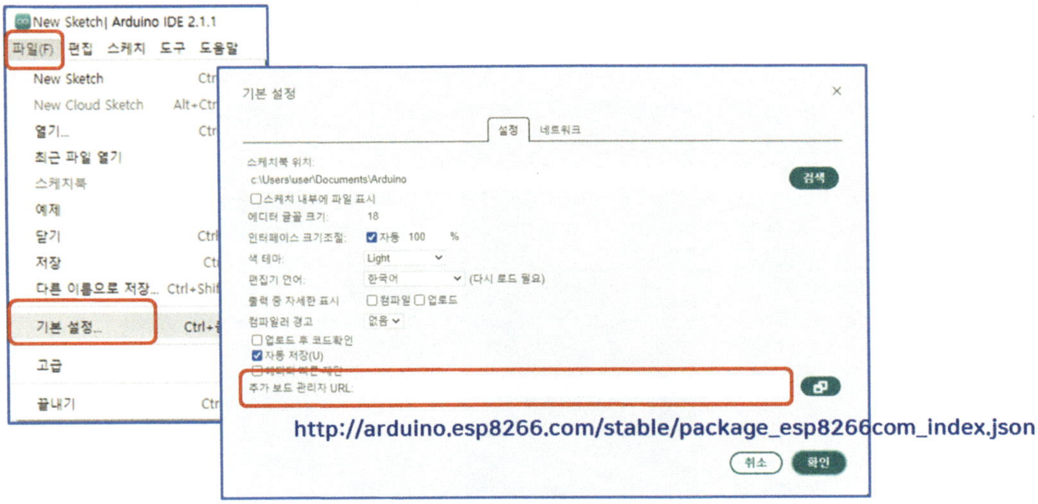

[그림 16.5] NodeMCU 보드 정보를 위한 URL 주소 등록

다음으로, 아두이노 개발환경(IDE)에서 그림 16.6과 같이 툴바의 도구에서 보드를 클릭하여 보드매니저를 클릭하면, 아두이노 개발환경(IDE)에 보드매니저 창이 나타난다.

도구 〉 보드 〉 보드매니저 〉 보드매니저 창에 ESP8266 입력

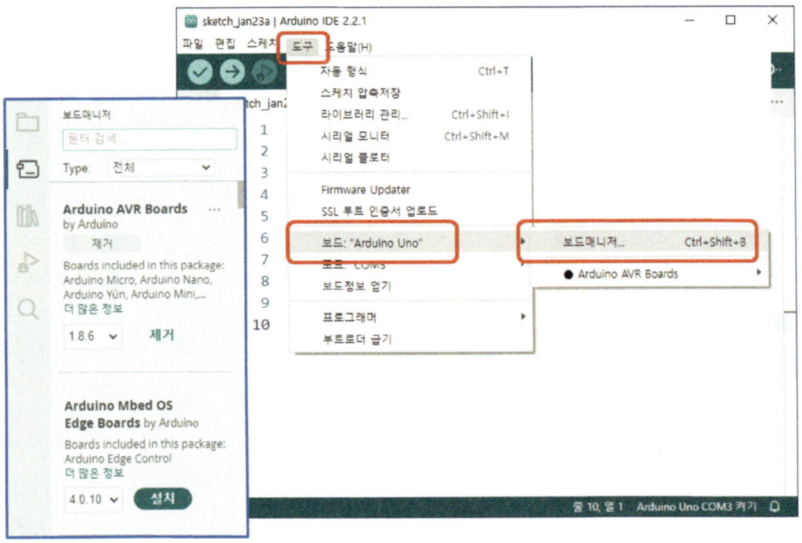

[그림 16.6] 보드매니저

이 보드매니저 창에 그림 16.7과 같이 ESP8266을 입력하면 기본설정의 추가 보드 관리자 URL에 입력한 URL 주소에서 가져온 보드 정보로 보드를 추가 설치를 할 수 있게 된다.

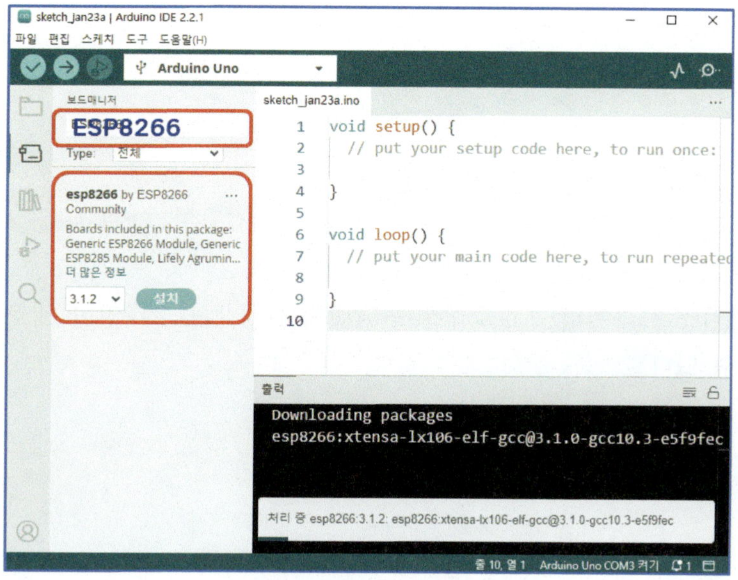

[그림 16.7] ESP8266 보드 추가

아두이노 개발환경(IDE)에서 툴바의 도구에서 보드를 클릭하면, 그림 16.6과 다르게 보드매니저 아래에 그림 16.8과 같이 ESP8266 보드들이 추가된 것을 확인할 수 있다.

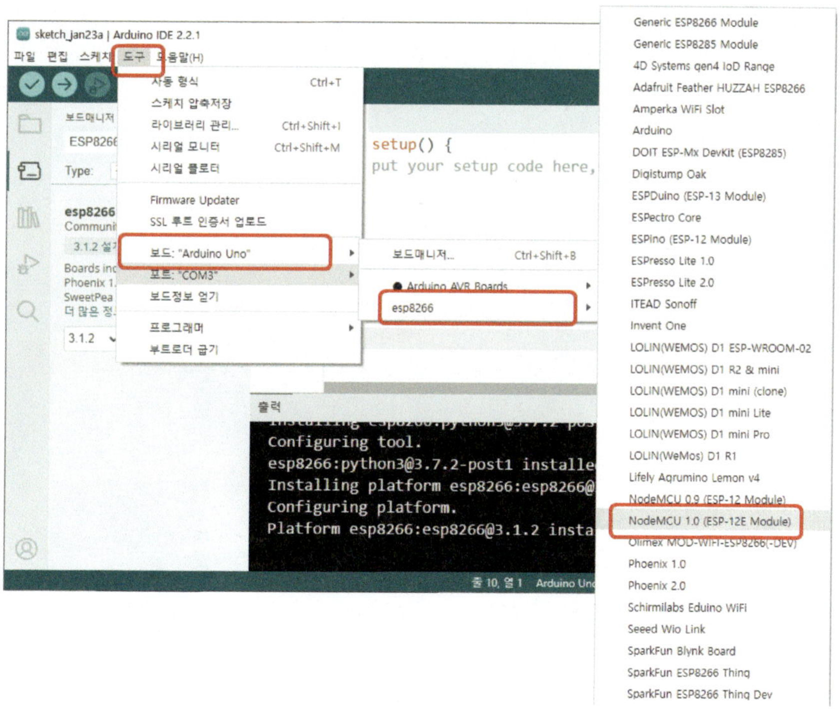

[그림 16.8] NodeMCU 1.0(ESP-12E Module) 선택

아두이노 개발환경(IDE)에서 툴바의 도구에서 보드를 클릭하고 ESP8266를 선택하면, 그림 16.8과 같이 사용할 NodeMCU 1.0(ESP-12E Module)를 선택할 수 있다.

(2) NodeMCU 보드의 UART CH340 설치

NodeMCU V3 보드는 USB와 TTL간의 변환을 위한 UART로 CH340을 사용하므로 이를 위한 디바이스 드라이버 프로그램의 설치해야 한다.

CH340 디바이스 드라이버 프로그램은 인터넷에서 검색하면 다양한 경로를 통하여 다운받아 사용할 수 있다.

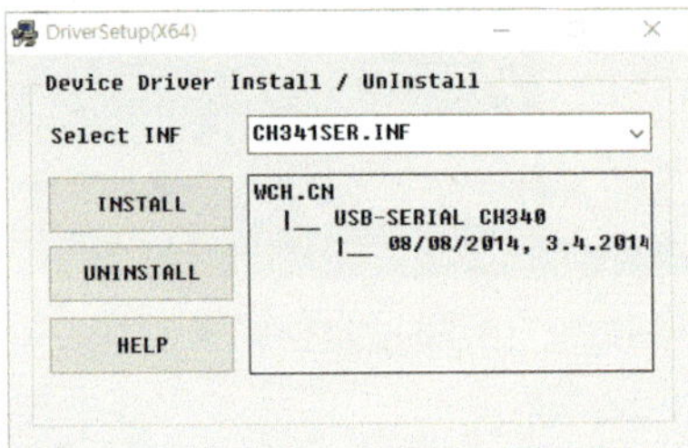

[그림 16.9] CH340 디바이스 드라이버 설치

CH340 디바이스 드라이버가 컴퓨터에 정상적으로 설치되면, NodeMCU V3 보드를 컴퓨터에 연결하고 아두이노 개발환경(IDE)에서 보드와 포트를 그림 16.10과 같이 설정할 수 있다.

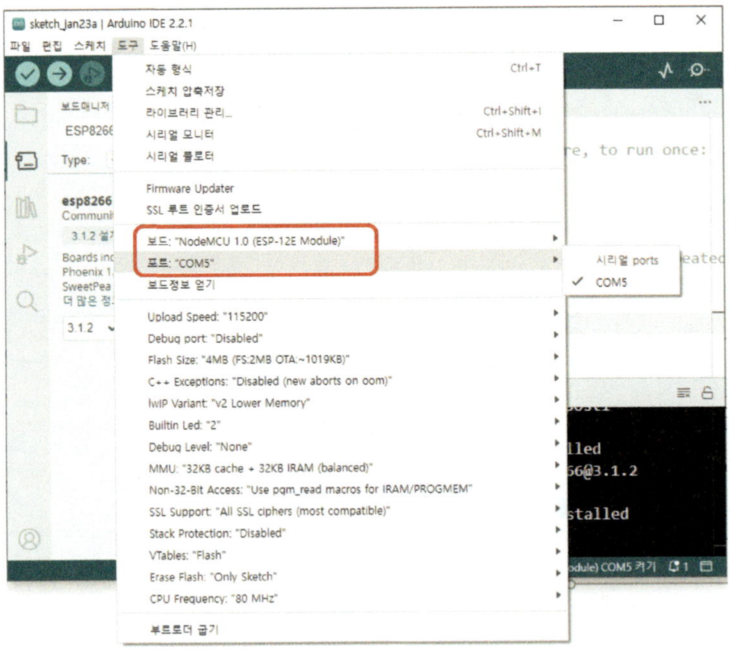

[그림 16.10] NodeMCU V3 보드와 포드 설정

같은 ESP-12E를 사용하지만 NodeMCU V2는 USB 신호를 UART 신호로 변경하기 위해서 CP2012 칩셋을 사용하고 있다. 이 경우 CP2012을 지원하는 디바이스 드라이버 프로그램을 설치해야 한다.

(3) NodeMCU V3 보드의 아두이노 개발환경(IDE)에서 동작확인

아두이노 개발환경(IDE)에서 NodeMCU V3 보드의 연결 상태와 프로그램 개발을 위한 동작을 확인하기 위하여, 보드를 NodeMCU 1.0(ESP-12E Module)로 선택하고 보드가 연결된 포트를 설정하고, 그림 16.11과 같이 예제의 blink 프로그램을 열어 실행시켜 본다.

보드와 포트가 정확하게 설정되었다면, 컴파일과 업로드 과정이 오류 없이 실행되고, 연결된 NodeMCU V3 보드에서 LED가 1초 간격으로 ON/OFF 되는 것을 확인할 수 있다.

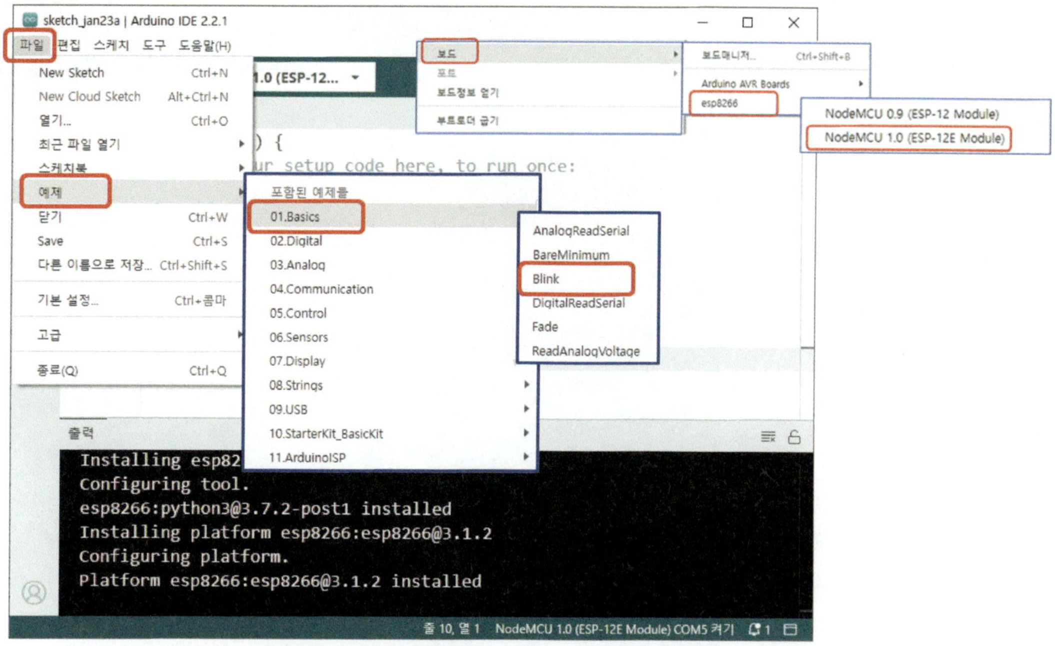

[그림 16.11] NodeMCU V3 보드에서 blink 예제 실행

16.4 NodeMCU V3의 입출력 제어

NodeMCU V3 보드를 사용하여 기본적인 디지털과 아날로그 신호의 입출력 제어를 해보자.

NodeMCU V3는 아두이노 개발환경(IDE)에서 보드에 표시된 A0, D0~D8를 아두이노 보드에서처럼 사용해도 되고, 그림 16.12와 같이 ESP12 모듈의 GPIO번호를 사용할 수도 있다.

ESP12 모듈의 GPIO0, GPIO2, GPIO15는 부팅모드를 설정하기 위해 내정되어 있으며, GPIO1과 GPIO3은 시리얼 통신용으로 각각 TXD0와 RXD0이다. 또한 GPIO16은 Sleep mode에서 벗어나기 위한 Wake용으로 사용된다. 이들 핀은 가능한 사용하지 않는 것이 좋다. 또한, GPIO6~11번은 플래시 메모리용으로 사용되고 있어서 사용할 수 없다.

그러므로 NodeMCU V3 보드에서 제어를 위하여 자유롭게 범용으로 사용 가능한 핀은 D1(GPIO5), D2(GPIO4), D5(GPIO14), D6(GPIO12), D7(GPIO13)의 5개이다.

한편, 아두이노 보드에서 디지털 13번에 연결된 내장 LED는 D4(GPIO2)에 연결되어 있다.

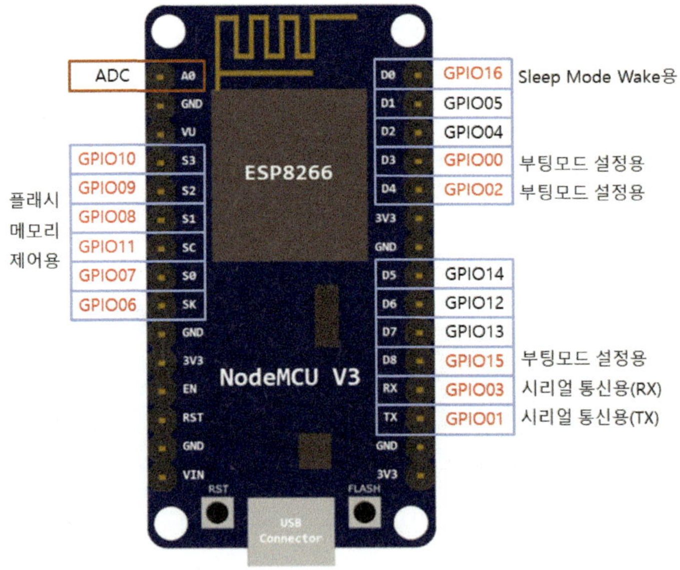

[그림 16.12] NodeMCU 외부 인터페이스 핀과 ESP12 모듈의 GPIO

(1) NodeMCU V3 보드의 디지털 입출력 제어

NodeMCU V3 보드는 그림 16.13과 같이 D0~D10까지 11개의 디지털 입출력 핀을 가지고 있다. NodeMCU 보드에 D0~D8과 RX(D9), TX(D1)로 표시되어 있다.

그러나 앞에서 설명한 것처럼 D1, D2, D5, D6, D7의 5개를 사용하는 것이 좋다.

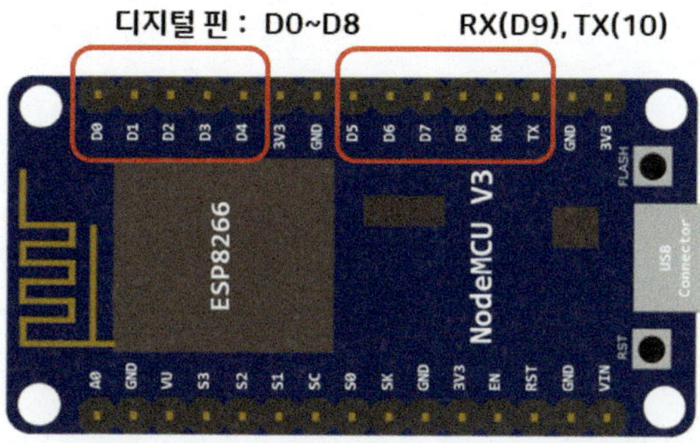

[그림 16.13] NodeMCU V3의 디지털 핀

실 • 전 • 예 • 제

16.1 NodeMCU를 이용한 디지털 출력 제어

NodeMCU V3 보드의 D1, D2, D5, D6에 4개의 LED를 다음 그림과 같이 연결하고 순차적으로 ON/OFF 시켜보자.

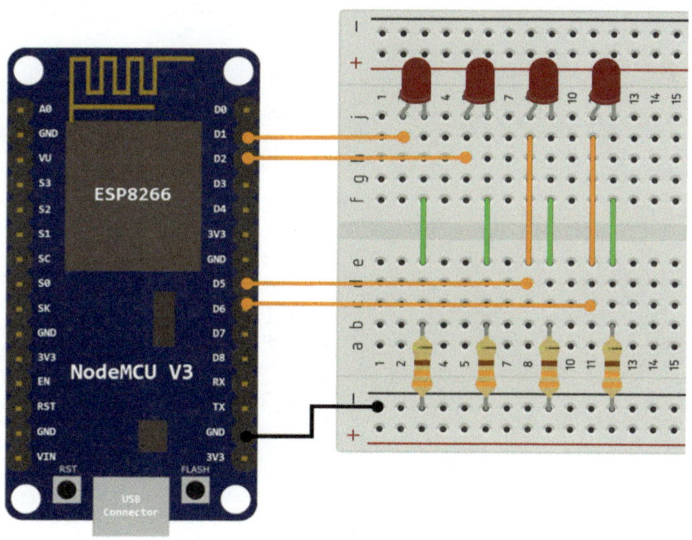

NodeMCU의 아두이노 스케치는 다음과 같다.

int pinLED[4]={D1, D2, D5, D6};	디지털 핀 4개를 배열로 지정
int k;	변수 지정

void setup( ) {
  for(k=0; k<4; k++){
    pinMode(pinLED[k], OUTPUT);
  }
}
	디지털 핀의 출력모드 선언

void loop( ) {	loop( ) 함수 시작

for(k=0; k<4; k++){
    digitalWrite(pinLED[k], HIGH);
    delay(1000);
    digitalWrite(pinLED[k], LOW);
    delay(1000);
  }
	4개의 LED를 연결하고 순차적으로 ON/OFF

}	loop( ) 함수 끝

■

실•전•예•제

16.2 NodeMCU를 이용한 디지털 입력 제어

NodeMCU V3 보드의 D1에 LED를 연결하고, D5에 눌리면 HIGH 신호가 입력되는 스위치를 연결한다. D5의 스위치가 눌리면 D1에 연결된 LED가 켜지고, 스위치가 눌리지 않으면 LED가 꺼지도록 제어하여 보자.

NodeMCU의 아두이노 스케치는 다음과 같다.

#define outPin D1 #define inPin D5	디지털 핀 D1의 변수 선언 디지털 핀 D5의 변수 선언

void setup( ) {
  pinMode(outPin, OUTPUT);
  pinMode(inPin, INPUT);
}
	디지털 핀 D1의 출력모드 선언
	디지털 핀 D5의 입력모드 선언

void loop( ) {	loop( ) 함수 시작

int sw= digitalRead(inPin);
  if(sw== 1){
    digitalWrite(outPin, HIGH);
    delay(100);
  }
  else digitalWrite(outPin, LOW);
	D5의 디지털 입력 저장
	디지털 입력된 값을 1과 비교
	입력된 값이 1이면 D1에 HIGH 출력
	1초 지연
	
	입력된 값이 1이 아니면 D1에 LOW 출력

}	loop( ) 함수 끝

■

(2) NodeMCU V3 보드의 아날로그 출력(PWM) 제어

NodeMCU의 PWM 신호 사용은 일반 아두이노 보드에서와 같다. 그러나 NodeMCU의 ESP8266은 PWM이 Hardware 방식이 아닌 Timer를 이용해서 interrupt Vector에서 GPIO 상태를 변경하는 Software 구동 방식이다.

그러므로 NodeMCU(ESP8266)에서 PWM 신호를 사용할 때, 다른 함수나 API에서 InterruptLock( )을 사용하면 PWM 발진이 Lock을 해지하기 전까지 중지되므로 주의가 필요하다.

PWM 신호의 기본 주파수는 1kHz이고, PWM Duty의 값의 범위는 0~1023까지 10bit로 되어 있다. 만일 기본 주파수의 값을 변경하거나 PWM Duty의 값의 범위를 변경하려면, 각각 analogWriteFreq( ) 함수와 analogWriteRange( )를 사용하면 된다.

> **기본 주파수 값 변경 :** analogWriteFreq(new_frequency)
> **PWM Duty 값 범위 변경 :** analogWriteRange(new_range)

NodeMCU V3 보드는 Software 구동 방식을 사용하므로 디지털 핀 D0~D10까지 11개의 핀으로 PWM 신호를 출력할 수 있으나 D1, D2, D5, D6, D7의 5개를 사용하는 것이 좋다.

실•전•예•제 16.3 NodeMCU를 이용한 아날로그(PWM) 출력

NodeMCU V3 보드의 D1, D2, D5, D6에 4개의 LED를 연결하고 PWM 신호를 이용하여 순차적으로 밝기를 다르게 발생시켜보자.

NodeMCU의 아두이노 스케치는 다음과 같다.

int k;	변수 지정

void setup( ) {
 	
}	

void loop( ) {	loop( ) 함수 시작

for(k=0; k<125; k++){
analogWrite(D1, k);
analogWrite(D2, 125-k);
analogWrite(D5, k*2);
analogWrite(D6, 250-k*2);
delay(50);
}
	
	D1에 0~125의 PWM신호 출력
	D2에 125~0의 PWM신호 출력
	D5에 0~250의 PWM신호 출력
	D6에 250~0의 PWM신호 출력
	50밀리초 지연

for(k=125 k>=0; k--){
analogWrite(D1, k);
analogWrite(D2, 125-k);
analogWrite(D5, k*2);
analogWrite(D6, 250-k*2);
delay(50);
}
	
	D1에 125~0의 PWM신호 출력
	D2에 0~125의 PWM신호 출력
	D5에 250~0의 PWM신호 출력
	D6에 0~250의 PWM신호 출력
	50밀리초 지연

}	loop( ) 함수 끝

■

(3) NodeMCU V3 보드의 아날로그 입력 제어

NodeMCU V3 보드는 그림 16.14와 같이 아날로그 입력이 가능한 핀은 A0로 1개 밖에 없다. 아두이노 보드는 일반적인 5V동작 모드에서 0~5V의 범위를 0~1023의 디지털 값으로 받아들이지만, NodeMCU V3는 0~3.3V의 범위를 0~1023의 디지털 값으로 받아들인다.

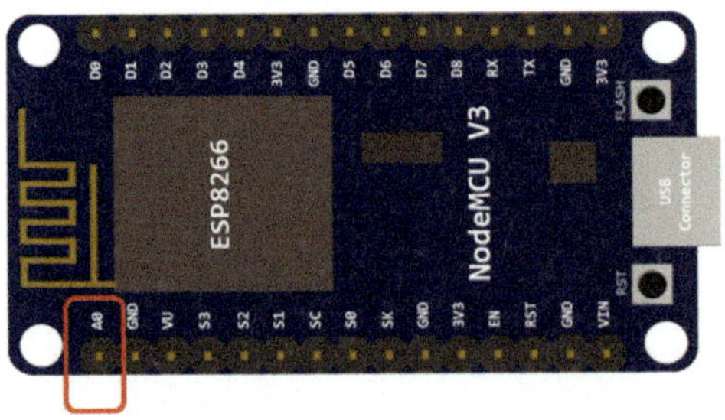

[그림 16.14] NodeMCU V3의 아날로그 입력 핀

실 • 전 • 예 • 제

16.4 NodeMCU에서 아날로그 입력으로 아날로그(PWM) 출력

NodeMCU V3 보드의 아날로그 입력 A0에 가변저항을 연결하고, D1에 LED를 연결한다. 가변저항 조정으로 입력된 아날로그 신호 값에 따라 PWM 신호를 발생시켜 LED의 밝기를

조정하고 그 결과를 시리얼 모니터에 출력한다.

NodeMCU의 아두이노 스케치는 다음과 같다.

#define outPin D2 #define inPin A0	아날로그 출력(PWM) 핀 D2의 변수 선언 아날로그 입력 핀 A0의 변수 선언

void setup( ) {
  Serial.begin(115200);
}
	시리얼 모니터 전송속도 지정

void loop( ) {	loop( ) 함수 시작

int val1 = analogRead(inPin);
int val2 = map(val1, 0, 1023, 0, 255);
analogWrite(outPin, val2);
Serial.print("VR value =");
Serial.print(val1);
Serial.print(".... PWM value =");
Serial.println(val2);
delay(20);
	아날로그 신호 입력
	아날로그 입력 신호와 PWM 신호의 맵핑
	PWM 신호의 출력
	시리얼 모니터 출력
	시리얼 모니터에 아날로그 입력 신호 값 출력
	시리얼 모니터 출력
	시리얼 모니터에 PWM 신호 값 출력
	20밀리초 지연

}	loop( ) 함수 끝

시리얼 모니터에 아날로그 입력 신호 값과 PWM 신호 값을 출력하면 그림 16.15와 같다.

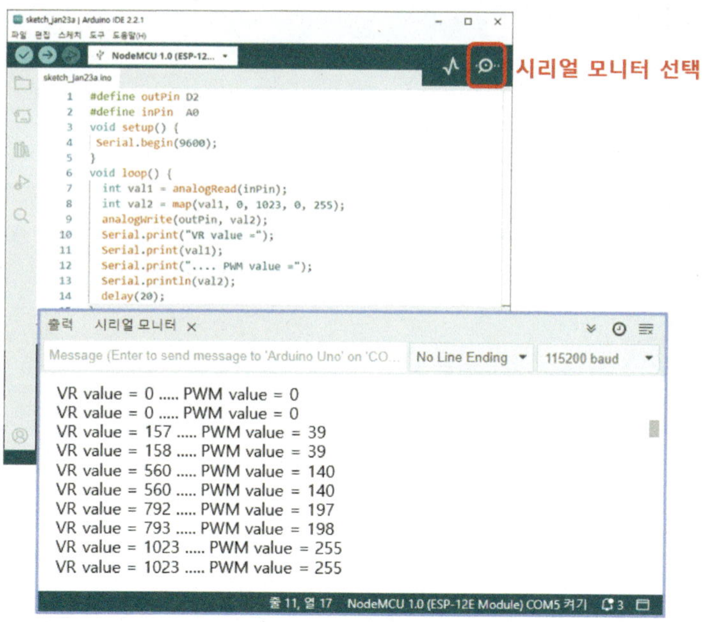

[그림 16.15] 시리얼 모니터 출력

시리얼 플로터에 아날로그 입력 신호 값과 PWM 신호 값을 출력하기 위한 NodeMCU의 아두이노 스케치는 다음과 같다.

#define outPin D2 #define inPin A0	아날로그 출력(PWM) 핀 D2의 변수 선언 아날로그 입력 핀 A0의 변수 선언

void setup( ) {
  Serial.begin(115200);
}
	시리얼 모니터 전송속도 지정

void loop( ) {	loop( ) 함수 시작

int val1 = analogRead(inPin);
int val2 = map(val1, 0, 1023, 0, 255);
analogWrite(outPin, val2);
Serial.print(val1);
Serial.print(" ");
Serial.println(val2);
delay(20);
	아날로그 신호 입력
	아날로그 입력 신호와 PWM 신호의 맵핑
	PWM 신호의 출력
	시리얼 플로터에 아날로그 입력 신호 값 출력
	시리얼 플로터 출력
	시리얼 플로터에 PWM 신호 값 출력
	20밀리초 지연

}	loop( ) 함수 끝

시리얼 플로터에 아날로그 입력 신호 값과 PWM 신호 값을 출력하면 그림 16.16과 같다.

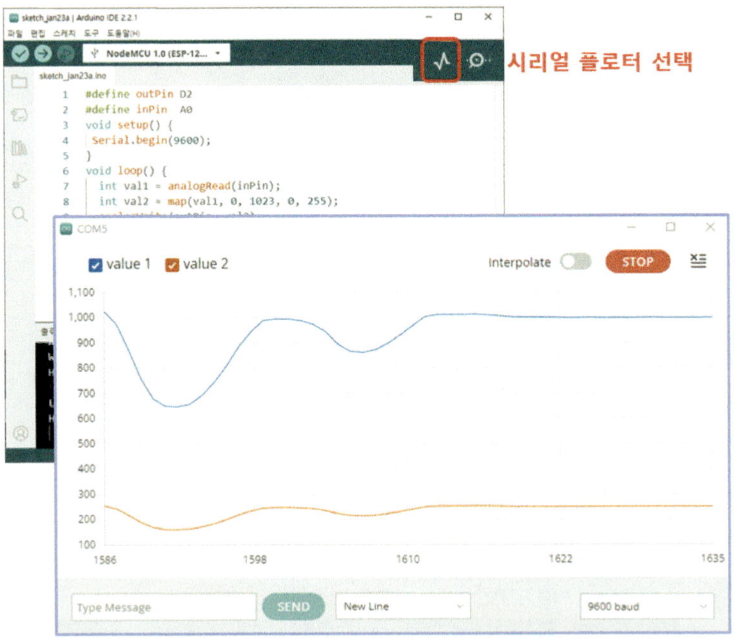

[그림 16.16] 시리얼 플로터 출력

■

(4) NodeMCU V3 보드의 I2C LCD 제어

NodeMCU V3는 그림 16.17과 같이 D1을 SCL로 사용하고, D2를 SDA로 사용하여 I2C 통신을 한다.

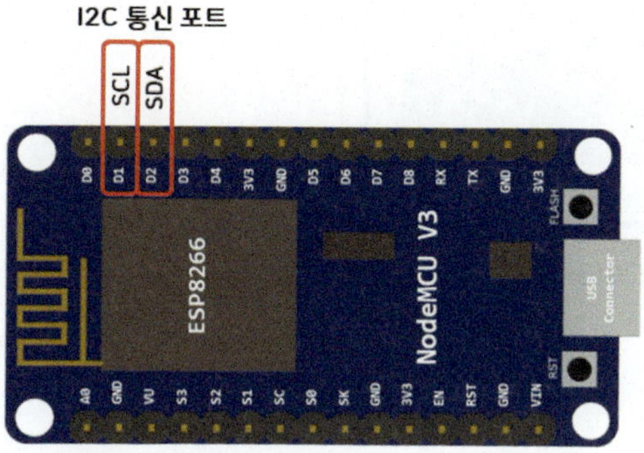

[그림 16.17] NodeMCU V3의 I2C 통신 핀

실 • 전 • 예 • 제

16.5 NodeMCU에서 I2C 문자 LCD 제어

NodeMCU V3의 I2C 통신 포트를 사용하여 I2C 문자 LCD를 제어하여 보자.

7장에서 사용한 그림 16.18의 I2C 문자 LCD 전원으로 NodeMCU의 3.3V를 사용하면 공급전압이 낮아 문자 LCD에 글자가 선명하지 않게 된다.

I2C 문자 LCD의 Vcc에 NodeMCU의 VU핀을 연결하여 USB에서 공급되는 5V 전압을 연결하고 LCD 뒷면의 가변저항으로 밝기를 조정하여 사용한다.

[그림 16.18] I2C 통신 모듈이 설치된 문자 LCD

그림 16.19와 같이 NodeMCU V3와 I2C 문자 LCD를 연결하여 회로를 구성한다.

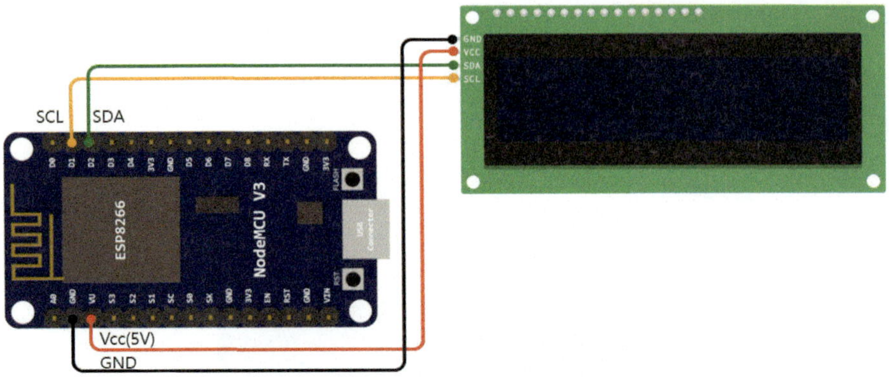

[그림 16.19] NodeMCU V3와 I2C 문자 LCD의 연결

NodeMCU의 아두이노 스케치는 다음과 같다.

#include 〈LiquidCrystal_I2C.h〉	I2C 문자 LCD 라이브러리 호출
#define LCD_I2C_ADDR 0x27 //0x3F	I2C 문자 LCD의 주소 선언
LiquidCrystal_I2C lcd(LCD_I2C_ADDR, 16, 2);	I2C 문자 LCD의 형태 선언

void setup( ) {
 lcd.init( );
 lcd.backlight( );
}
	I2C 문자 LCD 초기화
	백라이트 켜기

void loop( ) {	loop( ) 함수 시작

lcd.clear( );
 lcd.setCursor(0, 0);
 lcd.print("Hello!");
 lcd.setCursor(2, 1);
 lcd.print("Arduino World!");
 delay(1000);
	문자 표시 시작 위치 (0,0)설정
	Hello! 표시
	문자 표시 시작 위치 (2,1)설정
	Arduino World! 표시

}	loop( ) 함수 끝

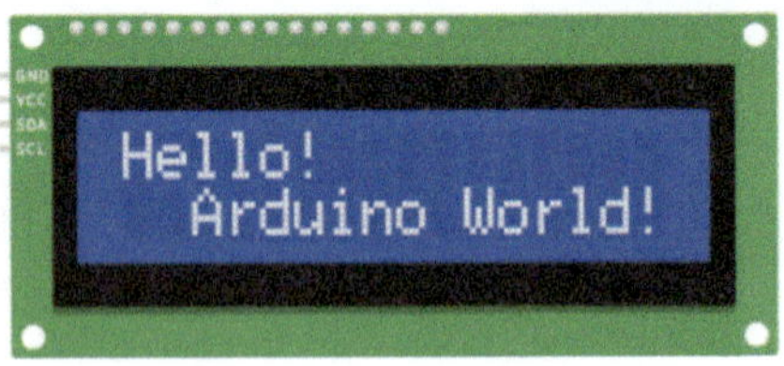

■

CHAPTER 17

NodeMCU를 이용한 WiFi 제어

NodeMCU는 ESP8266 WiFi 모듈을 기반으로 되어 있어서 무선으로 인터넷에 쉽게 연결하고 통신할 수 있다. 무선인터넷을 사용한 IoT(사물 인터넷) 프로젝트 개발에 NodeMCU을 활용하면 편리하다.

17.1 NodeMCU에서 WiFi 사용을 위한 설정

NodeMCU는 ESP8266 기반의 라이브러리들을 활용하므로 아두이노 보드에서 WiFi 모듈이나 쉴드를 사용하여 무선인터넷에 접속하는 것보다 쉽게 인터넷을 활용할 수 있다. NodeMCU를 사용하면 WiFi 기반의 웹 서버(web server)와 클라이언트(client)를 만들어 무선인터넷 제어에 쉽게 활용할 수 있다.

먼저, NodeMCU에서 무선인터넷을 사용하려면 ESP8266 기반의 라이브러리 "ESP8266WiFi.h"를 활용해야 한다.

```
#include <ESP8266WiFi.h>
```

또한 NodeMCU에서 무선인터넷을 사용하기 위한 WiFi 아이디와 패스워드를 설정하고, 무선인터넷에 연결해야 한다.

다음과 같이 NodeMCU가 무선 네트워크에 접속할 아이디와 패스워드를 설정한다.

```
char ssid[ ]= "WiFi_ID";
char password[ ] = "WiFi_PW";
```

Setup( )함수에서 NodeMCU가 ESP8266WiFi.h 라이브러리를 사용하여, 설정한 아이디와 패스워드로 무선 네트워크에 접속한다.

WiFi.mode( )함수로 ESP8266 모듈의 모드를 WIFI_STA 모드로 설정하고, WiFi.begin( )함수로 설정한 아이디와 패스워드로 무선 네트워크에 접속한다.

```
WiFi.mode(WIFI_STA);
WiFi.begin(ssid, password);
```

이 과정에서 아두이노 개발환경의 시리얼 모니터에서 WiFi 접속상태를 확인할 수 있도록 WiFi.status( ) 함수를 사용하여, 다음과 같이 접속상태를 모니터링하면 편리하다.

```
while (WiFi.status( ) != WL_CONNECTED) {
  delay(500);
  Serial.print(".");
}
```

또한 NodeMCU가 무선 네트워크에 접속이 완료되면, 접속에 사용된 아이디와 접속된 상태를 확인할 수 있도록 WiFi.localIP( )함수를 이용하여 접속된 IP주소를 출력하는 것이 좋다.

```
Serial.println("");
Serial.print("Connect to ");
Serial.println(ssid);

Serial.print("IP address: ");
Serial.println(WiFi.localIP( ));
```

17.2 NodeMCU 웹 클라이언트 만들기

NodeMCU를 사용하여 WiFi 기반으로 HTTP 사이트에 접속하는 웹 클라이언트를 만들어 보자.

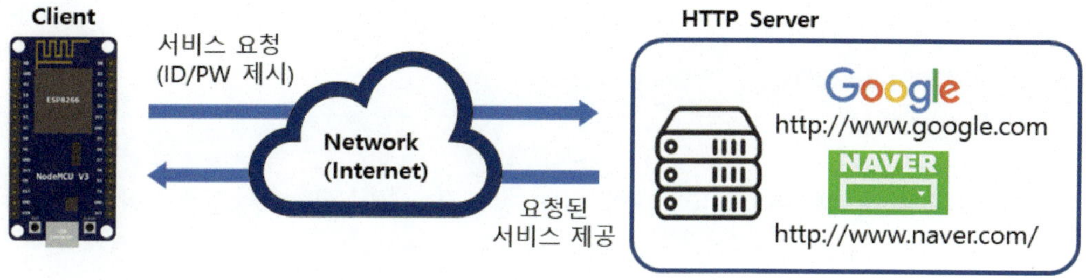

[그림 17.1] NodeMCU HTTP 웹 클라이언트와 HTTP 서버

NodeMCU에서 무선인터넷을 사용하기 위한 라이브러리 "ESP8266WiFi.h"와 HTTP 사이트에 접속하는 클라이언트를 만들기 위하여, "ESP8266HTTPClient.h"를 활용한다.

```
#include <ESP8266WiFi.h>
#include <ESP8266HTTPClient.h>
```

WiFiClient의 객체를 'client'라는 이름으로 생성하고, HTTPClient의 객체를 'http'라는 이름으로 생성한다.

```
WiFiClient  client;
HTTPClient  http;
```

setup( )함수에서 접속할 무선 네트워크의 아이디와 패스워드로 무선 네트워크에 접속한다. loop( )함수에서 HTTPClient의 객체 http에서 구글 주소로 접속하는 HTTP Request 과정을 수행한다.

```
http.begin(client, host);
```

NodeMCU는 일반 컴퓨터에서와 같이 크롬 등과 같은 웹 브라우저(Web browser) 서비스를 사용할 수 없다. 그러므로 구글의 웹 사이트 주소에 NodeMCU가 성공적으로 접속하였는지는 HTTP Code로 확인한다.

HTTP Request 과정에서 접속할 http:// 사이트에 NodeMCU의 클라이언트 접속이 정상적으로 이루어졌는지를 판단하기 위하여 http.GET( )함수를 사용하여 HTTP Code를 받아 판별한다.

```
int httpCode= http.GET( );
```

HTTP Code가 200 또는 404 등 0보다 크면 정상적인 접속이 이루진 것이며, 0 이하이면 정상적인 접속이 이루어지지 못한 것이다.

실•전•예•제 17.1 HTTP 클라이언트 NodeMCU 만들기

NodeMCU를 사용하여 WiFi 기반으로 HTTP 사이트에 접속하는 웹 클라이언트를 만들어, 구글의 HTTP 기반 사이트인 http://www.google.com에 접속해 보자.

NodeMCU의 아두이노 스케치는 다음과 같다.

#include 〈ESP8266WiFi.h〉 #include 〈ESP8266HTTPClient.h〉	ESP8266WiFi 라이브러리 사용 HTTP 프로토콜 라이브러리 사용
char ssid[ ]= "WiFi_ID"; char password[ ] = "WiFi_PW";	접속할 무선 네트워크의 아이디 접속할 무선 네트워크의 패스워드
char host[ ] = "http://www.google.com";	접속할 구글의 http 웹사이트 주소
WiFiClient client;	WiFiClient 객체 client 생성
HTTPClient http;	HTTPClient 객체 http 생성

void setup( ) {	setup( )함수 시작
Serial.begin(115200);	시리얼 전송 속도 설정
WiFi.mode(WIFI_STA);	ESP8266 모드로 WIFI_STA 설정
WiFi.begin(ssid, password);	설정한 아이디/패스워드로 WiFi 접속

while (WiFi.status( ) != WL_CONNECTED){
delay(500);
Serial.print(".");
}
	WiFi 접속상태 모니터링

Serial.println(""); Serial.print("Connecting to "); Serial.println(ssid);	WiFi 접속에 사용된 아이디 출력
Serial.print("IP address: "); Serial.println(WiFi.localIP( ));	접속된 IP주소 출력
}	setup( )함수 끝

void loop( ) {	loop( ) 함수 시작
Serial.printf("Connect to %s₩n", host);	접속할 http 사이트 주소 출력
http.begin(client, host)	접속할 주소에 HTTP Request 수행
http.setTimeout(1000);	연결 타임아웃 시간을 1초로 설정
int httpCode= http.GET( );	HTTP Code 저장

if(httpCode〉 0) {
Serial.printf("GET code : %d₩n₩n", httpCode);
if (httpCode== HTTP_CODE_OK) {
String payload = http.getString( );
Serial.println(payload);
}
}
	HTTP Code로 정상적 접속 판단
	httpCode가 0보다 크면 접속 정상
	httpCode가 0 이하이면 접속 오류

else {
Serial.printf("GET failed, error: %s₩n", http.errorToString(httpCode).c_str( ));
}	

http.end( ); delay(5000);	http 연결 종료
}	loop( ) 함수 끝

그림 17.1은 NodeMCU HTTP 웹 클라이언트의 동작에 대한 시리얼 모니터 출력이다.

[그림 17.2] NodeMCU HTTP 웹 클라이언트의 시리얼 모니터 출력

17.3 NodeMCU 웹 서버 만들기

NodeMCU를 사용하여 WiFi 기반의 웹서버를 만들고, 클라이언트에서 입력한 정보로 제어하여 보자.

NodeMCU에서 무선인터넷을 사용하기 위한 과정은 앞 절의 웹 클라이언트와 유사하다. 클라이언트는 서버에 접속하여 정보를 받아오는 것이지만, 서버는 그림 17.3과 같이 접속한 클라이언트에 정보를 제공해야 하는 것이 다르다.

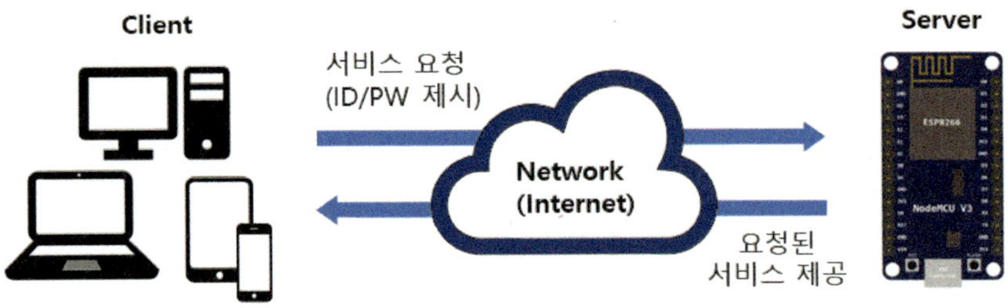

[그림 17.3] NodeMCU 서버와 클라이언트

서버로 구현하는 NodeMCU도 접속하는 클라이언트에게 정보를 제공해야 한다.

(1) HTML 언어로 구성된 웹 페이지

웹을 통하여 클라이언트가 서버에 접속하면, 서버에서 제공하는 정보가 클라이언트에 나타날 필요가 있다. 이 정보들을 HTML(Hyper Text Markup Language)로 구성하면, 클라이언트의 웹 브라우저(Web browser)에서 서버가 제공하는 정보를 볼 수 있다.

HTML(Hyper Text Markup Language)는 웹 브라우저의 어느 위치에 어떤 데이터를 어떤 모양으로 표시할 것인지를 나타내는 화면의 출력형식을 기술하는 언어이다.

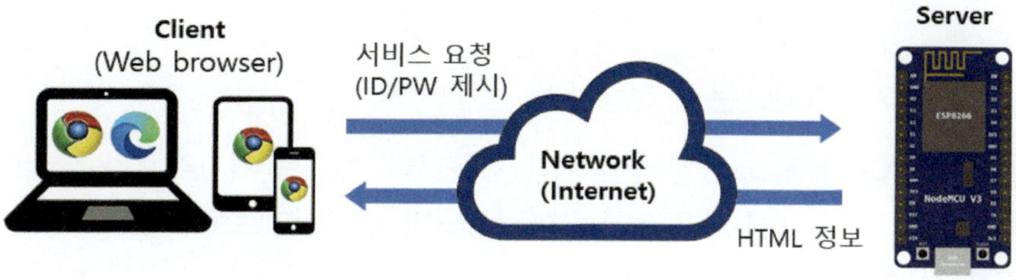

[그림 17.4] NodeMCU 서버와 클라이언트

HTML 문서의 구조는 그림 17.5와 같다. 작성된 문서를 ***.html로 저장한 후 웹 브라우저에서 실행시키면, 그림 17.6과 같이 나타난다.

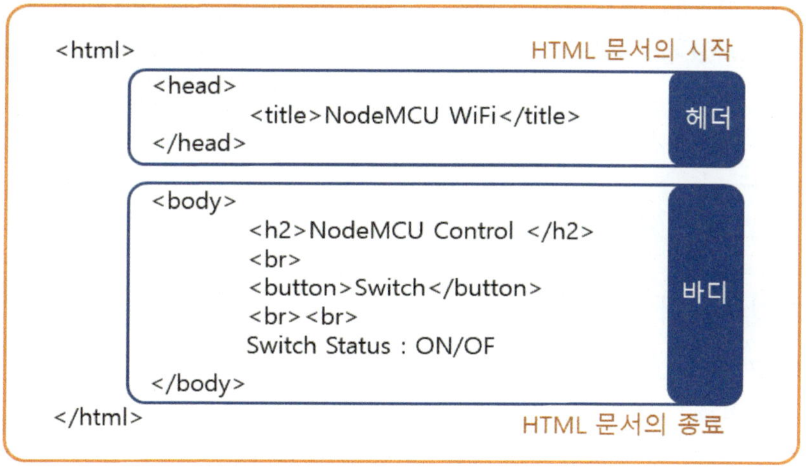

[그림 17.5] HTML 문서의 구조 예

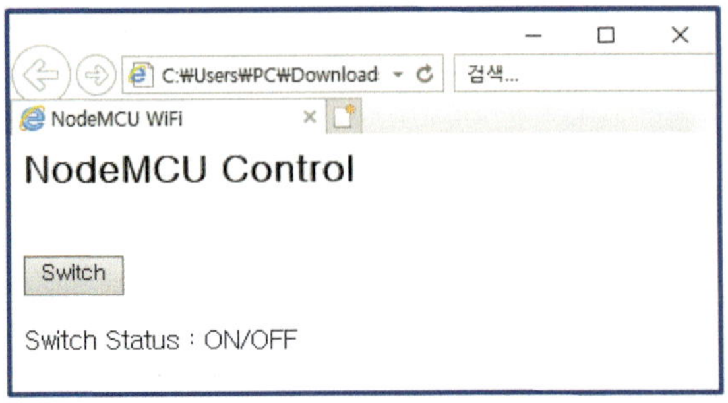

[그림 17.6] 그림 17.5의 html 파일을 웹 브라우저에서 실행한 결과

(2) NodeMCU에서 HTML 문장 전송하기

서버인 NodeMCU가 웹을 통하여 접속한 컴퓨터나 스마트 기기와 같은 클라이언트에게 웹 브라우저에서 그림 17.6과 같은 정보를 제공하려면, 클라이언트로 그림 17.5의 html 문장에 그림 17.7과 같이 client.print("　　");을 추가하여 전송하면 된다.

```
<html>
  <head>
     <title>NodeMCU WiFi</title>
  </head>
  <body>
     <h2> NodeMCU Control</h2>
     <br>
     <button>Switch</button>
     <br><br>
     Switch Status : ON/OF
   </body>
</html>
```

```
client.print("<html>");
  client.print("<head>");
     client.print("<title>NodeMCU WiFi</title>");
  client.print("</head>");
  client.print("<body>");
     client.print("<h2> NodeMCU Control</h2>");
     client.print("<br>");
     client.print("<button>Switch</button>");
     client.print("<br><br>");
     client.print("Switch Status : ON/OF");
   client.print("</body>");
client.print("</html>");
```

[그림 17.7] NodeMCU에서 html 문서를 클라이언트로 전송하는 방법

(3) NodeMCU의 서버 구성

NodeMCU에서 무선인터넷을 사용하기 위한 과정은 앞 절의 웹 클라이언트에서 클라이언트 설정 부분을 제외하면 동일하다.

NodeMCU에서 무선인터넷을 사용하기 위한 라이브러리 "ESP8266WiFi.h"를 활용한다.

```
#include <ESP8266WiFi.h>
```

WiFiServer의 객체를 'server'라는 이름으로 생성한다.

```
WiFiServer  server(80);
```

server(80)의 매개변수 값 80은 내부에서 사용될 포트 번호인데, HTTP 프로토콜은 80번 포트를 사용한다.

setup( )함수에서 접속할 무선 네트워크의 아이디와 패스워드로 무선 네트워크에 접속하고, server.begin( )함수로 WiFiServer객체 server를 시작한다.

loop( )함수에서 server.available( )를 사용하여 클라이언트의 접속을 확인하고, 클라이언트의 접속이 없으면 return으로 종료시킨다. 클라이언트가 접속되면 확인 메시지를 시리얼 모니터에 출력한다.

```
WiFiClient  client = server.available( );
if(!client) return
Serial.println("새로운 클라이언트");
```

클라이언트의 접속을 확인 후 서버에서 html 문서를 전송하기 위하여 클라이언트에게 HTTP 전송을 시도한다. 전송 시도가 5초를 초과하면 타임아웃 시킨다.

```
client.setTimeout(5000);
```

서버와 클라이언트가 정보를 주고받기 위하여, 서버에 접속한 클라이언트의 URL 정보를 저장한다.

```
String  request = client.readStringUntil('₩r');
```

클라이언트의 정보가 확인되면 그림 17.7과 같이 client.print(“   ”);가 추가된 html 문서를 전송한다.

다음 예제를 통하여 NodeMCU로 서버를 구현하고, 웹을 통해 접속하는 클라이언트에게 정보를 제공하고, 클라이언트의 요구에 따라 서비스를 제공하는 방법을 학습한다. 예제 17.2는 크라이언트에서 서버 NodeMCU 제어하는 예제이고, 예제 16.3은 서버 NodeMCU의 정보를 크라이언트에게 제공하는 예제이다.

클라이언트에서 입력한 정보로 서버 NodeMCU의 LED를 제어할 수 있는 WiFi 기반의 웹 서버를 만들어 LED를 제어하여 보자.

서버로 구성된 NodeMCU의 D2에 LED를 연결하고, 그림 17.7과 같이 클라이언트가 웹 브라우저를 통해 LED의 ON/OFF를 상태를 선택하면, 클라이언트에서 전달한 정보로 NodeMCU 서버에서 LED를 켜거나 끈다.

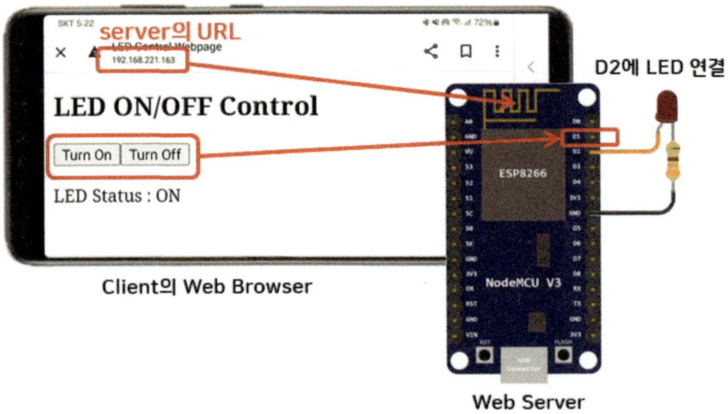

[그림 17.7] WiFi로 클라이언트의 웹 브라우저(스마트 폰)에서 ModeMCU 서버의 LED를 제어

서버로 구성된 NodeMCU의 D2에 LED를 연결하고, 그림 17.8(a)와 같이 클라이언트가 웹 브라우저를 통해 LED의 ON/OFF를 상태를 선택하면, 클라이언트에서 전달한 정보로 NodeMCU 서버에서 그림 17.8(b)와 같이 LED를 켜거나 끈다.

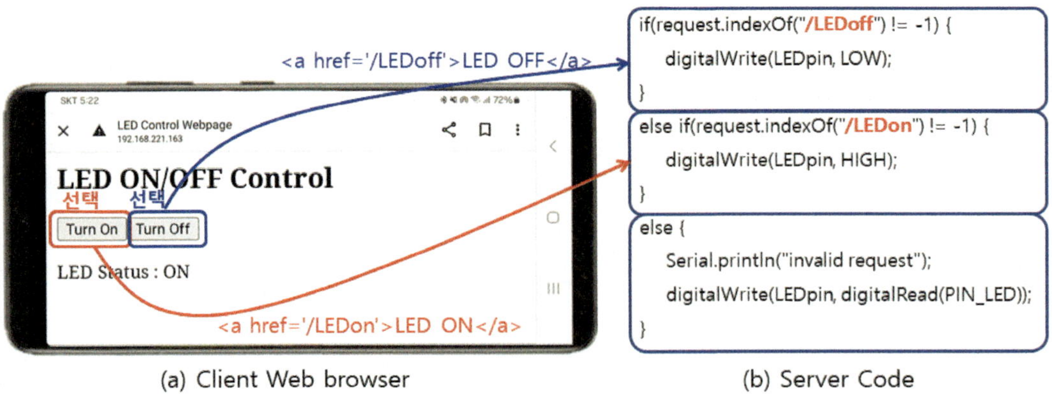

[그림 17.8] 클라이언트의 웹 브라우저에서 선택한 정보와 서버 코드의 연결

NodeMCU의 아두이노 스케치는 다음과 같다.

#include 〈ESP8266WiFi.h〉	ESP8266WiFi 라이브러리 사용
#define LEDpin D2	LED를 연결할 D2의 핀 설정
char ssid[ ] = "WiFi_ID"; char password[ ] = "WiFi_PW";	접속할 무선 네트워크의 아이디 접속할 무선 네트워크의 패스워드
WiFiServer server(80);	WiFiServer객체 server선언

void setup( ) {	setup( )함수 시작
Serial.begin(115200);	시리얼 전송 속도 설정
pinMode(LEDpin, OUTPUT); digitalWrite(LEDpin, LOW);	LEDpin을 출력모드로 선언 LEDpin의 초깃값 LOW 설정
WiFi.mode(WIFI_STA);	ESP8266 모드로 WIFI_STA 설정
WiFi.begin(ssid, password);	설정한 아이디/패스워드로 WiFi 접속

while (WiFi.status( ) != WL_CONNECTED){
delay(500);
Serial.print(".");
}
	WiFi 접속상태 모니터링

Serial.println(""); Serial.print("Connecting to "); Serial.println(ssid);	WiFi 접속에 사용된 아이디 출력
Serial.print("IP address: "); Serial.println(WiFi.localIP( ));	접속된 IP주소 출력
server.begin( ); Serial.println("Server started");	WiFiServer객체 server를 시작 "Server started" 출력
}	setup( )함수 끝

void loop( ) {	loop( ) 함수 시작
WiFiClient client = server.available( ); if(!client) return; Serial.println("새로운 클라이언트");	클라이언트의 접속 확인 클라이언트 접속 없으면 종료 클라이언트 접속 상황 출력
client.setTimeout(5000);	클라이언트에게 HTTP 전송 시도
String request = client.readStringUntil('₩r'); Serial.println("request: "); Serial.println(request);	클라이언트의 URL 정보 저장

if(request.indexOf("/LEDoff") != -1) {
digitalWrite(LEDpin, LOW);
}
	클라이언트에서 요청 정보에 /LEDoff가 있으면 LED OFF

```
else if(request.indexOf("/LEDon") != -1) {
  digitalWrite(LEDpin, HIGH);
}
```

클라이언트에서 요청 정보에 /LEDon가 있으면 LED ON

```
else {
  Serial.println("invalid request");
  digitalWrite(LEDpin, digitalRead(LEDpin));
}
```

클라이언트로부터 정보가 없으면 현재 LED 상태 유지

```
while(client.available( )) {
   client.read( );
}
```

```
  client.print("HTTP/1.1 200 OK");
  client.print("Content-Type: text/html₩r₩n₩r₩n");
  client.print("<!DOCTYPE HTML>");
  client.print("<html>");
  client.print("<head>");
  client.print("<meta charset=₩"UTF-8₩">");
  client.print("<title>LED Control Webpage</title>");
  client.print("</head>");
  client.print("<body>");
  client.print("<h2>LED ON/OFF Control</h2>");
  client.print("<a href=₩"/LEDon₩"₩"><button> Turn On </button></a>");
  client.print("<a href=₩"/LEDoff₩"₩"><button> Turn Off </button></a>");
  client.print("<br><br>");
  client.print("LED Status : ");
  client.print((digitalRead(LEDpin)) ? "ON" : "OFF");
  client.print("</body>");
  client.print("</html>");

  Serial.println("클라이언트 연결 해제");
}
```

loop( ) 함수 끝

그림 17.9는 아두이노 개발환경(IDE)에서 NodeMCU에 프로그램을 업로드 완료 후 시리얼 모니터 출력된 WiFi에 연결된 NodeMCU 서버에 할당된 IP주소이다.

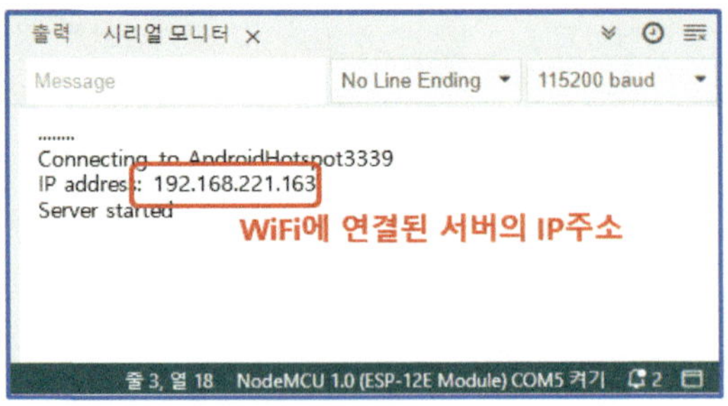

[그림 17.9] WiFi에 연결된 NodeMCU 서버에 할당 된 IP주소

그림 17.9에 나타난 NodeMCU 서버의 IP주소를 그림 17.10과 같이 클라이언트로 사용할 스마트 폰 등에서 웹 브라우저에 입력한다.

스마트 폰의 웹 브라우저에 NodeMCU 서버의 IP주소를 입력하고 검색을 누르면, 그림 17.10과 같이 시리얼 모니터에 클라이언트가 접속했다는 내용이 출력되고, 스마트 폰의 웹 브라우저의 화면이 NodeMCU 서버에서 제공하는 html로 구성된 화면으로 변환된다.

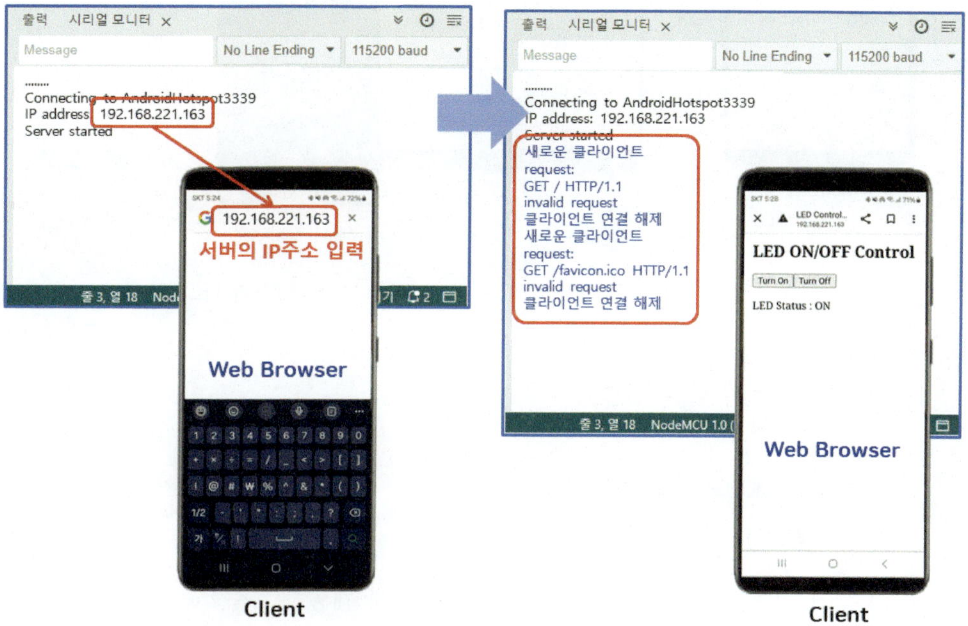

[그림 17.10] 클라이언트로 사용할 스마트 폰에 NodeMCU 서버에 할당된 IP주소 입력한 결과

스마트 폰의 웹 브라우저에서 그림 17.11과 같이 'Turn On'을 클릭하면, NodeMCU 시리얼 모니터에 클라이언트로부터 새로운 정보가 입력되었다는 내용이 출력되고, NodeMCU D2에 연결된 LED에 불이 켜진다.

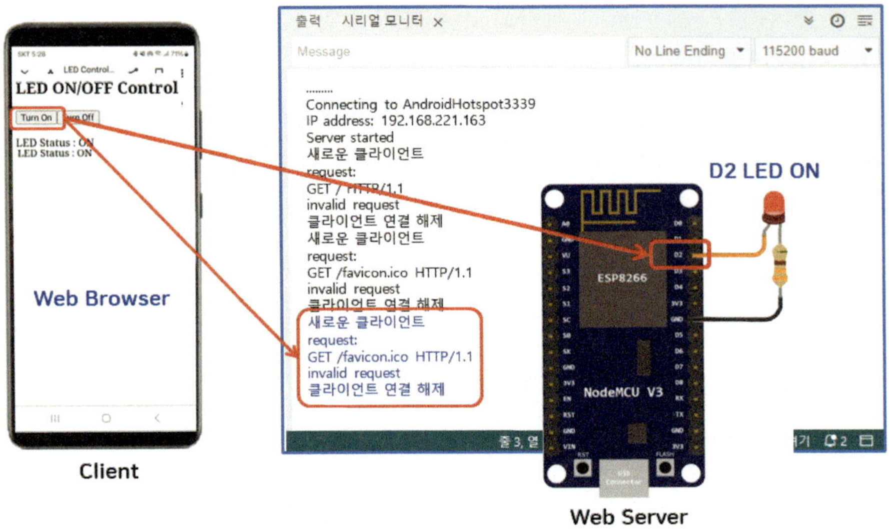

[그림 17.11] 클라이언트(스마트 폰)에서 NodeMCU 서버의 LED 제어

17.3 실•전•예•제 서버 NodeMCU의 정보를 클라이언트에 제공하기

서버 NodeMCU의 측정된 센서 정보를 클라이언트에 제공해 주는 WiFi 기반의 웹 서버를 만들어 보자.

서버로 구성된 NodeMCU에서 온습도 센서 DHT11을 통하여 측정된 센서정보를 스마트폰 App으로 구성된 클라이언트에게 제공한다.

(1) 서버 NodeMCU의 아두이노 스케치는 다음과 같다

#include 〈ESP8266WiFi.h〉 #include 〈DHT.h〉	ESP8266WiFi 라이브러리 사용 DHT 라이브러리 사용
#define dhtPin D3 #define DHTTYPE DHT11	DHT11를 연결할 D3의 핀 설정 사용할 DHT 모듈 타입 지정
char ssid[ ]= "WiFi_ID"; char password[ ] = "WiFi_PW";	접속할 무선 네트워크의 아이디 접속할 무선 네트워크의 패스워드
WiFiServer server(80);	WiFiServer객체 server선언
DHT dht11(dhtPin, DHTTYPE);	DHT객체 dht11 설정

void setup( ) {	setup( )함수 시작
Serial.begin(115200);	시리얼 전송 속도 설정
Serial.print("DHT11 NodeMCU WebServer"); dht11.begin( );	DHT객체 dht11 초기화
WiFi.mode(WIFI_STA);	ESP8266 모드로 WIFI_STA 설정
WiFi.begin(ssid, password);	설정한 아이디/패스워드로 WiFi 접속

while (WiFi.status( ) != WL_CONNECTED){
delay(500);
Serial.print(".");
}
	WiFi 접속상태 모니터링

Serial.println(""); Serial.print("Connecting to "); Serial.println(ssid);	WiFi 접속에 사용된 아이디 출력
Serial.print("IP address: "); Serial.println(WiFi.localIP( ));	접속된 IP주소 출력
server.begin( ); Serial.println("Server started");	WiFiServer객체 server를 시작 "Server started" 출력
}	setup( )함수 끝

void loop( ) {	loop( ) 함수 시작
float t = dht11.readTemperature( ); float h = dht11.readHumidity( );	DHT11의 온도 측정 저장 DHT11의 습도 측정 저장
WiFiClient client = server.available( ); if(!client) return; Serial.println("새로운 클라이언트");	클라이언트의 접속 확인 클라이언트 접속 없으면 종료 클라이언트 접속 상황 출력
client.setTimeout(5000);	클라이언트에게 HTTP 전송 시도
String request = client.readStringUntil('₩r'); Serial.println("request: "); Serial.println(request);	클라이언트의 URL 정보 저장

while(client.available( )) {
client.read( );
}	

client.println("HTTP/1.1 200 OK");
client.println("Content-Type: text/html");
client.println("");
client.println("<!DOCTYPE HTML>");	

```
    client.println("<html>");
    client.println("<meta http-equiv=₩"refresh₩" content=₩"10₩">");
    if (isnan(t) || isnan(h)) {
      Serial.print("Failed to read from DHT11!!");
      client.print("DHT11 : Temperature & Humidity");
      client.println("<br>");
      client.print("========================");
      client.println("<br>");
      client.print("Failed to read from DHT!!");
      client.println("<br>");
      client.println("</html>");
    }
    else {
      Serial.print("Temperature: ");  Serial.print(t);  Serial.print("C,₩t");
      Serial.print("Humidity: ");  Serial.print(h);  Serial.println("%");
      client.print("-----------------------------------");
      client.println("<br>");
      client.print("DHT11 : Temperature & Humidity");
      client.println("<br>");
      client.print("-----------------------------------");
      client.println("<br>");
      client.print("Temperature: "); client.print(t); client.print("C");client.println("<br>");
      client.print("Humidity: "); client.print(h); client.print("%");client.println("<br><br>");
      client.println("</html>");
    }
  Serial.println("클라이언트 연결 해제");
}                                                    loop( ) 함수 끝
```

(2) 클라이언트 구성

서버 NodeMCU에 접속하는 클라이언트로 스마트 폰을 사용하고, 서버 NodeMCU에서 보내온 html 정보를 스마트 폰에서 확인할 수 있는 App을 만들어 사용한다.

App 제작은 엡인벤터를 사용하며, 서버 NodeMCU의 IP주소를 입력하는 부분과 스마트 폰의 웹 브라우저를 이용하여 입력된 IP주소에 접속하는 형태로 구성한다.

엡인벤터로 제작하기 위한 디자이너(designer) 구성과 프로그램 블록(blocks)은 그림 17.12와 17.13을 참고하며, 자세한 과정은 부록A를 참고한다.

그림 17.12의 엡인벤터의 디자이너(designer) 구성은 서버 NodeMCU의 IP주소를 입력하는 부분과 웹 브라우저로 되어 있다.

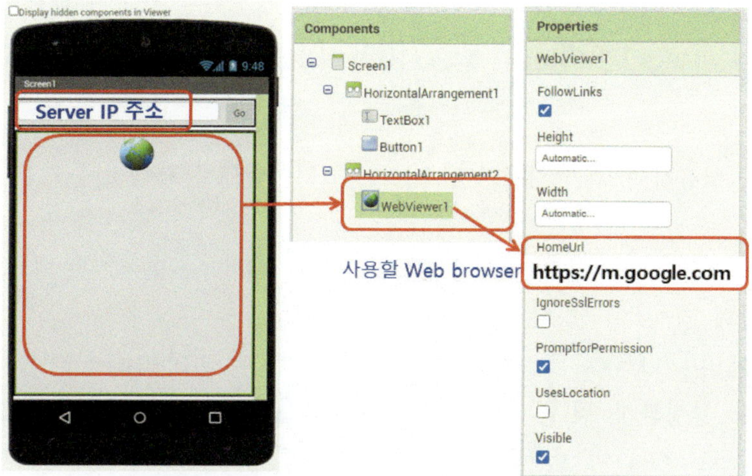

[그림 17.12] 엡인벤터의 디자이너(designer) 구성

그림 17.13의 엡인벤터의 프로그램 블록(blocks)는 입력된 서버 NodeMCU의 IP주소로 지정된 웹 브라우저(https://m.google.com)로 접속하는 프로그램으로 되어 있다.

[그림 17.13] 엡인벤터의 프로그램 블록(blocks) 구성

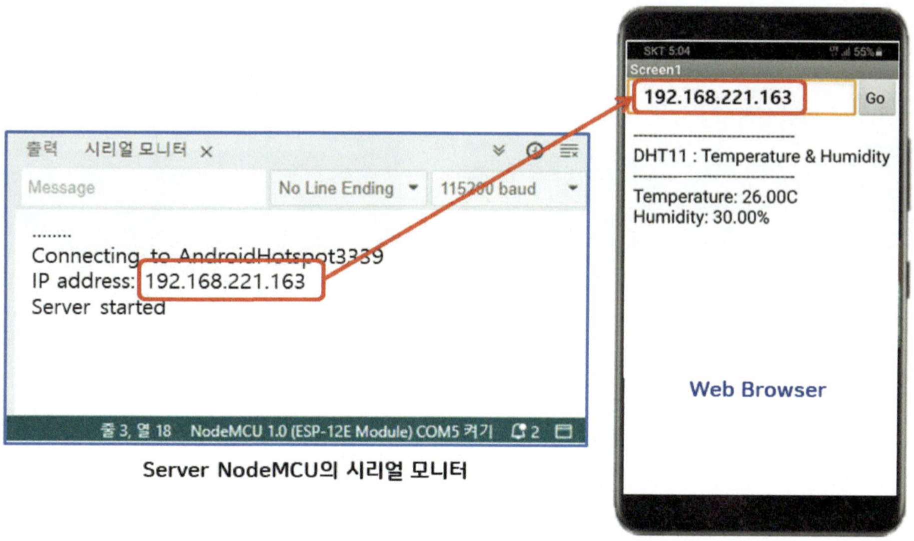

Server NodeMCU의 시리얼 모니터

Client

[그림 17.14] 서버 NodeMCU DTH11 온습도 정보의 클라이언트에 전송

■

17.4 NodeMCU 웹 서버-NodeMCU 클라이언트

NodeMCU를 사용하여 WiFi 기반의 웹 서버와 클라이언트를 각각 만들고 서로 정보를 보내 보자.

서버 NodeMCU는 LED와 피에조를 연결하고, 클라이언트 NodeMCU는 LED와 버튼 스위치를 그림 17.12와 같이 연결한다.

컴퓨터에 2개의 NodeMCU를 연결하면, 아두이노 개발환경(IDE)에서 각 NodeMCU에 대한 포트를 다르게 설정하게 된다. 그림 17.15처럼, 하나의 아두이노 개발환경(IDE)에 서버 NodeMCU는 포트 COM5에 연결되어 있고 클라이언트 NodeMCU는 포트 COM8에 연결되어 있으므로, 각각의 NodeMCU가 연결된 포트를 지정하는 것에 의하여 각각 코딩과 업로드가 가능하다.

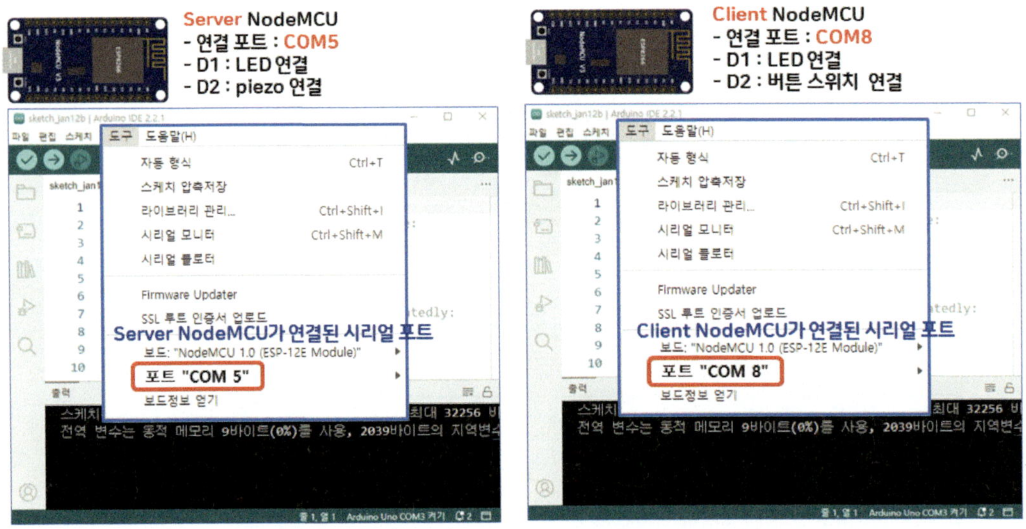

[그림 17.15] 서버 NodeMCU와 클라이언트 NodeMCU 구성

실・전・예・제

17.4 NodeMCU로 웹 서버-클라이언트 만들기

그림 17.16과 같이 연결된 클라이언트 NodeMCU에서 버튼 스위치로 서버 NodeMCU의 피에조를 제어하여 보자.

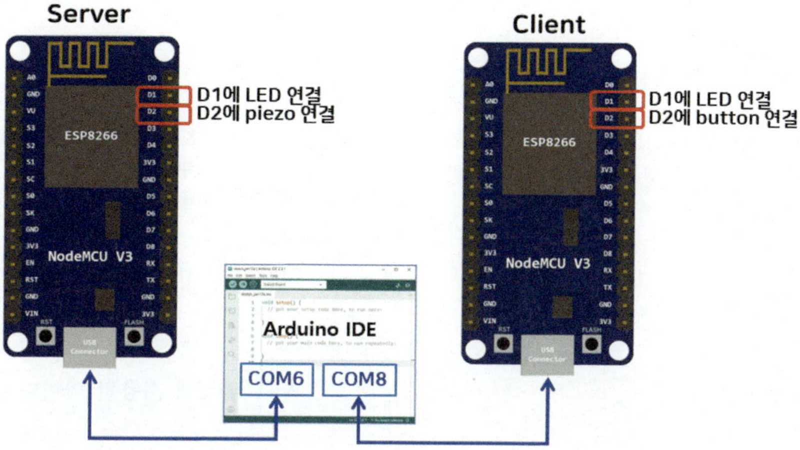

[그림 17.16] NodeMCU로 구성된 Sever(피에조)와 Client(버튼 스위치)

(1) 서버용 NodeMCU

17.2절의 서버용 NodeMCU와 setup( )함수는 동일하며, 나머지 부분도 유사하다. 서보용 NodeMCU의 아두이노 스케치는 다음과 같다.

#include <ESP8266WiFi.h>	ESP8266WiFi 라이브러리 사용
#define ledPin D1 #define piezoPin D2	LED를 연결할 D1의 핀 설정 피에조를 연결할 D2의 핀 설정
char ssid[ ]= "WiFi_ID"; char password[ ] = "WiFi_PW";	접속할 무선 네트워크의 아이디 접속할 무선 네트워크의 패스워드
WiFiServer server(80);	WiFiServer객체 server선언

void setup( ) {	setup( )함수 시작
Serial.begin(115200);	시리얼 전송 속도 설정

pinMode(ledPin, OUTPUT);
pinMode(piezoPin, OUTPUT);
digitalWrite(ledPin, HIGH);
	ledPin을 출력모드로 선언
	piezoPin을 출력모드로 선언
	ledPin의 초깃값 HIGH 설정

WiFi.mode(WIFI_STA);	ESP8266 모드로 WIFI_STA 설정
WiFi.begin(ssid, password);	설정한 아이디/패스워드로 WiFi 접속

while (WiFi.status( ) != WL_CONNECTED){
delay(500);
Serial.print(".");
}
	WiFi 접속상태 모니터링

Serial.println(""); Serial.print("Connecting to "); Serial.println(ssid);	WiFi 접속에 사용된 아이디 출력
Serial.print("IP address: "); Serial.println(WiFi.localIP( ));	접속된 IP주소 출력
server.begin( ); Serial.println("Server started");	WiFiServer객체 server를 시작 "Server started" 출력
}	setup( )함수 끝

void loop( ) {	loop( ) 함수 시작
WiFiClient client = server.available( ); if(!client) return; Serial.println("새로운 클라이언트");	클라이언트의 접속 확인 클라이언트 접속 없으면 종료 클라이언트 접속 상황 출력
client.setTimeout(5000);	클라이언트에게 HTTP 전송 시도
String request = client.readStringUntil('₩r'); Serial.println("request: "); Serial.println(request);	클라이언트의 URL 정보 저장

if(request.indexOf("/SW_OFF") != -1) {
digitalWrite(ledPin, HIGH);
tone(piezoPin, 440, 500); delay(500);
piezoState= HIGH;
}
	클라이언트에서 요청 정보에
	/SW_OFF가 있으면
	LED ON
	피에조 '라' 음 발생

else if(request.indexOf("/SW_ON") != -1) {
digitalWrite(ledPin,LOW);
noTone(piezoPin);
piezoState= LOW;
}
	클라이언트에서 요청 정보에
	/SW_ON가 있으면
	LED OFF
	피에조 음발생 정지

else {
Serial.println("invalid request");
digitalWrite(LEDpin, digitalRead(LEDpin));
}
	클라이언트로부터 정보가 없으면 현재
	LED 상태 유지

while(client.available( )) {
client.read( );
}	

}	loop( ) 함수 끝

■

(2) 클라이언트용 NodeMCU

17.1절의 클라이언트용 NodeMCU와 setup( )함수는 동일하며, 나머지 부분도 유사하다 클라이언트용 NodeMCU의 아두이노 스케치는 다음과 같다.

#include <ESP8266WiFi.h>	ESP8266WiFi 라이브러리 사용
#define ledPin D1 #define buttonPin D2	LED를 연결할 D1의 핀 설정 버튼스 위치를 연결할 D2의 핀 설정
char ssid[ ]= "WiFi_ID"; char password[ ] = "WiFi_PW";	접속할 무선 네트워크의 아이디 접속할 무선 네트워크의 패스워드
char host[ ] = "192.168.221.163";	접속할 서버 NodeMCU의 주소

int buttonState= 0;
int oldButtonState= 0;
int piezoState= 1;
	사용될 변수 초깃값 설정

void setup( ) {	setup( )함수 시작
Serial.begin(115200);	시리얼 전송 속도 설정

pinMode(ledPin, OUTPUT);
pinMode(buttonPin, INPUT);
digitalWrite(ledPin, LOW);
	ledPin을 출력모드로 선언
	buttonPin을 dlq력모드로 선언
	ledPin의 초깃값 LOW 설정

WiFi.mode(WIFI_STA);	ESP8266 모드로 WIFI_STA 설정
WiFi.begin(ssid, password);	설정한 아이디/패스워드로 WiFi 접속

while (WiFi.status( ) != WL_CONNECTED){
delay(500);
Serial.print(".");
}
	WiFi 접속상태 모니터링

Serial.println(""); Serial.print("Connecting to "); Serial.println(ssid);	WiFi 접속에 사용된 아이디 출력
Serial.print("IP address: "); Serial.println(WiFi.localIP( ));	접속된 IP주소 출력
}	setup( )함수 끝

void loop( ) {	loop( ) 함수 시작
WiFiClient client; int httpPort= 80;	WiFiClient 객체 client 생성 서버의 포트로 설정
Serial.printf("Connect to %s₩n", host);	접속할 http 사이트 주소 출력

if (!client.connect(host, httpPort)) {
Serial.println("connection failed");
return;
}
	서버 NodeMCU의 주소로 접속
	접속이 안되면 연결 오류 메시지 출력

buttonState= digitalRead(buttonPin);
if(buttonState!= oldButtonState){
oldButtonState= buttonState;
if(buttonState== HIGH)
piezoState= !piezoState;
}
delay(1000);
	버튼 스위치의 상태 변화 감지
	
	버튼이 눌릴 때마다 피에조 상태 반전

if(piezoState){
client.print(String("SW_ON₩r₩n"));
digitalWrite(ledPin, HIGH);
Serial.println("Piezo is ringing!!");
}
	버튼 상태에 따라 피에조 상태 출력
	(SW_ON 피에조 소리 발생상태)

else{
client.print(String("SW_OFF₩r₩n"));
digitalWrite(ledPin, LOW);
Serial.println("Piezo is stopped!!");
}
	버튼 상태에 따라 피에조 상태 출력
	(SW_OFF 피에조 소리 정지상태)

Serial.println("closing connection"); Serial.println( );	
}	loop( ) 함수 끝

■

CHAPTER

IoT 플랫폼(ThingSpeak) 활용 18

ThingSpeak는 클라우드 상에서 실시간 데이터 스트림을 집계, 시각화 및 분석할 수 있는 IoT분석 서비스이다. IoT 프로젝트에 일반적으로 사용되는 ESP8266 WiFi 모듈인 NodeMCU로 ThingSpeak를 활용하는 방법에 대하여 살펴보자.

18.1 ThingSpeak 소개

ThingSpeak는 클라우드에 기반하여 실시간으로 IoT 장치의 센서나 기타 장치에서 발생하는 데이터 스트림을 수집, 저장, 분석 및 시각화할 수 있는 오픈 소스 사물 인터넷(IoT) 플랫폼이다. MATLAB를 개발한 MathWorks에서 개발해 제공하고 있다.

IoT 장치에서 ThingSpeak에 게시한 데이터를 즉시 시각화해 주며, 장치를 통해서 들어오는 실시간 데이터에 동기된 이벤트 기반의 이메일 알림을 생성할 수도 있다.

웹 서버를 구성하지 않고도 클라우드에 데이터를 저장하고 분석할 수 있어서 홈 자동화(Home Automation), 날씨 모니터링, 산업용 감지 등 다양한 IoT 응용 분야에 널리 사용되고 있다. 더욱이 초보자와 전문적인 사용자 모두에게 사용자 친화적인 인터페이스를 제공하여 광범위한 사용이 가능하다.

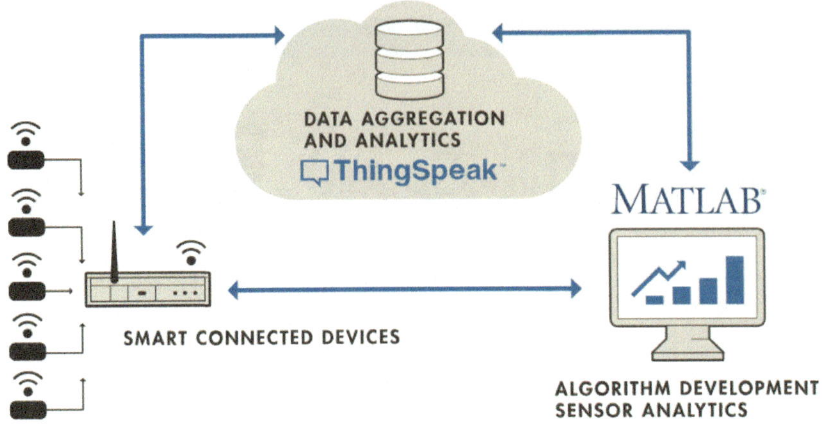

[그림 18.1] MathWorks의 ThingSpeak
(출처: https://kr.mathworks.com/products/thingspeak.html)

또한, ThingSpeak는 MATLAB 코드를 실행할 수 있는 기능을 사용하면 온라인 분석을 수행하고 실시간으로 데이터 처리할 수 있어서 학문적 활용도 기술적인 활용도 가능하다.

ThingSpeak로 데이터를 전송하는 방법은 Rest API 또는 MQTT를 사용하여 인터넷에 연결된 모든 장치에서 직접 데이터를 보낼 수 있고, The Things Network, Senet, LibeliumMeshlium게이트웨이 및 Particle.io와의 클라우드간 통합을 통해 센서 데이터를 LoRaWAN® 및 4G/3G 셀룰러 연결로 보낼 수 있다.

더욱이, ThingSpeak를 IoT 프로젝트에 일반적으로 사용되는 ESP8266 WiFi 모듈용 개발 보드인 NodeMCU와 결합하면, NodeMCU 장치의 다양한 센서 데이터를 저장 및 분석하기 위해 ThingSpeak 플랫폼으로 보낼 수 있다.

(1) ThingSpeak의 주요 기능

① 채널 생성

IoT 장치의 데이터를 저장/분석하는 채널 생성하여 데이터를 구성하고 저장할 수 있다. 채널은 공개 또는 비공개로 할 수 있다.

② 필드 구성

채널 내에서 특정 유형의 데이터를 저장하는 필드를 정의하여 사용할 수 있다. 예를 들어 날씨 모니터링 애플리케이션에 온도, 습도, 기압에 대한 필드를 만들 수 있다.

③ 데이터 로깅

ThingSpeak에 데이터를 전송하는 장치는 HTTP, MQTT 등을 포함한 다양한 프로토콜을 사용하여 정기적으로 실시간 데이터를 기록하고 저장할 수 있다.

④ 시각화

채널에 저장된 데이터를 기반으로 차트, 그래프 및 지도를 생성할 수 있는 시각화 도구가 내장되어 있어서 시간 경과에 따른 추세를 쉽게 모니터링하고 분석할 수 있다.

⑤ React

ThingSpeak의 React 앱을 사용하면 데이터의 특정 조건에 따라 작업을 정의할 수 있다. 예를 들어 특정 임계값에 도달하면 이메일 알림을 트리거(trigger) 하거나 소셜 미디어 상태를 업데이트할 수 있다.

⑥ 개방형 API

개발자가 IoT 애플리케이션을 플랫폼과 통합할 수 있도록 개방형 API를 제공하여 다양한 장치 및 플랫폼과 호환된다.

⑦ IoT앱 통합

ThingSpeak는 다른 IoT 플랫폼 및 앱과 통합할 수 있어서 IoT 개발을 위한 다양한 응용이 가능하다.

⑧ MATLAB을 활용한 분석과 Simulink 지원

MATLAB 분석 및 MATLAB 시각화 앱을 사용하여 전문적인 데이터 분석을 수행할 수 있고, MATLAB 기반 그래픽 프로그래밍 환경인 Simulink와 통합되어 IoT 시스템의 모델 기반 설계 및 시뮬레이션이 가능하다.

(2) ThingSpeak 사용 절차

ThingSpeak 를 시작하기 위해 계정을 만들고 장치에 대한 채널을 설정한 다음 해당 채널로 데이터를 보내도록 장치를 구성해야 한다.

① ThingSpeak 계정 만들기

ThingSpeak 홈페이지(http://thingspeak.com)접속하여 Get Started For Free 를 선택하면,

ThingSpeak를 사용하려면 기존 MathWorks 계정으로 로그인하거나 새 계정을 만들어야 한다는 것과 비상업적 사용자는 ThingSpeak를 무료로 사용할 수 있고 무료 계정은 특정 기능에 대한 제한된다는 내용과 함께 그림 18.2와 같이 Email로 로그인이 가능한 창이 나타난다.

무료 계정 만들기 위하여 'Create One!'을 클릭하고, 그림 18.3과 같은 창에 가입을 위한 정보를 입력하면 된다.

가입된 계정이 있으면 Email 주소를 넣고, 패스워드 입력하면 된다.

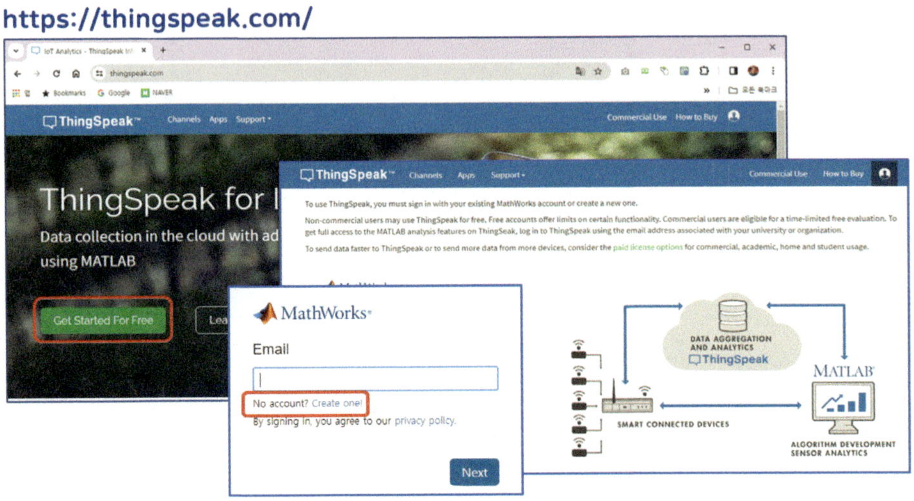

[그림 18.2] ThingSpeak 홈페이지

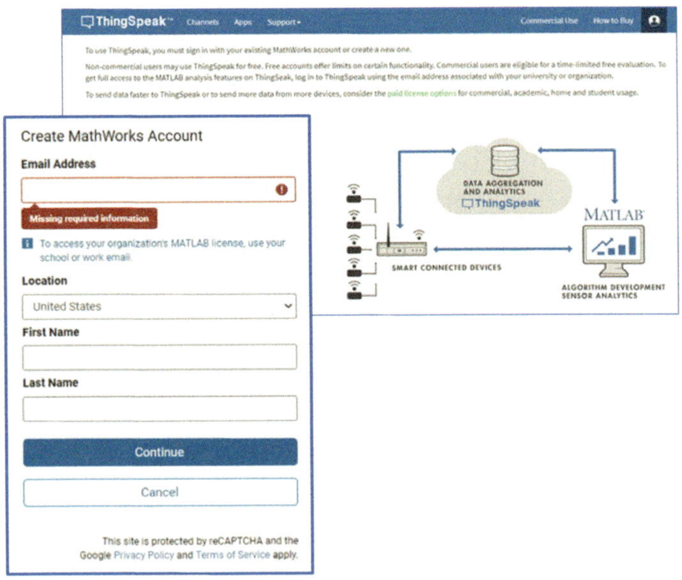

[그림 18.3] 무료 계정 만들기

② 채널 만들기

로그인하면 그림 18.4와 같이 My Channels창이 나타난다. 상단 툴바 Channels ▾ 탭에서 원하는 채널 작업을 변경 선택하거나 '새 채널(Nwe Channel)' 버튼을 클릭하여 새로운 채널을 생성한다.

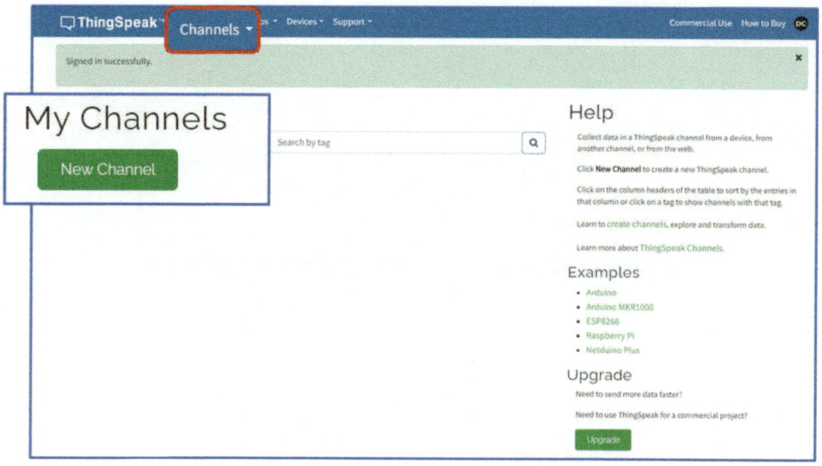

[그림 18.4] My Channels창과 새 채널 생성

'새 채널(Nwe Channel)' 버튼을 클릭하면, 그림 18.5와 같은 새로운 채널을 구성하기 위한 이름(Name), 설명(Description), 필드 라벨(Field Lanbel) 등 필수 정보를 입력하는 창이 나타난다. 필드(Field)는 생성하는 채널에서 저장하려는 데이터 종류에 따라 필드 수를 선택한다. 입력이 완료되면 창 아래쪽에 있는 Save Channel 을 클릭하여 저장한다.

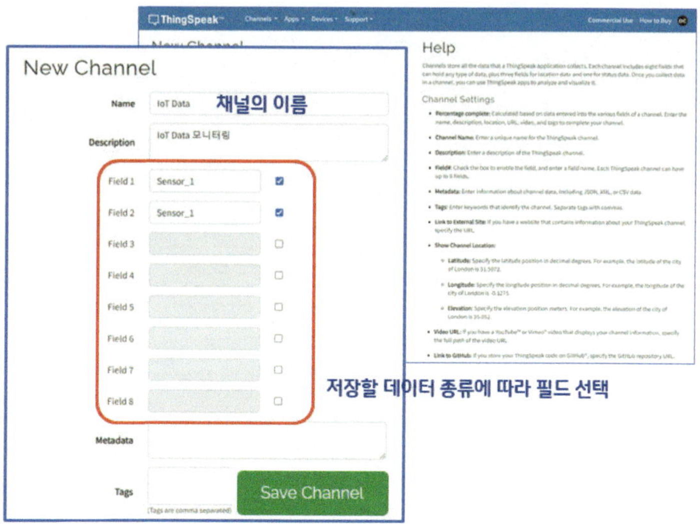

[그림 18.5] 채널 생성 설정

예를 들어, 이름(Name)을 'IoT Data'로 하고, 필드(Field)는 Sensor_1과 Sensor_2의 2개를 선택하여 저장하면, 그림 18.6과 같이 'IoT Data'라는 채널의 창이 생성된다. 또한 Channel Stats에 2개의 필드(Field) Sensor_1과 Sensor_2에 대한 그래픽 차트(Chart)가 나타난다.

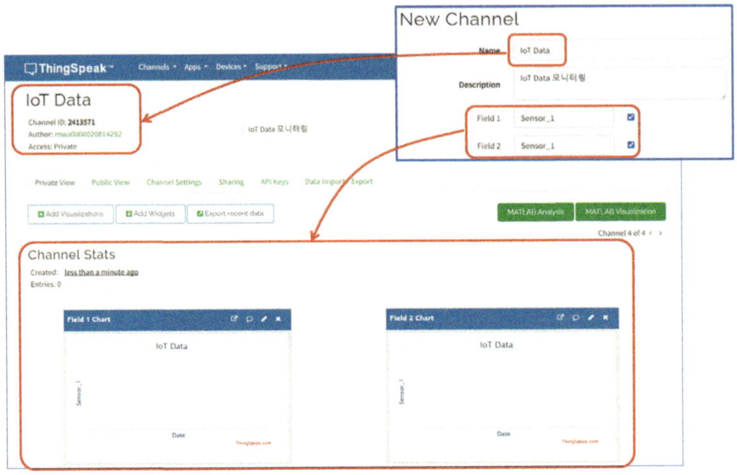

[그림 18.6] 생성된 채널 창의 예

③ API 키 받기

외부 IoT 장치에서 ThingSpeak로 데이터를 전송하려면, 쓰기 API 키가 필요하다. 생성된 채널 창에서 그림 18.7과 같이 'API Keys' 탭을 클릭하면, 쓰기(Write) API Key와 읽기(Read) API Keys가 나타난다.

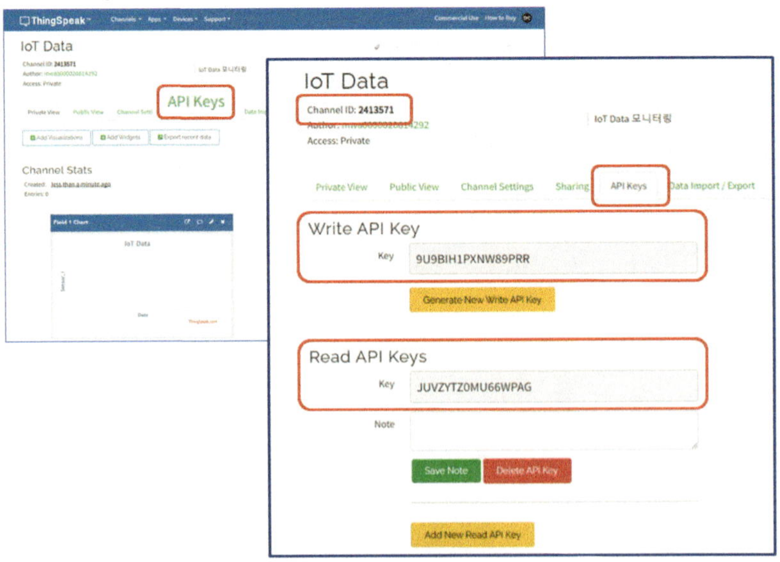

[그림 18.7] Channel ID와 API Key

이 쓰기(Write) API Key는 NodeMCU와 같은 외부 IoT 장치에서 ThingSpeak로 데이터를 전송하는 데 사용된다.

④ ThingSpeak로 데이터 전송 방법

NodeMCU와 같은 IoT 장치에서 데이터를 수집하여 ThingSpeak로 전송하려면, ThingSpeak 사용을 위한 라이브러리를 사용하면 편리하다.

NodeMCU에서 ThingSpeak 라이브러리를 사용하여 데이터 전송 방법은 뒤에서 자세히 살펴본다.

⑤ ThingSpeak에서 데이터 보기

NodeMCU와 같은 IoT 장치에서 전송한 데이터는 ThingSpeak 웹사이트의 해당하는 채널에서 차트 등으로 확인할 수 있다.

18.2 NodeMCU에서 ThingSpeak 데이터 전송하기

NodeMCU에서 ThingSpeak에 접속하여 데이터를 올리는 것은 그림 18.8과 같이 클라이언트가 서버에 접속하는 개념으로, NodeMCU을 HTTP Client로 설계하여 ThingSpeak 사이트에 접속하는 방법과 NodeMCU에서 ThingSpeak 라이브러리를 사용하여 ThingSpeak 사이트에 접속하는 방법이 있다.

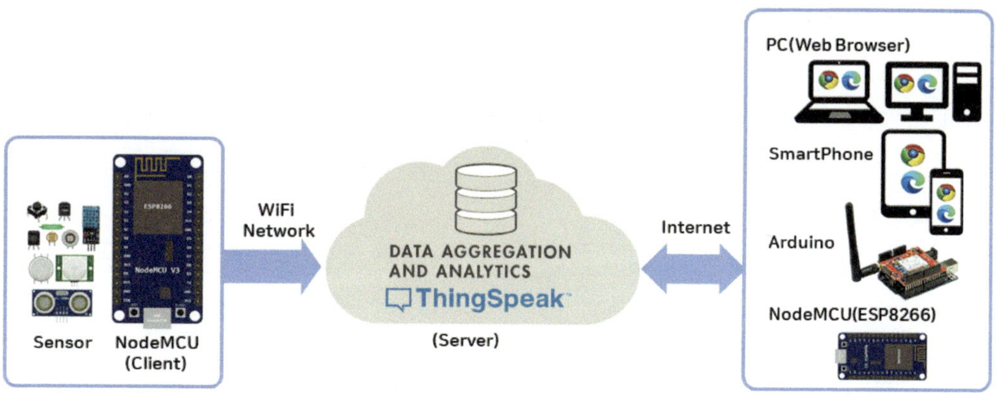

[그림 18.8] NodeMCU의 WiFi연결 상태와 ThingSpeak 데이터 전송 상태 표시

첫 번째 HTTP Client를 사용하여 ThingSpeak 웹사이트 접속하여 데이터를 전송하는 방법이다.

16장에서 설명한 것처럼 NodeMCU을 HTTP Client로 설계하기 위하여 라이브러리를 포함시킨다.

```
#include <ESP8266WiFi.h>
#include <ESP8266HTTPClient.h>
```

NodeMCU가 무선 네트워크에 접속할 아이디와 패스워드를 설정한다.

```
char ssid[ ]= "WiFi_ID";
char password[ ] = "WiFi_PW";
```

ThingSpeak에서 확인한 API key를 설정한다.

```
char apiKey[ ] = "API_Key";
```

그림 18.6의 경우 Write API Key는 '9U9BIH1PXNW89PRR'이다.

ThingSpeak의 웹 사이트 주소를 설정한다.

```
char thingSpeakAddress[ ]= "api.thingspeak.com";
```

WiFiClient 객체로 client와 HTTPClient 객체로 http를 생성한다.

```
WiFiClient  client;
HTTPClient  http;
```

setup( ) 함수에서 NodeMCU의 WiFi 연결한다.

loop( )함수에서 HTTPClient 객체 http가 접속하여 데이터를 전송하기 위한 url 주소를 생성한다.

```
String url= "http://";
url+= thingSpeakAddress;
url+= "/update?api_key=";
url+= apiKey;
url+= "&field1=";
url+= String(sensorValue);
```

“&field1=”는 ThingSpeak 채널의 필드 1을 지정한 것이고, 채널의 필드 2에 데이터를 전송하려면 "&field2="로 설정하면 된다.
sensorValue는 NodeMCU에서 ThingSpeak로 보내는 데이터이다.

loop( )함수에서 HTTP클라이언트인 NodeMCU는 url 주소를 통해 ThingSpeak에 데이터를 보낸다.

```
http.begin(client, url);
```

나머지 부분은 17.2절에서 설명한 NodeMCU를 사용하여 WiFi 기반으로 HTTP 사이트에 접속하는 웹 클라이언트를 만드는 과정과 같다.

실•전•예•제 18.1 NodeMCU HTTP 클라이언트에서 ThingSpeak로 데이터 보내기

NodeMCU의 A0에 가변저항을 연결하고, 그림 18.6의 ThingSpeak 채널 IoT Data의 API Key를 참고하여 Filed 1에 데이터를 보내 보자.

NodeMCU의 아두이노 스케치는 다음과 같다.

#include 〈ESP8266WiFi.h〉 #include 〈ESP8266HTTPClient.h〉	ESP8266WiFi 라이브러리 사용 HTTP 프로토콜 라이브러리 사용
#define vrPin A0	가변저항을 연결할 A0의 핀 설정
char ssid[ ]= "WiFi_ID"; char password[ ] = "WiFi_PW";	접속할 무선 네트워크의 아이디 접속할 무선 네트워크의 패스워드
char apiKey[ ] = "9U9BIH1PXNW89PRR";	ThingSpeak 채널의 Write API Key
WiFiClient client;	WiFiClient 객체 client 생성
HTTPClient http;	HTTPClient 객체 http 생성

void setup( ) {	setup( )함수 시작
Serial.begin(115200);	시리얼 전송 속도 설정
WiFi.mode(WIFI_STA);	ESP8266 모드로 WIFI_STA 설정
WiFi.begin(ssid, password);	설정한 아이디/패스워드로 WiFi 접속

while (WiFi.status( ) != WL_CONNECTED){
delay(500);
Serial.print(".");
}
	WiFi 접속상태 모니터링

Serial.println(""); Serial.print("Connecting to "); Serial.println(ssid);	WiFi 접속에 사용된 아이디 출력
Serial.print("IP address: "); Serial.println(WiFi.localIP( ));	접속된 IP주소 출력
}	setup( )함수 끝

void loop( ) {	loop( ) 함수 시작
int sValue = analogRead(vrPin);	가변저항 값 읽기
if (WiFi.status( ) == WL_CONNECTED) {	
String url= "http://";	ThingSpeak의 http URL 생성
url+= thingSpeakAddress;	ThingSpeak의 웹 사이트 주소
url+= "/update?api_key="; url+= apiKey;	API Key 설정
url+= "&field1=";	필드 지정
url+= String(sValue);	전송할 데이터
Serial.print("Sending data to ThingSpeak: "); Serial.println(url);	완성된 URL 출력
http.begin(client, url);	접속할 주소에 HTTP Request 수행

if (httpCode〉 0) {
Serial.printf("[HTTP] GET... code: %d₩n", httpCode); //데이터 전송 성공 출력
}	

else {
Serial.printf("[HTTP] GET... failed, erro%d₩n); // 데이터 전송 오류 출력
}	

http.end( );	http 연결 종료
}	if (WiFi.statu...D) 끝
delay(5000);	시간지연
}	loop( ) 함수 끝

그림 18.9는 NodeMCU의 시리얼 모니터에 출력된 WiFi 연결 상태와 ThingSpeak에 데이터를 전송하고 전송이 정상적이라는 것을 출력한 것이다.

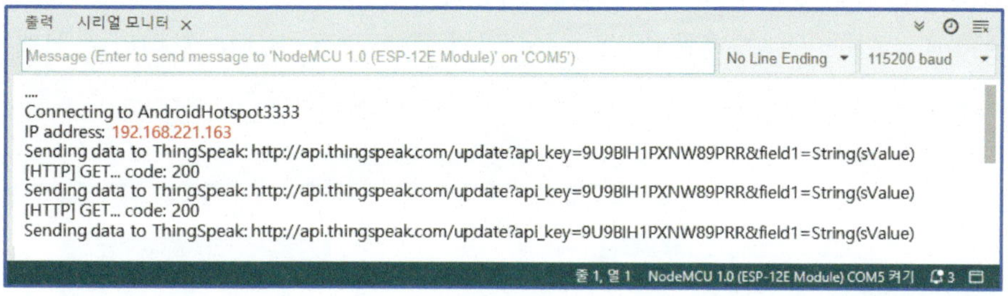

[그림 18.9] NodeMCU의 WiFi 연결 상태와 ThingSpeak 데이터 전송 상태 표시

그림 18.10은 HTTP클라이언트인 NodeMCU에서 전송한 데이터를 ThingSpeak의 채널 IoT Data 필드 1에 데이터 시각화한 그래프이다.

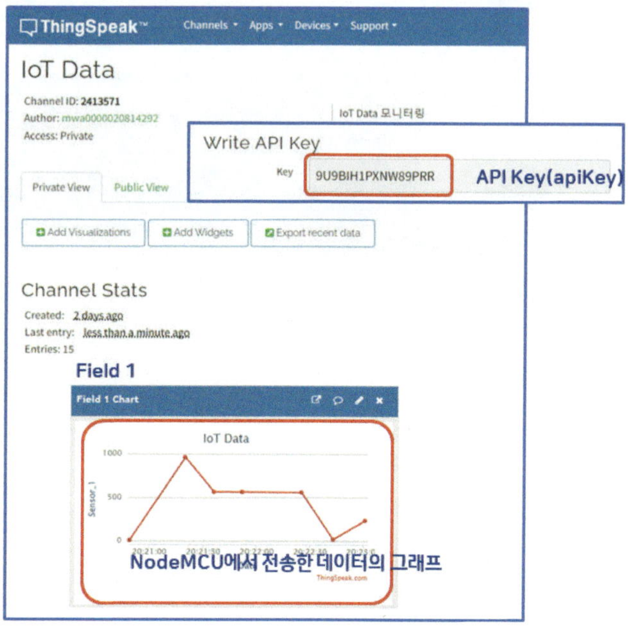

[그림 18.10] ThingSpeak 변수와 데이터의 시각화 그래프

■

18.3 NodeMCU에서 ThingSpeak 라이브러리 사용하기

NodeMCU에서 ThingSpeak에 접속하여 데이터를 올리는 두 번째 방법으로 NodeMCU에서 ThingSpeak 라이브러리를 사용하여 ThingSpeak 사이트에 접속하는 방법이 있다.

NodeMCU을 HTTP Client를 사용하는 것보다 ThingSpeak 라이브러리를 활용하면 쉽고 편리하다.

아두이노에서 ThingSpeak 라이브러리를 사용하려면 "ThingSpeak.h" 라이브러리를 추가로 설치해야 한다. 아두이노 개발환경(IDE)에서 그림 18.11과 같이 라이브러리를 선택하여 설치한다.

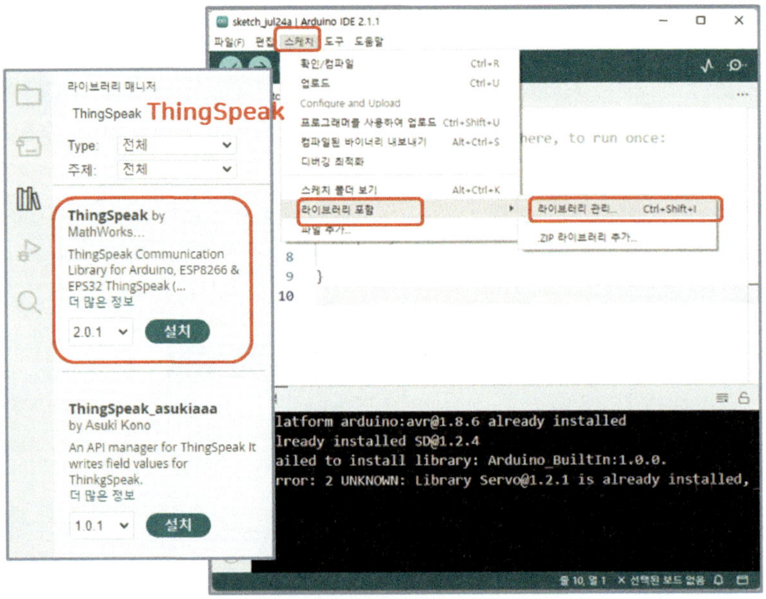

[그림 18.11] ThingSpeak.h 라이브러리 설치

ThingSpeak 라이브러리를 설치하면, 그림 19.12와 같이 ESP8266에서 ThingSpeak 라이브러리를 사용할 수 있는 다양한 예제를 참고할 수 있다.

예제–ThingSpeak–ESP8266–program board directly–WriteMultipleFields

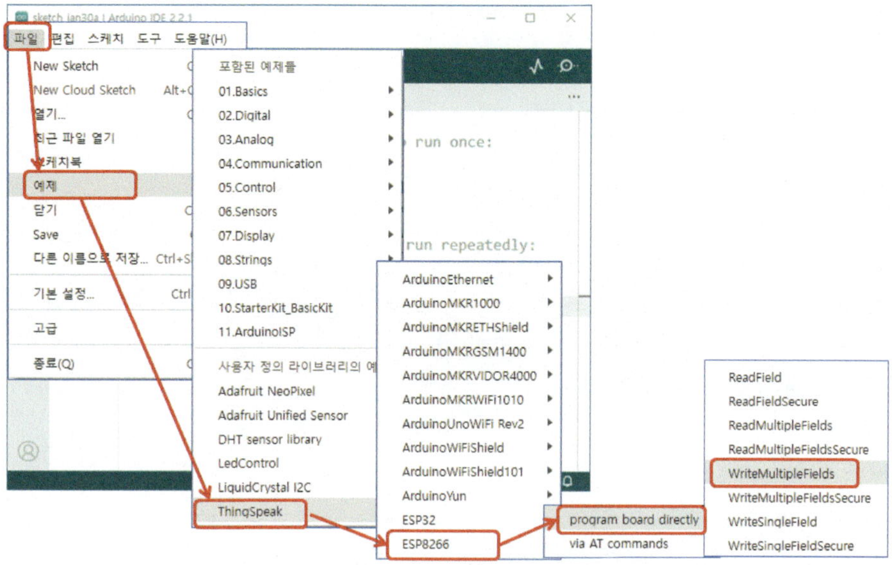

[그림 18.12] ThingSpeak.h 라이브러리의 ESP8266 예제

예제 가운데 'WriteMultipleFields'를 참고하여 NodeMCU에서 ThingSpeak에 접속하여 데이터를 올리는 방법을 살펴보자

NodeMCU에서 ESP8266 WiFi 라이브러리와 함께 ThingSpeak 라이브러리 "ThingSpeak.h"를 선언한다.

```
#include <ESP8266WiFi.h>
#include <ThingSpeak.h>
```

NodeMCU가 무선 네트워크에 접속할 아이디와 패스워드를 설정한다.

```
char ssid[ ]= "WiFi_ID";
char password[ ] = "WiFi_PW";
```

ThingSpeak에서 확인한 API key를 설정한다.

```
char apiKey[ ] = "API_Key";
```

그림 18.6의 경우 Write API Key는 '9U9BIH1PXNW89PRR'이다.
ThingSpeak의 Channel ID를 설정한다.

```
unsigned long channelId= YOUR_CHANNEL_ID;
```

그림 18.6의 경우 Channel ID는 '2413571'이다.
WiFiClient 객체로 client 생성한다.

```
WiFiClient  client;
```

setup( ) 함수에서 NodeMCU의 WiFi 연결하고, loop( )함수에서 ThingSpeak에서 WiFiClient 객체 client ThingSpeak.begin( )을 실행한다.

```
ThingSpeak.begin(client);
```

loop( )함수에서 ThingSpeak라이브러리의 setField 기능을 이용하여, NodeMCU에서 전송하는 데이터와 그 데이터를 저장할 ThingSpeak 채널의 필드를 지정한다.

```
ThingSpeak.setField(fieldNumber, sensorValue);
```

fieldNumber는 ThingSpeak 채널의 필드 번호이고, sensorValue는 NodeMCU에서 ThingSpeak로 보내는 데이터이다.
ThingSpeak 라이브러리의 writeFields 기능을 정의하여 ThingSpeak에 데이터를 보낸다.

```
ThingSpeak.writeFields(channelId, apiKey);
```

실 • 전 • 예 • 제

18.2 NodeMCU에서 ThingSpeak로 데이터 보내기

NodeMCU의 A0에 가변저항을 연결하고, 그림 18.6의 ThingSpeak 채널 IoT Data의 Channel Id와 API Key를 참고하여 Filed 1에 데이터를 보내 보자.

NodeMCU의 아두이노 스케치는 다음과 같다.

#include 〈ESP8266WiFi.h〉 #include 〈ThingSpeak.h〉	ESP8266WiFi 라이브러리 사용 ThingSpeak 라이브러리 사용
#define vrPin A0	가변저항을 연결할 A0의 핀 설정
char ssid[ ]= "WiFi_ID"; char password[ ] = "WiFi_PW";	접속할 무선 네트워크의 아이디 접속할 무선 네트워크의 패스워드
char apiKey[ ] = "9U9BIH1PXNW89PRR";	ThingSpeak 채널의 Write API Key
unsigned long chId= 2413571;	ThingSpeak 채널의 Channel ID
int fieldNum=1;	ThingSpeak 채널의 필드 번호
WiFiClient client;	WiFiClient 객체 client 생성

void setup( ) {	setup( )함수 시작
Serial.begin(115200);	시리얼 전송 속도 설정
WiFi.mode(WIFI_STA);	ESP8266 모드로 WIFI_STA 설정
WiFi.begin(ssid, password);	설정한 아이디/패스워드로 WiFi 접속

while (WiFi.status( ) != WL_CONNECTED){
delay(500);
Serial.print(".");
}
	WiFi 접속상태 모니터링

Serial.println(""); Serial.print("Connecting to "); Serial.println(ssid);	WiFi 접속에 사용된 아이디 출력
Serial.print("IP address: "); Serial.println(WiFi.localIP( ));	접속된 IP주소 출력
}	setup( )함수 끝

void loop( ) {	loop( ) 함수 시작
int sValue = analogRead(vrPin);	가변저항 값 읽기
if (WiFi.status( ) == WL_CONNECTED) {	
ThingSpeak.begin(client);	ThingSpeak client 접속
ThingSpeak.setField(fieldNum, sValue);	필드와 전송할 데이터 지정
ThingSpeak.writeFields(chID, apiKey);	ThingSpeak에 데이터 전송
int status = ThingSpeak.getLastReadStatus( );	데이터 전송 상태 표시

if (status == 200) {
Serial.println("Data sent to ThingSpeak successfully.");
}
	데이터 전송 성공 출력

else {
Serial.println("Error sending data to ThingSpeak!!");
}
	데이터 전송 오류 출력

client.stop( );	client 연결 종료
}	if(WiFi.status( )..) 종료
delay(5000);	시간지연
}	loop( ) 함수 끝

그림 18.13은 NodeMCU의 시리얼 모니터에 출력된 WiFi 연결 상태와 ThingSpeak에 데이터를 전송하고 전송이 정상적이라는 것을 출력한 것이다.

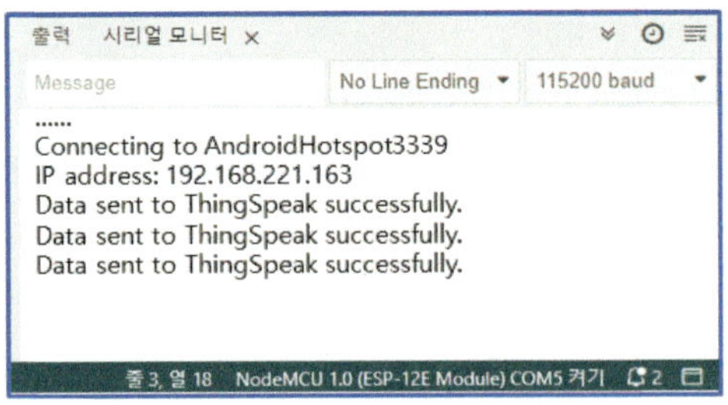

[그림 18.13] NodeMCU의 WiFi 연결 상태와 ThingSpeak 데이터 전송 상태 표시

그림 18.14는 ThingSpeak의 채널 IoT Data에서 NodeMCU에 설정한 채널 ID, API key와 필드 번호에 따라서 ThingSpeak로 전송된 데이터의 시각화된 그래프를 보여준다.

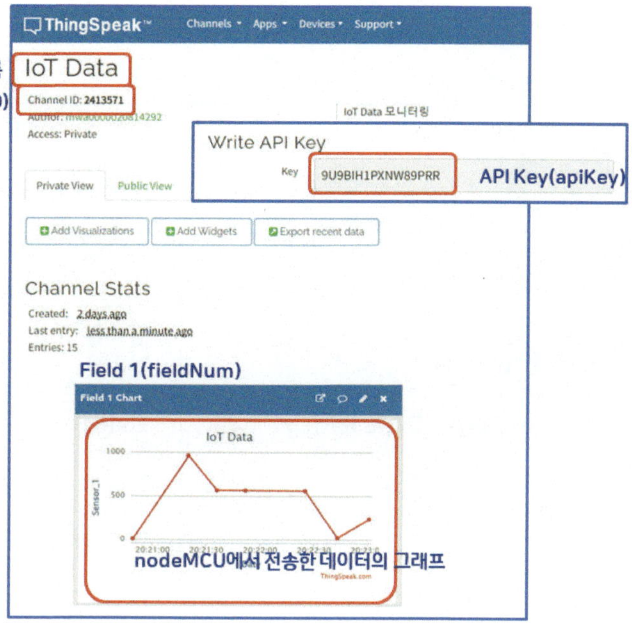

[그림 18.14] ThingSpeak 변수와 데이터의 시각화 그래프

18.3 실•전•예•제 DHT11의 온습도를 NodeMCU에서 ThingSpeak로 데이터 보내기

NodeMCU의 D3에 그림 18.15와 같이 모듈형 온습도 센서 DHT11를 연결하고, 그림 18.6의 ThingSpeak 채널 IoT Data의 Channel Id와 API Key를 참고하여 Filed 1에는 온도(Temperature)를 전송하고, Filed 2에는 습도(Humidity)를 전송해 보자.

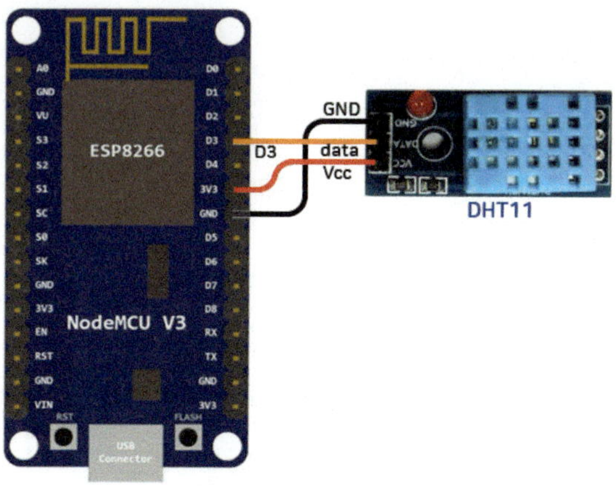

[그림 18.15] NodeMCU와 DHT11의 연결

NodeMCU의 아두이노 스케치는 다음과 같다.

#include <ESP8266WiFi.h> #include <ThingSpeak.h> #include <DHT.h>	ESP8266WiFi 라이브러리 사용 ThingSpeak 라이브러리 사용 DHT 모듈의 라이브러리 사용
#define dhtPin D3 #define DHTTYPE DHT11	DHT11을 연결한 D3의 핀 설정 DHT 모듈의 Type 설정
char ssid[ ]= "WiFi_ID"; char password[ ] = "WiFi_PW";	접속할 무선 네트워크의 아이디 접속할 무선 네트워크의 패스워드
char apiKey[ ] = "9U9BIH1PXNW89PRR";	ThingSpeak 채널의 Write API Key
unsigned long chId= 2413571;	ThingSpeak 채널의 Channel ID
WiFiClient client;	WiFiClient 객체 client 생성
DHT dht11(dhtPin, DHTTYPE);	DHT 객체 dht11 생성

void setup( ) {	setup( )함수 시작
Serial.begin(115200);	시리얼 전송 속도 설정
dht11.begin( );	DHT 객체 dht11의 초기화
WiFi.mode(WIFI_STA);	ESP8266 모드로 WIFI_STA 설정
WiFi.begin(ssid, password);	설정한 아이디/패스워드로 WiFi 접속

while (WiFi.status( ) != WL_CONNECTED){
delay(500);
Serial.print(".");
}
	WiFi 접속상태 모니터링

Serial.println(""); Serial.print("Connecting to "); Serial.println(ssid);	WiFi 접속에 사용된 아이디 출력
Serial.print("IP address: "); Serial.println(WiFi.localIP( ));	접속된 IP주소 출력
}	setup( )함수 끝

<table>
<tr><td>void loop( ) {</td><td>loop( ) 함수 시작</td></tr>
<tr><td>float temp = dht11.readTemperature();
float humi = dht11.readHumidity();</td><td>DHT11에서 온도 값 읽기
DHT11에서 습도 값 읽기</td></tr>
<tr><td>if (isnan(temp) || isnan(humi)) {
Serial.println("Failed to read!!");
return;
}</td><td>온도와 습도 값의 오류 점검</td></tr>
<tr><td>Serial.print("Temp = "); Serial.print(temp);
Serial.print(", Humi= "); Serial.println(humi);</td><td>온도 값 출력
온도 값 출력</td></tr>
<tr><td>if (WiFi.status( ) == WL_CONNECTED) {</td><td></td></tr>
<tr><td>ThingSpeak.begin(client);</td><td>ThingSpeak client 접속</td></tr>
<tr><td>ThingSpeak.setField(1, temp);
ThingSpeak.setField(2, humi);</td><td>필드와 전송할 데이터 지정</td></tr>
<tr><td>ThingSpeak.writeFields(chID, apiKey);</td><td>ThingSpeak에 데이터 전송</td></tr>
<tr><td>int status = ThingSpeak.getLastReadStatus( );</td><td>데이터 전송 상태 표시</td></tr>
<tr><td>if (status == 200) {
Serial.println("Data sent to ThingSpeak successfully.");
}</td><td>데이터 전송 성공 출력</td></tr>
<tr><td>else {
Serial.println("Error sending data to ThingSpeak!!");
}</td><td>데이터 전송 오류 출력</td></tr>
<tr><td>client.stop( );</td><td>client 연결 종료</td></tr>
<tr><td>}</td><td>if(WiFi.status( )..) 종료</td></tr>
<tr><td>delay(5000);</td><td>시간지연</td></tr>
<tr><td>}</td><td>loop( ) 함수 끝</td></tr>
</table>

그림 18.16은 NodeMCU의 시리얼 모니터에 출력된 WiFi 연결 상태와 ThingSpeak에 데이터를 전송하고 전송이 정상적이라는 것을 출력한 것이다.

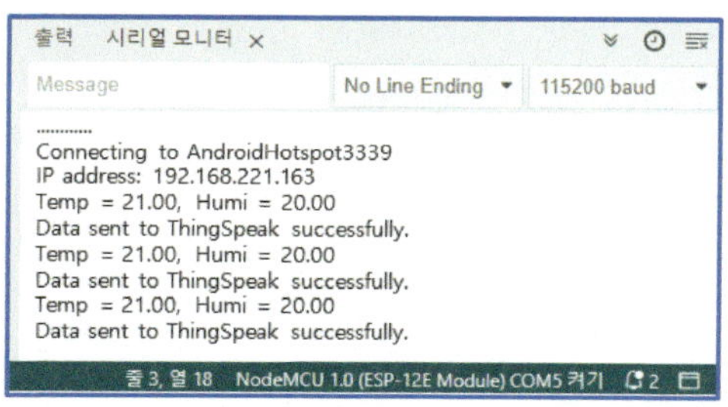

[그림 18.16] NodeMCU의 WiFi 연결 상태와 ThingSpeak 데이터 전송 상태 표시

그림 18.17은 ThingSpeak의 채널 IoT Data에서 NodeMCU에 설정한 채널 ID, API key와 필드 번호에 따라서 ThingSpeak로 전송된 DHT11의 온도와 습도 데이터의 시각화된 그래프를 보여준다.

[그림 18.17] ThingSpeak 변수와 데이터의 시각화 그래프

■

CHAPTER

UNO R4 WiFi 19

아두이노 UNO R4는 Minima와 WiFi 두 가지 버전의 형태가 있으며, Minima 버전은 R3의 성능이 강화된 형태이고, WiFi 버전은 WiFi, 블루투스, CAN 등 다양한 통신 기능이 추가된 형태로 사물인터넷(IoT) 활용에 적합하다. UNO R3와 거의 같은 구조(form factor)을 가지고 있어서 기존 R3에서 사용되는 개발환경 등의 호환이 가능하다. 특히 R4 WiFi 보드는 내부에 ESP32 프로세서가 추가로 내장되어 별도의 추가 모듈이나 쉴드 사용 없이 WiFi 등 다양한 통신도 가능하여 프로젝트 개발에 사용하기 편리하며 IoT 애플리케이션을 더 쉽게 만들 수 있다.

이 장에서는 간단하게 UNO R4에 추가된 LED 매트릭스 활용과 WiFi 통신을 위한 방법을 살펴본다.

19.1 UNO R4 WiFi LED 매트릭스 사용

아두이노 UNO R4 WiFi에는 12x8 LED 매트릭스가 내장되어 있어 그래픽, 애니메이션을 표시하고 인터페이스로 작동하거나 게임을 플레이하도록 프로그래밍할 수 있다.

LED 매트릭스 라이브러리를 사용하려면 스케치에 Arduino_LED_Matrix.h를 추가해야 한다.

```
#include <Arduino_LED_Matrix.h>
```

스케치에 ArduinoLEDMatrix 개체로 matrix를 만든다.

```
ArduinoLEDMatrix   matrix;
```

setup( )함수에서 ArduinoLEDMatrix 개체 matrix를 시작시킨다.

```
matrix.begin( );
```

실 • 전 • 예 • 제

19.1 예제 DisplaySingleFrame

그림 19.1과 같이 UNO R4의 LED_Matrix 예제인 DisplaySingleFrame을 활용한다.

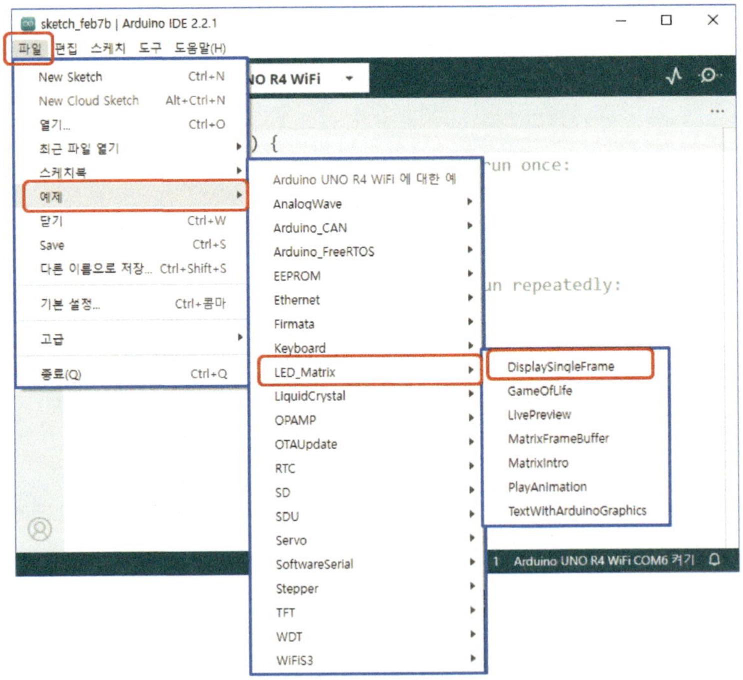

[그림 19.1] 예제 DisplaySingleFrame

예제 DisplaySingleFrame의 스케치는 다음과 같다.

#include <Arduino_LED_Matrix.h>	Arduino_LED_Matrix.h 라이브러리 호출
#include <frames.h>	frame data가 포함된 헤더 파일을 포함
ArduinoLEDMatrix matrix;	ArduinoLEDMatrix 개체로 matrix 생성

void setup( ) {
 Serial.begin(115200);
 matrix.begin( );
}
	시리얼 전송속도 설정
	ArduinoLEDMatrix matrix 초기화

void loop( ) {	loop( ) 함수 시작
matrix.loadFrame(chip); delay(500);	LED매트릭스에 "chip" 프레임 로드 및 표시
matrix.loadFrame(danger); delay(500);	LED매트릭스에 "danger" 프레임 로드 및 표시
matrix.loadFrame(happy); delay(500);	LED매트릭스에 "happy" 프레임 로드 및 표시
matrix.loadFrame(heart); delay(500);	LED매트릭스에 "heart" 프레임 로드 및 표시
Serial.println(millis( ));	millis( )의 현재 값을 시리얼 모니터에 출력
}	loop( ) 함수 끝

이 예제는 "chip", "danger", "happy", "heart"의 프레임(frame)이 라이브러리 frames.h에 미리 저장된 것을 호출하여, 프레임을 표시하는 버퍼에 로드하는 원리로 작동한다.

■

프레임은 주어진 순간에 매트릭스에 표시되는 "이미지"라고 부르는 것으로, 애니메이션이 이미지인 경우 프레임은 시리즈의 이미지 중 하나이다. UNO R4 WiFi에서 12×8 LED 매트릭스를 제어하려면, 최소 96bit 크기의 메모리 공간이 필요하다.

그림 19.2와 같이 2차원 byte 배열을 만드는 것이다.

```
byte frame[8][12] = {
                    {0, 0, 1, 1, 0, 0, 0, 1, 1, 0, 0, 0},
                    {0, 1, 0, 0, 1, 0, 1, 0, 0, 1, 0, 0},
                    {0, 1, 0, 0, 0, 1, 0, 0, 0, 1, 0, 0},
                    {0, 0, 1, 0, 0, 0, 0, 0, 1, 0, 0, 0},
                    {0, 0, 0, 1, 0, 0, 0, 1, 0, 0, 0, 0},
                    {0, 0, 0, 0, 1, 0, 1, 0, 0, 0, 0, 0},
                    {0, 0, 0, 0, 0, 1, 0, 0, 0, 0, 0, 0},
                    {0, 0, 0, 0, 0, 0, 0, 0, 0, 0, 0, 0}
                   };
```

[그림 19.2] "heart" 프레임을 위한 2차원 배열

라이브러리 frames.h를 호출하지 않고 프레임을 정의하고, 그 프레임을 호출하여 UNO R4의 내장된 LED 매트릭스를 제어하여 보자.

실•전•예•제

19.2 LED 매트릭스의 프레임 만들기

UNO R4의 LED 매트릭스를 위한 프레임 mFrame을 정의하고, 그 프레임을 호출하여 제어하여 보자.

코드	설명
#include <Arduino_LED_Matrix.h>	Arduino_LED_Matrix.h 라이브러리 호출
ArduinoLEDMatrix matrix;	ArduinoLEDMatrix 개체로 matrix 생성

void setup( ) {
 Serial.begin(115200);
 matrix.begin( );
}
	시리얼 전송속도 설정
	ArduinoLEDMatrix matrix 초기화

uint8_t mFrame[8][12] = {
{0, 0, 0, 0, 0, 0, 0, 0, 0, 0, 0, 0},
{0, 0, 0, 0, 0, 0, 0, 0, 0, 0, 0, 0},
{0, 0, 0, 0, 0, 0, 0, 0, 0, 0, 0, 0},
{0, 0, 0, 0, 0, 0, 0, 0, 0, 0, 0, 0},
{0, 0, 0, 0, 0, 0, 0, 0, 0, 0, 0, 0},
{0, 0, 0, 0, 0, 0, 0, 0, 0, 0, 0, 0},
{0, 0, 0, 0, 0, 0, 0, 0, 0, 0, 0, 0},
{0, 0, 0, 0, 0, 0, 0, 0, 0, 0, 0, 0}
};
	LED 매트릭스를 위한 프레임 mFrame생성

코드	설명

void leftEye( ){
 mFrame[1][3] = 1;
 mFrame[1][4] = 1;
 mFrame[2][3] = 1;
 mFrame[2][4] = 1;
}
	Left eye를 위한
	프레임 mFrame data 설정

void wink( ){
 mFrame[1][3] = 0;
 mFrame[1][4] = 0;
 mFrame[2][3] = 1;
 mFrame[2][4] = 1;
}
	Left eye의 Wink를 위한
	프레임 mFrame data 설정

void rightEye( ){
  mFrame[1][8] = 1;
  mFrame[1][9] = 1;
  mFrame[2][8] = 1;
  mFrame[2][9] = 1;
}
	Right eye를 위한
	프레임 mFrame data 설정

void mouth( ){
  mFrame[5][3] = 1;
  mFrame[5][9] = 1;
  mFrame[6][3] = 1;
  mFrame[6][4] = 1;
  mFrame[6][5] = 1;
  mFrame[6][6] = 1;
  mFrame[6][7] = 1;
  mFrame[6][8] = 1;
  mFrame[6][9] = 1;
}
	Mouth를 위한
	프레임 mFrame data 설정

void loop( ) {	loop( ) 함수 시작

leftEye( );
rightEye( );
mouth( );
	mFrame의 Left eye 표시
	mFrame의 Right eye 표시
	mFrame의 Mouth 표시

matrix.renderBitmap(mFrame, 8, 12); delay(1000);	
wink( );	Left eye의 Wink 표시
matrix.renderBitmap(mFrame, 8, 12); delay(1000);	
}	loop( ) 함수 끝

■

19.2 WiFi 사용을 위한 설정

UNO R4 WiFi는 ESP32가 내장되어 있어서 기존의 아두이노 보드에서 WiFi 모듈이나 쉴드를 사용하여 무선인터넷에 접속하는 것보다 쉽게 인터넷을 활용할 수 있다. UNO R4 WiFi를 사용하면 WiFi 기반의 웹 서버(web server)와 클라이언트(client)를 만들어 무선인터넷 제어에 쉽게 활용할 수 있다.

먼저, UNO R4 WiFi에서 무선인터넷을 사용하려면 ESP32 기반의 라이브러리 WiFiS3.h를 활용해야 한다.

```
#include <WiFiS3.h>
```

또한 UNO R4 WiFi에서 무선인터넷을 사용하기 위한 WiFi 아이디와 패스워드를 설정하고, 무선인터넷에 연결해야 한다. 다음과 같이 UNO R4 WiFi가 무선 네트워크에 접속할 아이디와 패스워드를 설정한다.

```
char ssid[ ]= "WiFi_ID";
char password[ ] = "WiFi_PW";
```

Setup( )함수에서 WiFiS3.h 라이브러리를 사용하여 WiFi.begin( )함수로 설정한 아이디와 패스워드로 무선 네트워크에 접속한다.

19.3 웹 클라이언트 만들기

UNO R4 WiFi를 사용하여 WiFi 기반으로 HTTP 사이트에 접속하는 웹 클라이언트를 예제 WiFiWebClient를 참고하여 만들어 보자.

(참고) 파일→ 예제→ WiFiS3→ WiFiWebClient

실•전•예•제 19.3 웹 클라이언트 만들기

작성된 스케치는 WiFi모듈을 사용하여 웹사이트(http://www.google.com)에 연결된다.

#include 〈WiFiS3.h〉	WiFiS3.h 라이브러리 사용
char ssid[ ] = "WiFi_ID"; char password[ ] = "WiFi_PW";	접속할 무선 네트워크의 아이디 접속할 무선 네트워크의 패스워드
int status = WL_IDLE_STATUS;	
char server[ ] = "www.google.com";	Google의 이름 주소(DNS 사용)
WiFiClient client;	이더넷 클라이언트 라이브러리 초기화 (HTTP 기본값: 포트 80)

void setup( ) {	setup( )함수 시작
Serial.begin(9600);	시리얼 전송 속도 설정

if (WiFi.status( ) == WL_NO_MODULE) {
    Serial.println("Communication failed!");
    while (true);
}
	WiFi module 확인

String fv= WiFi.firmwareVersion( );
if (fv< WIFI_FIRMWARE_LATEST_VERSION) {
    Serial.println("Please upgrade the firmware");
}	

while (status != WL_CONNECTED) {
  Serial.print("Attempting to connect to SSID: ");
  Serial.println(ssid);
  status = WiFi.begin(ssid, password);
  delay(10000);
}
	WPA/WPA2 네트워크에 연결
	10초간 연결대기

printWiFiStatus( );	

Serial.println("₩nStartingconnection to server...");
if (client.connect(server, 80)) {
    Serial.println("connected to server");
client.println("GET /search?q=arduinoHTTP/1.1");
client.println("Host: www.google.com");
client.println("Connection: close");
client.println( );
}
	클라이언트의 Google 서버 연결
	연결되면 시리얼 모니터에 출력
	
	HTTP 요청

}	setup( )함수 끝

void printWiFiStatus( ) {	
Serial.print("SSID: "); Serial.println(WiFi.SSID());	연결된 네트워크의 SSID 출력
IPAddress ip= WiFi.localIP( ); Serial.print("IP Address: "); Serial.println(ip);	보드의 IP 주소 확인 보드의 IP 주소 출력
long rssi= WiFi.RSSI( ); Serial.print("signal strength (RSSI):"); Serial.print(rssi); Serial.println(" dBm");	수신된 신호 강도 출력
}	

void read_response( ) {	
uint32_t received_data_num= 0;	
while (client.available( )) {	

char c = client.read( );
Serial.print(c);
received_data_num++;
	실제 data 수신
	수신된 data 시리얼 모니터 출력
	data를 80개 열로 래핑

if(received_data_num% 80 == 0) {
Serial.println( );
}	

}	while (client.available()) 끝
}	

void loop( ) {	loop( ) 함수 시작
read_response( );	read_response( ) 함수 호출

if (!client.connected( )) {
Serial.println( );
Serial.println("disconnecting from server.");
client.stop( );
while (true);
}
	서버 연결이 끊어지면 클라이언트 중지

}	loop( ) 함수 끝

그림 19.3은 UNO R4의 WiFi 연결 상태를 시리얼 모니터에 나타낸 것이고, 그림 19.4은 구글 웹서버로 접속한 UNO R4 클라이언트에 수신된 data의 시리얼 모니터 출력이다.

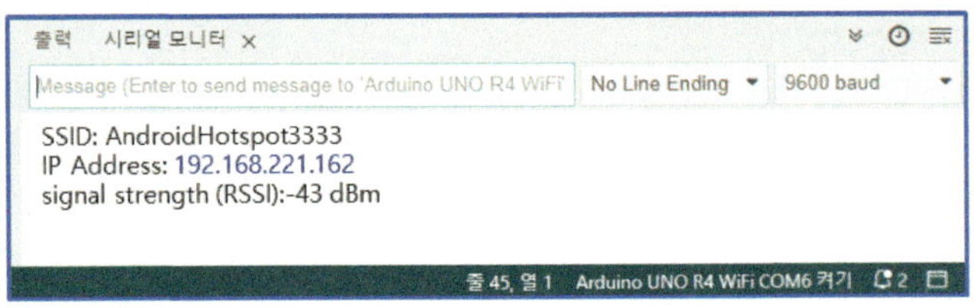

[그림 19.3] WiFi 연결 상태의 시리얼 모니터 출력

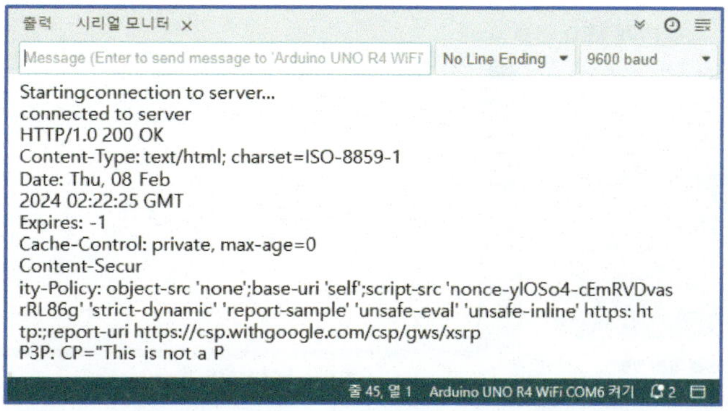

[그림 19.4] 클라이언트로 수신된 data의 시리얼 모니터 출력

■

19.4 웹 서버 만들기

UNO R4 WiFi를 사용하여 WiFi 기반의 웹서버를 만들고, 클라이언트에서 입력한 정보로 제어하여 보자. 예제 SimpleWebServerWiFi를 참고하여 만들어 보자.

(참고) 파일→ 예제→ WiFiS3→ SimpleWebServerWiFi

실 • 전 • 예 • 제

19.4 간단한 웹서버 만들기

웹을 통해 LED를 깜박일 수 있는 간단한 웹 서버로 새로운 액세스 포인트(비밀번호 없음)를 생성하고, 새 서버를 시작하고 IP 주소를 직렬 모니터에 출력한다.

그림 19.5와 같이 클라이언트의 웹 브라우저에서 해당 주소를 열어 디지털입출력 핀 11번의 LED를 켜고 끌 수 있다.

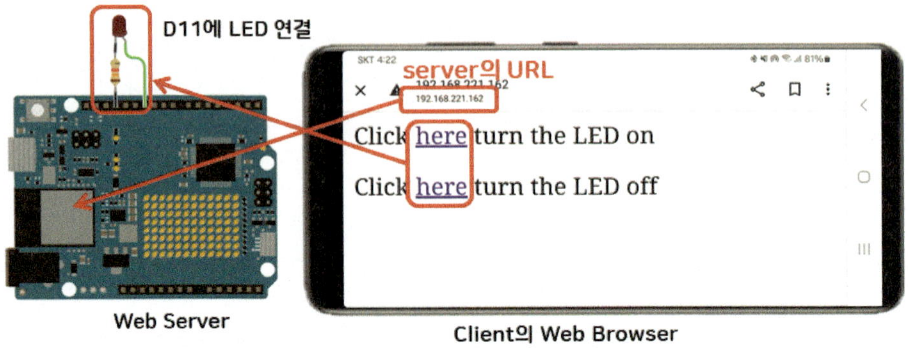

[그림 19.5] 클라이언트의 웹 브라우저(스마트 폰)에서 UNO R4 서버의 LED 제어

아두이노 UNO R4의 프로그램은 다음과 같다.

#include 〈WiFiS3.h〉	WiFiS3.h 라이브러리 사용
char ssid[ ] = "WiFi_ID"; char password[ ] = "WiFi_PW";	접속할 무선 네트워크의 아이디 접속할 무선 네트워크의 패스워드
int ledPin = 11;	
int status = WL_IDLE_STATUS;	
WiFiServer server(80);	서버 라이브러리 초기화

void setup( ) {	setup( )함수 시작
Serial.begin(9600);	시리얼 전송 속도 설정
pinMode(ledPin, OUTPUT);	

if (WiFi.status( ) == WL_NO_MODULE) {
  Serial.println("Communication failed!");
  while (true);
}
	WiFi module 확인

String fv= WiFi.firmwareVersion( );
if (fv〈 WIFI_FIRMWARE_LATEST_VERSION) {
  Serial.println("Please upgrade the firmware");
}	

while (status != WL_CONNECTED) {
  Serial.print("Attempting to connect to SSID: ");
  Serial.println(ssid);
  status = WiFi.begin(ssid, password);
  delay(10000);
}
	WPA/WPA2 네트워크에 연결
	10초간 연결대기

server.begin( );	포트 80에서 웹 서버 시작
printWiFiStatus( );	연결 상태 출력
}	setup( )함수 끝

void printWiFiStatus( ) {	
Serial.print("SSID: "); Serial.println(WiFi.SSID());	연결된 네트워크의 SSID 출력
IPAddress ip= WiFi.localIP( ); Serial.print("IP Address: "); Serial.println(ip);	보드의 IP 주소 확인 보드의 IP 주소 출력
long rssi= WiFi.RSSI( ); Serial.print("signal strength (RSSI):"); Serial.print(rssi); Serial.println(" dBm");	수신된 신호 강도 출력
Serial.print("open a browser to http://"); Serial.println(ip);	브라우저에서 어디로 갈지 인쇄
}	

void loop( ) {	loop( ) 함수 시작
WiFiClient client = server.available( );	클라이언트의 접속 확인
if(!client) return;	클라이언트 접속 없으면 종료
Serial.println("new client");	클라이언트 접속 상황 출력
String currentLine= "";	클라이언트로부터 들어오는 데이터를 보관할 문자열 생성
while (client.connected( )) {	클라이언트가 연결된 동안 반복
if (client.available( )) {	클라이언트에서 입력있는 경우
char c = client.read( ); Serial.write(c);	클라이언트에서 읽음 시리얼 모니터에 출력
if (c == '₩n') {	₩n(newline)인 경우
if (currentLine.length( ) == 0) {	현재 줄이 비어 있으면 (클라이언트 HTTP 요청의 끝)

client.println("HTTP/1.1 200 OK");
client.println("Content-type:text/html");
client.println( );
	HTTP 헤더 시작

client.print("〈p style=₩"font-size:7vw;₩"〉Click "); client.print("〈a href=₩"/H₩"〉here〈/a〉"); client.print("turn the LED on〈br〉〈/p〉"); client.print("〈p style=₩"font-size:7vw;₩"〉Click "); client.print("〈a href=₩"/L₩"〉here〈/a〉"); client.print("turn the LED off〈br〉〈/p〉"); client.println( ); break;	
}	if (currentLine...) 끝

else {
currentLine= "";
}
	개행문자가 있으면 currentLine 삭제

}	if (c == '₩n') 끝

else if (c != '₩r') {
currentLine+= c;
}
	₩r가 아니면 currentLine 끝에 추가

if (currentLine.endsWith("GET /H")) {
        digitalWrite(ledPin, HIGH);
    }
	GET /H turns the LED on

if (currentLine.endsWith("GET /L")) {
        digitalWrite(ledPin, LOW);
    }
	GET /L turns the LED off

}	if (client.available( )) 끝
}	while (client.connected( )) 끝
client.stop( ); Serial.println("client disconnected");	접속 종료
}	loop( ) 함수 끝

그림 19.6은 UNO R4의 WiFi 연결 상태를 시리얼 모니터에 나타낸 것이고, 그림 19.7은 UNO R4 서버에 접속한 클라이언트(스마트 폰 웹 브라우저) 정보에 대한 시리얼 모니터 출력이다.

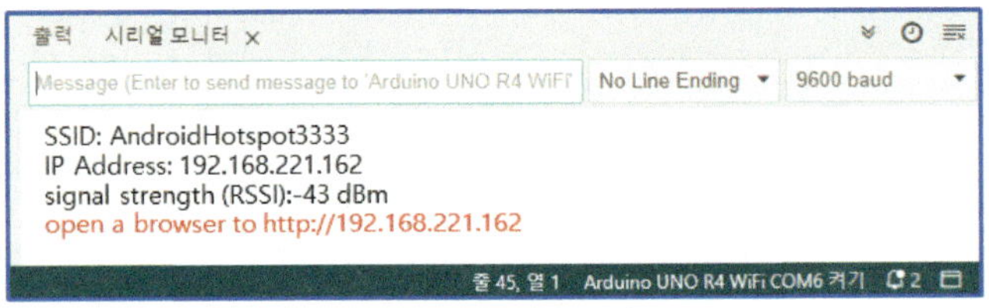

[그림 19.6] WiFi 연결 상태의 시리얼 모니터 출력

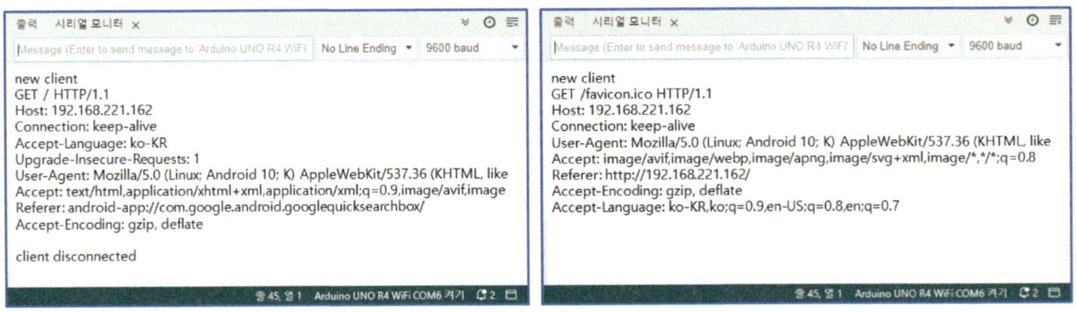

[그림 19.7] 서버로 수신된 클라이언트 정보의 시리얼 모니터 출력

■

APPENDIX

부록

스마트폰의 제어 App 만들기

앱인벤터는 구글에서 제공하는 안드로이드 장치를 위한 App을 제작하는 도구이다. 손쉽게 스마트 폰용 App 개발이 가능하며, Mac OS, Linux, Windows 운영체제를 지원한다.

앱인벤터는 최근 기존의 베타버전을 업그레이드하여 MIT App Inventor2(AI2)를 제공하고 있다. 새로운 버전인 AI2는 기존의 앱인벤터보다 블록에디터 등의 사용이 편리하여졌다. 앱인벤터를 사용하기 위해서는 구글 아이디 등이 있어야 하므로 검색엔진을 구글 환경에서 사용할 것을 권장한다.

설치 방법은 구글 검색창에서 앱인벤터를 검색하거나, "http://appinventor.mit.edu/"에 접속하여 실행시킬 수 있다.

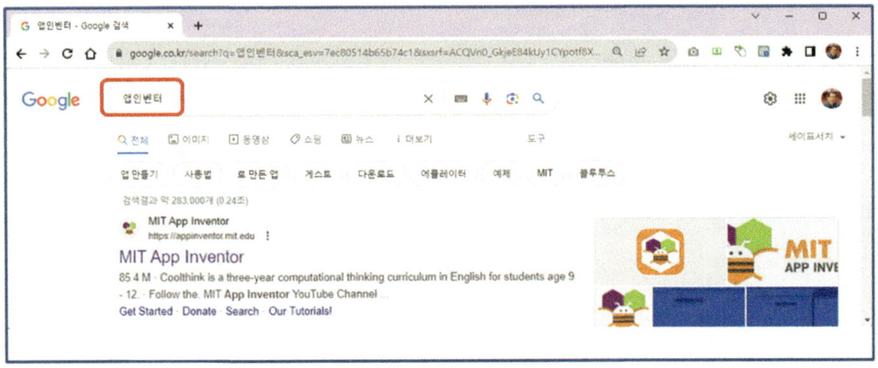

[그림 A.1] 앱인벤터 검색

앱인벤터 개발 사이트에 접속하면 그림 A.2과 같은 화면이 나타나며, 앱 개발을 위해서는 Create Apps!를 선택하면 된다. 한편 앱인벤터는 웹브라우저 안에서 개발하므로, 앱인벤터를 제공하는 웹사이트인 구글의 계정이 필요하다.

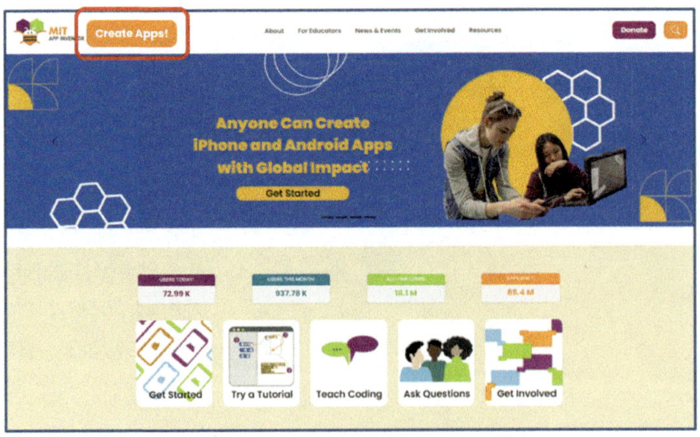

[그림 A.2] 앱인벤터 초기화면

A.1 앱인벤터 실행하기

앱인벤터 초기화면 그림 A.2에서 Create Apps!를 선택한다.

를 더블클릭한 후 다음과 같은 창이 나타나면 Continue를 누른다.

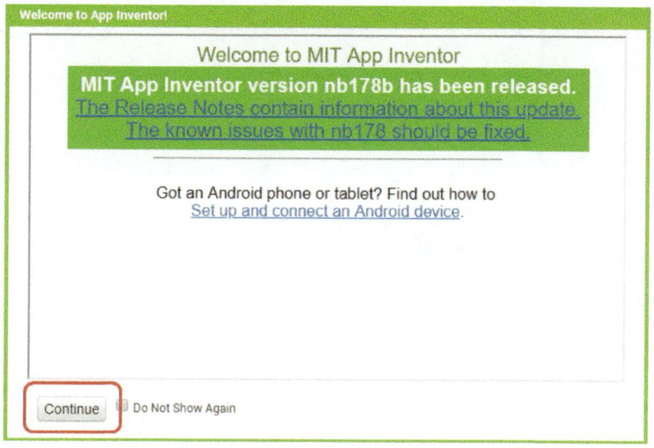

[그림 A.3] 앱인벤터 초기화면

A.2 앱인벤터의 구성

앱인벤터는 App 제작하기 위하여, App의 화면을 구성하는 그림 A.4의 "컴포넌트 디자이너(Designer)"와 App 프로그래밍에 해당하는 그림 A.5의 "블록 에디터(Blocks)"로 되어 있다.

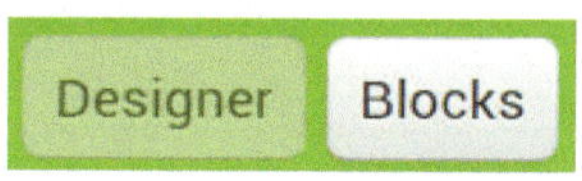

[표 A.1] 앱인벤터의 구성

Designer	Blocks
만들 App의 컴포넌트를 선택하는 곳	프로그램 블록을 조립하는 곳 퍼즐 조각 맞추듯 시각적으로 프로그램 제작 가능 컴포넌트 동작을 정의

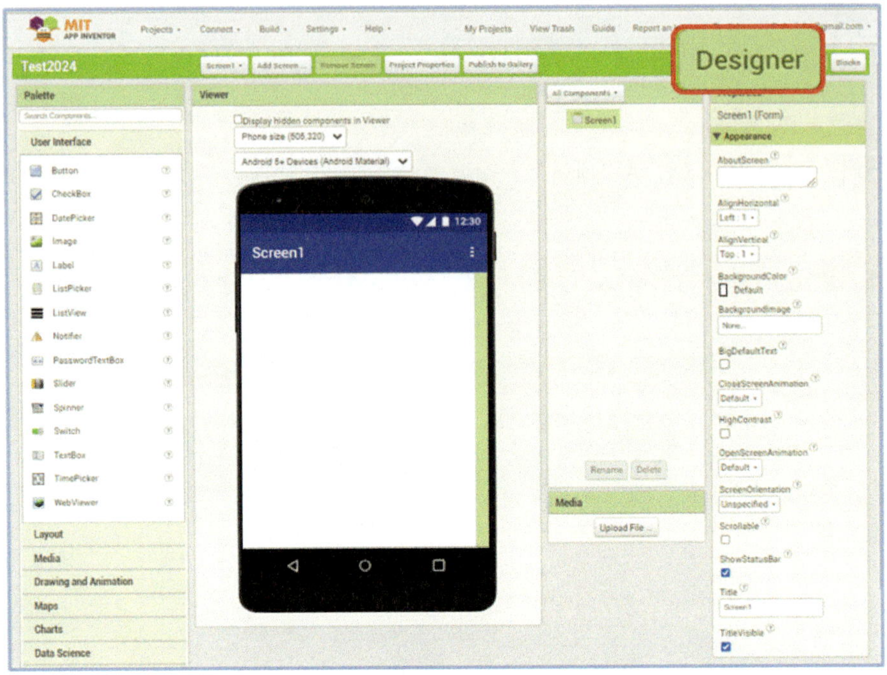

[그림 A.4] 앱인벤터의 Designer 초기화면

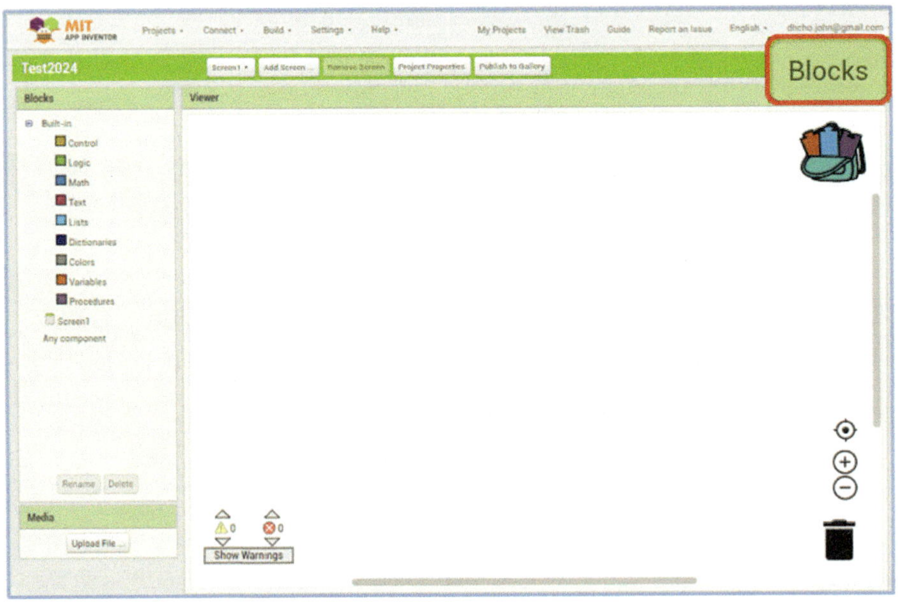

[그림 A.5] 앱인벤터 Blocks 초기화면

A.3 앱 제작1 : BT_ONOFFSW App 만들기

블루투스 통신을 통해서 스위치 ON/OFF 기능을 할 수 있는 그림 A.6과 같은 앱 "BT_ONOFFSW"을 만들어 보자.

[그림 A.6] BT_ONOFFSW.apk 실행화면

[step1] BT_ONOFFSW 프로젝트 생성

윗부분 툴바에서 New Project를 선택하여 프로젝트를 생성한다.
New Project → Project name → "BT_ONOFFSW"

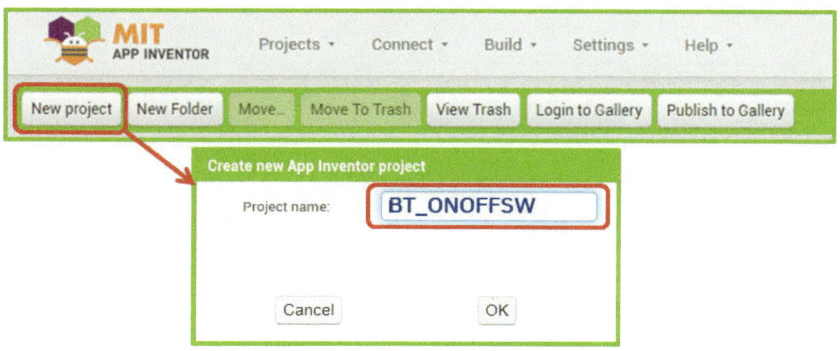

[그림 A.7] 프로젝트 생성

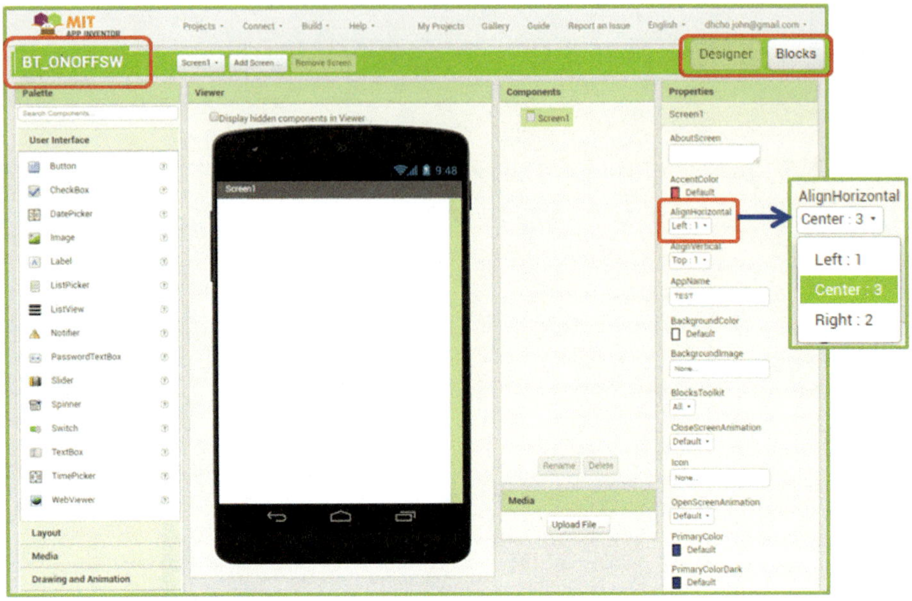

[그림 A.8] 프로젝트 생성과 디자이너 창 생성

[step2] 컴포넌트 배치하기

스마트 폰의 화면에 나타나게 되는 요소들을 구성한다.

① Palette-UserInterface에서 Button 컴포넌트 선택하여 Viewer의 Screen1으로 드래그하면, 다음 그림과 같이 Screen1에 하나의 버튼(Text for Button1)이 배치되고 Components 창에 "Button1"이라는 이름으로 구성요소가 생성된다.

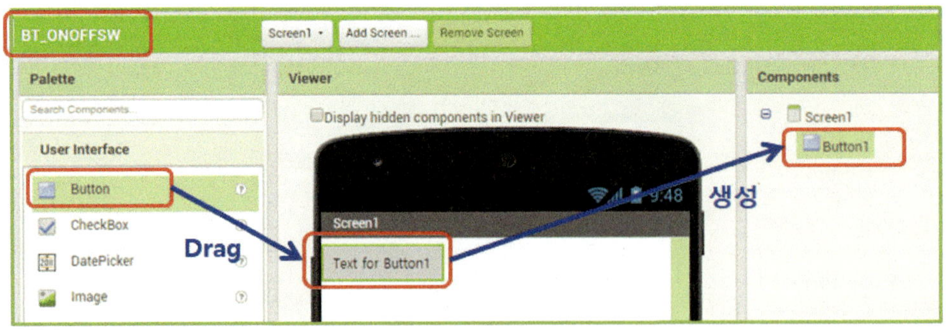

[그림 A.9] 컴포넌트 배치 방법

이제 스마트폰의 화면을 구성할 구성요소들을 배치하여 보자.

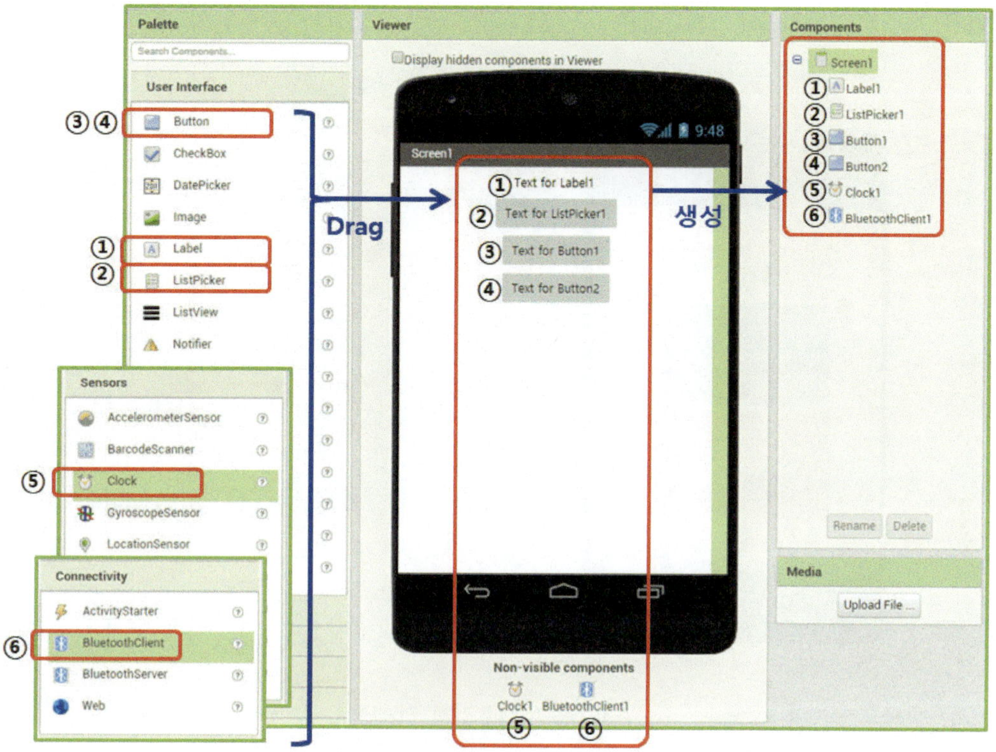

[그림 A.10] 컴포넌트 배치

먼저, 블루투스 연결 상태를 알려주기 위한 "① Text for Label1"과 스마트폰에서 블루투스를 검색하기 위하여 사용할 "② ListPicker"를 각각 배치하고, 스위치 ON/OFF 기능을 위한 버튼 "③ Text for Button1"과 "④ Text for Button2"를 배치한다. "⑤ Clock은"은 블루투스를 일정 시간 동안에만 검색할 수 있도록 하는 기능을 위하여 사용된다.

다음으로 스마트 폰의 블루투스 기능을 사용하기 위하여, "BluetoothClient1"을 그림과 같이 배치한다.

"⑤ Clock"이나 "⑥ BluetoothClient1"는 화면에서 사용되기는 하지만 화면 위에 표시되지는 않기 때문에 Screen창 밖에 배치된다.

[step3] 컴포넌트 디자인

Viewer의 Screen1에 배치된 구성요소들을 보기 좋고 사용에 편리하도록 디자인해보자.

① "Text for Label1"은 블루투스 연결 상태를 알려주기 위한 것으로 스마트 폰과 외부 기기가 블루투스 연결되지 않았으면, "Not Connected"를 나타내도록 하도록 구성한다.

다음 그림과 같이 글자크기, 내용문구, 표시될 글자의 색상과 표시창의 크기 등을 설정한다.

[그림 A.11] 라벨 디자인

② "ListPicker"는 스마트폰에서 블루투스를 검색하기 위하여 사용된다. 블루투스 연결이 되지 않았을 때, 스마트폰에서 연결 가능한 외부 블루투스 기기를 검색하여 연결하게 하여 준다.

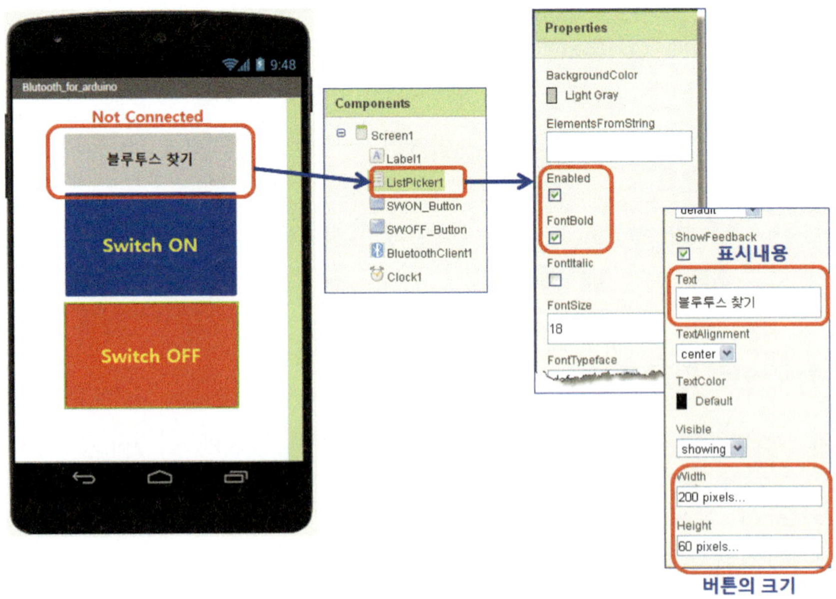

[그림 A.12] 리스트피커 배치

③ 스위치 ON/OFF 기능을 위한 버튼 "Text for Button1"과 "Text for Button2"는 프로그램 구성을 위한 블록 에디터에서 사용이 편리하도록 이름을 변경하여 준다. Viewer에서 "Text for Button1" ⓐ를 선택하고, Components창 아래 부분의 Renameⓑ를 클릭하면 Screen Component라는 창이 생성된다.
이 창에서 ⓒ와 같이 "SWON_Button"으로 이름을 변경한다. "Text for Button2"도 같은 방법을 사용하여 "SWOFF_Button"으로 변경하여 준다.
다음으로 각 버튼에 대한 색상이나 글자크기, 버튼의 크기 등도 그림을 참고하여 설정하여 준다.

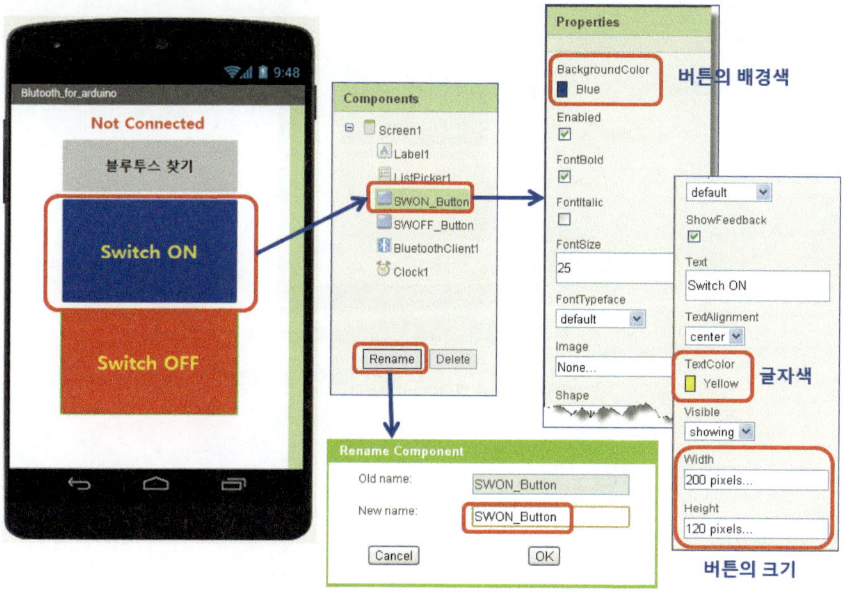

[그림 A.13] 버튼 디자인

④ 스마트 폰의 블루투스 기능을 사용하기 위한 "BluetoothClient1"은 다음 그림과 같이 설정한다.

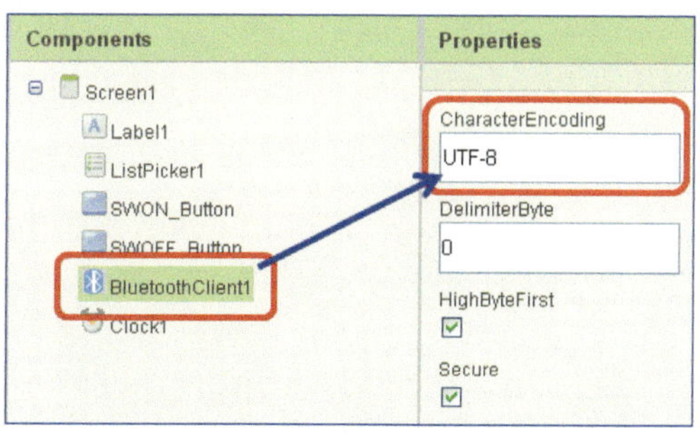

[그림 A.14] 블루투스 설정

[step4] 컴포넌트 디자이너 저장

컴포넌트의 배치와 디자인이 완료되면, 다음 그림과 같이 위쪽 툴바에서 Project에서 Save project를 이용하여 저장한다.

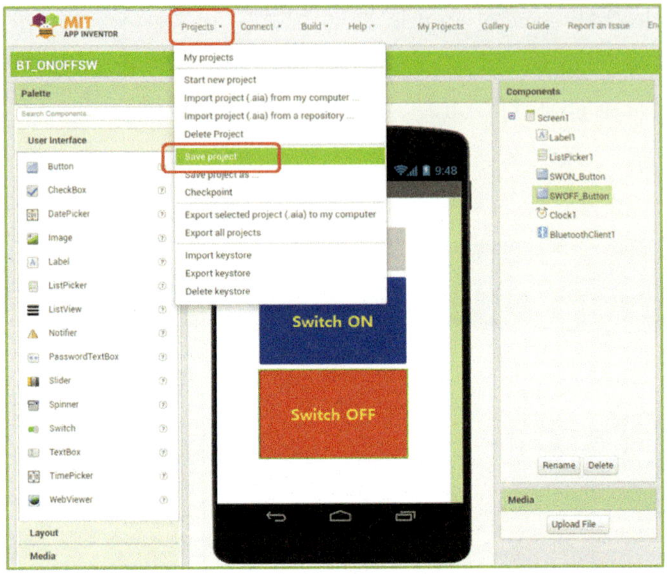

[그림 A.15] 컴포넌트 디자이너 저장

[step5] 블록 에디터 불러오기

컴포넌트 디자이너의 저장이 완료되면, 블록 에디터를 실행시키기 위하여 다음 그림과 같이 위쪽 툴바의 오른쪽에 있는 "Blocks"를 선택하여 실행시킨다.

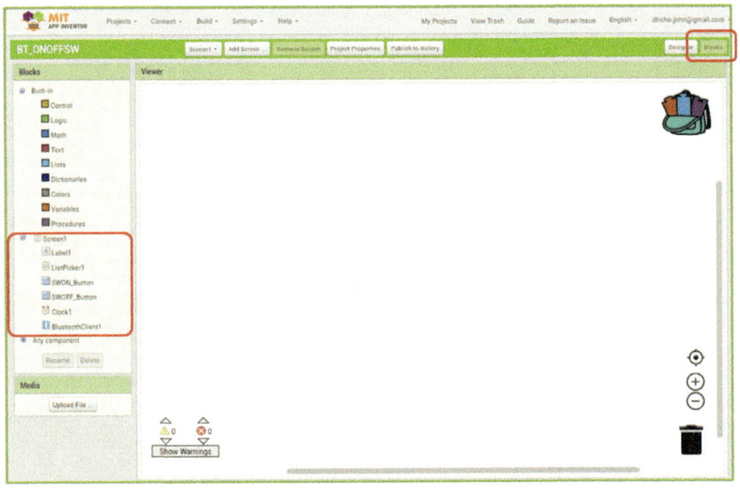

[그림 A.16] 블록 에디터 불러오기

웹상으로 연결되어 실행되므로 컴퓨터의 성능이나 인터넷 속도에 따라 약간의 시간이 소요된 후 다음과 같은 블록 에디터 창이 실행된다.

그림과 같이 앞의 Components창에 배치한 것과 대응이 되는 요소들이 나타난다.

[그림 A.17] 블록 에디터

[step6] 블록 에디터 작성

다음으로 앞서 작성한 Components들을 프로그래밍하는 작업에 해당하는 블록 편집을 하자. 블록 에디터을 작성하는 방법은 다음 그림과 같이 먼저 My Block에서 구성요소를 드래그(Drag)하여 블록에디터 창에 끌어다 놓으면 된다.

블루투스 검색을 위한 ListPicker 편집 과정을 통하여 블록 에디터 작성 방법을 살펴보자.

ListPicker 기능의 블록 에디터 작성

① Screen1에서 "ListPicker1"을 선택하여 "ListPicker1.BeforePicking"을 블록에디터 창에 끌어다 놓는다.

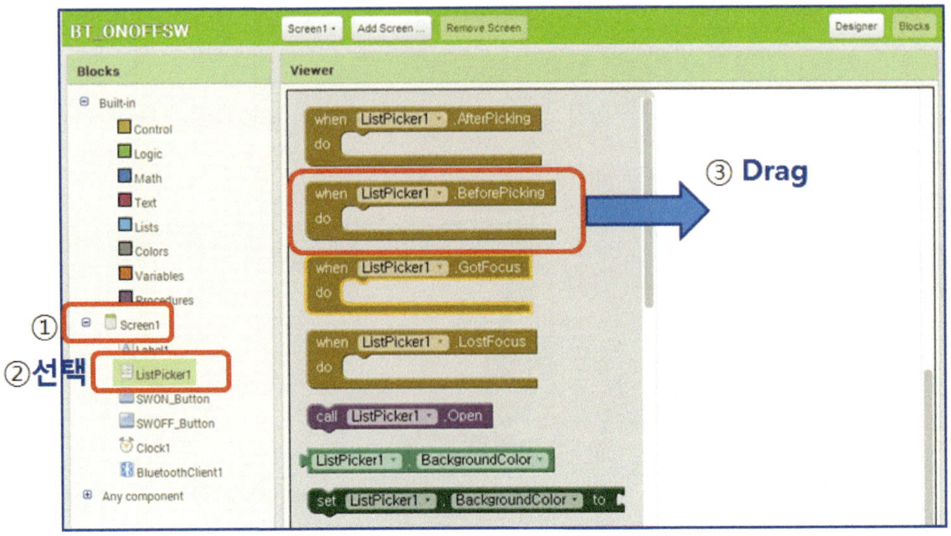

[그림 A.18] 리스트피커 블록 편집1

② Screen1에서 "ListPicker1"을 선택하여 "ListPicker1.Elements"을 블록에디터 창에 끌어다 놓는다.

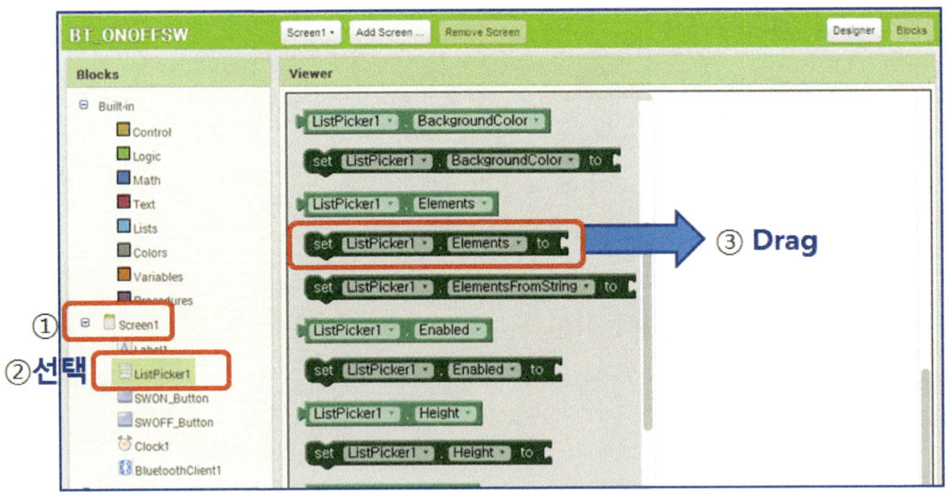

[그림 A.19] 리스트피커 블록 편집2

③ Screen1에서 "BluetoothClient1"을 선택하여 "BluetoothClient1AddressesAndNames"을 블록에디터 창에 끌어다 놓는다.

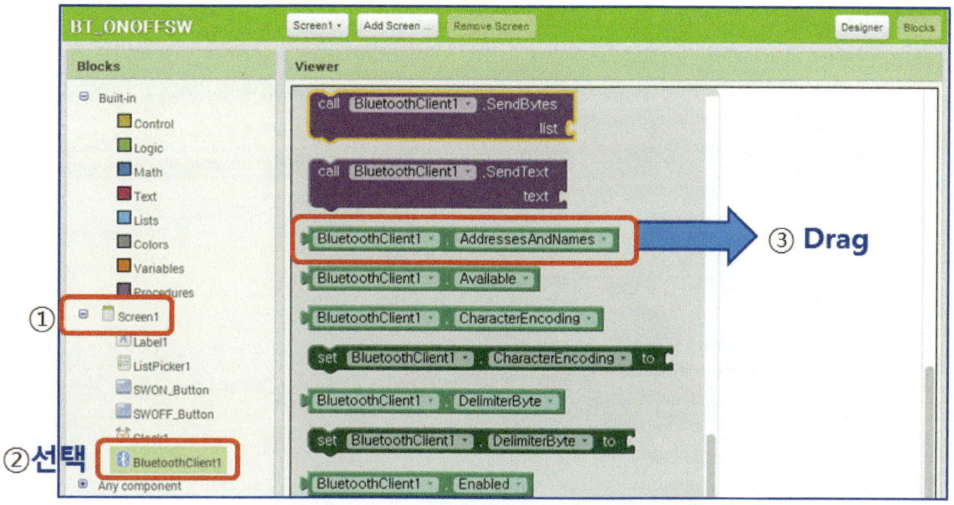

[그림 A.20] 리스트피커와 블루투스 블록 편집

④ 그림과 같이 "ListPicker1.BeforePicking"에 "ListPicker1.Elements"과 "BluetoothClient1AddressesAndNames"를 각각 드래그하여 끼워 넣는다.

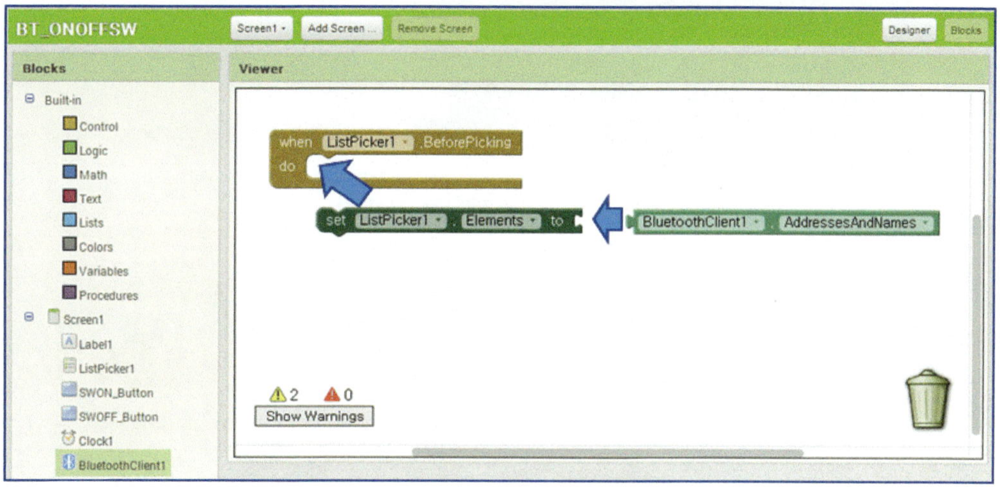

[그림 A.21] 리스트피커와 블루투스 블록 결합

⑤ 3가지 요소가 오류 없이 결합되면 다음과 같이 된다.

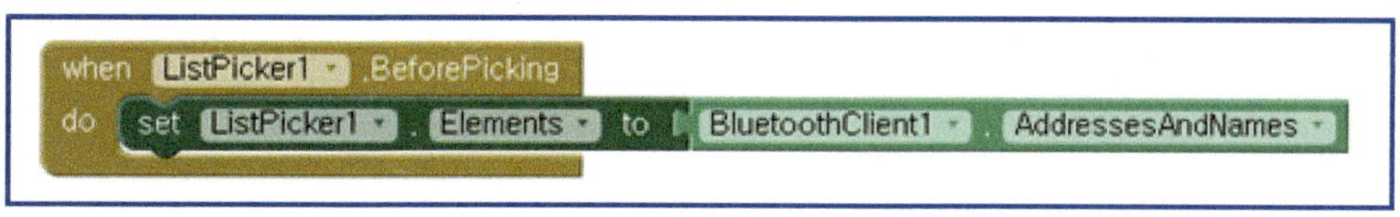

앞에 설명한 방법에 따라 다음 그림과 같이 나머지 블록들도 작성하고 저장한다.

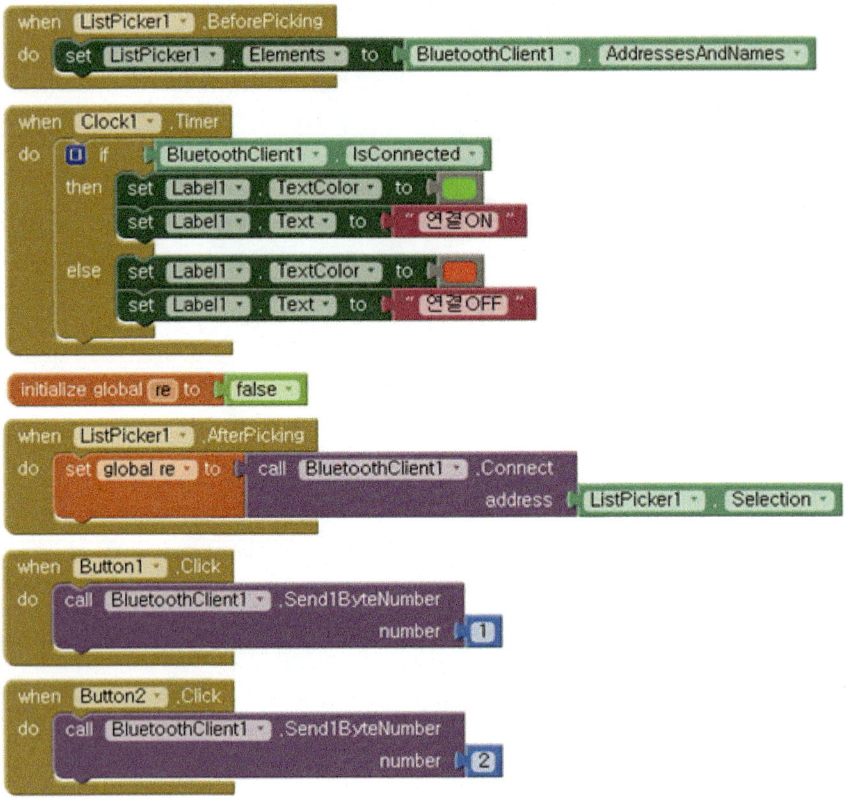

[그림 A.22] 블록 에디터 작성 결과

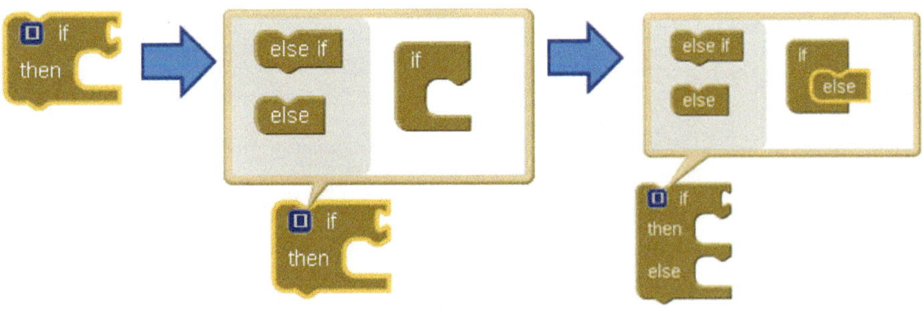

[그림 A.23] if문 확장

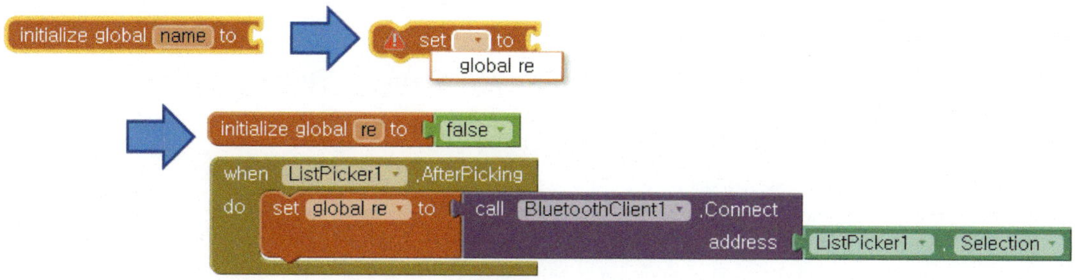

[그림 A.24] 변수활용

[step7] 앱 생성

컴포넌트 디자이너와 블록 에디터를 통하여 만들어진 프로젝트를 앱으로 생성시켜보자. 다음 그림과 같이 앱을 생성하는 2가지 방법이 있다.

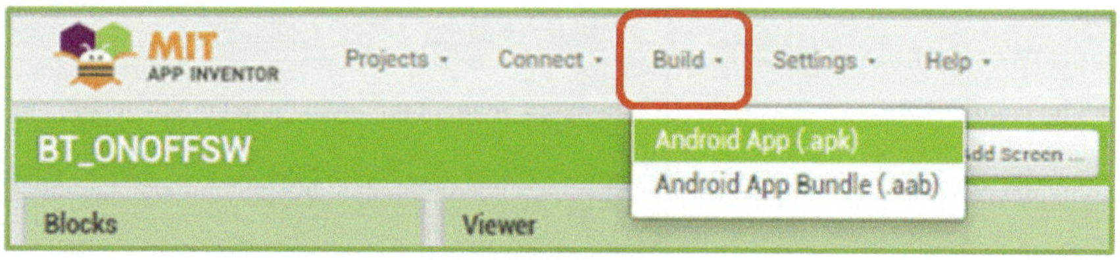

[그림 A.25] 앱 생성

[표 A.2] 앱인벤터의 앱생성과 설치 방법

앱 생성 방법	스마트 폰 설치 과정
App(provide QR code for .apk)	QRcode를 생성되고, 스마트 폰으로 QRcode를 스캔하면, 앱인벤터 호스트에 접속하여 apk파일을 스마트 폰에 다운로드하여 설치
Download .apk now 	앱인벤터 호스트에 접속하여 apk파일을 생성하여 개발용 PC에 저장되며, apk파일을 USB 케이블 등을 사용하여 스마트 폰에 복사하여 설치 (apk파일을 복사하여 사용 가능)

이렇게 생성된 apk파일은 기존의 App들처럼 스마트폰에 설치하여 사용할 수 있다.

[step8] 테스트

블루투스 모듈이나 쉴드가 장착된 아두이노 보드에 LED를 연결하고, "BT_ONOFFSW"이 설치된 스마트 폰으로 아두이노 보드의 LED를 제어한다.

int pinLED = 8;	아두이노 보드의 디지털입출력 핀 8번에 LED연결

void setup( ) {
  Serial.begin(9600);
  pinMode(pinLED, OUTPUT);
}
	BT 모듈/쉴드의 통신 속도 9600bps 설정

void loop() {	loop 시작
byte r_data; if (Serial.available( )> 0) {	BT 모듈/쉴드를 통한 시리얼 통신 입력 발생 검사
r_data = Serial.read( );	BT 모듈/쉴드를 통한 입력 저장
switch (r_data) {	switch( ) 시작

case 1:
        digitalWrite(pinLED, HIGH);
      break;
	스마트 폰의 앱 "BT_ONOFFSW.apk" 의 ON 터치 LED ON

case 2:
        digitalWrite(pinLED, LOW);
      break;
	스마트 폰의 앱 "BT_ONOFFSW.apk" OFF 터치 LED OFF

}	switch( ) 끝
}	if (Serial.available( )>0)의 끝
}	loop 끝

A.4 앱 제작2 : BT_SW6 App 만들기

다음과 같이 6개의 스위치 기능을 할 수 있는 앱(App)을 만들어 보자.

[표 A.3] 6개 스위치 기능 스마트 폰 앱

앱 스위치 선택	스위치 값
SW1	1
SW2	2
SW3	3
SW4	4
SW5	5
SW_OFF	6

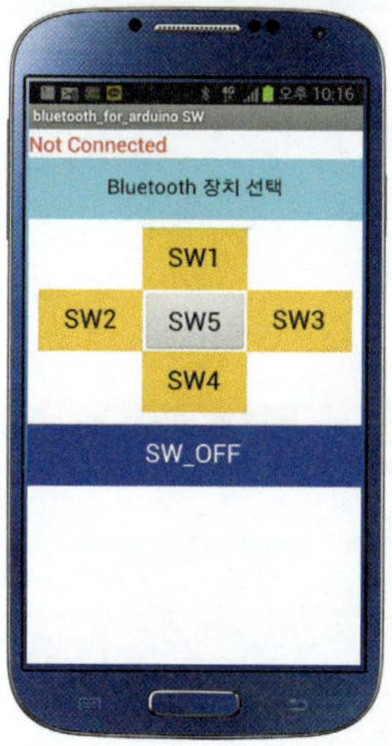

[그림 A.26] BT_SW6 앱(App)

(1) 디자이너(Designer) 구성

블루투스 기능을 사용할 수 있는 부분과 6개의 버튼을 다양한 용도에 유용하도록 다음과 같이 배치한다.

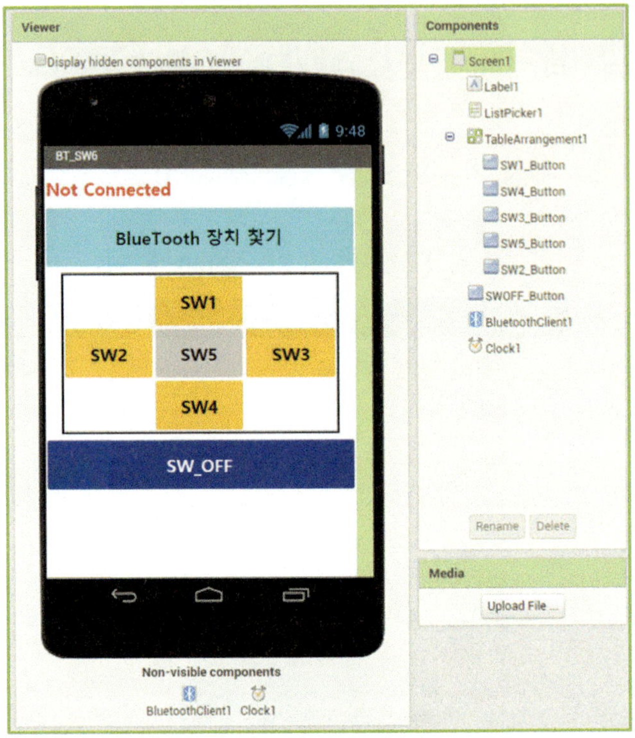

[그림 A.27] BT_SW6의 Designer 구성

(2) 블록(Blocks) 구성

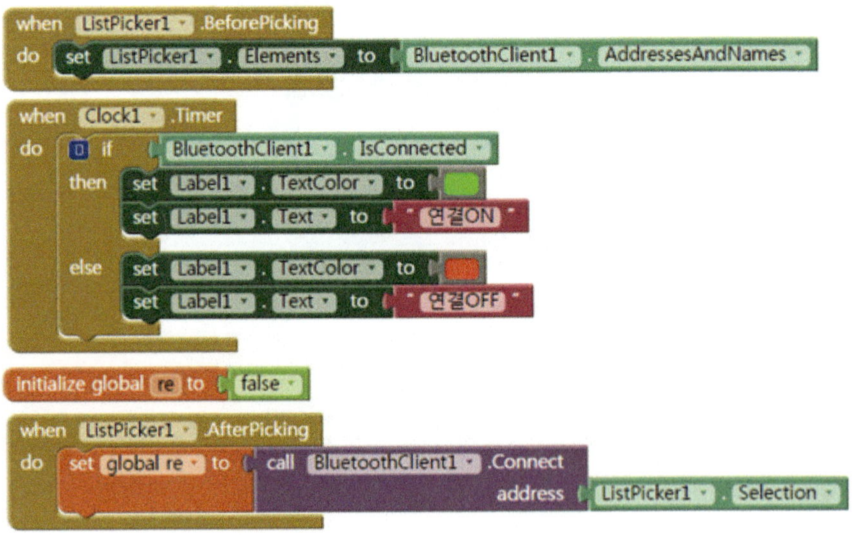

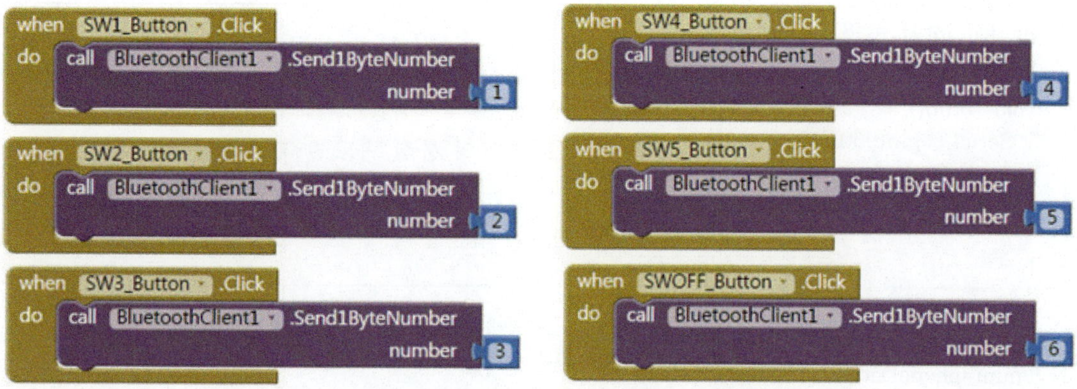

[그림 A.28] BT_SW6의 Blocks 구성

(3) 테스트용 아두이노 스케치

블루투스 쉴드가 장착된 아두이노 보드에 4개의 LED를 연결하고, "BT_SW6"이 설치된 스마트 폰으로 아두이노 보드의 LED를 제어한다.

앱 스위치 선택	스위치 값	아두이노 보드의 LED 동작
SW1	1	1번째 LED ON
SW2	2	2번째 LED ON
SW3	3	3번째 LED ON
SW4	4	4번째 LED ON
SW5	5	사용하지 않음
SW_OFF	6	4개의 LED가 동시에 off

int ledPin[4] = {8, 9, 10, 11}; int k, num;	디지털입출력 핀 8, 9, 10, 11번에 LED연결

void setup() {
  Serial.begin(9600);
  for(k=0; k<4; k++){
    pinMode(ledPin[k], OUTPUT);
  }
}
	BT쉴드의 통신 속도 9600bps 설정

void serialEvent( ) {
 phoneData = Serial.read( );
 num=phoneData-1;
}
	BT 쉴드를 통한 시리얼 통신 입력 발생 검사
	BT 쉴드를 통한 입력 저장

void loop() {	loop 시작
switch (phoneData) {	switch( )문 시작

case 1:
      digitalWrite(ledPin[num], HIGH);
      break;
    case 2:
      digitalWrite(ledPin[num], HIGH);
      break;
    case 3:
      digitalWrite(ledPin[num], HIGH);
      break;
    case 4:
      digitalWrite(ledPin[num], HIGH);
      break;
	스마트 폰의 앱에 의하여 지정된 LED ON

case 6:
      for(k=0; k<4; k++){
        digitalWrite(ledPin[k], LOW);
      }
      break;
	스마트 폰의 앱에 의하여 4개의 LED OFF

}	switch( )문 끝
}	loop 끝

A.5 앱 제작3 : BT_RCV1 App 만들기

다음과 같이 블루투스 통신을 통하여 받은 정보를 표시할 수 있는 앱(App)을 만들어 보자.

[표 B.4] 디스플레이 기능 스마트 폰 앱

앱 화면 선택	아두이노 보드
Bluetooth 주소검색	아두이노 보드의 BT 주소
BT 접속	아두이노 보드의 BT와 연결
BT 해제	아두이노 보드의 BT와 연결 종료
수신 시작	아두이노 보드에 '1' 전달 아두이노 보드에서 전송되는 값 수신
수신 종료	아두이노 보드에 '2' 전달

[그림 A.29] BT_RCV1 앱(App)

(1) 디자이너(Designer) 구성

블루투스 기능을 사용할 수 있는 버튼과 라벨을 배치하고 수신을 제어하는 2개의 버튼과 수신된 값을 나타낼 라벨을 다음과 같이 배치한다.

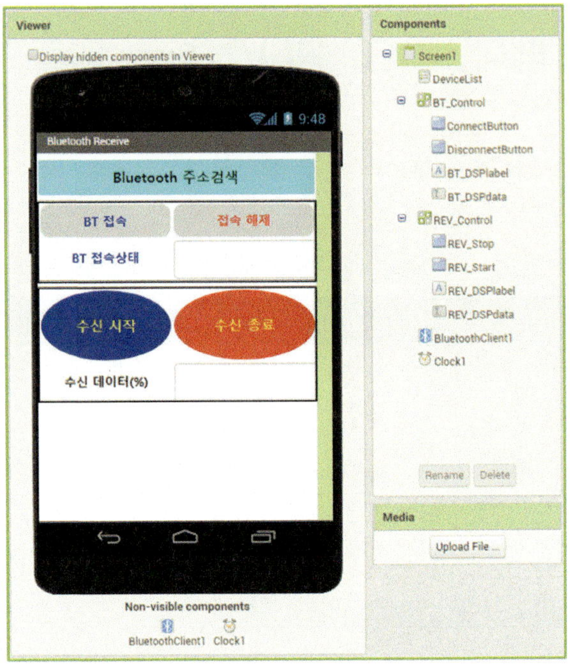

[그림 A.30] BT_RCV1의 Designer 구성

(2) 블록(Blocks) 구성

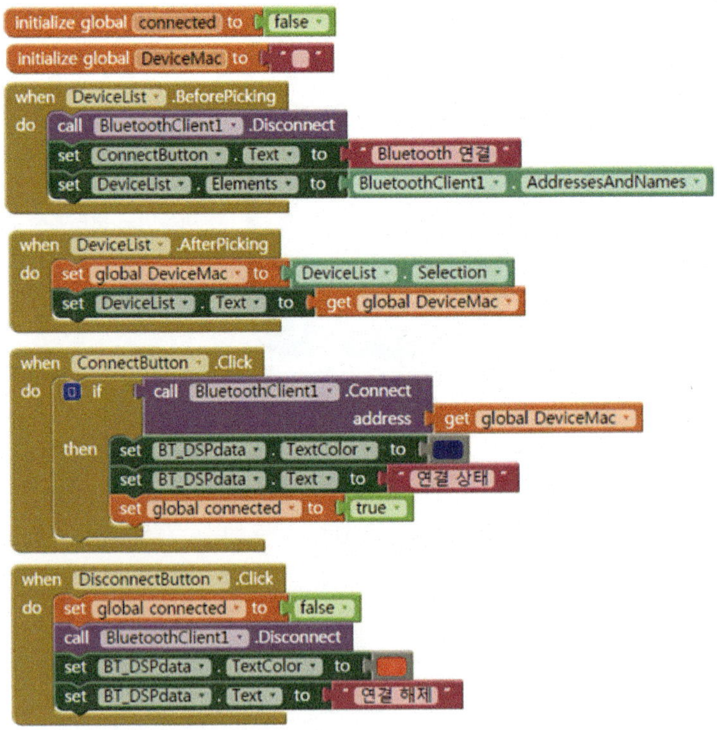

[그림 A.31] BT_SW6의 블루투스 부분 Blocks 구성

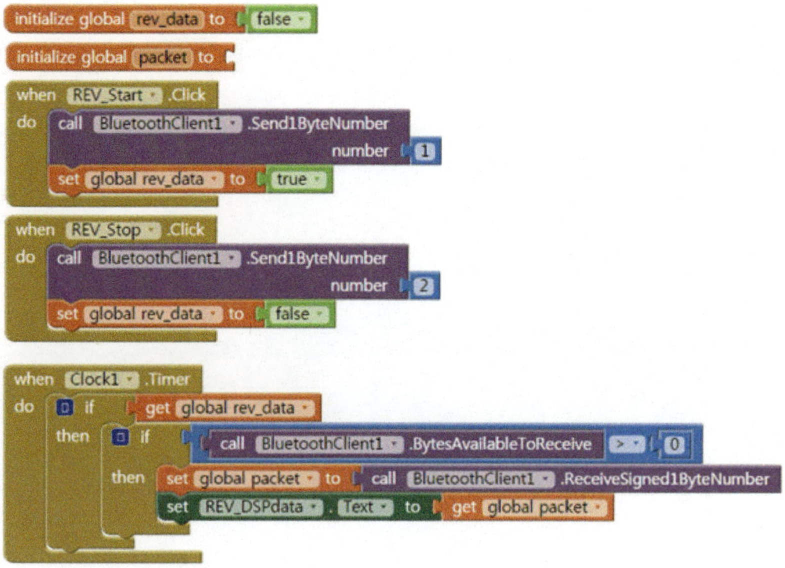

[그림 A.32] BT_SW6의 정보 수신 부분 Blocks 구성

(3) 테스트용 아두이노 스케치

블루투스 쉴드가 장착된 아두이노 보드에 가변저항과 LED를 연결하고, "BT_RCV1"이 설치된 스마트 폰으로 아두이노 보드의 가변저항 값을 수신한다.

int pinLED = 5; int val1, val2, val3;	아두이노 보드의 PWM핀 5번에 LED연결

void setup( ) {
  Serial.begin(9600);
}
	BT 모듈/쉴드의 통신 속도 9600bps 설정

void loop( ) {	loop 시작
char select=Serial.read( );	BT 모듈/쉴드를 통한 시리얼 통신 입력 발생 검사
if(select == 1) {	스마트 폰 앱에서 '수신 시작' 명령 수신
val1=analogRead(2);	아두이노 보드에 연결된 VR로 부터 값 입력
val2=map(val1, 0, 1023, 0, 100);	%값으로 변환
Serial.write(val2); delay(20);	블루투스를 이용한 시리얼 통신으로 스마트 폰에 값 전달

val3 = map(val1, 0, 1023, 0, 255);
  analogWrite(pinLED, val3);
  delay(20);
	PWM 값으로 변환
	VR값에 비례한 LED 밝기 표시

}	

if(select == 2) {
  analogWrite(pinLED, 0);
  delay(20);
 }
	스마트 폰 앱에서 '수신 종료' 명령 수신
	LED OFF

}	loop 끝

저자소개

조 도 현	인하공업전문대학 전자공학과 교수
김 동 식	인하공업전문대학 컴퓨터시스템과 교수
동 성 수	용인예술과학대학교 전기과 교수

저자와의 협의에 의해 인지 생략

사물인터넷을 위한

ARDUINO

2판 2쇄 2025년 7월 25일

저 자	조도현 / 김동식 / 동성수
발행인	송광헌
발행처	**복두(더)**
주 소	서울특별시 영등포구 경인로82길 3-4 센터플러스 807호 (우) 07371
전 화	02-2164-2580
FAX	02-2164-2584
등 록	1993. 11. 22. 제 10-902 호

정가 : 30,000원

ISBN : 979-11-6675-528-6 93560

한국과학기술출판협회 회원사